公路建设中土地资源保护与集约利用

彭 立 王 祥 陈先义 著

中国铁道出版社

2015年·北 京

内 容 简 介

本书旨在介绍公路建设全过程中(前期规划、设计、建设过程、建设完工后)的土地资源保护与集约利用。

本书主要论述公路建设中土地资源保护与集约利用的意义,说明公路与公路用地概念的外延与内涵,阐述公路用地价值评价方法、建模思路及应用于公路建设的占地决策支持方法,介绍了公路项目工可阶段的3S辅助选线节地技术、初步设计路线方案比选的占地决策技术、施工图设计的减少占地工程技术措施、公路项目建设实施过程中的节地措施及"公路环保绿线技术"、公路建设项目完成后的土地资源复垦技术。

本书可作为公路行业的工程技术参考用书,也可为从事国土资源相关行业的技术人员提供参考。

图书在版编目(CIP)数据

公路建设中土地资源保护与集约利用/彭立,王祥,陈先义著.—北京:中国铁道出版社,2015.10

ISBN 978-7-113-20125-8

Ⅰ.①公… Ⅱ.①彭… ②王… ③陈… Ⅲ.①道路建设—土地保护—研究②道路建设—土地利用—研究 Ⅳ.①U412.1

中国版本图书馆CIP数据核字(2015)第055203号

书　　名:公路建设中土地资源保护与集约利用
作　　者:彭　立　王　祥　陈先义

策　　划:徐　艳
责任编辑:徐　艳　　编辑部电话:010-51873193
封面设计:王镜夷
责任校对:王　杰
责任印制:郭向伟

出版发行:中国铁道出版社(100054,北京市西城区右安门西街8号)
网　　址:http://www.tdpress.com
印　　刷:北京铭成印刷有限公司
版　　次:2015年10月第1版　2015年10月第1次印刷
开　　本:787 mm×1 092 mm　1/16　印张:16.5　字数:415千
书　　号:ISBN 978-7-113-20125-8
定　　价:65.00元

作 者 简 介

彭立，男，汉族，1968年9月生，享受国务院政府特殊津贴专家，湖南省首批工程勘察设计大师，国家注册土木工程师（道路工程），研究员级高级工程师，研究生学历。

现任湖南省交通规划勘察设计院总工程师、中南公路建设与养护技术湖南省重点实验室主任，兼任湖南省科学技术协会常委、中国公路学会青年专家委员会委员、湖南省青年科技奖获奖者联谊会会长。先后主持了80多项国家重点工程的规划设计和30多个部省级科研课题的研究工作，出版著作4部、发表论文40余篇、参编国家与行业标准7部、拥有国家专利10项。有关技术成果荣获国家奖16项、省部级奖78项。个人先后荣获湖南省青年岗位能手、全国交通系统青年岗位能手、中国公路百名优秀工程师、中国公路学会青年科技奖、湖南省青年科技奖、湖南省优秀设计师、交通青年科技英才、湖南省科技创新人物和湖南省政府一等功等殊荣。

王祥，男，汉族，1979年10月出生，高级工程师，研究生学历。

先后主持了多项国家、省市重点工程的勘察设计工作，参加了多个部省级科研课题的研究工作，发表论文近20篇。有关技术成果荣获国家奖1项、省部级奖10余项。

陈先义，男，汉族，1970年3月生，高级工程师，研究生学历。

现任湖南省交通规划勘察设计院市政分院院长，先后主持了50多项国家、省市重点工程的规划与勘察设计工作，参加了10余个部省级科研课题的研究工作，发表论文近20篇。有关技术成果荣获国家奖3项、省部级奖30余项。

前　　言

土地资源保护与集约利用研究在我国具有广泛的工程背景，它在国土、城建、环境、铁路、公路等领域都广为应用。近年来，国家注重基础设施建设，交通建设，尤其公路建设是“用地大户”，合理占用地、合理节地、土地复垦均是行业目前亟需解决的新课题。

土地资源保护与集约利用一直是交通部门特别是公路部门非常重要的工作内容，尤其在基于我国是“人口多、可利用土地资源少、人均土地资源紧缺的基本国情”与“交通大发展”双重历史背景下，合理节地工作显得尤为重要，合理节地与单纯减少占地数量有着本质区别，合理节地是每个从事交通行业的工程技术人员必须牢固树立的理念。本书就是为了给从事公路建设的工程技术人员介绍土地资源保护与集约利用技术进而达到合理节地而编写的一本教材。

全书以公路建设的各个环节为主线，将土地资源保护与集约利用与公路建设各个环节贯穿，共分 8 章，第 1 章是绪论，主要介绍土地资源保护与集约利用的现实意义，由彭立、王祥编写；第 2 章主要介绍土地资源及公路用地的基本概念及内涵外延，由傅励，王祥编写；第 3 章主要介绍公路占用地价值评价方法，由彭立、段少华编写；第 4 章介绍公路占用地决策支持方法，由彭立、王祥编写；第 5 章介绍公路项目工可规划阶段土地资源保护的 3S 辅助选线技术，由孙国庆、陈先义编写；第 6 章重点介绍公路设计中的土地资源保护与集约利用原则及相关技术措施，由刘利群、穆程编写；第 7 章介绍公路项目建设实施过程节地措施及“公路环保绿线技术”，由陈先义、李宏泉编写；第 8 章主要介绍公路建设完工后的土地资源复垦技术，由段少华、王俏编写。黄向京、向建军修改了全书的文字。全书由彭立审稿。

本教材的编写参考了大量的前人工作及法规等，未能一一列出，在此一并致谢。书中难免出现错误和不当之处敬请读者指正并谅解。

作　者

2014 年 11 月 10 日于长沙

前言

目　　录

1　绪　　论 …… 1

1.1　公路建设中土地资源保护与集约利用的重要性 …… 1
1.2　国内外研究现状 …… 2
1.3　公路建设中土地资源保护与集约利用的基本原则 …… 6
1.4　公路建设中土地资源保护与集约利用的基本任务和工作范围 …… 7
参考文献 …… 7

2　土地资源与公路用地 …… 8

2.1　土地及土地资源 …… 8
2.2　公路及公路用地 …… 12
2.3　公路建设对土地资源的影响 …… 14
参考文献 …… 17

3　公路占用地价值评价方法 …… 18

3.1　公路用地价值评价指标体系 …… 18
3.2　公路用地价值计算方法 …… 24
3.3　高速公路沿线土地价值的变化 …… 39
参考文献 …… 55

4　公路占地决策支持方法 …… 56

4.1　基于价值理论的长湘高速路线方案比选决策支持案例 …… 56
4.2　基于土地价值理论的吉怀高速深挖路堑方案和隧道方案决策支持案例 …… 68
4.3　基于土地价值理论的吉怀高速高路堤方案和高架桥方案决策支持案例 …… 80
参考文献 …… 91

5　基于土地资源保护的3S辅助选线 …… 92

5.1　概　　述 …… 92
5.2　高分辨率遥感数据敏感土地资源属性提取技术 …… 96
5.3　基于3S的公路路域敏感土地价值单元识别 …… 116
5.4　高速公路敏感土地资源选线 …… 128
5.5　面向土地资源保护的公路选线评价方法 …… 132
5.6　基于3S的公路辅助选线系统实现技术 …… 138
参考文献 …… 148

6　公路设计中的土地资源保护与集约利用 …… 150

6.1　基于土地节约的公路设计技术原则 …… 150

6.2 基于土地节约的公路设计技术 …… 151
参考文献 …… 200

7 公路建设实施中的土地资源保护与集约利用 …… 201

7.1 “公路环保绿线”技术 …… 201
7.2 施工场地选址及用地指标 …… 205
7.3 施工便道选线及技术指标 …… 210
7.4 集约用地的施工组织设计 …… 212
参考文献 …… 215

8 公路建设土地资源复垦 …… 216

8.1 高速公路建设中临时用地的复垦技术 …… 216
8.2 长湘高速公路大型取弃土场复垦技术案例 …… 238
8.3 结　　论 …… 253
参考文献 …… 254

1 绪　　论

土地具有不可再生的特点,决定了土地资源是有限的,特别是中国人口多,人均土地少,耕地资源不足,成为中国基本国情,节约土地资源是我国基本国策。

在地球5.1亿km^2的总面积中,耕地面积只有225亿亩,人均只有4.2亩。中国国土面积960万km^2,但耕地面积仅15亿亩。由于人口众多,人均土地仅约13亩,而世界人均约为41亩。在中国的国土中,平原面积只占12%,因此人均耕地面积更少,仅为0.093 hm^2(1.4亩)。在人口密度方面,我国110人/km^2,是世界平均水平的3倍。

我国现在以世界7%的耕地养活着占世界22%的人口,而且我国耕地面积正以40万hm^2/年的速度递减,同时人口却以1 000多万人/年的速度递增,土地资源的紧缺已经对我国经济的发展构成了严重的制约。然而,在土地资源紧张的同时,中国经济持续多年的高位增长在很大程度上却是依靠资源的高投入来实现的。在我国,耕地乱占及破坏现象仍然突出,1996~2005年的9年间,我国耕地总量从1.3亿hm^2降至1.22亿hm^2,减少6.6%,大量土地被粗放利用,甚至浪费,土地资源高消耗的同时,也带来了严重的环境和生态破坏,土地荒漠化问题日趋严重。

1.1 公路建设中土地资源保护与集约利用的重要性

1.1.1 快速增长的公路建设用地与节约土地资矛盾日益突出

近年来,公路建设特别是高速公路建设占地量维持在一个较高水平,在建设用地供需矛盾相对突出的情况下,使得高速公路用地数量巨大与节约土地资源矛盾非常突出,同时该问题也成为目前和长远交通发展的重点问题之一,而且高速公路建设用地还在持续增加。首先,为适应激增的交通量需求,高速公路总的规模和建设里程在不断增加,导致用地总量的不断增大(截至2013年,我国高速公路里程突破10.4万km,高居世界第一位);其次,与高速公路建设早期大量兴建的4车道高速公路相比,现阶段有相当比例的高速公路(特别是在东部发达地区和部分中西部地区)系按照6~8个车道新建或扩改,路幅增加导致用地相应增大;再次,高速公路互通间距越来越小,随着高速公路成网加密,枢纽互通数量在迅速增加,服务设施的用地需求也在不断提高,加上其他用地需求,都导致了高速公路用地规模激增。

1.1.2 "资源节约、环境友好"是公路交通发展的必由之路

从我国整个交通系统来看,交通运输业的快速发展,必然带来交通用地的大幅度增加,高速公路等交通用地需求量的增加给土地资源的压力越来越大,尤其是土地资源紧缺地区,像东部沿海经济发达地区,人口密集,人均土地资源紧张,但是对完善和发达的交通体系又是维系这些地区经济社会发展和和谐的必备条件和必要因素。

1998年,中共中央、国务院将"合理利用土地和切实保护耕地"作为基本国策写入《土地

法》,中共十六届五中全会又将“节约资源”与“保护环境”一起作为基本国策写入国民经济和社会发展的五年规划,并把“建设资源节约型、环境友好型社会”确定为国家“十一五”国民经济与社会发展中长期规划一项重要任务。这一做法意味着,重要资源短缺的中国将摒弃依靠资源高消耗实现经济增长的发展路径,从而转向节约型发展模式。在这种新的社会发展形势下,交通行业作为资源占用型和能源消耗型行业,其发展模式转变也势在必行。交通运输部强调“十一五”是建设创新型交通行业关键时期,交通行业必须落实最严格的耕地保护政策和环境保护政策,把“资源节约”、“环境友好”的要求落实到交通规划、设计、建设和管理各个环节中,建设节约型交通,实现对资源的少用、用好和循环利用。

1.1.3 公路建设中土地资源保护与利用技术研究的必要性

据交通部统计数字,到2020年,我国公路里程将发展到260万~300万km(不含村道),其中高速公路就突破10万km。公路建设是社会经济发展的重要载体,随着我国中西部地区以及各地山区等不发达地区经济建设的快速发展,公路建设越来越多地向中西部地区(我国总体地势呈现西高山东平原)以及各地山区等不发达地区延伸,所以山区公路建设越来越多。但山区具有地质地貌环境复杂、生态环境脆弱、耕地严重不足的特点,因此山区公路的高填深切多,对环境的破坏大,对占用土地特别是耕地的敏感性强,因此面对公路建设大面积占地的需求和山区土地资源紧缺、生态环境脆弱的现状,如何有效解决公路占地的供需矛盾,最大限度地保护土地资源和生态环境,是山区公路建设过程中亟待解决的重要理论和技术问题之一。

公路建设在带来巨大经济效益和社会效益的同时,也会对项目所在地区土地资源的利用方式产生深远影响,进而改变区域土地生态系统的结构和生态利用价值。一方面,公路受地形等条件及线形要求所限,要最大限度发挥其功能特点,必然永久或临时占用大量的土地,尤其是附加价值极高的土地资源;另一方面,公路的穿越将直接造成耕地的破碎化,对耕种和管理产生不良影响,公路切割农田的排灌系统,也可能使得耕地因灌溉或排涝受阻而无法耕种,从而对项目周边区域的农业生产造成影响。另外,公路建设中路基开挖、取土、弃渣而引起的水土流失也会对下游土地资源形成各类危害,而且还可能造成土壤环境的污染等。以上问题对于生态环境相对脆弱、耕地资源相对紧缺的山区来说显得尤其突出。目前,交通运输部虽然对公路建设节约用地提出了严格要求,也开展了相关典型示范工程研究,但目前在公路(尤其是高速公路)规划、选线设计及施工阶段如何节约土地资源还没有具体的规范或标准可循,示范工程研究也多从景观、生态保护角度考虑,并未将土地资源节约作为根本出发点。因此,系统研究公路规划选线、设计、施工阶段的土地资源保护技术,对于缓解我国山区公路占地的供需矛盾,保护脆弱的生态环境,促进区域的可持续发展,具有重大而深远的意义。

综上所述,十分珍惜并合理利用土地资源和切实保护耕地是我国的基本国策,随着国民经济的发展,公路建设规模不断扩大,用地供需矛盾十分突出,系统研究公路设计阶段的土地资源保护技术,具有重要意义。

1.2 国内外研究现状

1.2.1 公路选线中土地资源保护技术

为了确保公路建设的合理布局,协调发展,防止决策和布局的随意性,公路前期规划工作显得特别重要。其中，公路选线工作又是重中之重，路线方案是否合理将直接影响工程本身的投资、运输效率和使用质量。公路选线是一个非常复杂、艰巨的任务，在路线方案选择中往往会遇到大量的不确定的、动态的、复杂的问题，需要考虑众多的因素，这些因素涉及的属性、重要度和可比性各自不同，并且对各指标进行评估和度量时，具有很大的不确定性和主观经验性。

传统的公路选线方法是选线人员通过搜集和分析项目区域有关技术经济资料，首先在大比例尺地形图上选出几个可能的线路方案，然后，在纸上定线的基础上，选线人员进行实地勘测，经过反复比较确定一个较为经济、合理的路线方案。这种选线方法很大程度上取决于选线人员的实际经验和技术水平，且费时费力，已不能满足现代公路建设的需要。目前，公路选线中已普遍采用了 CAD 技术进行道路选线设计，其可以完成路线平、纵、横设计，土石方计算和调配，纵、横断面图绘制等任务。但是，CAD 设计方法并没有突破传统的设计模式和方法，技术含量较低，特别是高科技含量不足，其系统功能主要表现在提高人工拟定路线平、纵设计方案之后的计算、绘图、制表等确定性过程的作业效率和成果质量上，而对选线设计必须考虑的地质、水文、交通需求、环境影响等数据则难以进行分析处理，在原始设计参数拟定、路线方案选择、设计成果评价与优化等方面，缺乏对设计者人机交互式的适时决策支持。

近年来，随着科学技术的发展及国外先进公路选线理念和思想的引进，一些高新技术及方法也逐渐被用于公路选线、优化及路线方案的评判，其中 3S 技术的应用日益成为研究的热点。目前，基于 GIS 的道路选线方法形式多样，功能不一，从基本空间分析方法的角度可将其分为互为补充的三类。第一类 GIS 辅助选线方法是基于数字高程模型的线路设计方法，这是出现 GIS 辅助道路选线发展初期的一种方法，实际上是传统选线方式在 GIS 选线中的延伸，除了高程因素外，并没有考虑地质、水文、环境影响等因素对选线的影响。第二类 GIS 辅助选线方法是基于叠置分析的线路优选方法，这类方法是先将线路设计方案综合优选的评价指标体系层次化，然后在 GIS 中，按照公路等级对初选线路做一定距离的缓冲区图层，在多层地理数据的支持下，将线路缓冲区图层与其他要素图层做叠置分析，提取并计算指标信息，再利用一定的数学方法(如层次分析法、模糊数学)获取各方案的理论评价值，为优选决策提供依据的一种方法。如孔金玲应用 GIS 技术提取公路选线方案的评价指标信息，应用层次分析方法实现了公路选线多因素的综合分析及多方案的综合比选，其研究中将耕地层作为一个因素层，将占地数量作为评判方案的一个评价因子进行了分析。贾永刚以 GIS 和空间决策支持系统技术为基础，以 CITYSTAR 为平台，以 VB 为开发工具，在高速公路选线理论的指导下并考虑选线工作中的实际问题，初步设计出了高速公路选线决策支持系统。另外，宁锐、刘丹萍、曹健、高传东也分别运用 GIS 技术针对公路、铁路工程选线中工程地质、水文等不确定性因素进行了路线方案评价及优选技术研究。第三类 GIS 辅助选线方法是基于空间分析与模拟的综合选线方法，是通过充分利用 GIS 的空间分析、空间模拟、空间决策支持功能与技术，将道路选线各环节步骤在完备的空间数据和空间可视化基础上归于一体，试图实现 GIS 选线自动化和集成化的一类方法。目前，该方法的研究还处于探索阶段，主要是基于 GIS 栅格数据及其邻接关系进行空间最优路径模拟与运算。Douglas D H、Lee J、Xu J、陈雪冬、陈继光、高伟等提出了利用 GIS 栅格数据，在综合考虑公路路线标准、空间距离、地形等多种影响因素的基础上，运用费用栅格矩阵法计算最优道路路线的方法。张俊峰利用 ArcEngine 开发组件，引入 GIS 的有关理论、方法和技术分析手段，采用多元回归、信息量法和模糊综合评判等多种数学分析评价模型，开发了综合考虑区域稳定性、坡度、土地利用等因素的公路选线决策支持系统。何越磊则提出了广义导向线定线法选线的方法，并依据此思想建立定线元胞自动机模型，利用元胞自动机的离散动力演化功能，将多目标综合考虑，实现了铁路选线设计中定线自动化，为道路选线的优化设计提供了新思路。

除了3S辅助选线技术以外，系统动力学、模糊数学、环境影响评价方法等也是目前公路选线中常用的决策支持方法。赵健三在采用AHP法构造公路选线优选系统的综合评价指标体系的基础上，结合熵权和模糊数学理论，构造了基于熵权的公路选线模糊层次分析决策模型。江玉林在综合考虑地质环境、土地利用、水土保持和敏感目标等因素的基础上，以层次分析法建立了公路选线生态环境评价方法，进行了区域中环境最小敏感走廊和对具体线路进行环境优化的研究。赵勇则采用综合生态影响评价指数法进行了路线方案的比选研究。

根据对目前我国道路选线技术现状调查，结果表明：

(1)自20世纪90年代以来，3S技术已广泛应用于公路建设和管理。就3S技术应用于公路选线设计而言，主要实现了全数字化作业流程并以低成本达到走廊带优化，减少工程量及劳动强度，提高工作效率和质量，另外在避开地质灾害的地质选线方面、环保方面取得大量成果和经验，开展了相关课题研究工作。但是，就保护土地资源方面而言，国内虽有相关论文进行了一些探讨，但基于3S技术、以土地节约为主旨的相关科研尚无系统性的研究，大多数研究中选线决策也主要是利用GIS方法确定的占地数量作为比选决策的条件，而很少考虑到周边土地资源敏感性的问题(如因公路建设导致的土地资源破碎化及破坏地表径流而引起的对周边耕地资源的破坏问题等)。

(2)公路建设用地主要来源是国家划拨，按各省市制定的赔偿标准执行占用地赔偿。由于土地资源是一种不可再生的稀缺资源，目前的土地占用补偿价格未完全反映土地资源的不可再生这一特性，亦未完全考虑土地及其附着物的机会成本及其附着物的环境、历史和情感价值。因此在路线方案选择中往往对土地的潜在价值认识不足，仅停留在定性分析的基础上，对路线方案比选、以桥代路、以隧代路等适用条件及其决策的指导性不强，土地占用往往不能成为方案决策的主导因素，保护土地资源的宗旨不能真正落实到位。因此，在选择路线走廊带及进行路线方案比较时，必须相应地建立土地价值评价及占用决策体系，才能最终达到利用3S技术保护土地资源的目的。

1.2.2 公路设计中的集约用地技术

近年来，受土地资源尤其是耕地资源的紧缺所限，我国公路设计中逐渐将节约占地作为一项控制性因素来考虑，这在一系列的典型示范工程设计中体现得较为明显。常用的节约占地设计主要在保证安全和运营功能的前提条件下，灵活选择和运用技术标准和指标，应用到具体设计中主要包括降低路基高度(采用的主要设计方法包括合理规划线路，尽量减少居民反复穿越高速公路的可能；核定通航等级、洪水位与净空要求；合并乡村道路，调整通道位置和数量；利用桥跨和箱涵作通道；支线和乡村道路上跨或下穿平纵用足设计规范有关指标；桥梁结构采用建筑高度低的结构等)，减少两侧边坡占地；路线合理布局，避免重复设线；合理利用老路改造；挡墙取代路基放坡；桥隧取代路基；新标准使用(如在维持传统的路基横断面中的挡土墙、排水沟、边坡比不变的情况下，将挡土墙内移，并在路肩位置加设钢筋混凝土L墙，用其代替路缘石、拦水带，以节省公路用地)；路基分离设计；合理设计互通、服务区、停车区的形式及位置等。

总的看来,目前,我国公路设计阶段已经非常重视土地资源的节约,各种等级的公路设计过程中都有意的采取了这样或那样的措施以节约主体工程的占地,国家环保总局更是把提出设计阶段的节约占地设计作为公路建设项目环评报告书批复的一个必要条件。然而,由于目前资源节约的公路设计尚处于新理念的理解及技术的摸索时期,公路设计中的节约占地尚没有没有强制性的标准限制,各类节约占地设计技术也没形成完备的技术体系,因此,在具体公路设计中这些技术真正的指导作用不强。另外,我国高等级公路设计中,在互通立交、沿线设施等设计过程中,节约占地问题也仍然是一个值得探讨和研究的问题。

1.2.3 公路施工中的集约用地技术

除了设计中需贯彻节约用地技术外,目前,公路建设施工中也已经重视集约用地技术。目前采取的措施有以下几类:第一类节地措施是其他材料作为路基填方的利用。目前,粉煤灰渣、矿山开采废料、矿渣等材料均作为路基填料利用;路基、隧道挖方尽可能地平衡回填利用,以减少取土、弃渣场地占地等,均是目前施工中乃至设计阶段考虑比较多的一种措施。第二类节地措施是各类临时工程的合理选址或并场利用。如,中铁四局集团在贵州镇宁至胜境关公路建设中,利用挖方产生的弃渣生产工程所需砂石料(料场),同时采用了“四(施工、料)场合一场”的生产模式,有效地减少工程建设中的土地占用。将施工场地、道路设置在桥下或互通等永久占地范围内也是目前公路施工中比较常见的节地措施。第三类则是对施工用地及时复垦,尤其是复耕利用。

总的看来,近年来随着土地资源紧张问题的凸显,我国公路建设中已经采取了各种各样技术措施实现集约用地的目的。但是,这些技术往往是从“出现问题然后解决问题”的角度去考虑的,尚不能从根源上即从规划、设计阶段就将集约用地作为一个限制性因素来考虑。另外,设计、施工中的节(集)约用地技术和措施也多是就某一工程具体路段或具体单元提出的,只能作为理念上的示范,尚没有达到具体规范、指南的层面,这些还都有待于深入的调查、研究来完善。

1.2.4 公路路域破坏土地的复垦技术

土地复垦是对在生产建设过程中因挖损、塌陷、压占等造成破坏的土地,采取整治措施,使其恢复到可供利用的状态的活动。土地复垦工程是解决生产建设和土地破坏间矛盾最有效的途径。土地复垦按作业性质一般可分为工程复垦和生态复垦两个阶段。工程复垦是指土地破坏前的表土层采集、堆存及后期土地整治工程。生态复垦则是对整治后的被破坏土地进行熟化和改良,进行植被恢复等作业过程。

国外早在 20 世纪初就开始对矿区土地进行了复垦研究,但大规模、有计划、有目的的复垦研究工作也不过 30 多年历史,其中历史较久、规模较大、成效较好的国家有澳大利亚、前苏联、德国、美国等国家。美国早在 1918 年就在印第安那州煤矿的煤矸石堆上进行了再种植试验。前苏联也十分重视土地复垦工作,早在 1954 年苏联部长委员会议中就明确指出:“利用后的土地必须恢复到适宜农业利用或其他建设需要状态”。1960 年各加盟共和国通过的《自然保护法》和 1962 年的部长委员会决议中更明确地要求进行土地复垦。在 1968 年的苏联宪法和 1976 年的部长会议决议中,土地复垦法得以进一步发展和具体化。此外,澳大利亚、英国、法国、日本、加拿大、匈牙利、丹麦等在这方面也做了大量研究工作。

中国的土地复垦工作起始于 20 世纪 50 年代,特别是 90 年代以来土地复垦工作发展较快。

目前,土地的复垦技术通常可以分为生态农业复垦技术、生物复垦技术、微生物复垦技术和复垦土壤侵蚀控制技术四类。生态农业复垦技术是将运用生态学和生态经济学原理,对破坏的土地进行生态综合整治和利用的一种技术方法。其目的在于依据能量多级利用与物质循环再生原理,循环利用农业废物,在被破坏的土地上建立良性的生态循环系统。生物复垦技术是利用生物措施,恢复土壤肥力与生物生产能力的活动。它是实现土地复垦的关键,主要内容为土壤改良和植被品种筛选。土壤改良的方法主要有绿肥法和施肥法。微生物复垦技术是利用微生物活化剂和微生物与有机物的混合剂对复垦后的贫瘠土地进行熟化和改良,恢复土壤肥力的技术。复垦土壤是人造新土,地表极易被风蚀或雨水侵蚀,因此复垦土壤的侵蚀控制是临时用地复垦成败的关键,主要控制技术包括应用“侵蚀被”和侵蚀控制构筑物等。

虽然,破坏土地的复垦技术经过几十年的发展已经取得了长足的进步,各单项技术也日趋成熟。我国对公路临时性破坏土地复垦技术的研究起步却较晚,主要采用各种已经在矿业复垦中发展的较为成熟的技术,实现土地复垦利用的目的。各类技术、模式目前尚不系统,也不成熟。贾成前、杨国栋等根据公路临时用地的土壤分析和适宜性评价结果,探讨了临时用地复垦技术对复垦土地的影响。张建昌以勉县至宁强高速公路为例对生态恢复中不同恢复类型条件下的土壤肥力恢复进行了研究,结果表明:草本恢复类型对前期土壤肥力的恢复作用大于草灌结合及单纯灌木恢复类型,在草本生态恢复类型中,豆科植物与禾本科植物混播恢复类型大于单纯禾本科或豆科植物恢复类型的作用。杨国栋依据人工神经网络原理,建立了用于高速公路临时用地复垦土地适宜性的神经网络评价模型,并以京大高速公路山西段为例,进行了临时用地复垦技术、方向的适宜性评价。高更君则从分析公路建设破坏土地的形式和原因出发,对公路建设土地复垦的理念及管理提出了一些想法。除此之外,胡珊、陈其兵、陈学平、廖乾旭等则对当前高速公路土地复垦及生态恢复中存在的问题进行了剖析,认为边坡立地条件差、植被组合简单、生态适应性差、景观效果不佳、岩质陡坡恢复困难、缺乏基础理论研究、恢复成本高和养护管理困难等是当前存在的主要问题,并针对这些问题提出了相应对策,如提高生物多样性、培育边坡植物种子市场、建立恢复评价体系、新技术新材料研究、制定科学养护方案和培养恢复专业人才等措施。

总的看来,我国公路建设土地复垦技术研究还处于初级阶段,虽然各种破坏土地单项土地复垦技术经过多年的研究、验证已经日趋成熟,但这些技术绝大多数是源于矿区的生态恢复治理,对于公路这一类涉及的破坏土地生态类型、立地条件等复杂多样的线形工程来说,各类复垦技术的适用性及有效性等问题还有待探讨。同时,对各类破坏土地也还缺少典型的、可推广的土地复垦模式。公路建设中表土保护问题虽已要求了多年,但如何保护、利用仍缺乏理论基础和技术支持,保护和利用的现状也不容乐观。另外,由于在公路破坏土地复垦技术方面缺少可利用的规范、指导思想理解方面也存在较大的差异,致使公路破坏土地的复垦效果参差不齐,有时往往注重眼前效果,浪费了大量资金但生态效果却不理想。以上种种问题的存在,都有赖于系统的开展公路建设中破坏土地复垦技术体系及各类相关应用基础研究来解决。

1.3 公路建设中土地资源保护与集约利用的基本原则

公路建设中土地资源保护与集约利用有两大基本原则,一是土地减量原则,二是土地增值原则。土地减量原则即为在公路建设的各个环节尽量减少对各类土地的征用,包括永久征用和临时征用,侧重反映在数量上。土地增值原则即为在公路建设的各个环节,尤其是公路建成通车后,尽量带动公路沿线土地价值的增加,对高速公路而言,特别明显的是出入口(互通)附近地块价值的增加。见表 1-1。

表 1-1 公路建设中土地资源保护与集约利用的基本原则

土地利用与土地占用	减量措施	增值措施
本身功能需要的有效占用土地	有效用地,减少占用,最大可能地避免浪费用地	有效用地,集约使用,最大能力地提升土地价值
废弃物堆放需要的无效占用土地	无效用地,减少占用,最大限度地减少废弃用地	无效用地,回收增值,最大强度地恢复受创土地

1.4 公路建设中土地资源保护与集约利用的基本任务和工作范围

公路建设中土地资源保护与集约利用的基本任务就是从公路规划选线、设计、施工、建设过程等各阶段贯彻落实节地的两大基本原则。

公路建设中土地资源保护与集约利用的工作范围主要分为两方面,第一方面是公路建设过程中的各个环节(规划选线、设计、施工、建设过程)的土地减量增值;第二方面是公路建设后的土地资源复垦。

参考文献

[1] 盛鸿飞. 道路工程经济与管理[M]. 人民交通出版社,2002.
[2] 王建军,王参军. 公路建设项目后评价理论与方法研究[M]. 人民交通出版社,2005.
[3] 李红镝,邹筑煜. 交通运输可持续发展及其评价指标的建立[J]. 交通环保,2003(4):17-19.
[4] 张飞涟,张　伟. 铁路建设项目应进行可持续发展评价[J]. 基建优化,2003(2).

2　土地资源与公路用地

土地与土地资源是完全不同的两个概念，严格说，我国国土面积 960 万 km^2 是指土地面积，并非完全有利用价值的土地面积(即土地资源)，所有的土地面积中，有大量的高山、荒漠、水域等不可利用的土地面积。

公路用地与公路征地是两个概念，公路建设的节约用地，不仅仅是指减少公路用地数量，更是要合理节地，尽量减少价值高的土地资源的占用。

公路建设应做好土地资源的保护与集约节约。

2.1　土地及土地资源

2.1.1　土　　地

土地的概念应从其自然属性角度加以界定，存在着狭义土地和广义土地的概念之别，通常又与土地平面和立面相交织，形成土地平面观和立体观。

由于土地概念涉及并影响世界各国，所以联合国也先后对土地作过定义。1972 年，联合国粮农组织在荷兰瓦格宁根召开的农村进行土地评价专家会议对土地下了这样的定义："土地包含地球特定地域表面及以上和以下的大气、土壤及基础地质、水文和植被。它还包含这一地域范围内过去和目前人类活动的种种结果，以及动物就它们对目前和未来人类利用土地所施加的重要影响。"

1975 年，联合国发表的《土地评价纲要》对土地的定义是："一片土地的地理学定义是指地球表面的一个特定地区，其特性包含着此地面以上和以下垂直的生物圈中一切比较稳定或周期循环的要素，如大气、土壤、水文、动植物密度，人类过去和现在活动及相互作用的结果，对人类和将来的土地利用都会产生深远影响。"

从土地管理角度出发，原国家土地管理局 1992 年出版的《土地管理基础知识》中这样定义土地："土地是地球表面上由土壤、岩石、气候、水文、地貌、植被等组成的自然综合体，它包括人类过去和现在的活动结果。"因此，从土地管理角度，可以认为土地是一个综合体，是自然的产物，是人类过去和现在活动的结果。

1972 年在荷兰瓦格宁根召开的关于土地评价的专家会议认为："土地包涵着地球特定地域表面及其以上和以下的大气、土壤、基础地质、水文和植物。它还包涵着这一领域范围内过去和目前人类活动的种种结果，以及动物就它们对目前和未来人类利用土地所施加的重要影响。"对人类社会而言，土地的基本特点是具有生产能力和固定空间位置，是人类生存的主要空间场所，是社会最基本、最重要的生产资料与劳动对象之一。

2.1.2　土地的特性

土地的特性，包括自然特性和经济特性。土地的自然特性是指不以人的意志为转移的自然属性;土地的经济特性则指人们在利用土地的过程中,在生产力和生产关系方面表现的特性。

(1)土地的自然特性

土地的自然特性包括:土地面积的有限性、土地位置的固定性、土地质量的差异性(多样性)、土地永续利用的相对性(土地功能的永久性)等。

土地面积的有限性:土地是自然的产物,人类不能创造土地。广义土地的总面积,在地球形成后,就由地球大小所决定。人类虽然能移山填海、扩展陆地,或围湖造田、增加耕地,但这仅仅是土地用途的转换,并没有增加土地面积。

土地位置的固定性:土地最大的自然特性是地理位置的固定性,即土地位置不能互换、不能搬动。人们通常可以搬运一切物品、房屋及其他建筑物,虽然移动困难,但可拆迁重建。只有土地固定在地壳上,占有一定的空间位置,无法搬动。这一特性决定了土地的有用性和适用性随着土地位置的不同而有着较大的变化,这就要求人们必须因地制宜地利用土地。同时,这一特性也决定了土地市场是一种不完全的市场,即不是实物交易意义上的市场,而只是土地产权流动的市场。

土地质量的差异性(多样性):不同地域,由于地理位置及社会经济条件的差异,不仅使土地构成的诸要素(如土壤、气候、水文、地貌、植被、岩石)的自然性状不同,而且人类活动的影响也不同,从而使土地的结构和功能各异,最终表现在土地质量的差异上。

土地永续利用的相对性(土地功能的永久性):土地作为一种生产要素,只要处理得当,土地就会不断改良。在合理使用和保护的条件下,农用土地的肥力可以不断提高,非农用土地可以反复利用,永无尽期。土地的这一自然特性,为人类合理利用和保护土地提出了客观的要求与可能。土地是一种非消耗性资源,它不会随着人们的使用而消失,相对于消耗性资源而言,土地资源在利用上具有永续性。

土地利用的永续性具有两层含义:第一,作为自然的产物,它与地球共存亡,具有永不消失性;第二,作为人类的活动场所和生产资料,可以永续利用。其他的生产资料或物品,在产生过程或使用过程中,会转变成另一种资料、物品,或逐渐陈旧、磨损,失去使用价值而报废。土地则不然,只要人们在使用或利用过程中注意保护它,是可以年复一年地永远使用下去的。但是,土地的这种永续利用性是相对的,只有在利用过程中维持了土地的功能,才能实现永续利用。

(2)土地的经济特性

土地的经济特征包括:土地供给的稀缺性、土地利用方向变更的困难性(土地用途变更的困难性)、报酬递减的可能性和土地利用后果的社会性等。

供给的稀缺:土地供给的稀缺性,不仅表现在土地供给总量与土地需求总量的矛盾上,还表现在由于土地位置固定性和质量差异性导致的某些地区(城镇地区和经济文化发达、人口密集区)和某种用途的土地(如农业用地)供给的特别稀缺上。

土地利用方向变更的相对困难性:一幅土地往往有多种用途,当土地投入某种用途之后,欲改变其利用方向,往往会造成巨大的经济损失,因此,相对来说是困难的。

土地利用方向变更相对困难这一特性,要求在确定土地利用方向时,一定要进行详细勘察,作出长期周密的工作规划,决不能朝令夕改,随意改变土地利用方向。

报酬递减的可能性:土地供给的稀缺性要求人们要集约利用土地。由于"土地报酬递减规律"的存在,在技术不变的条件下,对单位面积土地增加投入超过一定限度,就会产生报酬递减的后果。这就要求人们在利用土地增加投入时,必须找在一定技术经济条件下投资的适合度,确定适当的投资强度和投资结构,并不断改进技术,以便提高土地利用的经济效益。

土地利用后果的社会性:土地是自然生态系统的基础因子,互相联结在一起,不能移动和分割,因此,每幅土地和每一区域的土地利用的后果,不仅影响到本幅土地和本区域内土地的自然生态环境和经济效益,而且必然影响到邻近地区甚至整个国家的生态环境和经济效益,产生巨大的社会后果。这就是土地利用的外部性。

2.1.3 土地的分类

根据土地的各种性状和特点,将一个国家或地区的全部土地资源划分成若干类型。目的主要是为了掌握土地资源状况,识别土地资源的特性、功能和用途,以便合理地利用土地资源。

(1)按地形分,土地资源可分为高原、山地、丘陵、平原、盆地。这种分类展示了土地利用的自然基础。一般而言,山地宜发展林牧业,平原、盆地宜发展耕作业。

(2)土地覆盖分类:把土地类型理解为在一定气候条件下地貌-土壤-植被的共同体,反映土地自然属性。较多应用于土地资源的综合考察。

(3)土地利用分类:也叫土地利用现状/土地功能/土地用途分类:反映人类活动,即土地利用地域单元的功能或用途,反映土地社会属性。

(4)综合分类。

国家标准化管理委员会发布《土地利用现状分类》,根据土地的用途、利用方式和覆盖特征等因素,该国家标准采用一级、二级两个层次的分类体系,将我国土地共分 12 个一级类、56 个二级类。

其中 12 个一级类是:耕地、园地、林地、草地、商服用地、工矿仓储用地、住宅用地、公共管理与公共服务用地、特殊用地、交通运输用地、水域及水利设施用地、其他土地。

《中国 1∶100 万土地资源类型分类系统》采取土地潜力区、土地适宜类、土地质量等、土地限制型、土地资源单位等五级分类制,其中土地资源单位是作为制图单位和评价对象。该分类系统将全国划分为华南区、四川盆地-长江中下游区、云贵高原区、华北-辽南区、黄土高原区、东北区、内蒙半干旱区、西北干旱区和青藏高原区九个土地潜力区。划分宜农耕地类、宜农宜林宜牧类、宜农宜林土地类、宜农宜牧土地类、宜林宜牧土地类、宜林土地类、宜牧土地类和不宜农林牧土地类八个土地适宜类。各土地适宜类按农林牧适宜程度与质量高低各分为三个土地质量等,即:一等宜农的土地、二等宜农的土地、三等宜农的土地;一等宜林的土地、二等宜林的土地、三等宜林的土地;一等宜牧的土地、二等宜牧的土地、三等宜牧的土地。多宜土地类按农林牧土地质量等进行排列组合。土地限制型划分为无限制、水文与排水条件限制、土壤盐碱化限制、有效土层厚度限制、土壤质地限制、基岩裸露限制、地形坡度限制、土壤侵蚀限制、水分限制与温度限制 10 个限制型。

2.1.4 土地资源

土地资源是指在目前的社会经济技术条件下可以被人类利用的土地,是一个由地形、气候、土壤、植被、岩石和水文等因素组成的自然综合体,也是人类过去和现在生产劳动的产物。土地资源包括建议利用的和未利用的土地,就土地本身来说,它包括陆地表面、内陆水域及滩地。而在可预见的将来,人类仍不能利用的土地不属于土地资源范畴。

土地资源是人类赖以生存和繁衍的第一资源，是各种资源之首。人们通常把地球表面的陆地部分、由泥土与砂石堆成的固体场所称为土地。至于海洋、江河、湖泊、池塘等均不列入土地范畴之内。随着人类社会发展和科学技术的进步，土地的概念由地球表面扩大到地球表层，由平面扩展至立体，形成了土地的立体观。

从系统论观点来看，土地系统是由耕地、林地、园地建设用地等组成的大系统，这些土地子系统都是由植物、动物、微生物等生物成分和光照、土壤、空气、温度等非生物成分共同组成的，借助于能量与物质流动转换而形成的不可分割的有机整体。土地系统及其子系统以及子系统之间存在复杂的能量与物质转换，它们都属于开放系统，是远离平衡状态的开放系统，只要通过不断与外界交换物质与能量，在外界条件的变化达到一定的阈值时，可能从原有的混沌无序状态，转变为时空上或功能上的有序状态，依靠不断耗散外界的物质和能量来加以维持。与此同时，土地系统又是更大系统的非生物环境要素（图 2-1），用集合论表达为：

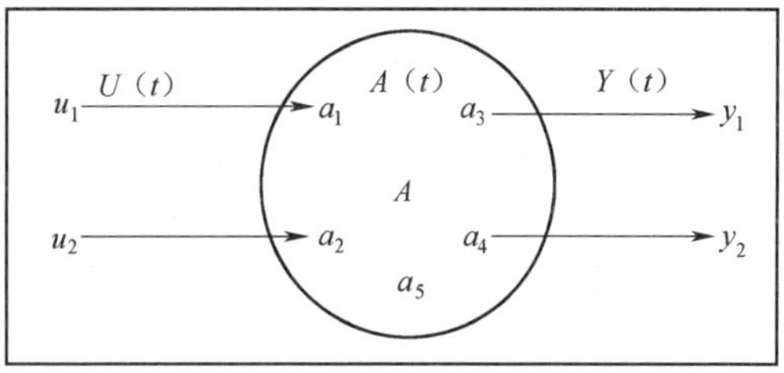

图 2-1　土地系统和环境关系

$$A = \{a_1, a_2, \cdots a_{12}\}$$

式中　A——土地系统；

$a_1, a_2, \cdots, a_{12}$——耕地、园地、林地、建设用地等土地子系统。

综上所述，可将土地分为狭义土地和广义土地，进上步可细分为平面土地和立体土地，最终归结为土地资源和土地资产。见表 2-1。

表 2-1　土地的概念

土地定义		狭　义　土　地	广　义　土　地
土地资源	土地平面观	地球上陆地表面（含内陆水域）1.49 × 10^8，占 29.2%	整个地球表面包括陆地和海洋 5.1 亿 km^2，其中海洋 3.61 亿 km^2，占 70.8%
	土地立体观	地球上陆地表面上下组成立体垂直剖面（国土、坏境一部分）	整个地球表面上下组成立体垂直剖面（地球表层、国土、环境）
土地资产	土地平面观	陆地资产价格、陆地所有权价格、陆地使用价格、陆地地役权价格	陆地资产价格、海洋资产价格、陆地、海洋使用权价格、陆地、海洋所有权价格
	土地立体观	不动产（房、地）价格、陆地空间权价格、陆地地下权价格	陆地空间价格、海洋空间价格、陆地、海洋空间权价格、陆地、海洋地下权价格

土地资源指目前或可预见到的将来，可供农、林、牧业或其他各业利用的土地，是人类生存的基本资料和劳动对象，具有质和量两个内容。在其利用过程中，可能需要采取不同类别和不同程度的改造措施。土地资源具有一定的时空性，即在不同地区和不同历史时期的技术经济条件下，所包含的内容可能不一致。如大面积沼泽因渍水难以治理，在小农经济的历史时期，不适宜农业利用，不能视为农业土地资源。但在已具备治理和开发技术条件的今天，即为农业土地资源。

2.1.5　土地的资源属性

土地资源既包括自然范畴，即土地的自然属性，也包括经济范畴，即土地的社会属性，是人类的生产资料和劳动对象。

土地是自然界和人类活动综合作用下的产物,它占据着三维空间,在其发展演变过程中,贯穿着物质交换、能量转化和信息交流过程,表现为复杂的开放系统。

(1)自然属性:是由地形、地质、气候、植被、水文和土壤等要素组成的自然综合体,其性质取决于土地要素组合关系和综合特点。

(2)社会属性:是人类的生产资料和劳动对象。自然状态的土地是"土地物质",已利用土地由于凝结了人类的劳动成为"土地资本"。

2.2 公路及公路用地

2.2.1 公　路

公路是指连接城市、乡村和工矿基地之间,主要供汽车行驶并具备一定技术标准和设施的道路。

《中华人民共和国公路管理条例实施细则》指出:公路是指在中华人民共和国境内,按照国家规定的公路工程技术标准修建,并经公路主管部门验收认定的城间、城乡间、乡间可供汽车行驶的公共道路(包括公路桥梁、公路隧道和公路渡口)。

2.2.2 公路的主要功能

公路交通对经济的繁荣与振兴发挥了巨大作用,其功能主要体现在以下几个方面:

(1)交通功能。公路是交通的基础设施,是社会、政治、经济和文化活动所产生的人流、物流的运输载体,具有国际、省际、城市内部、城际之间和城乡、乡村之间交通的中转、集散客货功能。

(2)繁荣经济的功能。一个高度发达的国家,必须有一个规划科学、布局合理、高低结合的公路网作为社会支撑的先决条件,它对繁荣经济的作用是任何运输方式所不可替代的。

(3)形成城乡建筑布局主骨架的功能。公路是国土结构的骨架,也是城市建设的基础。道路为公共设施不仅提供了交通体系和空间,而且为保证日照、通风、环保绿化、管线布设和建筑风格提供了有利条件。各种建筑物使用效益的发挥,有赖于道路先行来实现和完成。在道路建设的过程中,各项基础设施得以同步进行,随着道路的建成,可使土地利用与开发得以迅速发展,市场加速繁荣,经济指数迅速增长。

(4)防灾、减灾、战争需要的功能。在发生火灾、水灾、地震等自然灾害,以及战争防御或紧急情况时,公路能最大限度地提供疏散、避险的通道与空间。当 1998 年我国南方和东北大面积发生特大洪灾时,公路交通在转移灾民,运输抗洪救援物资、人员方面发挥了不可估量的作用。在遭受重大自然灾害时,公路交通在抢救人员、物资上能赢得宝贵时间,在消防时能起到隔离火源的作用。

(5)繁荣经济、捍卫国家领土的功能。实践证明,要想富,先修路,说明公路对商品流通的推动作用。此外,公路交通在巩固国防、建设边疆、开发山区和旅游事业等方面的巨大作用也是不言而喻的。

2.2.3 公路运输的主要特点

在综合运输体系中,公路运输有其独到的特点和突出的优越性。主要表现在以下几个方面：

(1)机动灵活。货物在最少装卸次数的情况下可以实现门对门的直达运输，在小于200~500km短途运输中可以做到经济可靠、迅速及时。

(2)普及面广、适应性强。能满足政治、经济、国防各个方面的需要：平时运送旅客和人民生活必需品及商品物质，促进市场繁荣；战时运送部队与军事物资，出现突发情况时也能疏散居民及运送救援物资。

(3)运量较大。虽然公路载客、货量小，但随着高速公路的兴建和通车，加上大吨位集装箱的引入，公路运输客货总量和总周转量的比重日益增大。目前公路承担的客货运量分别占现有5种运输方式总量的88.7%和90%，客货周转量分别占51.1%和30.6%。

(4)是各种基础建设的先行。建设新厂、开发矿产资源、修建铁路等其他运输场站、城镇建设工程、兴建水利设施等基础建设必须先修建公路。

2.2.4　公路用地

中国公路用地在1949年以前没有具体规定。中华人民共和国成立后，1950年9月颁布了《公路留地办法》，对公路用地明确规定：国家公路和省级公路应留土地，除路基宽度和公路两旁侧沟外，还应在每侧至少保留1 m宽作为养路取土用。

《公路工程名词术语》规定：公路是为修建、养护公路及其沿线设施，依照国家规定所征用的地幅。

2004年8月28日人大常委会修改通过的《中华人民共和国公路法》第34条规定：县级以上地方人民政府应当确定公路两侧边沟(截水沟、坡脚护坡道，下同)外缘起不少于1 m的公路用地。

《公路工程技术标准》(JTG B01—2003)第1.0.6条规定：在确定公路用地范围时应符合以下规定：

(1)公路用地范围为公路路堤两侧排水沟外边缘(无排水沟时为路堤或护坡道坡脚)以外，或路堑坡顶截水沟外边缘(无截水沟为坡顶)以外不小于1 m范围内的土地；在有条件的地段，高速公路、一级公路不小于3 m、二级公路不小于2 m范围内的土地为公路用地范围。

(2)在风沙、雪害等特殊地质地带，设置防护设施时，应根据实际需要确定用地范围。

(3)桥梁、隧道、互通、分离式、平面交叉、交通安全设施、服务设施、管理设施、绿化以及料场、苗圃等用地，应根据实际需要确定用地范围。

《公路工程项目建设用地指标》(2011年)“路基工程用地指标”中规定：“路基工程用地指标编制采用的用地宽度，各级公路均按路堤两侧排水沟外边缘(无排水沟时为路堤或护坡道坡脚)以外，或路堑坡顶截水沟(无截水沟为坡顶)以外加1 m计算。”

2.2.5　公路用地的分类

公路工程用地包括公路工程直接占地和间接占地两种方式。

(1)直接占地

公路建设工程是覆盖在土地之上的线性工程，土地是公路建设的直接载体，因此公路的建设必然要占用大量宝贵的土地资源，尤其是高等公路的建设。由于高等级公路线路标准要求较高，路基宽，耕地占用现象尤为突出。据交通部1999年颁布的公路建设项目用地指标，高速公路(四车道)每公里平均占地 8 hm^2,一级、二级、三级、四级公路每公里平均占地分别为 7 hm^2、3.2 hm^2、2.6 hm^2和 2.3 hm^2。经分析计算,我国公路占地面积总计约为 440.44 万 hm^2,即 0.66 亿亩,约占我国土面积的 0.46%,占耕地总面积的 3.60%(不包括等外公路)。如此大面积的公路建设占地,对于人均耕地资源本来就少的我国来说是一个巨大的挑战。

(2)间接占地

①施工建设改变区域土地利用方式,如公路立交占用林地、草地等,改变了区域原有的土地环境功能,降低了区域土地利用价值。特别是等级较低的公路,从设计开始就未受到应有的重视,工程结束后未能按照设计文件及时绿化复耕,造成了"掠夺化施工"、超范围占用土地,使得区域内土地质量下降,可利用土地间接减少。

②施工过程破坏部分地表植被,破坏土壤和植被之间的营养物质循环,使得土壤直接暴露于阳光下,而土壤温度升高,从而使土壤微生物种群结构及有机物分解过程发生变化,导致土壤肥力下降。公路施工扰动、切割地表用地,致使土壤功能发生变化,抗蚀性降低,雨水得不到涵养而出现水土流失。隧道施工建设过程中产生大量的弃渣(每开挖 1 km 的隧道废渣,存放占地就达几公顷),弃渣堆放结构疏松,孔隙度大,极易造成水土流失。同时流失的弃渣、砾石、弃土等侵占耕地,导致耕地流失和耕地质量下降。工程施工过程中随意丢弃施工及生活垃圾,也可破坏土壤,致使土壤质量下降,土壤系统结构和功能失调,严重的还会产生盐碱地、沙漠化,从而间接性地减少土地可利用面积。

③不合理的移民再安置会超过区域土地承载力。土地承载力是指在一定条件下,一个地区单位土地面积(每平方公里)上最多能够养活的人口数量。在一定的条件下,一定区域的土地承载力是有限的,当人类加载在这块土地上的压力(包括人口数量、消费水平、生活方式、生产方式等)超过这块土地的承载力时,这块土地的生态环境就必然要发生退化,超过土地的承载力越多,土地生态环境的退化就愈加严重,而且是一个加速退化的过程。过量的移民安置会导致土地负荷过重,地力衰退,土壤质量不断退化。

2.3 公路建设对土地资源的影响

2.3.1 公路建设对土地资源的直接影响

公路建设对土地资源的占用方式分为两种情况:永久占用和临时占用,因此,其对土地资源的直接影响可从永久占用和临时扰动两个方面来分析。

2.3.1.1 公路永久占地的影响

公路永久占地的影响主要是永久改变土地的原有利用功能,表现为农田、林地、草地等非建设用地的交通用地化,直接造成区域内相关地类绝对数量和可利用土地资源量的减少,这种影响具有持(永)久性和不可逆性。由于在多数地区公路建设不可避免占用耕地,因此,公路建设永久占地的最突出的影响是引起人-地紧张关系的加剧。除此之外,还包括植被减少、自然生态服务功能降低等。

2.3.1.2 公路建设临时用地的影响

公路建设中的临时用地包括施工便道、施工场地(拌和场、预制场等)、施工营地、取土(料)场、弃渣场等临时工程的用地,由于各类临时工程的作业方式和对土地的扰动程度不同,对土地的影响也表现出不同,但大体可以归结为两个深度层次的影响,即土地性状的影响和土地使用功能的影响。

2.3.1.3 对土地性状的影响

此处所说的土地性状是指附着在土地上的各种物理、化学特性，包括地表微地形、土壤的厚度、土壤的密实度与孔隙率、土壤含水量、土壤的养分含量等。

(1)土体物理性状

公路施工中的扰动，首先会改变地表土壤的物理特性。施工便道上车辆的碾压，以及施工场地内各种机械、预制件的加工、堆放，将会使得地表的土壤更加密实，孔隙率减小。运输的建筑材料的溢洒以及施工场地内材料的堆放，可能会使得水泥等建筑材料与地表土壤发生掺混，易造成地表土体的固结。这些都会使得土壤的团粒结构被破坏，进而对后期土地的施工功能产生影响。

(2)地表地形

公路取土、采料和弃渣作业以及施工便道、场地的开挖、填筑等，将使得地表原有土壤被深层土壤(或岩石)或弃方所取代，地表土壤的理化性质将可能发生本质性的变化，这无疑会对土地的使用功能产生影响。另外，取土、采料、弃渣等作业还将改变地表的微地形，也可能影响到土地使用功能。

(3)化学性状

公路施工过程中，大多需要对各类临时用地上的地表植被进行清除，加之对地表土壤的扰动降低了土壤的抗蚀性，在降雨、径流及风力的作用下，极易造成水土流失的加剧，这在改变地表土壤物理性状的同时，也会使得地表土壤养分发生流失。

另外，施工作业中，各种材料溢洒、废水漫流以及油料的泄露和垃圾的堆放等，其中的石油类、油类、无机盐类等渗入土地，均会使土壤的化学性质发生改变。

2.3.1.4 对土地使用功能的影响

从上面的分析不难发现，公路施工不可避免地会改变土地的性状，进而也会对土地的使用功能产生影响。但对土地使用功能的影响根据程度的不同可以分为量变和质变两种情况，即土地的原有功能降低和土地原有功能的丧失(即发生土地使用功能改变)。

(1)土地使用功能的降低

对于工程施工临时占用的耕地、园地等农用地来说，经施工期间车辆的碾压、堆料及预制构造物的占压、场地硬化等外力作用后，土壤的物理结构将发生改变。施工期间地表裸露使水土流失加剧，土壤养分也会随之发生流失。加之一些建筑材料对地表土壤的污染，这些因素均会使得临时用地区的立地条件变差，可耕种性、可绿化性降低，即使采取了一定复垦措施，短时间内也难以达到占用前的种植效果。

(2)土地原有功能的丧失(土地使用功能改变)

平原区的取土坑在后期没有充足土源进行平整恢复的条件下，由于地形条件的改变，易于积水，原为耕地的将无法再进行耕作。山地取土(料)场，后期基岩裸露且坡度较大，覆土困难，也难以再进行植被恢复。而对于石质弃渣场来说，由于原有的地表土壤被大块的石渣所占压，渣体空隙大，很难保水保肥，也基本上不具有恢复为原土地利用方式的条件。上述情况，则认为是土地的原有功能丧失，只能采用其他的土地复垦方式进行复垦。如取土坑作为养殖塘等。

2.3.2 公路建设对土地资源的间接影响

对土地资源的间接影响,是指由于公路的建设改变了地形、地貌、地表水文条件等因素,而对公路永久和临时占地范围以外的土地造成的影响。总的来看可以分为分割土地带来的立地条件的改变和土地管理的影响、水土流失对周边土地的危害、公路施工和运营对周边土地的污染危害、生物入侵等对土地功能的破坏等。

2.3.2.1 土地分割的影响

公路的建设在自然景观系统中嵌入了人工廊道,路基、路面、桥梁的植入,改变了地表土地的连通性及地表、地下水文,并将自然景观系统分割,使景观的破碎度增加。

(1)对土地管理的影响

这一问题在平原地区反映得较为明显。我国的土地一般按乡、村行政界线而划分管理使用,公路的建设不可能严格按照乡村界线布线,因此,难免致使同一刑侦单位土地的分割化,使得管理困难,不便利用。另外,对于位于山间沟地内的耕地,也会因为公路的分割而丧失进场条件,无法进行耕种和管理。

(2)对土地立地条件的影响

公路路基的填筑,通常会改变路域两侧的水文、小气候条件,这经常会影响到路侧土地的农作物及植被的生长,使得作物或植被的生产力下降。特别是部分公路路基建设过程中还可能对原有的农田灌溉排涝系统产生干扰,可能会使得公路两侧土地因不再具有灌溉条件而无法耕种,或因排水不畅而发生水涝灾害,致使农作物减产。

2.3.2.2 水土流失影响

公路路基的建设,改变了地表的水文条件。如果公路排水工程设计不合理,路域集水可能会对下游农田形成冲刷,造成地表土壤及养分的流失,使土地的生产力下降。

另外,弃渣场、取料场选址不当或防护不利时,可能会因降雨、径流冲刷作用而使得泥沙下泄,轻则使得土地地表沙砾化,重则可能直接直接造成下游土地被掩埋。特别是由于渣场堆放防护不利因降雨而形成的泥石流等水土流失危害,对下游农田等土地的危害更大。

2.3.2.3 对周边土地的污染

公路建设过程中,施工区生产废水随意排放,及堆料、机械漏油等污染物随降雨径流的转移,一旦进入下游农田等,会对农田土壤形成污染,将可能对土地的生产力造成影响。

公路营运期对周边土地的污染影响,则主要表现为含有石油类等污染物的路面径流下泄进入农田、果园等对土地造成的污染,尤其是运输有毒有害化学品车辆发生事故泄露,危化品一旦随径流进入下游农田,对土地将产生极大的危害。除此之外,汽车行驶的扬尘飘落在周边农作物或植被的叶片上,会对植物的生长产生影响,汽车尾气中的污染物沉降于地表,也会对土地产生污染,如路侧土地的铅污染等。

2.3.2.4 生物入侵效应

公路建设过程中,对地表植被形成破坏,改变地表土壤的组成结构,路域小气候发生变化,这些都使得路域生态环境变得脆弱化。这种脆弱的生态系统抵御外来干扰的能力非常弱,为一些抗干扰能力强的入侵物种提供了可利用的资源和空的生态位。而施工车辆、运输车辆的进入及道路修建破坏原有植被后形成的廊道,又为入侵物种提供了传播途径,在这种情况下,易造成生物入侵危害。

2.3.2.5 公路建设引发的土地利用效应

公路的建设,改变了区域的交通条件,对区域社会经济起到了拉动作用。同时,这种拉动作用也将促使周边资源、人口向公路两侧或高速公路的交通节点(互通连接线)附近聚集,使得局部地区城镇化进程加快,土地利用结构变化显著。主要表现为房建设施大幅增加,大量农用地将迅速建设用地化,城镇建设用地斑块数、斑块平均面积显著增加,表现出城镇用地沿线分布或在节点处集中化的特征。除此之外,公路的建设还可能带动地方特色经济的发展,这将促使公路沿线及节点处原有土地向高收益、集约化程度更高的土地利用方式转化,如耕地变为果园、苗圃、水产养殖地,林地变为果园等。根据相关研究,国内这一变化的总体趋势是农田斑块表现出不断的破碎化,而林地和园地总体上则呈现空间集中化的特征。

参 考 文 献

[1] 邵晓彤,毛根旺. 道路运输与土地资源支持保障关系分析[J]. 交通科技与经济,2009(5).
[2] 张红红. 高速公路社会影响评价指标可靠度估算方法[J]. 西安公路交通大学学报,2009,20(4).
[3] 葛海燕. 高速公路项目社会影响评价分析与研究[D]. 西安:西安公路交通大学,1999. 51-53.
[4] 朱德举. 中国耕地保护(第1版)[M]. 北京:中国大地出版社,1997:63-64.
[5] 朱德举. 土地评价(修订版)[M]. 北京:中国大地出版社,2002:35.
[6] 姚炎明,王英. 公路建设项目土地经济损失的定量评价[J],环境污染与防治,1999,21(6).
[7] 周志言编著. 公路建设项目后评价[M]. 北京:航空工业出版社,1999. 44 ~76
[8] 李晚斐,陈金海. 环境因子在公路建设方案比选中的应用研究[J]. 四川建筑,2007,27(4):53-55.
[9] 郭思涛,杨晓清. 公路工程环境影响评价经济损益分析初探[J]. 公路, 2001(11).

3　公路占用地价值评价方法

公路占用地价值与公路征地价格是两个完全不同的概念，普遍意义上，公路征地价格能反映公路所占用地价值的原始性状，比如，城郊结合部的土地征地价格，往往要高于山区公路的征地价格，耕地的征地价格要高于山地的征地价格，但是，征地价格并不是土地的价值，合理评价公路占用地价值，是公路开展土地资源研究的首要课题。

3.1　公路用地价值评价指标体系

3.1.1　公路用地价值评价指标设置的原则

根据研究区域环境统计数据的可得性、系列性和评价信息的全面性、直观性和反映问题的灵敏性、可靠性的要求，从理论分析、国内外的经验总结和研究案例中类比筛选出能反映土地利用规划环境影响全貌和本质特征的指标体系。由于土地利用规划的特殊性，反映其环境影响的指标与行业规划、区域规划、园区规划等应该不同，首先注意不要把所有的环境要素都包括进去而变成环境大观，特别是不能将土地利用规划不能左右的环境指标变化列入评价体系，应该既全面而又重点突出，力求能反映土地利用规划对环境影响的本质特征。

(1)动态评价与静态评价相结合

静态分析主要从同类型、同区域某一时期用地状态横向对比入手，评价土地利用的状态及其与先进地区的差距或可取之处；动态分析主要从土地利用时间序列动态发展角度，分析土地利用演进与人口演进、经济发展、环境质量变化、郊区资源等方面的协调程度，为土地利用决策或改进提供依据。

(2)全面性与代表性

指标的选取应注重全面性，涵盖土地资源赋存、土地利用结构及其变化、土地利用综合效益、土地使用协调程度等方面内容，同时也应注重代表性即典型性。因为指标的繁杂并不一定能增强评价结果的可信度，重要的是要看指标对评价目标的贡献度及其与相关指标的联动程度。

(3)客观性和可靠性

公路项目社会经济影响评价不但要坚持尊重客观规律，从实际出发，实事求是，采用科学适用的评价指标的原则，还应坚持可靠性的原则，要深入调查，搞准基础材料，使评价建立在可靠的基础上。

(4)数据收集及评价操作可行性

评价指标体系的建立必须考虑数据收集的难易程度，考虑数据统计的连贯性和真实性，只有建立在数据收集渠道畅通基础上的指标体系才具有实际可操作性。另外，评价方法的选择至关重要。通过选择适当的数学统计方法测算土地利用变化趋势或土地利用演进的弹性系数,使指标数据转化为可供决策参考的评价结果,为土地利用合理化提供依据。

评价的实施过程中存在因文字、统计口径和量纲的不同而导致数据收集效率不高的问题,其本身特点决定了指标中定性的方面很多,因此其指标体系应保持其特点,并尽可能与现有的其他指标体系兼容。尽可能减少定性指标的使用,使之半定量化,以便于精确计算,使评价者在信息不完备的情况下,对区域土地价值进行客观的判断,以利于调控。

(5)定量分析与定性分析相结合

根据公路项目社会经济影响评价定量难的特点,在选取评价指标时应坚持以定量分析为主,能定量的社会经济效益和影响尽量予以定量分析,不能定量的则采用定性分析。

3.1.2 公路用地价值评价指标值选取应考虑的因素

(1)可计量。特别是能通过数量化计量和能反映土地利用所涉及环境与生态系统结构和运行特征或其环境功能。

(2)先进性和超前性。特别是能满足区域可持续发展对生态环境的要求。例如选取区域背景绿化率作指标时,应考虑未来的环境功能需求,在植被覆盖率不高而生态环境质量较差或在生态脆弱带地区,其指标值应高于背景值。

(3)地域性。环境与生态系统的地域性特征使得环境影响评价不宜采取划一的标准和指标值,而应根据地域特点科学地选取。如山区的植被覆盖率应高于平原区,才能有效地防止规划区的水土流失。

(4)独立性。不同层次的土地评价选择不同的指标,不同部门也会有不同的指标。

3.1.3 评价指标类型

(1)按指标的物质属性,分为自然环境、经济、社会、规划、资源、人口等系统,每个又可进一步划分为不同层次的具体的指标。

(2)按指标内涵,包括环境行动指标、环境压力指标、环境状态指标三类。

(3)按指标的来源,分为根据有关法规、标准确定的指标,通过公众参与确定的指标,通过科学判断确定的指标。

(4)按指标定量化的程度,分为定性指标、定量指标、半定量指标。

3.1.4 公路用地价值评价指标体系构建方法

公路用地价值评价指标体系构建方法、建立的原则和依据是相互联系的。其中建立的原则需要构建方法来保证,依据需要方法来实现。有效地选择正确的构建方法,将增强指标体系建立的科学性。指标体系的构建方法有很多种,应用较多的有以下几种方法。

(1)调查研究法

这种方法的具体做法是,通过调查研究,在广泛收集相关指标的基础上,利用比较归纳法进行归类,并根据评价目标设计出评价指标体系,再以问卷的形式把所设计的评价指标体系,寄给有关专家填写的一种搜集信息的研究方法。

(2)目标分解法

这种方法是通过对研究主体的目标或任务具体分析来建构评价指标体系。对研究对象进行分解,一般是从总目标出发,按照研究内容的构成进行逐次分解,直到分解出来的指标达到可测的要求为止。

(3)多元统计法

这种方法是通过因子分析和聚类分析等方法,从初步拟定的较多指标中找出关键性指标。具体地说,它一般先进行定性分析,初拟出有关研究对象所要评价的各种要素,然后进行第二阶段定量分析,就是对第一阶段所提出的分析结果进行进一步深化和扩展。在这一阶段中,一般是对第一阶段初拟的指标体系进行聚类分析和主成分分析。聚类分析目的在于找出初拟指标体系中各指标之间的有机联系,把相似的指标聚以成类。主成分分析目的在于找出初拟指标体系中那些起决定作用的综合性较大的指标。接着再进行因子分析,指出新指标体系中各指标主次位置,多元统计是解决多因子问题的有效方法。其主要优点是具有逻辑和统计意义,科学性强;能综合简化要素,解决要素的归属、要素间的联系和隶属位次等问题;能建立定性与定量相结合的评价指标体系;能处理大量数据和信息。

在指标体系建立过程中,评价指标的选取是最重要的环节。目前比较常用的定量筛选,有直接聚类法、因子分析法、系统聚类法和模糊聚类法等多种方法。模糊聚类法由于充分考虑了对事物认识、判断的偏差和事物本身的复杂性、非确定性,因此有更强的实用意义(图 3-1)。

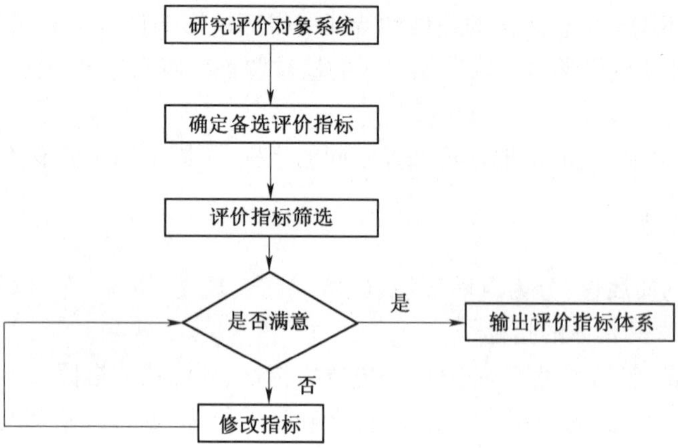

图 3-1　评价指标体系建立的过程

3.1.5　公路用地价值评价指标体系

目前公路用地价值评价指标体系研究很不全面系统,往往只关注了其中的某个方面,而公路用地价值评价指标体系中所选取的指标,应涵盖评价公路占地在各个领域中的影响因素,涉及土地的自然属性、经济属性、社会属性,还要符合当地政治经济文化发展水平、法律法规、政策等各项因素。根据影响因素选择的侧重点不同,公路用地价值评价指标体系可包含以下几个部分:

3.1.5.1　土地基础信息指标体系

公路用地的主体是土地,土地的自然属性是因素选择的主要参考,也是土地价值体现的自然载体。常用的指标如下:

(1)土地类型

按第二次全国土地调查分类方法确定土地类型,采用二级分类体系,其中一级类 12 个,二级类 57 个。

一级类包括：

①依据土地用途和利用方式，考虑到农、林、水、交通等有关部门需求，设定“耕地”、“园地”、“林地”、“草地”、“水域”、“交通运输用地”。

②依据土地利用方式和经营特点和有关部门管理需求，设定“商服用地”、“工矿仓储用地”、“住宅用地”、“特殊用地”、“公共管理与公共服务用地”。

③为保证地类的完整性，对上述一级类中未包含的地类，设定“其他土地”。

各一级下面又依次划分二级类，共57个。

(2)土壤

土壤肥力涉及土壤类型、有效土层厚度、土壤质地、土壤构造、有无障碍层、有机质和各种营养元素的含量、pH值、盐分状况及土壤污染等因子。

(3)地形地貌、气候水文

包括位置、地形变化、地势、地质、河道海岸变化等。

①位置，包括已确定的土地等级，距城市中心、商业中心或其他人们活动集聚中心的距离及各类中心对城市其他区域的影响程度；

②环境质量，包括地质、地势、坡度、坡向、地貌、海拔、风向、空气和噪声污染程度等各种自然环境条件；

③气候因素主要包括光、热、降水、空气、风资源等因子。

④水文条件一般指地表水状况。

(4)土地利用环境敏感因素的选择

土地利用环境敏感区的识别是建立在环境多样性、文化多样性、景观多样性、生物多样性保护基础上的，见表3-1。包括以下内容：

①世界级的敏感区：世界文化遗产、世界自然遗产、重要湿地、世界地质公园等；

②国家级的敏感区；

③其他需要保护的敏感区。

表3-1　敏感度识别的中华人民共和国法律基准

保　护　目　标	依据法律
1. 具有代表性的各种类型的自然生态系统区域	环境保护法
2. 珍稀、濒危的野生动植物分布区域	环境保护法
3. 重要的水源涵养区域	环境保护法
4. 具有重大科学文化价值的地质构造、某种溶洞和化石分布区、冰川、火山、温泉等自然遗迹	环境保护法
5. 人文遗迹、古树名木	环境保护法
6. 风景名胜区、自然保护区等	环境保护法
7. 自然景观	环境保护法
8. 海洋特别保护区、海上自然保护区、滨海风景游览区	海洋环境保护法
9. 水产资源、水产养殖场、鱼蟹回游通道	海洋环境保护法
10. 海涂、海保护林、风景林、风景石、红树林、珊瑚礁	海洋环境保护法
11. 水土资源、植被荒地	水土保持法
12. 崩塌滑坡危险区、泥石流易发区	水土保持法
13. 耕地、基本农田保护区	土地管理法

3.1.5.2 公路交通技术指标体系

公路的技术等级直接影响到公路的规模和公路的占地数量。公路技术指标体系包括以下一些主要影响因素：

(1)已有交通条件,主要包括区域的交通类型、对外联系方式及方便程度、整体性交通结构、道路状况及等级、公共交通状况及路网密度等。

(2)公路主要技术指标:设计速度、行车道宽度、路基宽度、极限最小平曲线半径、停车视距、最大纵坡、桥涵设计车辆荷载及桥面车道数。

(3)公路等级:高速公路、一级路、二级路、三级路、四级路。

(4)公路性质:国家公路、省公路、县公路和乡公路以及专用公路。

(5)公路任务:新建、改(扩)建。

(6)资金来源。

3.1.5.3 经济环境指标体系

(1)经济发展水平:科技水平、国民经济发展速度、生产与生产力关系、资源开发程度、生产过程、社会折现率、居民收入与消费水平、经济发展状况、储蓄和投资水平、财政收支与金融状况。

(2)人口因素:总人口数、人口构成、男女比例、年龄比例、人口密度、人口素质、家庭人口构成等。

(3)土地供给:土地利用性质、土地的供求关系、土地的稀缺程度。

(4)投入产出:土地投入产出量、年均增长率、供求关系、产品成本。

3.1.5.4 政治文化社会指标体系

(1)法律法规:相关法律、法规、政策等。

(2)土地制度:土地制度、住房制度、城市规划、地价政策、税收政策。

(3)行政因素:交通管制和行政隶属变更。

(4)地方规划:区域土地利用性质、用地结构、用地限制条件等。

(5)国际因素:国际经济状况、国际政治因素。

(6)新增资源消耗费用:拆迁费用、养老保险金、剩余农业劳动力安置费、整地管理费。

3.1.6 两型社会高速公路用地的指标体系

长沙大河西先导区是长株潭城市群“两型社会”综合配套改革试验区的核心区,承担着国家探索资源节约、环境友好发展道路重任。湖南省长沙至湘潭高速公路(复线)(简称长湘高速公路)是湖南省“五纵七横”高速公路网的第三纵岳阳(湘鄂界)至临武(湘粤界)高速公路的重要组成部分。本项目为长株潭城市群资源节约和环境友好两型社会综合配套改革试验区过境高速公路,并穿越长沙市大河西先导区。该项目成功实施将对长株潭三市空间合理布局、基础设施共建共享、要素市场一体化、产业发展一体化、区域经济繁荣等具有重要促进作用。

鉴于项目区的特殊位置,在考虑占用地的时候应该更关注其生态安全、社会经济方面的因素,弱化其自然属性。见表3-2。

表 3-2　两型社会公路建设用地价值评估指标体系

准则层 A	领域层 B	指标层 C
资源自然因素	土地利用类型	水田、旱地、林地、住宅用地、交通运输用地、水域等
	地形地质	坡度、地貌、地质
	自然灾害	灾害类型、灾害周期、灾害影响度
社会经济因素	人口因素	人口构成、城镇化比例、人口密度
	经济发展水平	资源开发程度、社会折现率、居民收入与消费水平、生产过程
	土地供给水平	土地利用结构、土地供求关系、产品成本
	区位条件	地理位置、交通通达度
	基础设施配套	通水、通电、通路
	法律法规政策	土地制度、经济制度、土地政策、区域发展规划
	各类规划	远景规划、城市规划、城镇规划、土地总体规划、专项规划
	新增资源消耗	拆迁费用、剩余劳动力安置、养老保险、整地管理等
环境保护因素	环境质量	环境污染程度、类型
	土地敏感区	森林公园、湿地、水源保护区、文物保护
	生态环境与资源利用	森林覆盖率、各类资源开发利用强度
	环境质量与污染治理指标	中低产土壤治理率、土壤侵蚀

3.1.7　适合山区公路用地的指标体系

山区公路通过地大多为农用地，在选择评价指标时具有其特殊性，可以选择主要适合本地区特色的因素，参考指标见图 3-2。

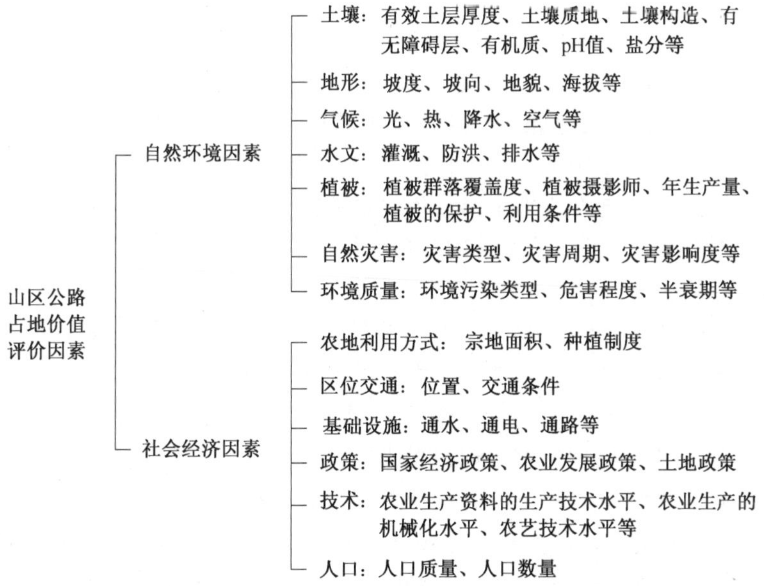

图 3-2　山区公路用地指标体系框图

3.2 公路用地价值计算方法

3.2.1 土地价值

3.2.1.1 土地价值和土地价格

到目前为止,对于土地价格和土地价值的涵义有不同的解释,甚至二者混同,例如马克思"资本化的地租表现为土地价格或土地价值"。日本不动产理论研究认为,土地价格是土地经济价值的反映,而土地经济价值是土地的效用、相对稀缺性和有效需求三者共同作用决定。笔者认为,土地价值包括土地自然经济价值、土地社会价值和土地附属价值,价格是经济价值的货币表现。价格是经济价值的外在表现,所有交易形成的均为价格而非价值,价格是既定的事实,价值是内在的待评估或者待讨论的抽象反映。

3.2.1.2 土地价值论研究现状

在土地价值方面,目前我国学术界存在"无价值论"、"全价值论"与"二元论"三种主要观点之争。现将三种土地价值论的主要观点陈述如下。

(1)劳动价值论

劳动价值论核心观点是劳动是价值的源泉。劳动价值论否认土地具有价值,认为土地是大自然的恩赐,不是人类劳动产品,因而没有价值。由于价值一词包含了有权享有报酬的含义,所以一切收益应归劳动所有。土地没有渗透人类劳动,因而不具有价值,人类对它们的利用也应是无偿的。基于劳动价值论有人认同土地无价值论,认为土地是自然恩赐,土地资源无价值。

土地无价值论的主要观点为:土地为自然物,其本身无价值;土地资本虽有价值,但它并非土地本身,或它在土地中所占比重很小,可以忽略不计。该观点的论据为:一是物质是劳动产品,具有使用价值和价值,价值就是劳动的凝结或物化。而作为自然物的土地,并非劳动产品,显然不符合商品的定义。二是按照马克思的观点,地租只来自作为自然物的土地,即土地物质,所以这样的土地是没有价值的。虽然它自被耕作以来,就不断地有活劳动和物化劳动投入,应当具价值,但这些投入得到报偿(但并非地租)之后,就都已由土地资本变成了土地物质,就仍然是无价值的。三是土地是一种自然资源,不具有价值。四是土地开发总费用中,真正用于加工整治土地、真正能在土地中形成价值量的,比重很小。平整土地而凝聚在土地中的价值,确是转移到建筑物上,并随着建筑物寿命的终结而消失殆尽。

(2)土地全价值论

土地全价值论的主要观点为:整个土地都是有价值的。该观点的论据为:一是任何一片土地,一经人类涉足就有了价值。自从地球上面有了人类以来,就对土地进行了长期的各种不同的改造与开发。二是即使人类从未真正涉足,而是通过其他方式,察知某一片土地是未开发的,这片土地也就有了价值。即使青史记载以来未直接投入人类劳动的土地,史前就有可能曾经投入过人类劳动。即使完全未经人类劳动参与、尚未进入交易的天然的土地,都是有价值的。三是从未凝结过人类劳动的土地含有从根部土地上积累的社会劳动所辐射或者说移过来的价值量。土地自然生产力是等量劳动的替换,土地自然价值与劳动创造的价值并无本质区别,土地自然价值同样是一定量的人类劳动的体现。

(3)土地价值二元论

土地二元论主要观点为：土地是由无价值的土地物质与有价值的土地资本组成的。该观点的论据为：一是马克思阐明了已投入生产的土地的构成，指出："人们只要对已经变成生产资料的土地进行新的投资，也就是在不增加土地的物质即土地面积情况下增加土地资本。"这表明，已变成生产资料的土地，就不再是单一的，而是由土地物质这一固定的成分与土地资本这一可变的成分构成的。二是经过人工改良土地，其人工肥力与自然肥力即土地资本与土地物质是结合在一起的。三是马克思指出，由于土地资本结合于其中，经过改良的土地的价格会提高。四是马克思指出，经过改良的土地，其地租由真正的地租和土地资本的利息所构成。

周诚在他的《土地二元论纲》中认为土地价值由土地物质价值和土地资本价值所构成。土地物质价值是由对土地所有权垄断所决定的真正的地租的资本化，故可称之为真正的地价，由绝对地租和级差地租Ⅰ所构成。土地资本价格为级差地价Ⅱ，由本身土地资本投入的收益价值和外部辐射价值所组成。土地物质往往都在不同程度上具有使用价值，但不含劳动价值；土地资本则既具有使用价值又含劳动价值。土地的使用价值与劳动价值属于不同的范畴。土地使用价值和劳动价值可衍生出土地生态价值、经济价值等概念。土地生态价值即土地在生态系统中的作用，是土地使用价值的表现形式之一；土地经济价值则是土地的使用价值、劳动价值在经济上综合反映。

目前，持劳动价值论观点的人越来越少，大多数学者支持效用价值论和土地价值二元论。

由上观之，三种不同土地价值论争论的焦点在于，土地价值为"一元"（要么有价值，要么无价值，不存在什么"折中"路线），抑或"二元"（由无价值的土地物质与有价值的土地资本构成）。

前已述及，上述三种不同土地价值论都是建立在马克思的劳动价值论基础之上的，因此，对上述三种不同土地价值论评选就涉及马克思对土地价值的经典论述，以及对其正确理解问题。除此之外，讨论土地价值论还应结合不断丰富发展的社会实践，否则必然陷于空谈。土地无价论者将土地视为自然物显然与现实状况不符，毋宁说有学者已承认有少部分土地资本进入到土地物质中。无价值论者另一个论据指出地租只来自土地物质，即使有劳动投入，当这些投入得到报偿之后，就都已由土地资本变成土地物质，就此否认土地资本的存在。这表明，在劳动投入没有得到报偿之前，土地是由土地物质与土地资本构成的，在此之后土地资本变成了土地物质。而劳动投入是不会停止的，因而形成"土地资本+土地物质-土地物质-土地资本+土地物质……"不断循环的局面，使人们不知土地何所指。另外，若地租只来自土地物质，则很难解释级差地租Ⅱ的存在。"全价值论"走向了另一个极端，认为土地物质都变为了土地资本，那么作为土地面积的土地物质哪里去了，土地资本又以什么作为载体。相比之下，周诚先生的土地二元论既是建立在马克思的土地价值论基础之上，又是建立在与国外比较以及对"一元论"批驳基础之上，具有较强的生命力。对于"无价值论"，周先生认为，无价值论者没有看到土地资本已经渗透到土地物质之中，二者具有"不可分割的偶性"。

对于"全价值论"，全价值论者把使用价值与价值、价值与价格搞混了，以及没有正确把握自然物价格决定的特点。总之，"一元论"是片面的土地价值论，没有正确把握马克思关于土地构成的观点。实际上，正确理解马克思土地构成观点是比较上述三种不同的土地价值论核心。即使撇开马克思劳动价值论，用主流西方经济学家的价格论也能解释土地二元论的成立。例如，土地所有者在出卖土地时，不仅要收回土地上的所有投资，而且还要根据土地的稀缺性

(土地面积即土地物质的有限性)来确定土地的价格,否则,土地交易很难达成。同样,在土地评估中,评估人员不仅要考虑人们对土地的投入情况,还要考虑土地的区位、周围基础设施及建筑物的影响、供求以及产业发展等情况来综合确定土地评估价格。

近年来,我国学者结合效用价值理论和劳动价值理论等提出了一些新的土地价值理论。如李金昌的生态价值论,姜文来的资源环境价值论,于连生的自然资源功能价值论和自然资源补偿价值论等。在科学发展观的可持续发展理念的指导下,土地价值应该取决于其满足人类需要的程度即功效,还应取决于人类对土地的劳动耗费。这样,土地价值不仅决定于土地的经济效用,还取决于土地的生态效用、景观效用、社会保障效用以及代际公平等多种因素。其价值不但与其效用和生产费用成正比,同时还受到土地资源稀缺性、替代性及供求关系的影响。

笔者认为,公路占用土地的价值评价可以采用以下两种方式进行。第一种方式是评估征用土地的市场价值,土地的机会成本。评估市场价值,即必须分析土地的最佳用途(highest and best use)。土地市场价值中的最佳用途是指土地在其自然条件许可、法律允许、经济上可行的情况下发挥最大效用时产生的价值。公路占用土地的最佳用途就是建设公路,因此公路征用土地的市场价值应根据公路建设后产生的价值进行评估。

第二种方式是根据土地目前的效用对用户进行补偿来进行评估。这需要评估土地的自然价值(未经过人类付出劳动时的价值)、经济价值(基于人类劳动投入后产生的价值)、社会价值(社会保障体系)以及生态价值(土地使用过程中导致生态破坏应补偿的代价)。土地资源价值的内容如图 3-3 所示。

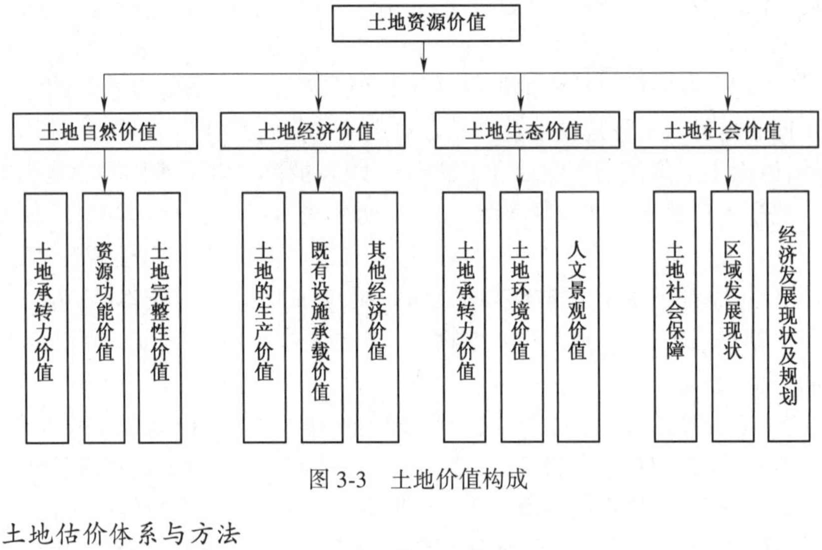

图 3-3　土地价值构成

3.2.1.3　土地估价体系与方法

(1)土地估价的数字分析模型

国内外的土地估价方法很多,归纳起来可以分为基本估价法和应用估价法。在台湾,基本估价法是指为评估个别宗地所采用的方法,包括成本法、比较法、收益还原发散法。应用估价法是为评估大规模范围的土地而采用的简便方法,其方法主要有路线价估价法、评分法、地价控制点法和回收估价法等。我国学者和土地管理部门在十多年的估价研究和实践中,也逐步探索和研究出了符合我国实际情况的估价方法,即基本估价法包括收益还原法、市场比较法、剩余法和成本逼近法,应用估价法包括路线价估价法、标准宗地估价法和基准系数修正法,如

图 3-4 所示。

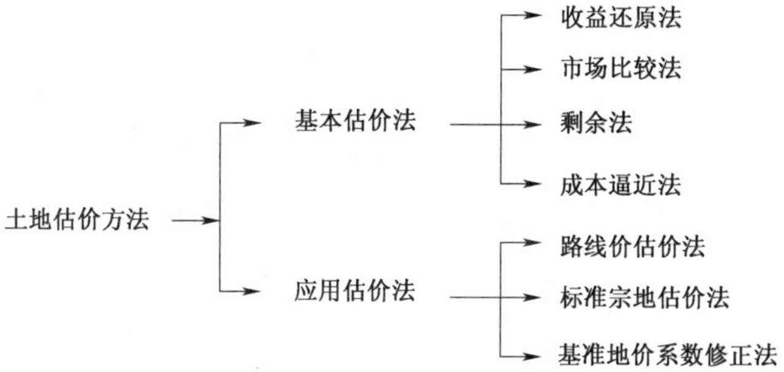

图 3-4　土地估价方法分类

经实践证明,以上七种估价方法在不同类型的宗地估价项目中分别有各自优势,但是因为标准宗地估价法属于比较法的一种特例,而且在我国目前标准宗地设定尚且不成熟的情况下很少使用,因此本系统以收益还原法、市场比较法(包含标准宗地估价法)、剩余法、成本逼近法、路线价估价法和基准地价系数修正法六种方法为基础抽象出六种常用估价模型,逐一介绍如下。

1)收益还原法模型

收益还原法是土地估价、房地产估价最常用的方法之一。具有一定的权威性,它是对土地、房屋、不动产或其他具备收益性质资产进行估价的基本方法。此方法用于土地估价时,把购买土地作为一种投资,地价款作为购买未来若干年土地收益而投入的资本。因此,收益还原法是估算土地在未来每年预期纯收益的基础上,以一定的还原率,将评估对象在未来每年的纯收益折算为评估时日收益总和的一种方法。

收益还原法的基本公式如下:

$$P = \frac{a_1}{(1 + r_1)} + \frac{a_2}{(1 + r_2)} + \cdots + \frac{a_n}{(1 + r_n)}$$

式中　P——单位面积土地价格;

$a_1, a_2, \cdots, a_n$——分别为未来各年土地的纯收益;

$r_1, r_2, \cdots, r_n$——分别为未来各年的还原利率。

利用还原收益法进行计算的工作程序包括:

①收集相关资料;

②测算年总收益;

③确定年总费用;

④计算年纯收益;

⑤确定还原利率;

⑥选用适当的计算公式;

⑦试算收益价格;

⑧确定待估土地地价。

年总收益是指待估土地按法定用途和最有效用途出租或自行使用,在正常情况下,合理利用土地应取得的持续而稳定的年收益或年租金,包括租金收入、押金利息收入等。对总收益的收益期超过或不足一年的,要统一折算为年土地总收益。

年总费用是指利用土地进行经营活动时正常合理的必要年支出。在确定土地年总费用时,要根据土地利用方式进行具体分析。对总费用的支出期超过或不足一年的,要统一折算为年土地总费用。

几种主要用地方式中土地年总费用的主要内容如下:

①土地租赁:土地使用税、土地管理费、土地维护费及其他费用;

②房地出租:经营管理费、经营维修费、房屋年折旧费、房屋年保险费、房屋出租年应交税金及其他费用;

③经营性企业:销售成本、销售费用、经营管理费、销售税金、财务费用及经营利润;

④生产性企业:生产成本(包括原材料费、人工费、运输费等)、产品销售费、产品销售税金及附加、财务费用、管理费用及企业利润。

土地还原利率应按下列方法确定:

①土地纯收益与价格比率法:应选择三宗以上近期发生交易的,且在交易类型上与待估土地相似的交易实例,以交易实例的纯收益与其价格的比率的均值作为还原利率。

②安全利率加风险调整值法:即:还原利率=安全利率+风险调整值。安全利率可选用同一时期的一年期国债年利率或银行一年期定期存款年利率;风险调整值应根据估价对象所处地区的社会经济发展和土地市场等状况对其影响程度而确定。

③投资风险与投资收益率综合排序插入法:将社会上各种相关类型投资,按它们的收益率与风险大小排序,然后分析判断估价对象所对应的范围,确定其还原利率。

在确定土地还原利率时,还应注意不同土地权利、不同土地使用年期、不同类型及不同级别土地之间还原利率的差别。

本公式实际上是收益还原法基本原理的公式,即收益还原法公式的最一般形式,属于理论公式,在理论分析上具有重要意义。但在实际土地估价工作中,由于所收集的宗地资料各不相同,这里基本公式无法操作,因此在土地估价信息系统中,针对不同资料情况,可以将这一基本公式进行变形,成为各种具体情况的特例。

2)市场比较法模型

市场比较法,又简称为比较法,是土地估价方法中最重要、最常用的基本方法之一,也是国外通用的经典估价方法之一。市场比较法的基本含义是:在求取一宗待估土地的价格时,根据替代原则,将待估土地与在较近时期内已经发生交易的类似土地实例进行比较,并根据后者已知的价格,参照该土地的交易情况、期日、区域以及个别因素等差别,修正得到待估宗地在评估时日地价的方法,如图3-5所示。这里的“类似土地”,是指土地所在区域的区域特性,以及影响地价的因素和条件均与待估宗地相类似的土地。

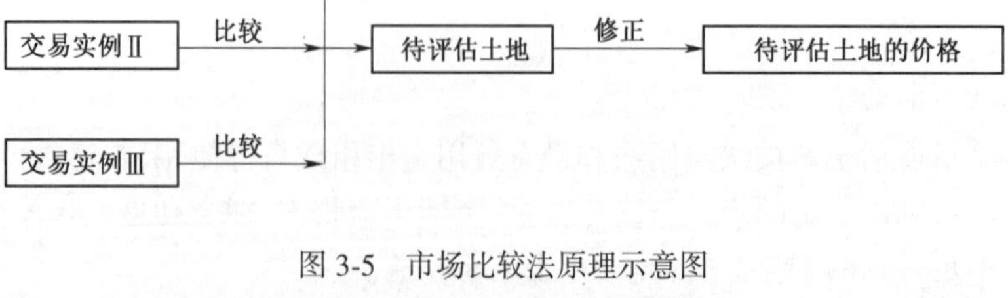

图3-5 市场比较法原理示意图

市场比较法根据实际中比较基准的不同,可以分为直接比较分析和间接比较分析。直接比较,是以待估宗地的状况为基准,把各交易案例与其逐项比较,然后将比较的结果转化为修正价格的比例。间接比较,是以一个标准宗地或条件俱佳的宗地为基准,把交易案例和待估宗地均与其逐项比较,然后将结果转化为修正价格的比例。所谓标准宗地,是指在一定区域内设定的、在一定区域内具有代表性,可以起示范及比较标准作用的若干宗地,标准宗地的地价及各种修正因素由政府定期维护。

3)剩余法模型

剩余法又称假设开发法、倒算法、残余法或余值法等。从发展的观点看,土地之所以有价,完全在于其可以开发、利用、建房,并从中获取收益。为了获得土地而支付的地价,显然是在预计的不动产总价中扣除成本费用和社会平均预期收益后的"剩余价格"。即地价等于土地与建筑物出售价格减去建筑物本身的价格。因此,剩余法是在估算开发完成后不动产正常交易价格的基础上,扣除建筑物建造费用和与建筑物建造、买卖有关的专业费、利息、利润、税收等费用后,以价格余额来确定估价对象土地价格的一种方法。

剩余法适用于具有投资开发或再开发潜力的土地估价。允许运用于以下情形:

①待开发房地产或待拆迁改造后再开发房地产的土地估价;

②仅将土地开发整理成可供直接利用的土地估价;

③现有房地产中地价的单独评估。

根据剩余法原理,在实际估价工作中,剩余法的基本公式是:

$$P = \frac{P_1 - P_2 - P_3 - P_4 - P_5}{S}$$

式中 P——上地价格;

P_1——房屋的预期售价;

P_2——建筑总成本;

P_3——开发商利润;

P_4——税金;

P_5——利息;

S——房屋用地面积。

以上是理论公式,在实际估价过程中,针对不同的宗地情况以及估价师收集到的资料情况,需要对这一公式进行具体化。

4)成本逼近法模型

以土地开发所耗费的成本构成来确定土地价格的方法,是我国目前土地估价的思路之一。许多地方出让国有土地使用权的计价就是按此方法进行的,称之为成本逼近法。所谓成本逼近法,就是以开发土地所耗费的各项费用值和为主要依据,再加上一定的利润、利息、应缴纳的税金和土地所有权收益来确定土地价格的估价方法。

成本逼近法的基本思路,是把对土地的所有投资包括土地取得费用和基础设施开发费用两大部分作为"基本成本",运用经济学等量资金应获取等量收益的投资原理,加上"基本成本"这一投资所应产生的相应利润和利息,组成土地价格的基础部分,同时根据国家对土地的所有权在经济上得到实现的需要,加上土地所有权应得收益,从而求得土地价格。

成本逼近法一般适用于新开发土地的价格评估,特别适用于土地市场狭小、土地成交实例不多、无法利用市场比较法进行估价的情况。同时,对于既无收益又很少有交易情况的学校、公园等公共建筑、公益设施等具特殊性的土地估价项目也比较适用。

成本逼近法的基本公式为:

土地价格=土地取得费+土地开发费+利息+利润+土地增值收益

在确定宗地适用于成本逼近法进行评估时,可按以下步骤进行:

①确定土地取得费。土地取得费是指用地单位为取得土地使用权而发生的各项客观费用,主要表现为取得农村集体土地而发生的征地费用,主是为取得城镇国有土地而发生的拆迁安置费用。各项费用以当地正在执行的征地标准和实际发生的客观费用来确定。

②确定土地开发费。土地开发费是为使土地达到一定的开发建设条件而投入的各项客观费用,主要包括宗地内外的土地开发费用。宗地红线外的土地开发费用主要指基础设施配套费用、公共事业建设配套费用和小区开发费用;宗地红线内的土地开发费用主要指宗地内的设施配套费用和土地平整费用。根据评估目的不同,宗地内的土地开发费用内容也不同,如土地出让价格评估,一般只考虑宗地内土地平整费用,甚至土地平整费用也不计入,但在土地抵押评估中,一般可以将宗地内设施配套费用和土地平整费用一并计入。

③确定各项税费、利息和利润。征地过程中发生的税费一般有:占用耕地的耕地占用税和耕地开垦费;占用菜地的新菜地开发建设基金;征地管理费;政府规定的教育基金及其他有关税费。

房屋拆迁过程中发生的税费一般有:房屋拆迁管理费和房屋拆迁服务费,政府规定的其他有关税费。

利息是土地投资资金的时间价值,土地的取得费用和开发费用均应根据其投资的特点和所经历的时间计算利息,利息率可根据同期银行不同年期贷款利息率来确定。

利润是对土地投资的回报,是土地取得费用和开发费用在合理的投资回报率(利润率)下应得的经济报酬。利润率参考房地产行业同期平均利润率来确定。

④确定土地成本价格。土地取得费、土地开发费、税费、利息及利润之和,就是土地的成本价格。

⑤确定土地增值收益。土地增值收益是待估土地因改变用途或进行土地开发,达到建设用地的某种利用程度而发生的价值增加,是土地开发或再开发后市场价格与成本价格之间的差额。在不同地区,不同利用方向的土地具有不同的土地增值收益率。

⑥价格修正,确定价格。在运用成本逼近法公式初步评估出待估宗地价格后,由于所选用的成本均为待估宗地所在区域的平均成本,因此,还应根据待估宗地在区域内的位置和宗地条件,进行个别因素修正。同时,还由于成本价格一般不考虑土地使用年期,它是对土地无限年使用进行的投资,因此,一般还应根据具体情况进行使用年期修正,最后确定价格。

5)路线价法模型

路线价估价法是对面临特定街道、使用价值相等的土地,设定标准深度,求取在该深度上数宗土地的平均单价并附设于特定街道上,即得到街道的路线价,再配合深度指数表和其他修正率表,用数学方法算出临街同一街道的其他宗地地价的一种估价方法。

影响土地价格的因素很多,各种因素通过市场作用形成了土地的价格。市场比较法、收益还原法等估价方法对个别宗地地价评估非常适用,而对大量迅速的宗地估价则颇费时日。路线价估价法基于土地价值高地随距离街道距离增大而递减的原理,在特定街道上设定单价,以这个单价配合深度百分率表及其他修正率表来查估临接同一街道的其他宗地的地价，这种方法为税收、资产评估等需要大量迅速估价的工作提供了有力的工具。

路线价估价法的基本计算公式为：

$$P = P_1 \times \prod_{i=1}^{n} M_i$$

式中 P——待估宗地单位面积地价；

P_1——待估宗地所在街道路线价；

M_i——各因素修正值，修正因素包括临街深度、临街宽度、宽深比、容积率、剩余使用年期、房屋朝向、楼层地价分配率等；

n——路线价修正因素个数。

6)基准地价系数修正法模型

基准地价是目前区域平均价的最常见形式。利用基准地价可以宏观控制地价，反映地产市场中的地价水平和变动趋势，为政府制订管理措施和投资者投资决策提供依据，同时，基准地价也是进一步评估宗地地价的基准，起到估算基值和修订初始值的作用。基准地价反映了区域或级别内宗地平均价格，该区域的各宗地地价围绕基准地价上下波动，因此根据宗地条件对基准地价进行系统修订，即可方便地得到具体宗地的地价。

基准地价系数修正法，是我国土地估价的主要方法之一。它是利用城镇基准地价和基准地价修正系数等评估结果，按照替代原则，就待估宗地的区域条件和个别条件等与其所处区域的平均条件相比较，并对照修正系数表选取相应的修正系数对基准地价进行修正，进而求取待估宗地在估价期日价格的方法。

运用基准地价系数修正法评估宗地价格的模型如下：

①确定待估宗地地价评估的修正系数：

$$K = \sum_{i=1}^{n} K_i$$

式中 K——待估宗地所有地价影响因素总修正值；

K_i——待估宗地在第 i 个因素条件下的修正系数百分比；

n——地价影响因素个数。

②确定待估宗地使用年期修正系数：

$$Y = \frac{1 - \left(\dfrac{1}{1+r}\right)^m}{1 - \left(\dfrac{1}{1+r}\right)^n} m$$

式中 Y——待估宗地使用年期修正系数；

r——土地还原利率；

m——待估宗地剩余使用年期；

n——该用途土地法定最高出让年期。

③确定期日修正系数：

$$T = \frac{Z_1}{Z_2}$$

或者 $$T = (1 + R)^m$$

式中 T——待估宗地地价期日修正系数；

Z_1——待估宗地估价期日的地价指数；

Z_2——基准地价评估期日的地价指数；

m——待估宗地估价期日与基准地价评估期日之差(单位:月)；

R——月平均地价涨幅比率。

④确定待估宗地容积率修正系数：

$$K_{ij} = \frac{K_i}{K_j}$$

式中 K_{ij}——容积率修正系数；

K_i——待估宗地容积率对应的地价水平指数；

K_j——级别或均质地域内该类用地平均容积率对应的地价水平指数。

⑤确定待估宗地地价：

$$P = P_j \times (1 + K) \times Y \times T \times K_{ij}$$

式中 P——待估宗地地价；

P_j——待估宗地对应的基准地价；

Y, T, K, K_{ij} 含义同前。

(2)估价模型选择

在进行土地估价时,可以选择 Delphy 法或因素成对比较法进行因素因子的确定。而要得到土地估价的正确结果,不可能仅靠既定的数学公式,在很大程度上还要靠用户对估价方法的选择和灵活运用的艺术。用户在估价过程中应根据估价的目的、估价对象的特点、所收集的资料状况等,选择土地估价的收益还原法、市场比较法、剩余法、成本逼近法、路线价估价法和基准地价系数修正法等几种方法中的一种或几种方法并用。在评估宗地价格时,根据国土资源部要求,一般应不少于两种方法。每一种方法都有其适用性和局限性,见表 3-3。

表 3-3 土地估价方法的适用性和限制性

方 法	适 用 性	限 制 性
市场比较法	在房地产市场比较完善,交易案例比较多的地区,可广泛使用	在土地市场不发达的地区很难应用
收益还原法	在房地产市场比较完善,交易案例比较多的地区,可广泛使用	对于没有收益的房地产,如学校、机关、公园等公共用房地产,以及居民住宅等难以应用
剩余法	它可以应用于拟开发为熟地的生地价格,或拟发展为商品楼房的土地或熟地的价格	由于经济预期受很多因素的影响,难以合理准确地预测,如果预测出现较大偏差,使整个结果完全荒谬
基准地价系数修正法	土地估价一般必不可少	系数修正主观性较大,容易产生误差
成本逼近法	在市场欠发达地区,地产交易资料和收益资料比较欠缺,用此法评估新增建设用地或用于工业用途的用地最合适	由于成本构成比较复杂,且需考虑货币的时间价值,所以容易漏算成本,这样会造成价格损失
路线价法	对城镇功能分区明显,街道系数完整宗地规则且排列整齐的城镇实行大量估价,比其他方法更为合适	路线价的应用效果取决于路线价确定的准确程度,且指数的确定要依靠经验,如此会导致整个方法体系出现较大误差

3.2.1.4　山区公路用地估价方法

在我国,当前农用地价格评估项目还很少,因而农用地价格评估理论和方法还不完善。原则上,城镇宗地价格评估基本方法都适用于农地宗地价格评估,如收益还原法、市场比较法、成本逼近法等,也是农地宗地价格评估的基本方法。但农用地的估价,由于农用地的自然性质、利用形式乃至社会作用等都与城镇土地不同,其价格的形成因素也就不同,由于各种方法的局限性和农用地的特殊性,正在不断完善中。

收益还原法用于有收益的土地价格,尤其是现有的用途为最佳用途时。而关于收益性土地的稳定纯收益和适当的还原利率的求取,则要受到一定的社会经济情况影响,农用地又要受农产品市场行情影响,确定时有一定困难。因此其评估精度受到求取土地纯收益及确定土地还原利率精度的限制。

市场比较法应用条件是有较完全、成熟的土地市场,在同一供需圈内有数量足够多的交易案例,并且有一定数量可比性很强的比较案例。市场比较法除可直接用于评估土地的价格或价值外,还可用于其他估价方法中有关参数的求取。受国情和市场发育程度的影响,目前在很多地方(区域)农用地评估中难以满足,缺乏有关农地买卖的法律条文规定,实际操作起来较困难。

成本逼近法适用于未利用地和宜农荒地评估,特别适用于土地市场不发育、土地成交实例较少、无法用市场比较法时进行估价。由于在现实生活中土地的价格大部分是取决于其效用,而非所花费的成本,也就是说,土地成本的增加并不一定会增加它的价值,尤其是土地实际开发成本的增加,不一定带来高的土地价格。而且,单纯从成本角度考虑,难以体现农用地的生态价值。但由于就社会客观平均开发成本而言,成本已为社会接受,应在价格中得到相应体现。所以,尽管成本逼近法在土地估价的应用受到一定限制,且有一定的争议,但仍不失为推算土地价格的方法之一。

剩余法适用于新开发农用地的价格评估。一般认为,此方法较为粗略,通常在市场不够发育、难以采取市场比较法评估时采用。运用该方法应具备的外部环境条件包括:一是农用地的投资、开发按市场机制运行;二是国家对农用地开发的长远政策稳定而明朗;三是有统一健全的法律法规;四是国家对农地投资与交易的税费规定稳定而清晰。如不具备这些条件,则评估结果的准确性将大打折扣。

而基准地价系统数修正法和路线价法则更不适用于山区农用地的估价。

对于山区公路用地的价值计算方法,不易采用单一的估价方法进行评估,应该在分析公路用地的价值组成的基础上,分析土地的机会成本,采用综合评估的方式计算土地的影子价格。

3.2.2　公路用地的土地价值组成

公路建设项目中,占用土地的价值构成可包含如下几个方面。

3.2.2.1　土地的自然经济价值 A_1

在特定的用途下,对土地的自然和经济两方面的属性进行综合评价,以体现土地质量的优劣、效益高低及用途的差异。

根据公路用地的实际情况,可以把公路用地按其原来用途划分为耕地、园地、林地、草地、水域、交通运输用地、商服用地、工矿仓储用地、住宅用地、特殊用地、公共管理与公共服务用地、其他土地共 12 个一级类,各一级下面又依次划分二级类,共计 57 个二级类。土地自身价值体现了土地的用途及本身的质量，土地具有唯一性，应是上述 12 类中任一类。可以根据土地的具体用途划分其自身价值的等级，在某种用途内部还可以根据某些规程进一步细分其自身价值的等级。

3.2.2.2 土地的社会价值 A_2

社会稳定价格是指农用地为社会提供粮食及农副产品安全作用而产生的会稳定功能的价格。对社会稳定价格的评估，依据替代原则，农用地开垦费可作为社会稳定功能价格，耕地开垦费是对占用耕地的社会稳定影响的补偿。地开垦费的收缴，是确保我国耕地总量动态平衡的经济手段，是整个社会粮食安全的基础。随着建设占用和土地开发的增多，耕地后备资源越来越少，耕地开垦难度越来越大，社会稳定价格逐渐升高。

研究社会因素对土地价值潜在的影响。针对公路用地的性质，选择影响公路用地价值的主要社会因素。

(1)耕地的社会保障价格评估

耕地为农民提供了就业保障，因此，耕地包含着社会保障价值，国家建征用农民集体所有土地，对失去土地的农民进行安置补偿的最好办法应是替民支付养老保险金，提供教育和再就业费用，以充分保障失去土地的农民的存权利。参照《农用地估价规程》，计算如下：

1)测算各年龄组人均社会保障价格 Y_j

$$Y_j = [(Y_{jm} \times b_j + Y_{jw} \times C_j) \times M_{ji}/M_{jp}] + C_{js}$$

式中 Y_j ——j 年龄组人均社会保障价格；

Y_{jm} ——j 年龄组男性公民保险费缴金额基数；

Y_{jw} ——j 年龄组女性公民保险费缴金额基数；

b_j ——j 年龄组男性人口占 j 年龄组总人口的比例；

C_j ——j 年龄组女性人口占 j 年龄组总人口的比例；

M_{ji} ——j 年龄组农民基本生活费(月保险费领取标准)；

M_{jp} ——j 年龄组月保险费基数；

C_{js} ——j 年龄组人均教育和再就业培训费用。

年龄组按 0~18 周岁、18~40 周岁(男)及 18~35 周岁(女)、40~60 周岁(土地估价与建设用地和耕地转换中的价值平衡研究及 35~55 周岁(女)、60 周岁以上(男)、55 周岁以上(女)划分)。

2)计算人均社会保障价格 Y

$$Y = \sum_{j=1}^{n} Y_j R_j / \sum_{j=1}^{n} R_j$$

式中 Y ——人均社会保障价格；

R_j ——j 年龄组人口数。

3)计算单位面积耕地社会保障价格 P_a

$$P_a = Y/A_a$$

式中 P_a ——单位面积耕地社会保障价格；

A_a ——人均耕地面积。

社会稳定价格是指耕地为社会提供粮食及农副产品安全作用而产生的会稳定功能的价格。对社会稳定价格的评估，依据替代原则，耕地开垦费可作为社会稳定功能价格，耕地开垦费是对占用耕地的社会稳定影响的补偿。耕地开垦费的收缴，是确保我国耕地总量动态平衡的经济手段，是整个社会粮安全的基础。随着建设占用和土地开发的增多，耕地后备资源越来越少，耕地开垦难度越来越大，社会稳定价格逐渐升高。

(2)地区国民经济发展水平对土地价值的影响，用影响系数 β_1 来描述。不难看出与地区国民经济收入 X_1 存在着一定数量关系，可以假设依 X_1 的回归是一条二次曲线。

$$\beta_1 = a + bX_1 + \varepsilon$$

选取适当样本，经二次多项式回归得到系数 a,b,ε 的值，由 β_1 可计算地区国民经济发展水平对土地价值的影响为

$$A_{21} = \beta_1 \times \text{地块自身价值} - \text{地块自身价值} = (\beta_1 - 1)A_1$$

(3)地区人口密度大小对土地价值的影响，用影响系数 β_2 表示。β_2 与地区人口密度 X_2 的关系也是显然的，即 $1/\beta_2$ 随 X_2 的增减而增减，由此可以得出：

$$\beta_2 = \frac{a}{bX_2 + cX_2^2} + \varepsilon$$

选取适当样本，经二次多项式回归得到系数 a,b,ε 的值，由 β_2 可计算地区国民经济发展水平对土地价值的影响为

$$A_{22} = \frac{2}{\beta_1} \times \text{地块自身价值} - \text{地块自身价值} = \left(\frac{1}{\beta_1} - 1\right)A_1$$

(4)地区对公路基础设施的需求程度对土地价值的影响，由于这个问题仅能定性划分，因此，在研究中用影响系数 β_3 来计算。可以根据该地区对公路基础设施的需求程度，对 β_3 赋值。

地区对公路基础设施的需求程度对地块价值的影响为

$$A_{23} = \beta_3 \times \text{地块自身价值} - \text{地块自身价值} = (\beta_3 - 1)A_1$$

(5)城乡规划潜在发展对地块价值的影响，用影响系数 β_4 来表示：

$$\beta_4 = \sqrt{1 - \frac{X_4}{t}}$$

式中：X_4 为改变用途年限。$X_4 \leqslant 15$ 时，取 X_4，这时 β_4 大于 0；当 $X_4 > 15$ 时，取 $X_4 = 15$，这时 β_4 等于 0。

t 为基准年限，定为 15 年。

城乡规划的潜在发展对土地的影响可按下式计算：

$$A_{24} = \beta_4 \times (\text{改变用途后的 } A_1 - \text{改变用途前的 } A_1)$$

综合上述各方面的影响，土地的社会价值按下式计算：

$$A_2 = \sum_{i=1}^{4} A_{2i}$$

3.2.2.3 土地的附属价值 A_3

研究占用土地所需付出的除自身价值和社会价值之外的代价。如土地上原有设施的拆迁，整治不良地质地段的费用对其他方面造成的影响等。

土地的附属价值具有不确定性，不是必然要发生的。这里考虑以下三个方面：

(1)既有设施拆迁量大小 A_{31} 。

(2)不良地质因素影响 A_{32}，按危害程度及影响范围进行划分。

(3)生态价值 A_{33}。土地生态价值也叫农地环境价值,指土地对景观生态系统的功能性价格,包括维护生态平衡、促使生态系统良性循环功能的价格。农地被公路项目占用后不仅意味着土地利用方式、土地权属的转移,而且意味着土地资源永久地从农业领域中退出,农地资源的丧失,也意味着其生态功能的消失。农用地生态价值评估指通过一定的手段,对农地生态(包括成农地生态的要素、农地生态质量)所供的物品或服务进行定量评估,并以货币的形式表现出来。

(4)耕地开垦费 A_{34}。可以依据替代原则,采用间接的方法对社会稳定功能进行量化。耕地开垦费可以作为社会稳定功能的量化值,这是因为耕地开垦费是对占用耕地的价值补偿。耕地开垦费的收缴是确保我国耕地总量动态平衡的经济手段,实现耕地总量动态平衡,是整个社会粮食安全的基础。

A_{3i} 根据统计资料确定各级的值。地块附属价值总和为以上 3 项之和,即

$$A_3 = A_{31} + A_{32} + A_{33} + A_{34}$$

根据土地价值的 3 个表现方面,可以按下式计算出土地的价值为:

$$A = A_1 + A_2 + A_3$$

3.2.3 公路用地的土地机会成本的计算

机会成本(opportunity cost)是一个经济学概念。经济学家认为:资源是稀缺的、有限的,把资源用于一种用途就要放弃其他用途。机会成本就是把一种资源投入某一特定用途之后,所放弃的其他用途中能得到的最大利益。

土地机会成本是指在其他条件相同时,把一定量的土地用于某种用途时所放弃的另一种用途所能带来的利益。假如所放弃的用途有很多种,那么其中所放弃的最高的一种就是土地的机会成本。对于农用地来讲,一般选取其原用途所产生的效益为农地用于建设项目时的机会成本。

深入分析公路建设占用土地的经济价值表现,利用环境经济学原理剖析土地机会成本的构成及货币反映。并以此为参考,选择合适的公路建设用地。

土地机会成本按照已建成或拟建项目占用土地使国民经济为此而放弃的该土地“最好可行替代用途”的净效益测算,一般按下式计算:

$$LOC = \sum_{t=1}^{n} NB_0(1+g)^{\tau+t}(1+i_s)^{-t}$$

$$= \begin{cases} NB_0(1+g)^{\tau+1}\left[\dfrac{1-(1+g)^n\,(1+i_s)^{-n}}{i_s-g}\right] & \text{当 } i_s \neq g \text{ 时} \\ nNB_0(1+g)\tau & \text{当 } i_s = g \text{ 时} \end{cases}$$

式中 LOC ——单位面积的机会成本(元);

n ——项目占用土地的上限,一般为项目计算期(年);

NB_0 ——基年土地的“最好替代用途”的单位面积年净效益(元),其中 N 为复种指数;

τ ——基年(即土地在可行替代用途中的净效益测算年)距项目开工年数(年);

g ——土地最好可行替代用途的平均净效益增长率(%);

i_s ——社会折现率(%)。

由于可利用的土地越来越少，其稀缺性日趋严重，土地的机会成本会越来越高。计算土地机会成本时，应根据项目占用土地的种类，分析项目计算期内技术、环境、政策、适宜性等多方面的约束条件，选择该土地最可行的2~3种替代用途（包括现行用途）进行比较，以其中净效益最大者为计算基础。在难于计算的情况下，可以参考国家发改委《建设项目经济评价方法与参数》中给出的各种不同类型土地的机会成本数据。在选用时，应注意项目所在经济区域、占用的土地类型及最可能的用途等情况。

（1）如果一个国家土地市场机制比较健全，土地使用权可以自由地在土地批租市场流动，那么土地的影子价格可以近似地用市场价格来表示，如美国、香港这样一些土地市场健全的国家和地区就是如此。只是在确定土地影子价格时，需要从土地市场价格中剔除政府对土地使用权买卖征收的税款部分，因为这部分是转移支付。

（2）如果土地市场不健全，土地的使用价格因政府的干预存在扭曲，则需要利用机会成本的概念，对当时当地土地可能使用的各种现实用途进行计算，以土地得到最大净收益的机会为计算对象，测算出土地的影子价格。

3.2.4 土地影子价值的计算

公路工程项目要占用大量的土地，土地作为可供多种可能用途的稀缺资源，一旦被公路占用，就意味着国民经济放弃了其他用途可能为国民收入增加做出的贡献。因此，在国民经济评价过程中必须给土地一个合适的影子价格。

土地是投资项目的特殊投入物。在公路经济效益分析中，土地的影子价格（亦即土地影子费用）应包括拟建公路项目占用土地而使国民经济为此而放弃的效益（即土地机会成本），以及国民经济为投资公路项目占用土地而新增加的资源消耗（如拆迁费用、剩余劳动力安置费等）。

在公路建设中，土地是一种重要的资源，不管项目占用的土地是否支付费用，均应计算其影子价格。项目所占用的农业、林业、牧业、渔业及其他生产性用地，其影子价格应按照其未来结社会可提供的消费产品的支付意愿及因改变土地用途而发生的新增资源消耗进行计算；项目所占用的住宅、休闲用地等非生产性用地，市场完善的，应根据市场交易价格估算其影子价格；无市场交易价格或市场机制不完善的，应根据支付意愿价格估算其影子价格。

3.2.4.1 公路用地的土地影子价值的意义

土地是一种多用途的稀缺资源，一旦公路占用土地，就意味着国民经济将放弃它的其他的用途。“土地影子价格”就应按它在几种可供选择的用途上为国民经济所提供的最大价值来衡量，即用土地的机会成本及新增资源消耗费用来衡量。

我国人口众多，土地资源十分紧张，加上目前社会主义市场经济机制、经济管理体制、经济贸易政策还不够完善以及历史原因，造成价格扭曲，土地的市场价格偏离实际价值的现象在各地普遍存在。因此，必须用影子价格对扭曲了的市场价格进行矫正、调整，将物价中未曾考虑的外部经济因素考虑进去，并在土地价格中逐步体现，这无疑对促进国家、社会各方面的协调、良性循环发展具有重要意义。另外，就目前我国的经济市场情况来看，现行不合理的市场价格不能作为资源的正确标准，而采用影子价格对市场的时常价格进行调整和纠正，以实现社会资源的最优配置和有效利用。

在计算国民经济效益和费用时，“土地价格”的合理程度是影响国民经济评价结果的准确度、科学性的关键之一。所谓土地价格是指从定价原则上应能更好地反映土地资源的真实价值，反映土地市场的供求情况，反映土地资源在该地区的稀缺程度，从价格产生的效果看，应能使资源配置最优，利用率最高。当今能符合这经济、社会、自然为一体的综合要求的价格，唯有影子价格。所以，我国乃至许多国家，在项目国民经济评价中都规定使用影子价格来统一测量投入、产出物的价值，分析项目经济效益，消除因价格“失真”对投资决策和后评价的影响。

3.2.4.2 公路用地的土地影子价值的影响因素

根据公路建设项目可行性研究和后评价的实际工作，其影响因素可归纳为以下几个方面：

(1)宏观方面影响因素

研究土地所在区域的位置、国民经济发展速度、生产与生产力关系、资源与资源开发的程序、科技水平、人口与人口素质、社会环境、经济环境及宏观经济调控意图、自然环境等对土地“土地影子价格”的影响。

(2)微观方面影响因素

研究土地用途、土地的利用性质、土地的稀缺程度、土地的供求关系、土地上所生产出的产品及产品的产量、年均增长率、供求情况、产品的成本、生产条件、劳动消耗、生产过程及社会折现率等对“土地影子价格”的影响。

(3)政策方面影响因素

研究“土地影子价格”中的新增资源消耗费用，如拆迁费用、养老保险金、剩余农业劳动力安置费、整地管理费等的影响。

(4)其他方面影响因素

研究投资项目的自荐来源，公路的等级、任务、性质(新建或改建)，经济评价的方法、要求、评价年限，调查资料的准确性和全面性及评价人员的综合素质等因素对“土地影子价格”影响。评价人员的知识结构、知识范围以及主客观因素等，往往在确定“土地影子价格”及所需的一些基础数据时，主观性较强，带有一定的意向性，从而对“土地影子价格”的准确性产生一定的影响，进而影响国民经济评价的客观性。

3.2.4.3 公路用地的土地影子价值的计算

建设项目实际征地费用可分为三部分：

(1)属于机会成本性质的费用，如土地补偿费、青苗补偿费等。

(2)新增资源消耗费用，如拆迁费用、剩余劳动力安置费、养老保险费等。

(3)转移支付，如粮食开发基金，耕地占用税等。根据效益和费用划分的原则，在国民经济评价中，前两部分费用应按影子价格进行调整，而第三部分则不计为费用。即，土地影子价值为：

土地影子费用=土地机会成本+新增资源消耗费用

土地影子价格的计算包括以下三方面：

(1)生产性用地影子价格计算

生产性用地，主要指农业、林业、牧业、渔业及其他生产性用地，按照这些生产用地未来可以提供的产出物的效益及因改变土地用途而发生的新增资源消耗进行计算。

生产性用地的价值计算过程可按以下步骤进行：

1)计算土地的自然价值

利用土地的机会成本计算土地的自然经济价值，也就是土地经济产出的量化值，包括土地补偿费、青苗补偿费等。

2)计算土地的社会价值

计算生产性用地的社会价值可以参照城镇社会保障体系来计算,即体现出农用地对农民的生活、就业、医疗等方面的保障价值。

3)计算土地附属价值

根据项目所在地区的实际情况,选择需要进行计算的项目,特别是公路用地对生态环境的负影响。

新增资源耗费应按照在“有项目”情况下土地的征用造成原有地上附属物财产的损失及其他资源耗费来计算。土地平整等开发成本应计入工程建设,在土地经济成本估算中不再重复计算。

(2)非生产性用地影子价格计算

对于非生产性用地,如住宅、休闲用地等,应按照支付意愿的原则,根据市场交易价格测算其影子价格。

(3)城镇土地影子价格计算

通常按市场价格计算。包括出让金、征地费、拆迁安置补偿费等。

在经济费用效益分析中,应根据项目计算期内未来土地用途的可能变化,合理预测项目占用土地的影子价格。对土地机会成本的计算应按以下要求进行:

(1)通过政府公开招标取得的国有土地出让使用权,以及通过市场交易取得的已出让国有土地使用权,应按市场交易价格计算其影子价格。

(2)未通过正常市场交易取得的土地使用权,应分析价格优惠或扭曲情况,参照当地正常情况下的市场交易价格,调整或类比计算其影子价格。

(3)当无法通过正常市场交易价格类比确定土地影子价格时,应采用收益现值法或以土地开发成本加开发投资应得收益确定。

(4)由于土地开发规划许可的取得,会对土地市场价格产生影响,土地价值的估算应反映实际的或潜在的规划批准情况,应分析规划得到批准的可能性及其对地价的影响。如果土地用途受到限制,其影子价格就会被压低。应分析这些限制被解除的可能性,以及解除限制对土地价值的影响。

(5)项目征用农村用地,应按土地征用费调整计算其影子价格。其中耕地补偿费及青苗补偿费应视为土地机会成本,地上建筑物补偿费及安置补偿费应视为新增资源消耗。这些费用如果与农民进行了充分协商并获得认可,可直接按财务成本计算其影子价格。若存在征地费优惠,或在征地中没有进行充分协商,导致补偿和安置补助费低于市场定价,应按当地正常征地补偿标准调整计算土地的影子价格。

(6)在征地过程中收取的征地管理费、耕地占用税、耕地开垦费、土地管理费、土地开发费等各种税费,应视为转移支付,不列入土地经济费用的计算。

3.3 高速公路沿线土地价值的变化

高速公路建设虽然需要占据大量的土地,但随着工程的建成通车,将极大地拉动周边区域经济的增长,改善土地利用方式,调整土地利用结构,从而实现土地价值的提升。

3.3.1 高速公路拉动区域经济的作用机理

高速公路拉动区域经济发展的基本原理包括发展经济学的基础设施贡献原理、区位经济学理论、规模收益递增原理、“级差地租”形式明显原理、高速公路产业带理论等，主要作用模式一般表现为梯度转移和辐射扩散两种。

3.3.1.1 高速公路拉动区域经济的基本原理

高速公路对区域经济的影响是历史的、动态的、受多种因素相互作用的，因此，认识先行国家高速公路与区域经济关系的基础原理、作用机理，为发展中国家科学处置高速公路发展与经济发展的关系，客观分析高速公路对区域发展作用，提供了理论和实践的有益借鉴。

1. 发展经济学的基础设施贡献原理

发展经济学认为，一国经济的发展主要依赖国内要素、国际条件和政府的政策干预等条件，而国内要素主要包括资本、人力资源、科学技术和自然资源，其中，作为最主要的资本形式的交通设施条件起着关键和基础性的作用，它在自身直接带动经济发展的同时，还通过影响其他因素间接为经济发展做出贡献。

根据发展经济学理论，社会管理资本(物质资本)是一个国家发展的基础，交通运输基础结构的建设是社会管理资本基础的基础。著名经济学家 W. W. 罗斯托指出：“一个国家的经济起飞(take off)是一国进入发达国家的必要前提和步骤，而起飞的初始条件是有最低限度的交通运输基础结构的先行建设，以便为必不可少扩散效应准备前提条件……大量的交通建设和其他形式的社会管理资本，实际上毫无例外的出现在经济起飞之前。这种投资的最重要职能是降低运输成本，使得资源与较低的成本有效地结合起来，扩大国内市场，使外贸的有效引导成为可能。”著名经济学家保尔 . N. 罗森斯坦也指出：“在建设消费品工业之前，必须建立和支持主要的不可分的社会管理资本或基础设施。现代经济增长初期的社会先行管理资本的主要内容是什么呢？那就是交通运输。”这是发展经济学学者对发达国家上百年的经济发展进行研究得出的经验结论。如图 3-6 所示。

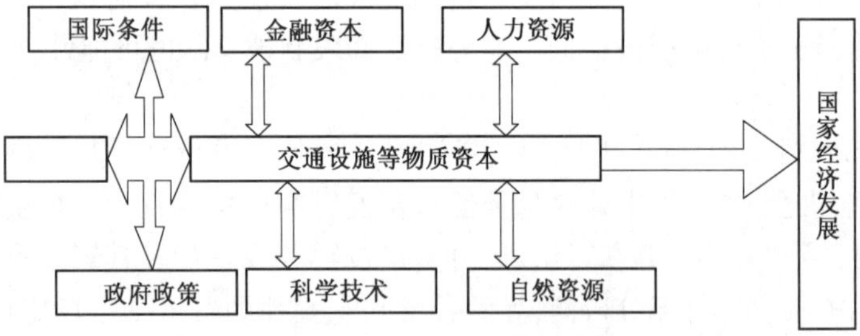

图 3-6 发展经济学的物质资本促进经济发展示意图

2. 区位经济学理论

区位经济学理论与资源禀赋学说有着密切的联系，每一个具有特定资源禀赋的地区都在空间地理上各自形成一个独立的经济区位。早期区位经济学包含 J. T. 杜能的农业区位经济理论、A. 韦伯的工业区位经济理论和 W. 克里斯泰勒的商业区位经济理论，其理论实质上都是空间优选的问题，也就是说无论农业、工业还是商业，其发展都与相应资源和市场的空间分布有着密切的关系。由于现代高速交通打破了原有区位束缚，现代区位经济研究已经大大发展了其原有理论,既可以对单项目标进行优选比较,又可以对一个地区甚至一个国家进行区位经济的综合评价,而且区位也不仅局限于地理位置范畴,而成为自然、经济、社会等多种因素的综合分析。在诸要素中,最关键的区位因素是交通运输。一般来说,在区位经济中,交通运输直接关系到市场和腹地,关系到能源和原材料,关系到技术协作与推广的保证程度,在这些方面能力越大,接近性越强,区位价值也就越高。

在相距较远的经济中心城市之间修建高速公路,会提高运输速度,节省运输时间,拉近中心城市之间的距离,使得原属于两个或两个以上的区位成为一个区位(图 3-7),使不同经济中心之间可以实现人力、智力、原材料、燃料、技术、商品的共享,从而调动沿线地区的经济发展潜力,创造更加优越的发展条件。随着有利于经济发展的各种条件的形成,高速公路沿线地区会逐步形成区位优势,并产生强烈的吸引力,把相关企业和生产力要素吸引过来,在利益原则驱动下,形成产业布局上的相对集中和聚集,从而促进该地区的经济发展。由于我国目前尚未从根本上扭转交通运输滞后于经济发展的局面,或称处于扭转过程中,此间,高速公路所形成的沿线地区便捷的交通优势,就是区位优势,具有巨大的吸引力和发展潜力。

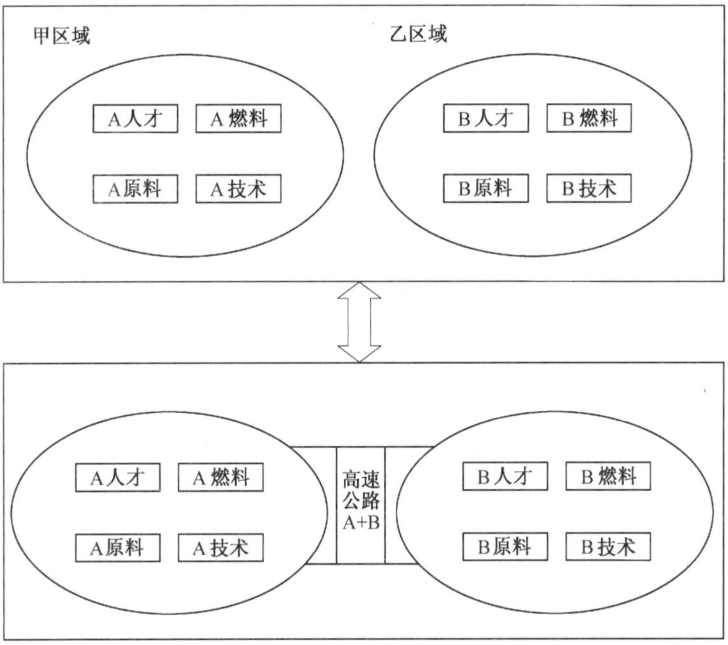

图 3-7 高速公路区位经济示意图

3. 规模收益递增原理

规模经济描述的是在经济社会中因生产规模变动而引起收益变动的规律。它是西方经济学的重要理论。当某产品(指货物或服务,下同)的所有生产要素同时增加或同时减少时,就意味着其生产规模扩大或减少,这会导致收益的变动。如果随着规模的扩大,某产品生产的收益增加幅度高于其规模扩大的幅度,这种现象叫规模收益递增。如果规模扩大后,收益虽然随着增加但是收益增加的幅度小于规模扩大的幅度,这时就称作规模收益递减。

规模经济变化规律可以用数学模型来表示,设某产品的生产函数是 r 次齐次方程,假如所有的物质投入要素表示为 k,各种劳动力投入要素表示为 L,则产出量是 k 和 L 的函数,设 λ 为

非零常数,表示生产规模扩大的倍数,则:

$$F(\lambda k,\lambda L)=\lambda rf(k,L)$$

可以表示规模收益变化规律:

当 $r>1$ 时,规模收益递增;

当 $r=1$ 时,规模收益不变;

当 $r<1$ 时,规模收益递减。

公路具有明显的规模收益递增特性,高速公路尤其明显。高速公路一个行车道一般宽 3.25 m,一条高速公路双向至少 4 车道,还有 6 车道、8 车道甚至 16 车道高速公路等。高速公路提供的服务是使交通流量迅速安全地通过,其能力用每昼夜最大通行量来表示,车道数与通过的最大交通流量之间呈现比较明显的规模收益递增的关系。见表 3-4。

表 3-4 高速公路车道数与通行能力表

高速公路车道数(个)	通行能力(辆)(标准车/每昼夜)
4	25 000
6	50 000
8	100 000

从 4 车道到 6 车道,规模增加 1.5 倍,通行能力增加 2 倍;从 4 车道到 8 车道,规模增加 2 倍,通行能力增加 4 倍。由此可见高速公路具有明显的规模收益递增特征,但是,是不是车道数越多,规模收益越明显呢?根据经济学原理,任何产品的生产,在一定的技术经济条件下都有一个适度规模的问题,即规模收益递增转为规模收益不变时的规模。根据世界银行有关专家的理论研究认为,规模收益不变的高速公路车道数是双向 24 车道,当然这仅仅是理论推算的结果,并没有经过实践核实。我国高速公路目前大多为 4 车道或 6 车道,规模收益规律明显。

4.“级差地租”原理

所谓级差地租,是指土地由于肥沃程度、资源蕴含情况和位置不同形成优劣等级所产生的归土地所有者的超额利润。肥力高、资源多或位置好的土地所产生的归土地所有者的超额利润,称为级差地租Ⅰ;生产率不同的各种资本连续投在同一地块上形成的归土地所有者占有的超额利润,称为级差地租Ⅱ。

高速公路的修建,使得临近出入口土地的通达性显著提高,使用的便利性增加,功能和用途改变,资源被发掘利用,乡村农用和住宅用地向工商业用地转化,农村演化成为城镇,土地价格主要因临近交通通道的“位置”形式明显变化而明显提升,并明显呈环带状逐次降低,“级差”形式明显。如图 3-8 所示。

5. 高速公路产业带理论

在国际上,随着高速公路的兴起和发展,由经济学家运用经济学的原理和方法来研究高速公路及其经济影响的规律和理论称高速公路产业带理论。它是指依托高速公路,相对集中于高速公路两边狭长的空间地带,其经济发展水平或速度高于所在区域的平均水平的产业群体。从区域经济学理论的角度而言,高速公路产业带是“点-轴”空间结构模式在高速公路实践中的应用与深入结合。一般来说,高速公路产业带理论包括:

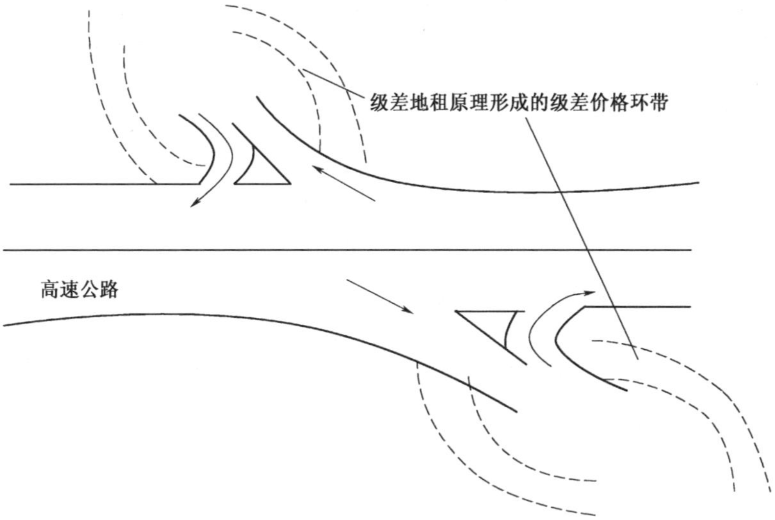

图 3-8 高速公路“级差地租”原理示意图

(1)高速公路产业带产生的基础条件是高速公路的建设和运营。连接中心城市的高速公路会增加地区间的物资交流、信息交换的频率和幅度,带动沿线一定地域范围的经济发展,刺激经济总量的增加。

(2)在高速公路沿线地区的空间结构中,一般分布着众多的产业。高速公路的建设,提高了区域经济的可达性,必然带动其他产业如加工业、贸易业、服务业等迅猛发展,而且产业的布局会比产业带产生以前更为合理。

(3)高速公路产业带内的经济规模和经济增长速度得益于交通便利及其带来的其他相关因素的优化,会比其他区域要快得多。

(4)高速公路产业带具有梯度规律,这种规律反映的是经济指标与产业带中心距离的变化关系。若假设 S 为影响区内某点距产业带中心的距离,$I(t)$ 为某经济指标,则梯度函数 F 可表示为:

$$F = f(I(t), \frac{1}{S}) \text{ 或 } I = I(t, \frac{1}{S})$$

公式表明,经济指标 I 的大小与产业带中心距离成反比,如图 3-9 所示。

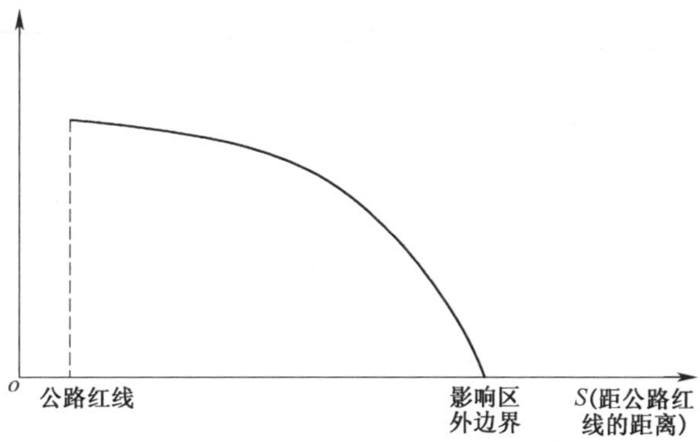

图 3-9 产业带梯度曲线示意图

当干线公路两侧逐步形成与干线公路垂直的分支线路产业带时，每个分支线路产业带在遵循自己的梯度规律的同时，也服从主干公路产业带的梯度规律，从而形成梯度曲面，可用下列函数表示：

$$F = f(I, \frac{1}{S_{主}} \cdot \frac{1}{S_{支}})$$

$S_{支}$ 即为影响点到支线产业带中心的距离。由梯度曲线扩散至梯度曲面，进而相互影响，就形成了产业带的扩散。根据梯度水平的差异，可以将不同经济发展水平地区分为高梯度水平地区、中梯度水平地区和低梯度水平地区。产业带扩散所涉及的地区形成了高速公路影响区，高速公路产业带是影响区内影响效果最为显著的地区。

(5)高速公路产业带的边界划分是运用该理论的一个重要问题。根据产业带的梯度规律，可以利用梯度函数确定产业带的边界，如图 3-10 所示。

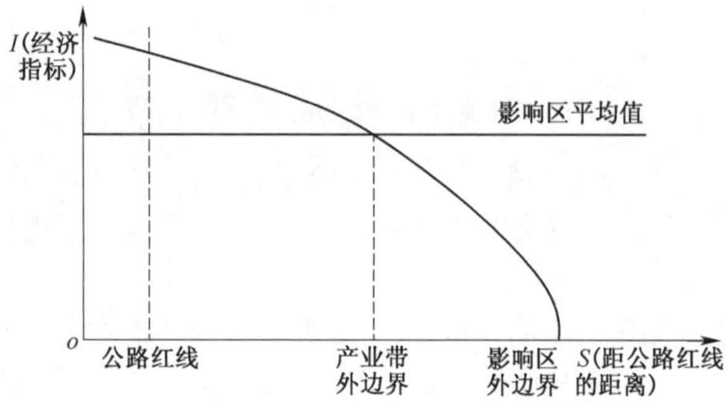

图 3-10 产业带外边界示意图

在实际中，获得梯度函数理论表达式有很大难度。一般处理方法是使用较易得到的函数近似表达式来代替，从而得到直观、易操作的近似解示意图，如图 3-11 所示。

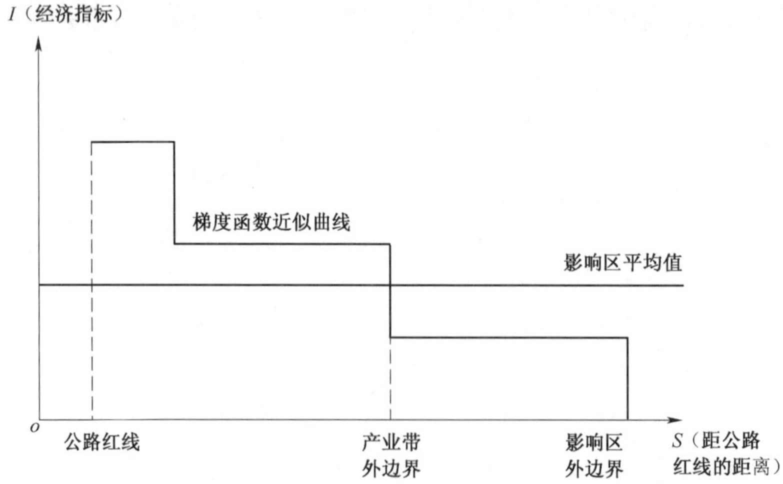

图 3-11 产业带外边界近似解示意图

一般情况下，由于所选取的经济指标不同，产业带边界可能也不同，为了能科学地获得产业带的边界，可取其平均值来作为其外界。表达式如下：

$$S = \frac{\sum_{i=1}^{n} S_i}{n}$$

式中 S_i —— $n_1 \cdots\cdots n_i$ 个指标所确定的产业的边界。

为分析、研究和评价高速公路产业带发展状况，需要建立高速公路产业带的评价指标体系。高速公路产业带评价一般有四个方面的指标：一是经济规模指标，主要有国内生产总值、总人口、就业人口、上缴税收总额、企业利润总额等；二是经济密度指标，主要有国内生产总值/土地面积、税收总额/土地面积、利润总额/土地面积等；三是人均效益指标，主要有国内生产总值/总人口、就业职工人均收入、税收总额/就业人口、利润总额/就业人口等；四是经济增长率指数，主要有国内生产总值年平均递增率和环比、总人口年平均增长率和环比、税收总额（利润总额）年平均递增率和环比。

3.3.1.2 高速公路拉动区域经济的梯度转移作用机理

现代交通经济学研究的重要问题就是利用高速公路的经济梯度效应，拉动区域经济整体发展。

1. 高速公路带来的经济发展梯度

高速公路以其通达优势，对经济发生综合拉动的过程中，距离近的地区效果最为明显，对距离远的地区基本没有影响，其间呈渐次减弱态势，呈明显梯度形式。

要详细了解高速公路影响区内经济发展水平由高到低的梯度变化状况，就需要绘制经济发展梯度图。编制梯度图的最简单办法，是在高速公路沿线影响区域内以高速公路为中心，标出该区域的人均国民收入，然后把数值相同的点连接成线（图 3-12）。可见，在高收入地区与低收入地区，也就是在经济高度发达地区与最落后地区之间总会存在着几个中间梯度。

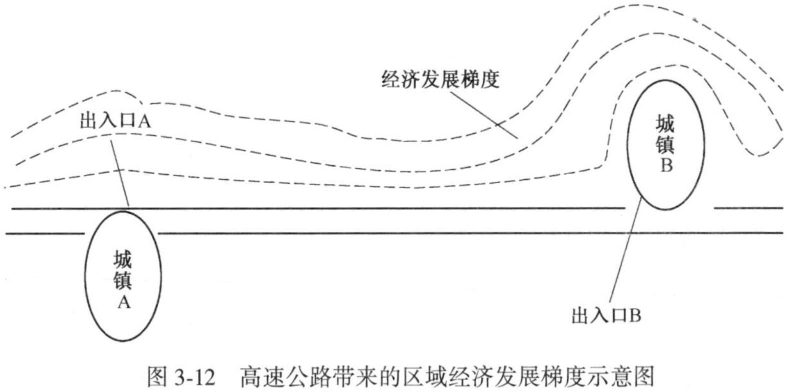

图 3-12 高速公路带来的区域经济发展梯度示意图

当然，仅按人均国民收入来确定地区经济发展水平还不够确切。应该采用能综合反映地区国民收入水平、生产力发展水平、科技水平等指标进行综合评价，会更客观反映一个地区的经济发展实力，进而确定所处的梯度。

2. 高速公路影响下的区域经济发展梯度转移

(1) 区域经济发展梯度转移的主要理论

区域经济梯度转移论认为，梯度转移是由包括交通在内的影响区域经济发展与生产布局的内在因素决定。主要论点有：

第一,区域经济的盛衰主要取决于它的产业结构优劣,而产业结构的优劣又取决于地区经济部门,特别是主导产业部门在工业生命循环中所处的阶段。如果一个区域的主导产业部门主要是由处在创新阶段的兴旺部门所组成,则不仅说明它经济发展实力雄厚,而且说明它在今后一个时期内仍然可以保持发展的势头,这种地区因此被列入高梯度地区。如果一个地区的主导产业部门是由那些处在成熟阶段后期或衰老阶段的衰退部门所组成,则地区经济必然会呈现出增长缓慢、失业率上升、人均收入下降等情况,或陷入严重危机之中,这种地区属于低梯度地区。

第二,创新活动,包括新产业部门、新产品、新技术、新的生产管理与组织方法等大都发源于高梯度地区,然后随着时间的推移、生命循环阶段的变化,按顺序逐步由高梯度地区向低梯度地区转移。

第三,梯度转移主要是通过交通、资源等基础条件及在其基础上发展起来的多层次城市系统扩展。创新在空间上的扩展主要有局部范围与大范围两种形式的扩展。局部范围扩展指创新活动由发源地按距离远近,向经济联系比较密切的邻近地区转移。这种转移所以可能,是因为创新多发源于交通密集带的中心城市。所以当社会上对新产品的需求增大,创新地区已经没有能力单独把生产发展到能够充分满足需要的水平时,邻近的地区就会凭借近水楼台,把这种产品的生产接过来。这时,即使它们本身的条件并不十分具备,例如技术力量不足、协作条件不完全具备等,也可以依托与创新地之间业已建立起的密切关系,通过协作来求得问题的解决。大范围扩展则是指创新活动由发源地按全国行政区域城市系统顺序蛙跳式向广大地区扩展(例如由纽约向芝加哥、旧金山等城市扩展)。这时决定转移去向的不是距离远近,而是接受新事物能力的差异,而梯度划分正是这种差距的反映。只有处在第二梯度的城市才有能力很快接受并消化发源于第一梯度的创新产业部门或创新产品,才有能力把这些产品更广泛、深入地销售到它们各自控制的市场区中。同理,随着产品生命的成熟与老化,它们的生产还会顺序向第三梯度、第四梯度的城镇转移,甚至还会向农村转移。农村地区的许多创新(主要在农林牧业生产及其产品加工等方面)也往往是先反馈到城市系统中,然后通过这个系统,扩展到全国有需要的地区。

(2)高速公路影响下的区域经济发展梯度转移作用

目前交通条件已演变为促成资源开发、产业聚集、技术进步的关键性基础条件。随着一些主干道路的发展演进,原有的繁华城市可能放缓发展速度,在新的交通网节点和出入口,新型城镇会迅速成长起来。外来信息、技术、生产生活理念会在这些交通通道的节点上聚集、发展并逐步沿交通通道向次级城镇乃至乡村扩散,这种过程不断重复进行,形成产业的层级转移、接替发展形势。

重要新兴部门与新产品一般都发源于地区发展梯度图上一些高峰的尖端,这往往是交通条件最优越、经济最发达地区的大城市。根据世界各地颁发专利证书多少等的情况判断,世界主要创新发源地有美国大西洋沿岸与五大湖交通城市带、美国太平洋沿岸交通城市带、德国莱茵河谷交通城市带、日本太平洋沿岸交通城市带、英国盆地与米德兰平原交通城市密集区等,特别是这些交通城市密集带中少数科技力量强、产业结构合理、经济实力强、正处在上升阶段的城市。形成这种分布样式的主要原因有：

①交通条件和大城市是科技信息、市场信息等种种信息汇集与传播的途径和中心。市场

信息与科技信息的结合就会给有志于发明创造的人输入种种新思想，这些新思想正是产生创新的源泉。

②在便利交通条件基础上形成的大城市，集中了大量科研机构、高等院校、图书馆、资料馆等，同时也是各方面人才荟萃之地，给研究与发明提供了极为有利的条件。且在这些地方，尤其是在它们的专业方向上，已经形成一支训练有素、技术熟练的专业队伍，新产品一旦研制成功就可以很快投入批量生产，这就使它们能更早地推出新产品。

③由高速通道连接形成的地区城市群，可以依靠聚集经济效益来推动与加速发明创造、研究与发展工作的进程，节约所需投资。在任何地区建立新行业、推出新的尖端产品都会遇到两大难题：一是新的尖端产品生产技术复杂，往往要涉及多个有关专业领域，这需要得到许多有关单位协作，这些在传统的独立城市是难以办到的，而在由高速通道连接形成的地区城市群，则比较容易做到。二是新的尖端产品所需原材料种类复杂，很难在一地短时间配齐，可能会延误出成品的时间，而由高速通道连接形成的地区城市群，可以在分工的基础上，为新产业发展提供有力支撑。

④生产新尖端产品、发展新兴工业遇到的风险可能比较大，创新产品推介和外销任务也较艰巨，而高速公路提供的便捷、快速城市联结体系，可以有效化解创业风险，提供产品推介服务。

总之，处在创新阶段上的产业及其产品，在布局上主要考虑的是专利保障、技术基础与协作条件，尽可能占有更大的市场。这正是高梯度地区特别是中心大城市及由高速通道连接形成的地区城市群的优势之所在。这些地区同时也是税负、生活费用、工人工资水平高的地区，进而产品成本也较高。但由于处在创新阶段的产品能享有较高的垄断价格、巨大的超额利润，所以地租、工资与原材料运费在其销售价格中所占比重并不大。

随着一个工业部门或一种工业产品的生产由创新阶段进入发展阶段，只要产品符合国内外生产发展或生活的需要，销路就可以迅速扩大、铺开。这时，仅靠原先位于中心城市和紧密联系的交通卫星城中的个别工厂、车间的生产，无论怎样扩建也无法满足需要。于是首先生产出这种产品的厂家就要通过在外地组建分厂、经营合资企业或转让技术来增加生产，改变布局，一次又一次向更广大的地区扩散。这时第二梯度上一些较具备条件的城市就会把这些处在发展阶段的产品生产接收过来。

3.3.1.3 高速公路拉动区域经济的辐射扩散作用机理

经济发展与现代化进程中的辐射是指经济发展水平和现代化程度相对较高的地区，与经济发展水平和现代化程度相对较低的地区进行资本、人才、技术、市场信息等的流动和思想观念、思维方式、生活习惯等方面的传播。辐射的媒介主要是交通条件、信息传播手段和人员的流动等。通过流动和传播，可以进一步提高经济资源配置的效率，以现代化的思想观念、思维方式、生活习惯取代与现代化相悖的旧习惯势力，在整体上推进区域社会经济的进步和发展。

1. 区域经济发展的辐射理论

区域经济发展的辐射是指经济发展水平和现代化程度相对较高的地区与经济发展水平和现代化程度相对较低的地区进行资本、人才、技术、市场信息等的流动和思想观念、思维方式、生活习惯等方面的传播。这里，把经济发展水平和现代化程度相对较高地区称为辐射源。这种区域经济发展的辐射具有以下特征：

(1)两者之间存在着彼此的辐射：现代化和经济发展水平较高的城市或地区的技术、资金人才、思想观念、思维习惯和生活习惯等通过一定媒介向现代化和经济发展水平较低的城市或地区扩散。前者对后者形成强有力的影响,后者也对前者形成一定的影响,例如自然资源、人才、资金、市场、信息乃至落后的思想观念等都会向前者渗透。因此,两者的影响是双向的,而不是单向的,既可能有利于后者现代化和经济发展水平的提高,同时也可能有利于前者的进一步发展。两者之间的差距是进一步扩大还是缩小,则取决于辐射的媒介和辐射方式。

(2)现代化和经济发展水平较高的城市或地区首先并较强地向周边城市或地区辐射,在此基础上逐步推开,辐射的范围取决于其现代化和经济发展的水平,水平相对越高,技术、资金、人才和其他方面的实力就越雄厚,辐射的范围越大,就越能带动整个地区的经济发展和现代化的进程。如果在辐射中能充分实现优势互补,前者的经济发展和现代化进程也能够加快,这也是两者之间双向辐射产生的效应。

(3)辐射的媒介主要是道路、交通、通信等,它们所决定的市场一体化水平,直接决定着辐射的有效性。当市场一体化水平较高、市场分割现象不显著时,地区之间的经济交易和其他交流就会高效率地进行,否则,经济一体化和现代化差距缩小就不可能有效实现。换言之,辐射的效率就不高。

(4)物理学中辐射的是能量,而在现代化和经济发展中辐射的是所有影响现代化和经济发展的积极因素和消极因素,包括技术、资金、人才、自然资源、市场信息、文化、环境和法律、制度等意识形态方面的因素。

2. 区域经济发展的辐射作用

经济发展沿交通线路辐射具有点辐射、线辐射和面辐射三种辐射方式和途径。从地图上来看,交通节点所在的中心城市是辐射点,高速公路、铁路、航运江河等交通干线是辐射线,沿交通干线所形成的现代化水平和经济发展水平相对较高的交通经济带和产业群等是辐射面,这些都可以看成是现代化水平和经济发展水平相对较高的辐射源。点辐射、线辐射和面辐射这三种辐射分别具有不同的特点。

(1)点辐射

点辐射一般以交通节点的大中城市为中心向周边地区推开。从静态的角度来看,中心城市的现代化进程和经济发展水平相对较高,技术、人才、资金相对比较充分,居民思想观念、思维方式和生活习惯相对也比周边地区先进,但自然资源和劳动力可能比较缺乏。而周边落后地区的自然资源和劳动力很可能比较充裕,但资本积累和技术进步的速度可能相对较慢。这样,如果周边地区和中心城市能够较好地实现优势互补,则可以加快以中心城市为核心的地区现代化和经济发展速度。

在辐射过程中,资本必然向投资效率高的地区流动。从长远的角度来看,资本在中心城市和周边地区之间的流动不仅有利于中心城市的经济发展和现代化进程,而且也有利于周边地区的经济发展和现代化进程。

在辐射过程中,技术通常由中心城市向周边地区流动。技术的可共享性决定了技术进步对中心城市和周边落后地区的经济发展和现代化进程都有好处,而且技术在中心城市和周边落后地区之间流动机制越好,流动范围越广,技术发挥的作用就越大。

在辐射过程中,人才流动比较复杂。总的来看,人才流动的要求就是人尽其才。从静态的角度来看,辐射初期,由于中心城市的发展机会和生活条件都相对较好,因此,周边落后地区的人才可能会向中心城市流动。需要指出,人才的流动不同于资本的流动,在短时期内就可以实现回流,周边落后地区要实现人才的回流,一方面需要较长的时期,另一方面可能会付出较大的成本,即花费巨大的代价吸引中心城市的人才流人周边落后地区,这主要是由于人才生存的环境和面临的发展机遇对每个人而言都是十分重要。可见这两方面都不利于周边落后地区的经济发展和现代化进程。

思想观念、思维方式和生活习惯的辐射同样十分重要。辐射的主要特点是这一过程很可能持续较长时间,甚至会出现反复。

自然资源和劳动力的辐射通常表现出单向辐射的特点,即主要是由周边落后地区向中心城市流动。其中,劳动力的流动和人才的流动有一定的相似性。但是,劳动力流动与人才流动又有一些不同,无论如何流动均有利于周边落后地区。自然资源的流动通常由周边落后地区向中心城市流动,需要指出,点辐射的有效进行必须依赖良好的辐射媒介,即良好的交通、信息传播手段和市场机制,这是点辐射有效进行的根本保证。在交通方面,中心城市与周边落后地区之间应该建设发达的铁路、公路网络,尽可能减少辐射过程中的交易成本,提高辐射效率。同时,在信息传播方面应该加大通信网络建设的力度,建立健全现代化的通信体系,这对中心城市和周边落后地区都有好处。例如,中国改革开放以来,山东省、山西省、广西壮族自治区、宁夏回族自治区等都在这方面取得了丰富的经验和很大的成绩。

(2)线辐射

一般以公路(尤其是高速公路)干线、铁路干线、大江大河以及大湖沿边航道和濒临沿海的陆地带为辐射的带状源,向两翼地区或上下游地区推开。这里,把这些交通通道称为辐射干线。和点辐射一样,通常,辐射干线上的城市或地区的经济发展水平和现代化程度相对较高,辐射干线两翼的经济发展水平和现代化程度相对较低。于是,辐射干线上的城市或地区的资本、技术、人才和先进的思想观念、思维方式和生活方式就会和落后地区相互传播,传播的结果可能会使两者之间实现优势互补,从而在整体上推动整个地区的经济发展和现代化进程。线辐射特点和辐射过程与点辐射完全一致,不再重复。

(3)面辐射

点辐射和线辐射加快了辐射区域的经济发展速度和现代化进程。其结果,就会形成以中心城市或辐射干线为核心的经济发展水平和现代化程度相对较高的区域。例如,中国改革开放以来逐步形成了珠江三角洲、长江三角洲、环渤海经济区等经济发展速度和现代化进程相对较快的地区。这些地区的中心城市和小城市连成一片,形成了具有较强辐射能力的辐射源,并进一步和周边落后地区进行相互辐射。在地图上,这些地区表现为一个面,因此,这样的辐射称之为面辐射。例如,河北省与北京市、天津市之间的辐射可以被看成是面与面、面与点、面与线之间的辐射,这样的辐射就是面辐射。

3.3.2 高速公路对土地增值的定性分析

土地资源是自然历史形成的,具有位置固定性、面积有限性、质量差异性、功能永久性的特点。随着社会经济的发展,土地的稀缺性日益增强,土地供求矛盾日益尖锐化。土地价格受到很多因素的影响,如经济因素(当地经济发展水平)、区位因素、土地制度、环境因素等。其中最主要的因素是区位因素和经济因素。

高速公路建成通车后,将对出入口地段及沿线的土地产生不可忽视的影响。高速公路对国土资源的开发具有先导作用,主要表现在以交通区位的优势,诱导大量新的资本在其沿线的投资，形成高速公路产业带，调整了产业和人口的分布，提高了高速公路所连接的端点（中心城市）、主要节点（沿线主要城镇）以及高速公路互通式立体交叉点连接的周边土地资源的利用强度，使土地增值。

3.3.2.1 宏观分析

1. 高速公路改变了城市的空间布局

由于高速公路沿线土地开发的廊道及辐射效应，延展了城市空间范围，形成城市用地沿高速公路走廊向城市区域外延布局，以高速公路车站及节点为中心、线路为发展轴、路网为覆盖区的分级土地利用结构布局，构成了城市新的空间形态。相应地，其土地价值由于基础设施的完善和城市交通的可达性增加而大大提高。

2. 高速公路扩大了城市外延

高速公路由于其容量大和速度快的特点，它的建设使城市能将触角伸到城市边缘或者更远的地方。它将距离相隔遥远的地区联系起来，使人们的出行距离扩大到很大的范围，人口流动量大大增加。随之而来的是新的建筑地点离原来的市中心愈来愈远，城市建筑物迅速增多，配套设施不断开发，城市的地域向外扩张，人口相应增加。因此，高速公路扩大了城市外延。这一特点，在单核心城市中表现最为明显。

3. 高速公路带来了其他设施的聚集

高速公路这种高度能达性能够吸引各种生活、教育、商务、商业、娱乐等设施向轨道站点周围集中，刺激站点周围土地的高密度开发，繁荣高速公路沿线的经济和文化，使周边地区发展愈趋向成熟。这些基础设施的完善必将促进沿线土地的高密度开发与经济繁荣，从而带来沿线房地产增值，使高速公路趋于商业化、社会化有着十分重要的意义。

3.3.2.2 微观分析

由于运输成本的存在，因此人们从事生产、商业和居住活动，必然选择交通方便的地区，交通的成本最小。假如运输成本不存在，交通阻力为零，就没有必要选择地点和区位。城市土地区别于其他生产要素的最大特点之一，是由于土地的相对位置不同而引起不同的地租。这样就产生了两个重要的理论：土地出价租金和土地区位理论。城市交通和土地使用间联系的本质就在于运输成本与地点租金（或土地价值）间的互补。越靠近市中心的土地，有较低的运输成本，人们则竞相选择这里，故地价越高。地价（以地租表示）与运输设施（以运费表示）具有某种程度的替代性，两者的和称为阻力成本，如图 3-13 所示。

运输改善表示运输速度的提高或交通费的减少。例如，高速公路提高居民出行速度，减少了出行时间，降低了机会成本。

如图 3-14 所示，地租与城市中心距离成反比，运费与市中心距离成正比，且地租与运输成本之和为常数。地租消失点 D 代表城市的边界。当高速公路建成以后，运输成本降低至 T'_C，地价相对提高至 L'_r，且地租消失点在向远离方向移动，即 $D \to D'$。运输技术和交通设施改善造成了城市的扩张。

3.3.3 高速公路沿线土地利用变化

3.3.3.1 道路两侧不同距离缓冲区土地利用结构变化

高速公路沿线形成了区位优势，沿线区域由于具备有利于生产发展的必要条件，它即会产生一种引力，将相关行为或企业吸引过来，在利益原则的驱动下形成产业而已上相对集中，从

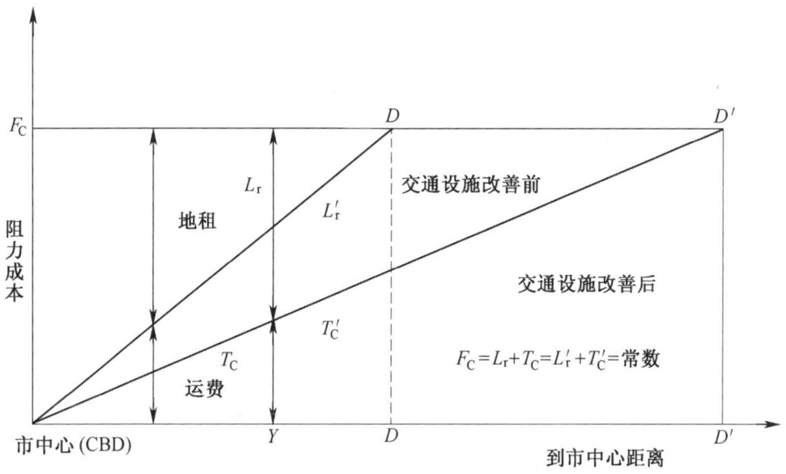

图 3-13　交通设施完善前后地租与运费的关系

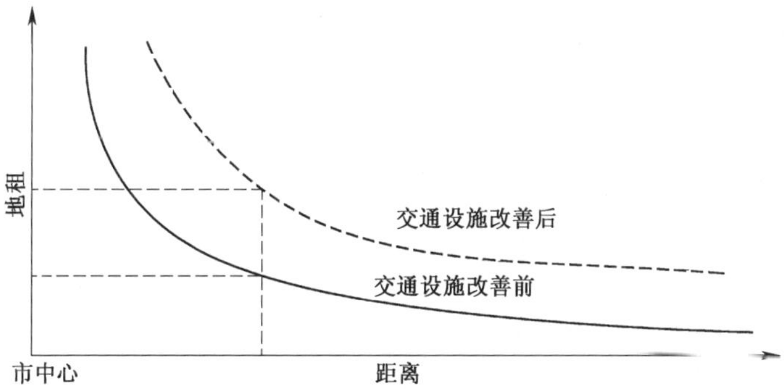

图 3-14　交通设施改善前后地租曲线变化

而促进该地区经济的发展，这种引力就是区位优势。

高速公路沿线不同距离缓冲区的区位优势不同，其不同的经济辐射力使得高速公路沿线辐射区域内土地利用方式在第一、二、二产业之间或各产业内部之间转换，并且各种土地类型数量与空间配置的变化形成了土地利用结构的变化。

3.3.3.2　土地利用程度分析（地价的变化）

由于高速公路产业带内产业集中导致原来的未利用地或农地变为建设用地，建筑密度、容积率、土地利用系数等指标均增加，提高了土地的利用程度。

公路沿线土地的重新调整利用是改变传统利用方式，提高土地利用效率的过程。高速公路的建成通车使辐射域内土地的生产力得到进一步提高。土地生产力通过一定的土地利用方式决定级差地租，而一定的级差地租反映了在一定的土地利用方式下所发挥出来的土地生产力水平。因而在土地生产力一定的情况下，利用方式不同，所体现出来的级差地租也不同。在土地生产力的最佳利用方式得到充分发挥的条件下，一块土地所能提供的级差地租，是该块土地级差地租的最高水平。随着高速公路的投入使用，沿线土地生产力的最佳利用方式会进一步得到调整。

高速公路辐射作用使得产业向公路沿线聚集，必将带动农村城镇化的发展。

城镇化的依托是产业的发展和聚集。农村城镇化并不仅仅是建一些企业、修建一些基础设施,而是必须使城镇有吸收外来要素的功能,有开放式的结构,能够聚集人口、企业以及市场,因此推动产业聚集,提高产业的关联度是农村城镇化的依托和功能定位的基点。高速公路出入口区域产业聚集,具备了城镇化的基础条件。高速公路出入口辐射域内由于产业聚集而形成产业园区后,随之生活区、娱乐区、房地产开发区、商贸区等应运而生,形成了城市的雏形。当经济活动发展到一定程度时,高速公路出入口辐射域内的农村就逐渐演化成城市。

高速公路出入口辐射域内广大农村地区向城镇化方向发展,具体表现如下。

1. 高速公路出入口辐射域内城镇规划和布局的合理化

我国目前农村城镇化的发展现状是小城镇数量多、密度大,但是镇域范围、规模小,布局分散,规划滞后,城镇发展没有和交通发展规划相联系。交通运输网络是城镇发展的基础,是进行城镇布局要考虑的最主要的因素之一。当高速公路与通往市(县)级及其以上城市或其他重要政治、经济中心的主要公路相交时都会设置互通式立体交叉,也就是说,高速公路的建设使得沿线的一些中小城镇都纳入到高速公路出入口的辐射域内,辐射域内城镇的发展因而可以摆脱在规划和建设中不利的因素束缚,依赖优越的交通条件,利用出入口的经济辐射作用,依托产业集聚发展成为中心城镇,为城镇等级规模的提高以及带动其他城镇的发展奠定了基础。高速公路的建设缩小了城乡之间的距离,为城镇的发展创造了有利的空间条件,会带动新的城镇群体的出现和原有城市的扩展,调整区域城镇体系的布局,加速沿线地区的城镇化进程。

高速公路的发展不仅有利于局部农村城镇化中规划和布局的优化,也有利于全国农村城镇化的空间布局优化。我国"五纵七横"的国道主干线横贯东西,连接南北,使我国多数城市与高速公路相通,这对农村城镇化的整体布局有很重要的意义。特大城市周边农村可以依靠高速公路发展卫星城市,东部沿海地区农村城镇化已经比较普及,形成了长江三角洲、珠江三角洲、京津塘地区、辽中南地区等许多城镇密集区。

2. 城镇化水平得以提高。

以乡镇企业为主体的农村工业由于受到出入口区域的吸引作用而在辐射域内聚集,充分享受产业集聚所带来的集聚经济效益与规模经济效益。同时,交通条件的改善推动乡镇企业兴旺发展,促进了城乡贸易和商品流通,提升乡镇企业的经济效益,效益的提高促使企业进一步扩张,为城镇建设积累了经济基础。乡镇企业的发展使得农村劳动力不断涌入,而人口的汇集和城镇经济实力的增强促使第二产业的发展,第二产业对城镇的发展起到推动作用。高速公路出入口辐射域内各种经济园区的建立以及对乡镇企业的吸引直接扩大了城镇的规模城镇经济发展基础的强化,城镇发展动力的增强,城镇规模的扩大都是城镇化水平提高的具体表现。

3.3.3.3 公路建设的扩展效益分析

扩展强度指数是表征公路建设扩展效应的主要指标,它是指某研究区域内,在特定时段中的建设用地扩展面积占研究区域土地总面积的百分比。为了便于比较不同研究时期土地利用扩展的强弱或快慢,可计算各研究区域的年平均扩展强度指数,它实质就是土地面积年平均扩展速度的标准化处理。

3.3.4 高速公路出入口辐射范围的研究

高速公路沿线通过对周边地区的辐射作用,影响周边土地利用,使得辐射域内土地利用向最佳利用方式的调整。而高速公路出入口区域由于具有特殊的区位优势，导致产业集聚，促进该地区经济的发展，通过辐射作用引导该区域土地利用发生变化。出入口辐射域内各种土地利用类型在数量及空间布局上发生变化，土地利用结构发生改变，土地利用程度得到提高，最终使土地利用效益得到提高，土地价格得以提升。

例如高速公路出入口周边企业数量增加，出现产业园区，房地产业得到较快发展，边角地带开发仓储、停车、旅游、娱乐等多种经营项目。总的来说就是高速公路出入口周边原来的农业用地逐步转化为商服用地、工矿仓储用地、住宅用地、公共管理与公共服务用地、交通运输用地等，并且各种土地利用类型在数量及空间布局上也会随着高速公路建成通车时间越长而不断发生变化。

3.3.4.1　高速公路出入口辐射范围界定的常用方法

要想正确分析高速公路出入口对周边土地利用产生影响，必须首先正确划定高速公路出入口辐射域的范围。对出入口辐射范围的确定可以采用以下几种方法：

(1)几何划分法

这种方法以地域和交通吸引无差异为前提，将高速公路沿线路网抽象为一种几何线网，利用几何线条按一定几何规则将高速公路沿线区域进行抽象划分，确定高速公路出入口的辐射范围。

这种方法的优点是简单方便。缺点是缺乏足够的理论和现实依据，往往结果模糊，严重偏离于现实实际。在对高速公路出入口的辐射范围作概略估计时，可作为辅助的方法加以采用。

(2)分析法

该方法分别将高速公路两端及沿线出入口与毗邻的相关交通干线的出入口和交通枢纽间划分出吸引界限。如图 3-15 所示。

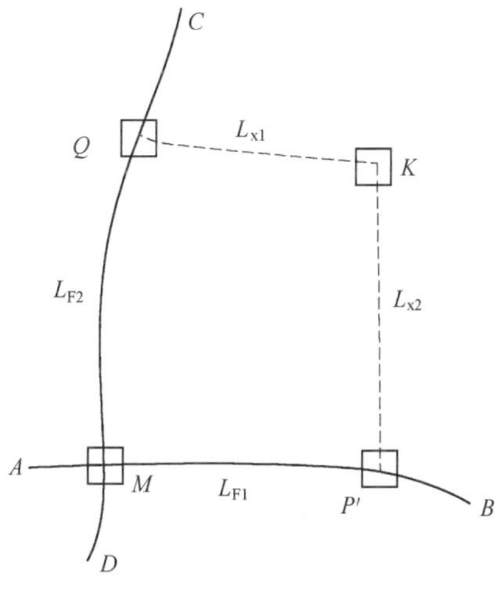

图 3-15　分析法示意图

经济节点应为哪条交通线所吸引，主要取决于三个条件：自然条件、经济联系以及交通状况。显然，自然条件亦必须通过交通运输条件起作用，如高山阻碍交通，从而吸引范围缩小，故可根据每一经济节点的物资流向，结合具体交通线予以分析比较，确定其被沿线出入口所吸引。一般用总运输成本(主要指总运输支出或运费)最小的原则来划定界限。实践中有时还补充考虑其他一些因素。

基于时间和运费的高速公路出入口辐射范围模型，以高速公路沿线出入口为中心的区域享有最大的高速公路运输优势，其经济发展受到高速公路的直接和间接影响。直接影响是指高速公路以直接运输联系影响其出入口附近区域的经济发展，高速公路出入口附近区域直接通过高速公路与其他区域发生物资、资金和信息等交换。

如图 3-16 所示，高速公路 AB 以 A 和 B 为出入口，A 点附近区域可直接通过高速公路与 B 点或其他出入口及相关区域发生直接运输联系，直接受到高速公路影响。间接影响是指高速公路入口处一条其他交通线路上的区域通过高速公路与其他区域发生间接的交通运输联系。与高速公路出入口 A 点相连的交通线路 AC 的 C 点附近区域可通过 AC，再经过 AB 与其他区

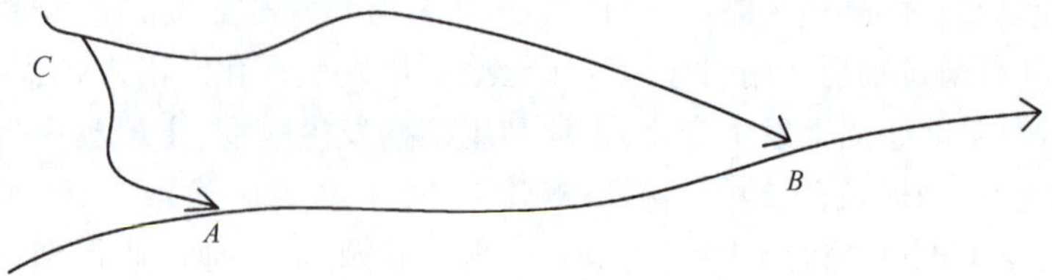

图 3-16 高速公路出入口对周边区域的影响方式

域产生联系，高速公路对 C 及其附近地区的影响属于间接的影响。

A、B 为高速公路相邻的两个出入口，CA、CB 都是非高速公路的运输线路，C 点可以通过 CAB 与 B 发生交通运输联系，高速公路起间接影响作用；C 点也可以直接通过 CB 与 B 发生交通运输联系，与 A 点无关，所以 AB 段高速公路对 C 点不发生任何影响。对于存在不同交通路线与高速公路相邻的两个出入口相连的情况，可以将运费和时间作为决定性变量测算某一个出入口的影响半径。

如果单纯以高速公路相邻的两个出入口决定出入口影响半径，则影响半径理论上可变得无穷大，但是现实条件下高速公路出入口之间的交通网络有一定的发展限度，从一些主要的交通线路中可以测算出一定的影响半径。

该方法有效避免了其他界定方法的粗略，所需数据也较易获得，具有较高的应用价值。

3.3.4.2 辐射圈层的确定

(1)辐射区的空间分布

辐射域的空间分布是分强弱的，距离辐射源越近，辐射能量越大。所以出入口周边地区受到出入口的辐射强度由于距离出入口的远近而不同，距离出入口越近，强度越大，反之则越小。如图 3-17 所示。

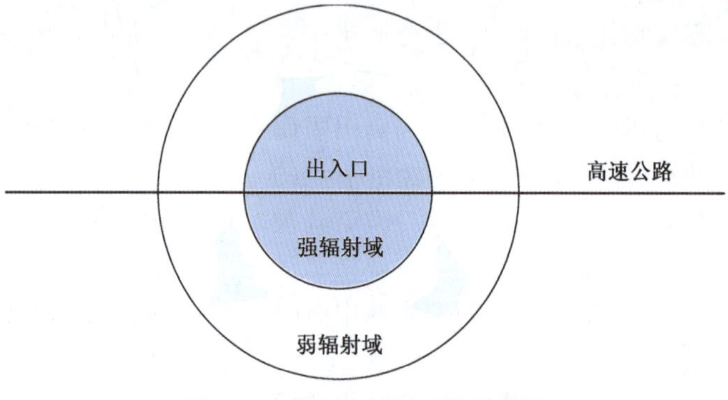

图 3-17 出入口辐射区域示意图

(2)辐射区域的方向性延伸

根据经济地理学中杜能区位理论，在空间非均质或者非各向同性条件下，杜能环不再保持圆环形式，但保持连续的环带。杜能曾经指出，由于运河的存在，运输费用降低，带出现沿运河方向延伸的情况。本文认为，由于某些因素如城市、旅游风景区的吸引作用，造成高速公路出入口辐射域会向吸引源方向延伸的情况。

(3)辐射区域的动态发展

辐射域的发展是动态的，随着时间的推移、经济的发展，辐射域的范围也会进一步扩大。

以前的弱辐射域发展为强辐射域,以前未被这个出入口辐射的区域逐渐由于扩散作用而演变为新的弱辐射域。高速公路上相邻的两个出入口的辐射域范围扩大后会出现辐射域叠加的情形,进一步强化高速公路出入口对辐射域内土地利用的影响。

3.3.5 小　结

高速公路建设不仅能促进了原有大中型城市的开发建设,也能促进了周边小城镇的发展。在国外,一条高速公路建成1~2年后,其两端的大城市会沿高速公路不断延伸发展,形成以高速公路为轴线的城镇群。近年来我国经济的发展反复证明了这样一个真理,只要有高速公路通过,其两侧将形成高速公路经济带,推动本地区及相关地区劳动力由农村向城镇、由农业向工业转移,带动当地的城市化发展水平。

高速公路能促进沿线房地产业、旅游业的发展,并带动吃、住、行、购、娱等相关产业的发展。高速公路的建设,大大改善了沿线各地区的交通环境,缩短了城市之间以及产、销地之间的距离,从而促使沿线土地大幅度增值,房地产业在沿线迅速发展起来。同时,便利的交通条件也促使了旅游业的发展。

参考文献

[1] Svoray T, Bar P, Bannct T. Urban land-use allocation in a Mediterranean ecotone: Habitat Heterogeneity Model incorporated in a GIS using a multi-criteria mechanism[J]. Landscape and Urban Planning, 2005,72(4): 337-351.

[2] 朱德举．土地评价(修订版)[M]. 北京:中国大地出版社,2002:35.

[3] 谢春树,赵玲．基于GIS的湘中紫色土丘陵地区土地适宜性评价——以衡南县谭子山镇紫色土综合治理试验区为例[J]. 经济地理,2005,25(1):101-105.

[4] 张友焱,周泽福．黄土丘陵沟壑区土地适宜性评价研究——以山西省中阳县圪针耳流域为例[J]. 水土保持学报,2003,17(1):93-99.

[5] 于婧,周勇,周清波．基于GIS和模糊数学方法的多方案下农用土地多宜性评价[J]. 农业工程学报,2005,21(增刊):183-187.

[6] Steiner F, Laurel M, Cohen J. Land suitability analysis for the upper Gila River watershed[J]. Landscape and Urban Planning, 2000,50(4):199-214.

[7] 付海英,郝晋珉,等．耕地适宜性评价及其在新增其他用地配置中的应用．农业工程学报,[J],2007,23(1):60-64.

[8] 姚炎明,王英．公路建设项目土地经济损失的定量评价[J],环境污染与防治,1999,21(6).

[9] 刘静,李建学．土地复垦整理可行性研究中的土地适宜性评价[J]. 陕西农业科学,2007(1):143-144.

[10] 赵欣,刘昌华．贵州山地煤矿区待复垦土地适宜性评价初探[J]. 河南理工大学学报,2009,3(28): 373-377.

[11] 鲍香台．国民经济评价中"土地影子价格"的分析[J]. 石家庄铁道学院学报,2001,14(3):75-77.

[12] 周志言．公路建设项目后评价[M]. 北京:航空工业出版社,1999. 44-76.

4 公路占地决策支持方法

作为交通行业来说,研究土地资源价值的根本目的,是给交通行业,尤其是公路建设行业提供占地决策支持方法。公路建设占地决策支持方法研究首要在路线方案的选择,其次在于构造物替代边界条件的选择,从占地决策角度出发,路线方案应该首选占地价值低的路线方案,而不是单纯征地面积比较后的择优方案。路线方案的选择避免占用高价值的城乡结合部土地,给城市发展留用空间的同时,带动城乡结合部土地的价值升值,加速城市化进程。构造物替代边界条件的选择,是路线方案确定后的细化设计,在于研究构造物合理替代路基方案。

4.1 基于价值理论的长湘高速路线方案比选决策支持案例

4.1.1 项目区现状布局及规划

长沙至湘潭高速公路(复线)是湖南省“五纵七横”高速公路网的重要组成部分,项目的建设应与区域内的城镇建设有效衔接,在保证路线总体走向的前提下,尽可能地方便沿线城镇,以促进区域社会经济发展,同时提高本项目的效益。相关的城镇主要有长沙市、望城县、湘潭县、湘潭市等。

本项目在长沙市的部分主要位于大河西先导区范围内,本项目起点设置原望城县简家坳互通与长沙至常德高速公路相交,同时顺接京珠复线北端岳阳至长沙高速公路,在白箬铺镇西侧设置通过白箬铺互通与 G319 以及金洲大道相连,方便城区和各乡镇的车辆出行。共设置有简家坳互通(起点)、白箬铺互通(连接 G319)和莲花互通(连接长花灰韶公路),极大地方便城区和各乡镇的车辆出行。

本项目在湘潭市主要位于湘潭县,设置响塘互通与湘潭至仙女公路相交,终点设置塔岭互通与湘潭至衡阳西高速公路对接,方便城区和各乡镇的车辆出行,市区车辆可以通过潭邵高速公路上本项目。

4.1.2 方案比选

(1)原工可方案简述

工可起于简家坳枢纽互通,与长益高速公路交叉点,接京珠复线岳阳至长沙段终点,往南经望城白箬铺镇东侧,于 K136+500 跨金洲大道,于 K139+300 跨 G319(设白箬铺互通)后进入长沙市高新技术开发区雷锋镇西侧,沿观音山东侧山脚进入岳麓区莲花镇,经莲花镇东侧往南,于 K151+400 跨在建长花灰韶公路(设莲花互通)后往南,于 K160+300 跨靳江河进入湘潭县响塘镇,沿响塘镇西侧,于 K164+100 跨县道 X011(设响塘互通)后往南直至潭邵高速公路塔岭枢纽互通,与在建项目潭衡西对接,路线长 40.72 km。见图 4-1 和图 4-2。

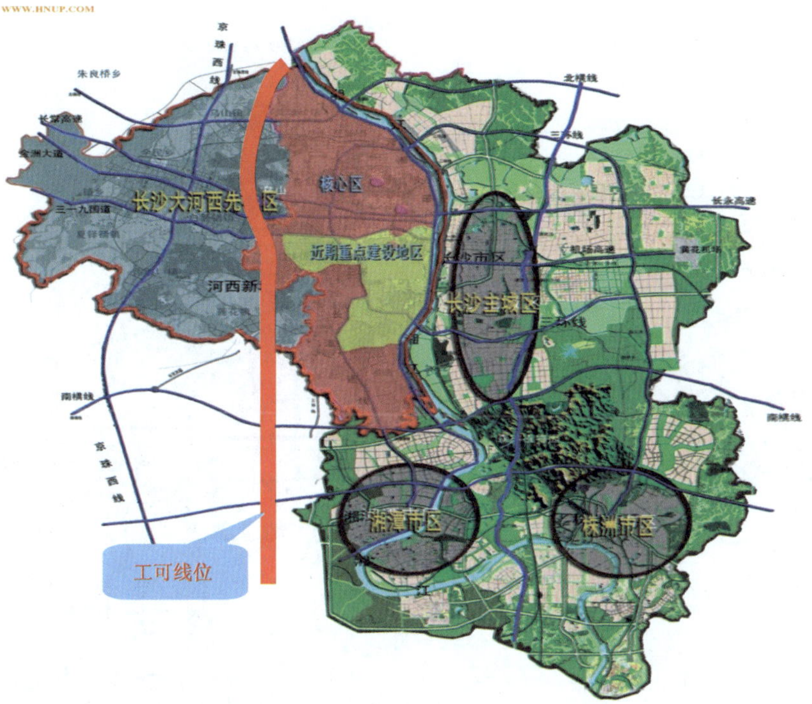

图 4-1　原工可区位图

(2)原工可方案存在的问题

为做好本项目投标工作,在充分研究工可推荐方案基础上,增设 A、B、C 线路程达 60 km,并通过现场踏勘,同时分别征求了长沙市、湘潭市政府相关职能部门意见,11 月上旬完成投标方案。同时,充分考虑沿线地方政府意见,提出路线西移方案。

1)长沙段

本段内路线过白箬铺镇后进入长沙市高新技术开发区,大河西先导区管委会提出异议,其理由一是路线经过高新区影响高新区土地开发利用,对城市规划建设有一定的影响,与长沙市总体规划不相容。二是增加高新区征地拆迁压力与难度,占用了城市建设用地。路线经过的莲花镇为长沙市“两型社会”建设示范镇,路线方案对莲花镇规划影响较大,莲花镇政府明确反对路线经过莲花镇的东侧,以阻隔向长沙发展趋势。特别是与长花灰韶路交叉处路段拆迁量较大,且因建设长花灰韶景观公路在该路段部分拆迁仍未妥善安排,社会影响较大,且路线方案占用大量基本农田。见图 4-3。

2)湘潭段

工可路线方案过莲花后进入湘潭市的龟头市,于 K160+300 跨靳江,该路段横穿一处基本农田长达 2.5 km,占用基本农田量较大,虽采取架设高架桥节地措施,但工程量较大,且工可走廊带房屋密集,拆迁量大。见图 4-4。

综上所述,基于原工可走廊带存在以下问题:①与长沙市总体规划不相容;②与“两型示范镇”莲花镇规划冲突;③占用基本农田量较大;④沿线拆迁量较大等。

(3)方案调整比选方案

针对原工可存在的问题,各个单位分别从自己的情况出发,设计了几条供选方案,如图 4-5

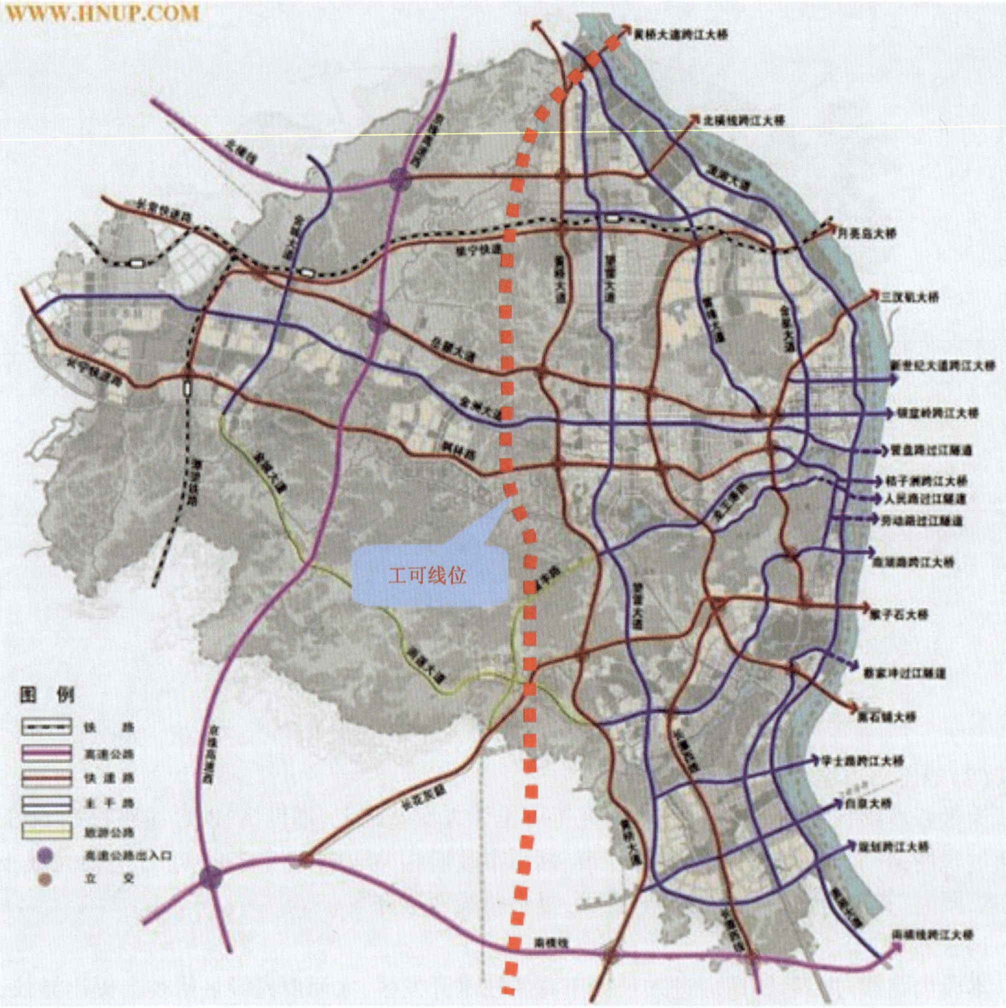

图 4-2　大河西骨线路网规划图

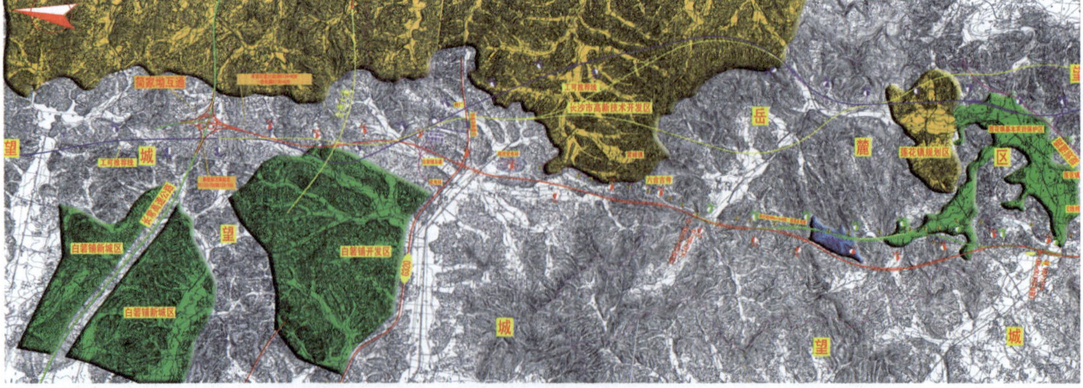

图 4-3　长沙段路线方案布置图

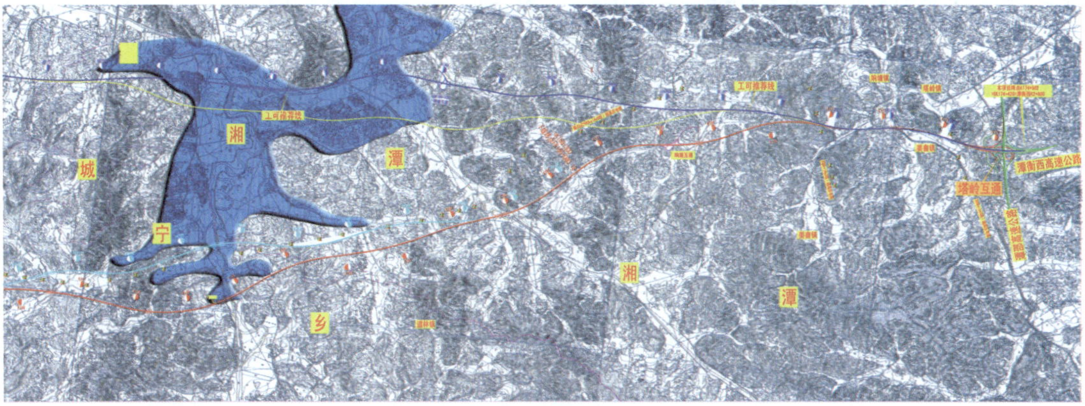

图 4-4 湘潭段路线方案布置图

所示。

方案一:岳麓区人民政府规划选线方案,线位布设在先导区的外围,不占有先导区的用地指标。

方案二:长珠潭一体化方案,线位布设于先导区的西部边缘,先导区内部只有一小部分。

方案三:大河西先导区规划选线方案,从整个先导区中西部穿过,易对生态环境带来了一定的破坏。

方案四:交通局规划选线方案,线路从先导区的北部进入,从中东部穿过各组团,近期有助于促进各组团之间的连接。

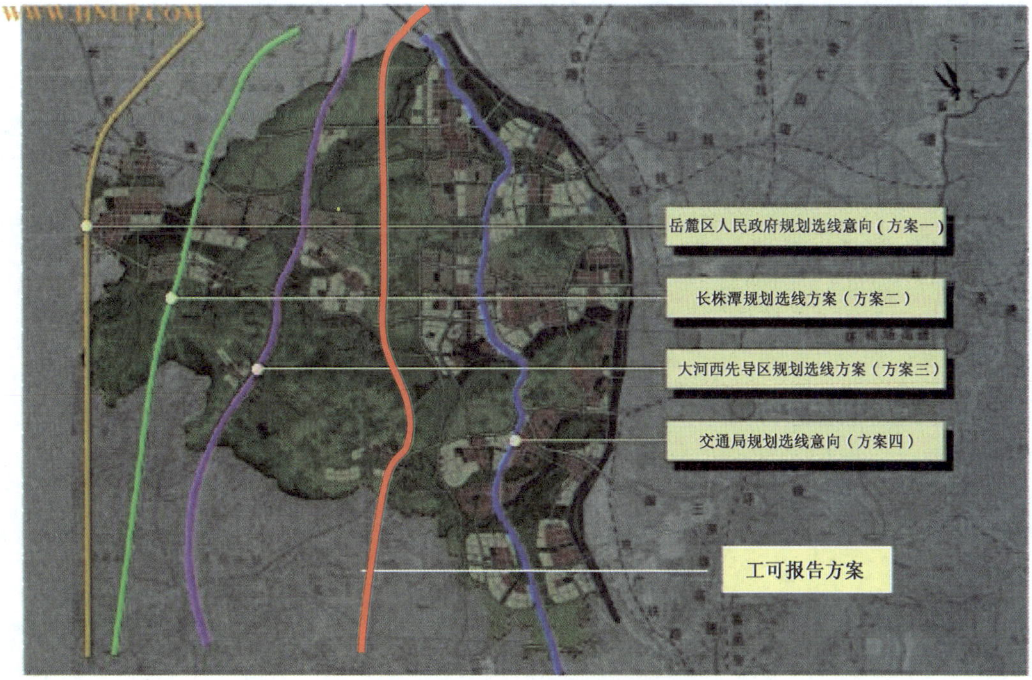

图 4-5 长湘高速选址方案比选分析

从四个既有方案的对比看:方案一(岳麓区方案)线位布设在先导区外围,距离过远,不利于先导区各个用地组团对外交通联系；方案二（长株潭一体化方案）线位布设在先导区西部边缘，同样也不利于东部三个主要组团对外联系；方案三（先导区总体规划方案）线位基本合理，有利于望城、宁乡两个产业片区便捷地对外运输，不足之处在于穿过生态保护区，对生态环境的保护带来一定困难；方案四（交通局方案）为近期过渡方案，从远期看线位由大河西先导区各组团中心穿过，对组团内部破坏严重。

综合考虑，推荐方案三（先导区总体规划方案）作为京珠高速西线的选址方案。即原工可适当西移方案，即路线过白箬铺后绕走高新规划区，沿大河西总体规划的城乡结合部的绿色生态廊道布设，凿隧道穿莲花山后进入莲花镇，于莲花镇规划区西侧约 3 km 处过莲花镇后进入宁乡的道林镇，于道林镇的茶园塘跨靳江河后进入湘潭市湘潭镇，往南于稠泉大屋接原工可方案。

路线西移后主要优点：①满足长沙市总体规划，与大河西交通规划相协调；②避绕“两型示范镇”莲花镇的规划；③大量减少占用基本农田；④大量减少拆迁，利于为项目建设创造良好施工环境，利于项目顺利推进；⑤为长株潭“两型社会”争取到更大发展战略空间。

4.1.3 工可方案与推荐线路占用地价值对比

路线推荐方案在布设时为了尽量减少对湖南省长株潭两型社会试验区范围内的长沙市大河西先导区和“两型示范镇”莲花镇规划的影响，通过对路线方案的深入研究，经过大量艰苦的协调工作，对路线走廊带进行了大范围的方案调整。在原工可线路 K134～K171 段整体西移约 3～5 km，并结合面向土地资源保护的遥感分类辅助选线技术和公路占地价值评价技术，最终确定了一条对先导区和莲花镇城乡规划影响最小，同时作为大河西绿色生态廊道的最优路线方案。见图 4-6。

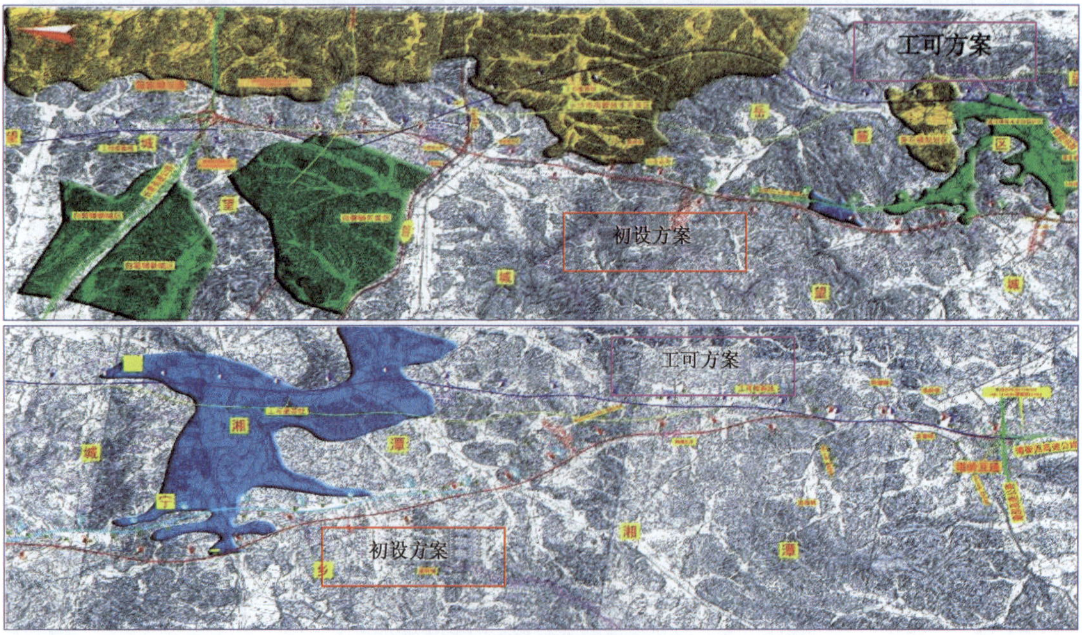

图 4-6 长湘高速工可方案与推荐方案选线对比图

长湘高速工可方案与线中西移推荐方案的各类土地分类见表 4-1 和图 4-7。

表 4-1 长湘高速工可方案与推荐方案占地面积汇总表 单位:亩

土地类别		工可方案	推荐路线
耕地	水田	1 215.6	1 657.39
	旱地	652.35	319.89
林地	有林地	1 418.1	2 279.69
	灌木林	1 187.25	0
水域	养殖水面	0	66.36
	河流	60.75	21.18
交通运输用地	公路	0	139.68
住宅用地	农村宅基地	455.85	284.58
其他	设施农用地	253.2	171.15
	裸地	259.5	0

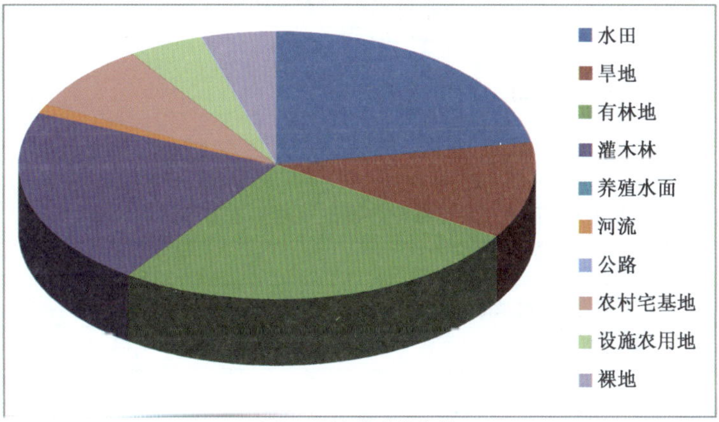

(a) 工可方案占地分类

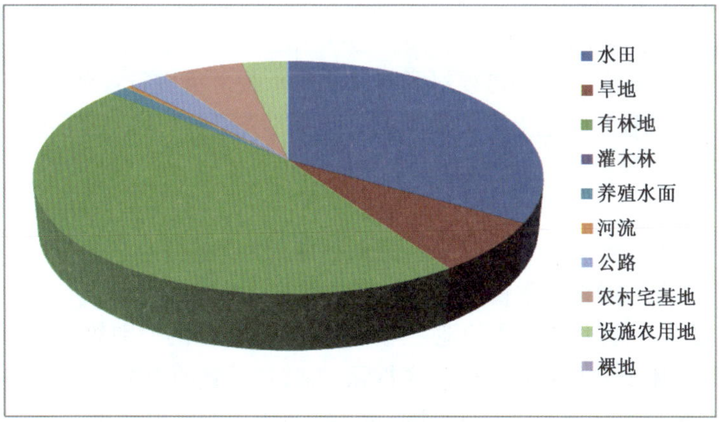

(b) 推荐路线占地分类

图 4-7 长湘高速选址方案比选分析

(1) 土地的自然价值

土地的自然价值可以利用土地出让金作为补偿。分别选取各类地平均生地的出让金 M

作为此次征用土地自然价值补偿的计算依据,土地的自然价值为:

$$A_1 = M \cdot S \cdot N$$

计算结果见表4-2。

表4-2 工可方案与推荐方案占用地土地自然价值计算 单位:元

土地价值	工可方案	推荐路线
土地自然价值	8 143 889	6 615 145

(2)土地的经济价值

①土地的生产价值

1998年征地之时该区域如果用于种植果蔬,则平均每亩年纯收入约为3 600元。而该区域种植的主要作物类型为稻谷,作物的每亩纯收入约为1 200元。经济作物主要是柑桔和茶叶,每亩净收益年均增长率为4%,土地还原率取6%。

该段公路占用地耕地和园林地的生产价值计算公式为:

$$A_{21j} = \sum_{j=1}^{2} \sum_{t=1}^{n} A_j \frac{(1+r)^{t-1}}{(1+i)^t}$$

因此,该段公路占用地土地的生产价值表示为:

$$A_{21} = A_{211} + A_{212}$$

计算结果见表4-3。

表4-3 工可方案与推荐方案占用地土地生产价值计算 单位:元

土地价值		工可方案	推荐路线
土地的生产价值	林地	26 129 060	37 392 138
	耕地	68 835 452	66 912 946
总计		94 964 512	104 305 084

②土地既有设施承载价值

高速工程占用土地经济价值的评估,不仅包括土地生产价值,还应包括附着于土地上的农用设施的拆迁损坏和重置费用,即需要对既有设施的承载价值进行评估。这一部分价值通过计算需要拆迁、拆移或重置的地上附着物或农用设施的费用来获取,一般可用替代还原法来计算。计算公式如下:

$$A_{22i} = \sum_{i=1}^{n} W_i \times V_i$$

式中 i——需要拆迁、拆移或重置的地上附着物或农用设施的类别;

n——需要拆迁、拆移或重置的地上附着物或农用设施的类别数量;

W_i——第i种附着物或农用设施需要拆除、拆移或重置的数量;

V_i——第i种附着物或农用设施拆除、拆移或重置时的单位费用。

因此,公路工程占用地的既有设施承载价值为:

$$A_{22} = A_{212} + A_{222}$$

本段高速公路占用地的经济价值为:

$$A_2 = A_{21} + A_{22}$$

计算结果见表 4-4。

表 4-4　工可方案与推荐方案占用地既有设施承载价值　单位：元

土　地　价　值		工可方案	推荐路线
既有设施承载价值	拆迁建筑物	42 546 213	24 519 723
	青苗补偿	2 896 755	3 226 527
总计		45 442 968	27 746 250

（3）土地的社会价值

①社会保障价值

可以认为，该段公路单位面积（亩）占地的土地依赖性成本是由于征地而增加的承载人口的长久生存所需的社会保险所需费用，同时为了保证被征地农民在失去土地后生活水平不下降，应考虑农村最低生活保障费用。失地人口按照与占地面积 1∶1 的比例计算，分别计算工可路线与推荐路线为 2 282 和 1 850 人。

征该段公路所经区域农民人均农业纯收入约为 3 653 元，农民人均纯收入约为 11 205 元。

保障系数 = 农民人均年农业纯收入/农民人均年纯收入

= 3 653/11 205

= 0.326

a. 养老保障价值

根据中国平安保险公司个人养老多保险费率表，求得该区域平均每人养老保险费缴金额为 X = 11 178 元。

则可计算线路占用地的养老保障价格：

$$S_1 = X \times Q \times \text{保障系数}$$

b. 就业保障价值

因为农民从未交过失业保险金，所以可以假设农民从失业到退休一直领取最低生活保障金的办法来计算，计算公式如下：

$$Y = [(b_m - 2) \times P_m + (b_f - 2) \times P_f] \times U$$

式中　Y——人均就业保障价值；

b_m、b_f——男、女性公民距退休年数；

P_m、P_f——男、女性人口占总人口的比例；

U——年最低生活保障费总数。

最近公路占用地就业保障价值，计算如下：

$$S_2 = Y \times Q \times \text{保障系数}$$

c. 医疗保障价值

根据中国平安保险公司个人医疗保险费率表，求得该区域平均每人医疗保险费泵缴金额为 Z = 1 335 元。

则高速公路所占面积土地的医疗保障价值：

$$S_3 = Z \times Q \times \text{保障系数}$$

综上所述，高速公路占用土地的社会保障价格为：

$$A_{31} = S_1 + S_2 + S_3$$

计算结果见表 4-5。

表 4-5　工可方案与推荐方案占用地社会保障价值　　单位:元

土地价值		工可方案	推荐路线
土地保障价值	养老保障	14 565 379	11 808 041
	就业保障	40 347 542	32 709 445
	医疗保障	993 195	805 176
总计		55 906 116	45 322 662

②社会稳定价值

对于社会稳定功能价值的量化,依据替代原则,耕地开垦费可以作为社会稳定功能价值的量化值。由于目前掌握的资料有限,此方法评估社会稳定价值,因此采用平均耕地单位面积的社会稳定价值为 2.22 元/m^2。

$$A_{32} = 2.22 \times S$$

计算结果见表 4-6。

表 4-6　工可方案与推荐方案占用地社会稳定价值　　单位:元

土地价值	工可方案	推荐路线
土地社会稳定价值	8 143 889	6 615 145

③城乡规划潜在发展

城乡规划潜在发展对地块价值的影响对地块价值的影响,用影响系数 β_4 来表示

$$\beta_4 = \sqrt{1 - \frac{X_4}{t}}$$

其中,按大河西的规划方案,对工可路线,X_4 取 5 年,则推荐路线可适当加大到 8,分别计算城乡规划的潜在发展对土地价值的影响,见表 4-7。

$$A_{35} = \beta_4 \times (\text{改变用途后的 } A_1 - \text{改变用途前的 } A_1)$$

表 4-7　两方案占用地城乡规划潜在影响　　单位:元

土地价值	工可方案	推荐路线
城乡规划影响	19 756 634	13 053 031

(4) 土地的生态价值

该段路线所经地区为省重要的粮油生产基地,土地肥沃,原有生态环境良好。因此,公路建设期间,需要合理利用自然环境,严格执行国家环境保护法的规定,防止生态环境遭受污染及破坏,对大气污染、水质污染、交通噪声和振动污染等采取了相关措施进行防治。在公路设计及施工过程中,考虑到了公路建设项目对自然景观的影响,注意保持水土和保护生态平衡。

在此,计算高速公路占地的生态价值,主要从不能固定二氧化碳和释放氧气两个方面来考虑。

根据相关资料可以对各土地类型的平均生产力进行选取:耕地 644 g/(m^2·a)、树林和灌丛取 600 g/(m^2·a)、荒(草)地 500 g/(m^2·a),各地类的面积以 hm^{2}计。采用森林固定二氧化碳的成本价法来计算二氧化碳的经济价值单价,取为 273 元/t,氧气的价格为 725 元/t。通过植物光合作用和呼吸作用反应方程式,可以测算土地吸收的大气有害气体 CO_2的含量,即

形成 1 g 的干物质需要消耗 1.63 g 的 CO_2。

$P_C = (644 \times S_1 + 600 \times S_2 + 500 \times 1.29) \times 1.63 \times 273.3 \div 100 \times (P/A, 6\%, \infty)$

$P_0 = (644 \times S_1 + 600 \times S_2 + 500 \times 1.29) \times 1.2 \times 700 \div 100 \times (P/A, 6\%, \infty)$

分别计算出两条比选路线的土地生态价值,见表 4-8。

表 4-8 工可方案与推荐方案占用地生态价值 单位:元

土地价值	工可方案	推荐路线
土地生态价值	45 765 054	37 722 295

通过对工可路线和推荐路线土地价值的计算,可以得到了各种价值的数据及所占土地总价值的比例,见表 4-9、表 4-10。

表 4-9 工可方案占用土地价值表

价值类型	自然价值	经济价值		社会价值			生态价值
		生产价值	承载价值	社会保障价值	社会稳定价值	规划影响	
数量(元)	22 010 510	94 964 512	45 442 968	55 906 116	8 143 889	19 756 634	45 765 054
		140 407 479		83 806 638			
比例	7.54%	48.09%		28.70%			15.67%
合计(元)	291 989 682						
每亩平均土地价值(元)	53 064						

表 4-10 推荐方案占用土地价值表

价值类型	自然价值	经济价值		社会价值			生态价值
		生产价值	承载价值	社会保障价值	社会稳定价值	规划影响	
数量(元)	17 373 927	104 305 084	27 746 250	45 322 662	6 615 145	13 053 031	37 722 295
		132 051 333		64 990 838			
比例	6.89%	52.37%		25.78%			14.96%
合计(元)	252 138 393						
每亩平均土地价值(元)	51 041						

从上述比较中可以看出,推荐路线方案所占土地总价值小于工可方案,单位土地价值也小于工可路线,单从土地价值方面来讲,推荐方案优于工可方案。

4.1.4 局部方案优化比选(K155+380~K166+080)标段

本段地形条件较简单,考虑跨靳江河,作 K、F 线两方案进行同深度比选。K 线跨长花灰韶景观公路后折向西南,选择跨靳江河及河岸最窄处跨河,以减少桥梁长度,减少占用基本农田,减少工程造价。F 跨长花灰韶景观公路后径直往南,沿株白 500 kV 高压走廊带布设,路线顺直。见图 4-8 和表 4-11。

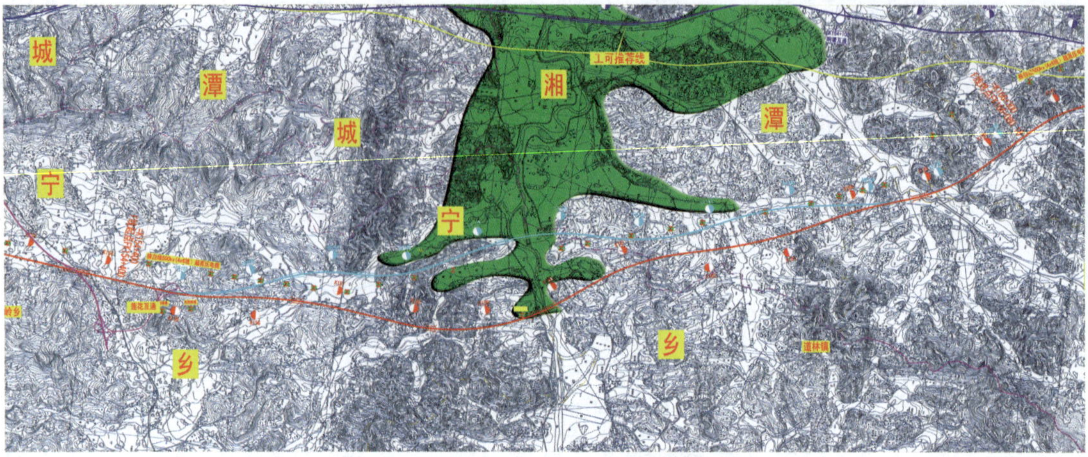

图 4-8　局部方案比选

表 4-11　主要工程数量表

序号	指标名称	单位	K 线方案	F 线方案
1	起讫点桩号		K155+380～K166+300	FK155+380～FK166+080. 18
2	路线长度	km	10. 920	10. 700
3	最小平曲线半径	m/处	2 500/3	1 800/1
4	最大纵坡	%	2. 5	2. 8
5	路基土石方数量	万 m^3	139. 533 6	154. 081 7
6	特大、大桥	m/座	759. 52/4	1 359. 52/4
7	涵洞	道	14	16
8	通道	道	46	36
9	天桥	座	2	1

K 线优缺点：路线平纵指标较 F 线高，减少跨靳江河桥梁长度，少占基本农田，避免与株白 500 kV 高压线相干扰，但路线较 F 线绕行，路线较 F 线长 220 m。

F 线优缺点：路线较 K 线顺直，但 F 线较 K 线桥梁长 600 m。工程造价较高，且 F 线连续两次以较小交角（小于 30°）穿过株白 500 kV 高压线，与高压线干扰较大，占用基本农田较多。

占地面积比较见表 4-12。

表 4-12　K 线与 F 线占地面积汇总表　　单位：亩

土　地　类　别		K 线	F 线
耕地	水田	431. 79	456. 24
	旱地	142. 08	164. 805
园地	果园	0	92. 97
林地	有林地	388. 47	296. 22
水域	养殖水面	24. 3	22. 92
	河流	10. 23	9. 06
交通运输用地	公路	14. 61	0
住宅用地	农村宅基地	89. 025	56. 355
其他	设施农用地	61. 02	41. 79

现分别计算两条比选线路所占土地的广义价值,计算结果见表 4-13~表 4-18。

表 4-13 K 线与 F 线占用地土地自然价值 单位:元

土地价值	K 线	F 线
土地自然价值	4 646 123	4 561 463

表 4-14 K 线与 F 线占用地土地经济价值 单位:元

土地价值		K 线	F 线
土地的生产价值	林地	7 157 715	9 740 496
	耕地	21 147 569	22 886 005
既有设施承载价值	拆迁建筑物	8 309 041	5 259 826
	青苗补偿	775 557	867 064
小计		37 389 882	38 753 391

表 4-15 K 线与 F 线占用地土地社会价值 单位:元

土地价值		K 线	F 线
土地保障价值	养老保障	2 257 817	2 243 156
	就业保障	6 024 250	5 985 132
	医疗保障	181 818	180 638
土地社会稳定价值		1 719 066	1 687 741
小计		10 182 951	10 096 667

表 4-16 K 线与 F 线占用地生态价值 单位:元

土地价值	K 线	F 线
土地生态价值	9 306 722	9 782 559

表 4-17 K 线占用土地价值表

价值类型	自然价值	经济价值		社会价值		生态价值
		生产价值	承载价值	社会保障价值	社会稳定价值	
数量(元)	4 646 123	28 305 284	9 084 599	8 463 886	1 719 066	9 306 722
		37 389 882		10 182 951		
比例	7. 55%	60. 77%		16. 55%		15. 13%
合计(元)	61 525 679					
每亩平均土地价值(元)	52 970					

表 4-18　F 线占用土地价值表

价值类型	自然价值	经济价值		社会价值		生态价值
		生产价值	承载价值	社会保障价值	社会稳定价值	
数量(元)	4 561 463	32 626 501	6 126 891	9 782 559	9 782 559	9 782 559
		38 753 391		10 096 667		
比例	7.22%	61.32%		15.98%		15.48%
合计(元)	63 194 080					
每亩平均土地价值(元)	55 416					

从上述计算中可以看出,K 线方案所占土地总价值小于 F 线方案,单位土地价值也小于 F 线方案路线,单从土地价值方面来讲,K 线优于 F 线方案,而且 K 线的造价最省,平纵指标较高,少占基本农田,虽然比 F 线略长,但经综合比较,选取 K 线作为最终方案。

4.2　基于土地价值理论的吉怀高速深挖路堑方案和隧道方案决策支持案例

4.2.1　工程概况

榆树冲隧道设置于吉怀高速公路麻阳县楠木溪至杨家湾之间,隧道吉首端洞口、怀化端洞口均位于麻阳县岩门镇楠木溪村。榆树冲隧道为连拱隧道,桩号 K51+390～K51+830,长 440 m,按隧道分类属短隧道。隧道平面位于 $R=950$ m 的圆曲线及缓和曲线内,位于-2.2%的下坡段上。

吉首端洞口与地形等高线基本正交,地势较平缓,采用削竹式洞门,怀化端洞口亦与地形等高线基本正交,采用端墙式洞门。吉首端明洞(含洞门结构)长 10 m,怀化端明洞长 5 m。

榆树冲隧道位于剥蚀低山丘陵区,隧址区最大海拔高程 326 m,吉首端洞口附近海拔 240 m左右,怀化端洞口附近海拔 230 m 左右,两端冲沟沟底高程分别为 199 m、220 m。隧址区位于北东向构造带,怀化端为区域性断层——柑子溪压性断层(F56)通过,该断层使白垩系上统第一岩组与第二岩组地层相顶,隧道所在地段为第一岩组地层,南东盘第二岩组岩石倾角变陡,断层宽小于 20 m,倾角陡立。

对本隧道洞身围岩稳定性影响较大的地质构造主要为岩层产状和节理, 见表 4-19。隧址

表 4-19　围岩等级划分办法

围岩级别	岩体结构	岩层厚度	节理			构造发育程度	BQ	地下水
			发育程度	组数	间距(m)			
Ⅲ	中～厚层结构	中～厚层	较发育	2～3	0.3～0.7	较重	450～351	对围岩影响轻微
Ⅳ	中～薄层结构	中～薄层	很发育	>3	<0.2	严重	350～251	影响围岩稳定
Ⅴ	破碎～较破碎、松散结构		节理裂隙极发育				≤250	严重影响围岩稳定

区岩层平缓，岩层倾角小于5°。隧址区节理均为陡立节理，规模大，地表一般可见长达数米至十多米。主要发育两组近直立的节理，走向分别为70°~90°、0°~20°，间距一般1~2 m，密集处间距小于0.5 m，节理规模大。另发育一组走向340°左右近直立节理，间距大，一般地表难以观测到两条，与隧道方向小角度相交，对洞身稳定影响较大。浅部节理多呈张开状或半充填状，节理面多具风化迹象，深部节理一般呈闭合状，或方解石细脉充填。

在两端洞口段岩石风化层厚度小，裂隙、卸荷裂隙发育，岩体完整性较好，呈松中~薄层结构。地表无水体分布，大气降水均已渗入地下，降雨后地下水影响围岩稳定，综合判断其围岩级别为Ⅳ级。

洞身围岩主要为中~厚层状泥质粉砂岩，据室内试验结果，以岩石饱和极限抗压强度(R_b)来判断，属较软岩。JV=2~3条，经计算$BQ=290\sim360$。地下水普遍不发育，一般不影响围岩的稳定。综合各种勘探成果，判断正常围岩为Ⅲ级。

隧址区基岩主要为泥质粉砂岩、粉(细)砂岩等，均为弱含水层。由于隧道所在山体汇水面积小，切割深度大，雨后地表水易渗入地下并在短时间内排泄，隧道所在高程一般水量贫乏。

4.2.2 建模思路

建模思路在于不同埋深条件下的隧道方案和对应的深挖路堑方案的工程造价分析和征地面积分析。见图4-9。

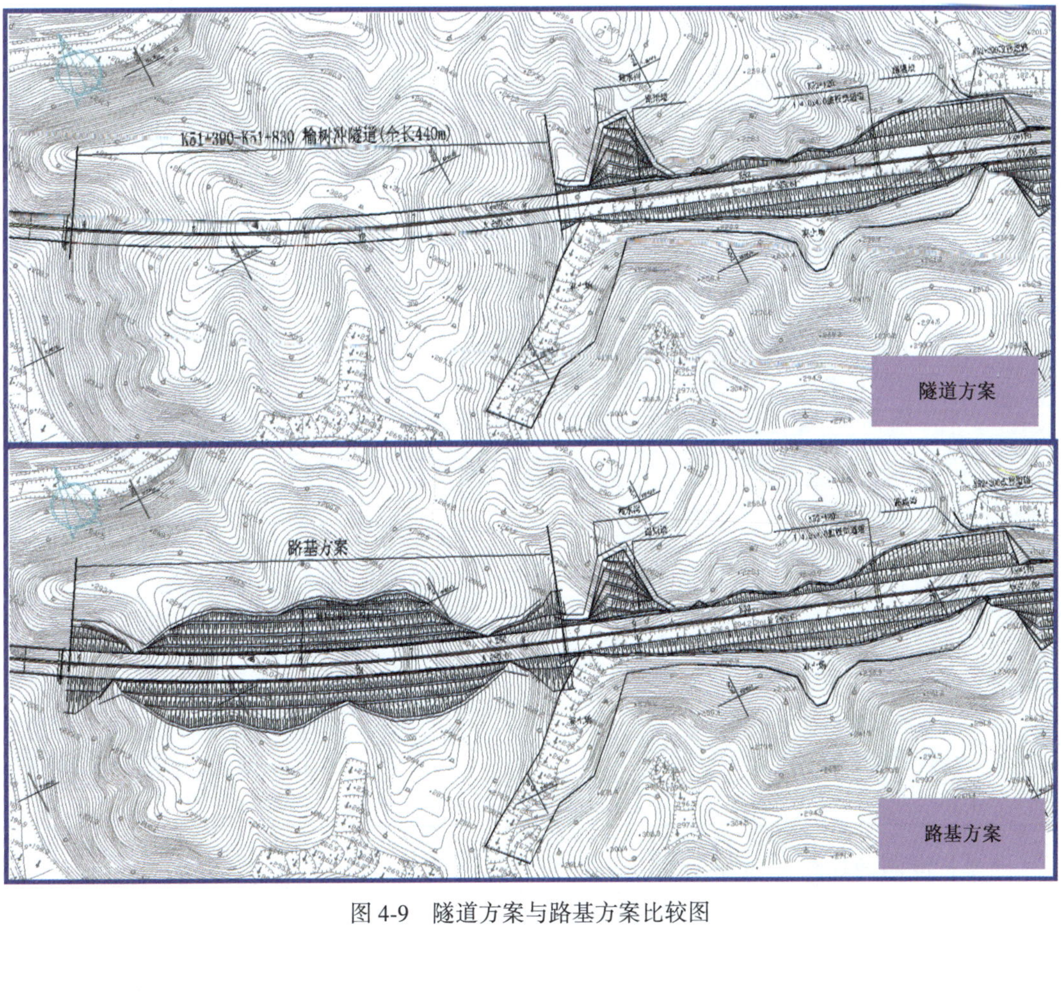

图4-9 隧道方案与路基方案比较图

隧道埋深在原有基础上每 10 m 一个分级,对应的路基方案第一、二级边坡按 1∶0.75,第三、四、五级按 1∶1.0,五级以上按 1∶1.25,见表 4-20。

表 4-20 不同切深防护方案表

	最大切深 80 m	最大切深 70 m	最大切深 60 m	最大切深 50 m	最大切深 40 m	最大切深 30 m
第一级	1∶0.75 预应力锚索框架(锚索长度 40 m)	1∶0.75 预应力锚索框架(锚索长度40 m)	1∶0.75 预应力锚索框架(锚索长度 40 m)	1∶0.75 预应力锚索框架(锚索长度 40 m)	1∶0.75 预应力锚索框架(锚索长度 30 m)	1∶0.75 方格骨架锚杆(锚杆长度 12 m)
第二级	1∶0.75 预应力锚索框架(锚索长度 40 m)	1∶0.75 预应力锚索框架(锚索长度 40 m)	1∶0.75 预应力锚索框架(锚索长度 40 m)	1∶0.75 预应力锚索框架(锚索长度 30 m)	1∶1 方格骨架锚杆(锚杆长度 12 m)	1∶0.75 方格骨架锚杆(锚杆长度 12 m)
第三级	1∶1 预应力锚索框架(锚索长度 30 m)	1∶1 预应力锚索框架(锚索长度 30 m)	1∶1 预应力锚索框架(锚索长度 30 m)	1∶1 方格骨架锚杆(锚杆长度 12 m)	1∶1 方格骨架锚杆(锚杆长度 12 m)	1∶1 方格骨架锚杆(锚杆长度 9 m)
第四级	1∶1 预应力锚索框架(锚索长度 30 m)	1∶1 预应力锚索框架(锚索长度 30 m)	1∶1 预应力锚索框架(锚索长度 30 m)	1∶1 方格骨架锚杆(锚杆长度 12 m)	1∶1 方格骨架锚杆(锚杆长度 9 m)	
第五级	1∶1.25 预应力锚索框架(锚索长度 20 m)	1∶1.25 预应力锚索框架(锚索长度 20 m)	1∶1.25 方格骨架锚杆(锚杆长度 12 m)	1∶1.25 方格骨架锚杆(锚杆长度 9 m)		
第六级	1∶1.25 预应力锚索框架(锚索长度 20 m)	1∶1.25 方格骨架锚杆(锚杆长度 12 m)	1∶1.25 方格骨架锚杆(锚杆长度 9 m)			
第七级	1∶1.25 方格骨架锚杆(锚杆长度 12 m)	1∶1.25 方格骨架锚杆(锚杆长度 9 m)				
第八级	方格骨架锚杆(锚杆长度 9 m)					

路基标准断面如图 4-10 所示。

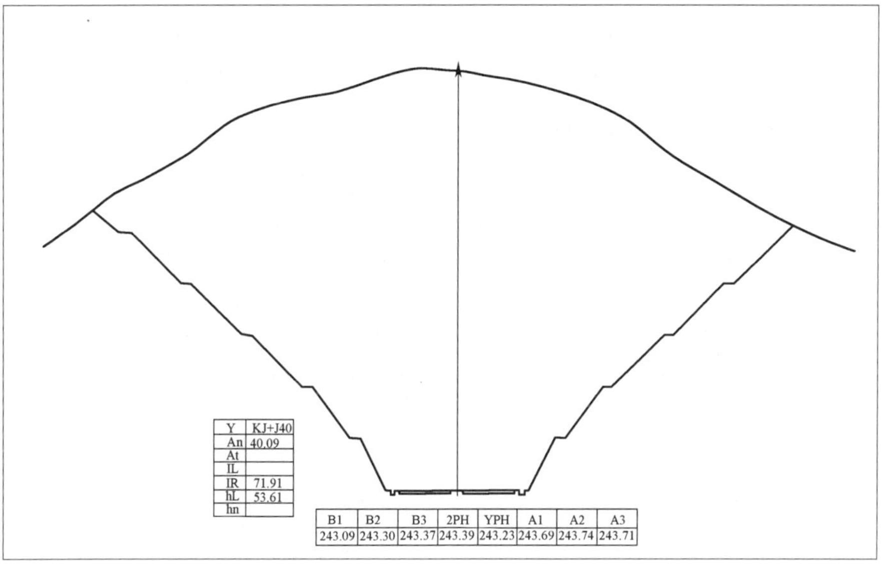

图 4-10　路基标准断面

经估算，路基方案的工程数量和造价分析见表 4-21。

表 4-21　工程造价分析表

边坡最大切深	土石方（万方）	直接征地面积（m^2）	弃方征地面积（m^2）	防护工程造价（万元）	土石方工程造价（万元）	隧道弃渣征地面积（m^2）	隧道方案造价（万元）
30 m	38.453	42 856	21 149（弃方55%，弃土平均填高 10 m）	2 433	923	3 500（（弃方75%，弃土平均填高 10 m））	5 000
40 m	71.672	45 438	43 003（弃方60%，弃土平均填高 10 m）	3 370	1 420	3 500（（弃方75%，弃土平均填高 10 m））	5 000
50 m	105.549	47 112	45 738（弃方65%，弃土平均填高 15 m）	7 332	2 533	3 500（（弃方75%，弃土平均填高 10 m））	4 800
60 m	147.582	50 256	68 872（弃方70%，弃土平均填高 15 m）	12 692	2 542	3 500（（弃方75%，弃土平均填高 10 m））	4 700
70 m	197.765	58 465	74 162（弃方75%，弃土平均填高 20 m）	26 130	4 746	3 500（（弃方75%，弃土平均填高 10 m））	4 600
80 m	257.893	69 822	103 157（弃方80%，弃土平均填高 20 m）	39 818	6 200	3 500（（弃方75%，弃土平均填高 10 m））	4 500

不同埋深的隧道方案工程造价估算和相对应的边坡开挖高度路基方案工程造价估算如图 4-11 所示。

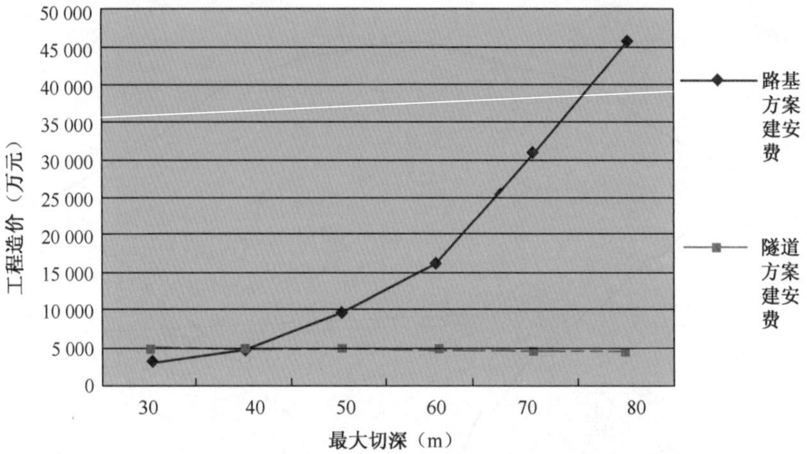

图 4-11 不同切深深挖路堑方案及对应埋深隧道方案建安费比较图

由图 4-11 可知，不同切深深挖路堑方案随切深增加，其建安费呈指数上升，相对而言，隧道方案建安费随隧道埋深增加呈略微减少趋势，在切深 40 m 左右的时候，相应的埋深隧道建安费造价和路基方案造价相当。

不同埋深的隧道方案征用土地面积和相对应的边坡开挖高度路基方案征用土地如图 4-12 所示。

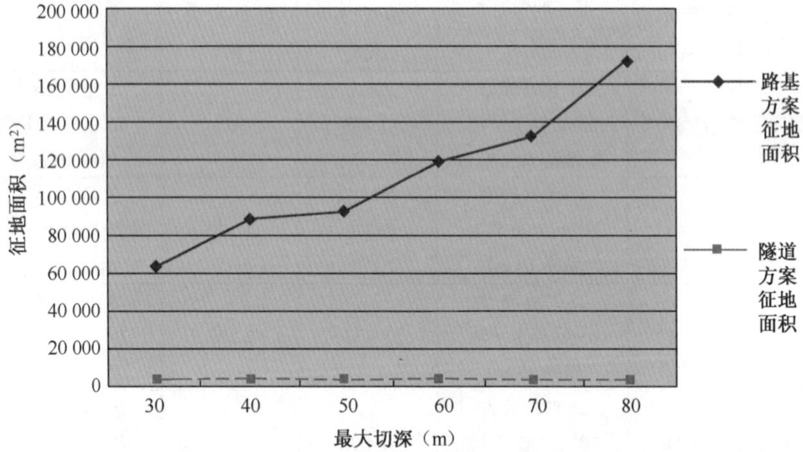

图 4-12 不同切深深挖路堑方案及对应埋深隧道方案征地面积比较图

由图 4-12 可知，不同切深深挖路堑方案随切深增加，其征地面积呈线性上升，相对而言，隧道方案征地面积随隧道埋深增加基本不变，相同切方深度条件下和相同埋深条件下，路基方案的征地面积要大于隧道方案征地面积。

不同埋深的隧道方案征用土地类别和相对应的边坡开挖高度路基方案征用土地类别见表 4-22。

4.2.3 工程造价分析

工程点地处丘陵地带，地势崎岖，人均耕地面积较少，按照土地影子价格的计算方法并综合考虑土地的广义价值,计算包含土地综合价值在内的各方案工程造价。

表 4-22 不同方案征地类别一览表

边坡最大切深(m)	路基开挖直接征地面积(m^2)	征地类别	弃方征地面积(m^2)	征地类别	隧道弃渣征地面积(m^2)	征地类别
30	42 856	旱地 1%,林地 99%	21 149	水田 25% 旱地 20% 林地 55%	3 500	水田 25% 旱地 20% 林地 55%
40	45 438	旱地 3% 林地 97%	43 003	水田 25% 旱地 20% 林地 55%	3 500	水田 25% 旱地 20% 林地 55%
50	47 112	旱地 5% 林地 95%	45 738	水田 22% 旱地 18% 林地 60%	3 500	水田 22% 旱地 18% 林地 60%
60	50 256	旱地 6% 林地 94%	68 872	水田 20% 旱地 15% 林地 65%	3 500	水田 20% 旱地 15% 林地 65%
70	58 465	旱地 7% 林地 93%	74 162	水田 17% 旱地 13% 林地 70%	3 500	水田 17% 旱地 13% 林地 70%
80	69 822	旱地 8% 林地 92%	103 157	水田 15% 旱地 10% 林地 85%	3 500	水田 15% 旱地 10% 林地 85%

(1)最好可行替代用途 NB_0 的净效益,分别取水田 1 638 元,旱地 1 288 元,林地 819 元。

(2)水田,旱地、林地的年平均效益增长率 6%、6%、5%。

(3)项目基期年为 2008 年,统计数据来自于 2007 年,τ 取 1。

(4)社会折现率按工程可行性研究报告取 8%,公路使用所限为 30 年。

根据上述取值,代入土地机会成本的计算公式:

$$LOC = \sum_{t=1}^{n} B_0(1+g)^{\tau+t}(1+i_s)^{-t}$$

$$= \begin{cases} NB_0(1+g)^{\tau+1}\left[\dfrac{1-(1+g)^n\ (1+i_s)^{-n}}{i_s-g}\right] & \text{当 } i_s \neq g \text{ 时} \\ nNB_0(1+g)^{\tau} \quad \text{当 } i_s = g \text{ 时} \end{cases}$$

计算得出不同用途的土地机会成本价见表 4-23。

表 4-23 不同用途土地机会成本

作物类型	水 田	旱 地	林 地
土地机会成本(元)	39 498	31 058	17 171

该段线路总的土地机会成本是各不同类型机会成本之和,即:

$$\text{项目土地总机会成本} = \sum A(i) \times LOC(i)$$

式中 项目土地总成本——该项目占用土地的价值(元);

i ——不同的土地利用类型；

$A(i)$ ——不同土地利用类型的占地面积(亩)；

$LOC(i)$ ——不同用途土地的机会成本(元)。

根据土地的机会成本,计算本段线路占用土地的影子价格。

按怀化市与湘西自治州征地拆迁安置办法的有关规定,计算各方案包括土地征地补偿在内的工程造价,见表 4-24。

表 4-24 不同土地补偿方法各方案工程造价一览表

边坡最大切深(m)	现行征地补偿(万元)		土地影子价格(万元)	
	路基	隧道造价	路基	隧道造价
30	3 458	5 006	3 880	5 038
40	4 936	5 006	5 575	5 038
50	10 018	4 806	10 680	4 836
60	16 431	4 706	17 285	4 735
70	31 092	4 606	32 012	4 633
80	46 297	4 506	47 474	4 534

不同埋深的隧道方案工程造价估算和相对应的边坡开挖高度路基方案征用土地的影子价格如图 4-13 所示。

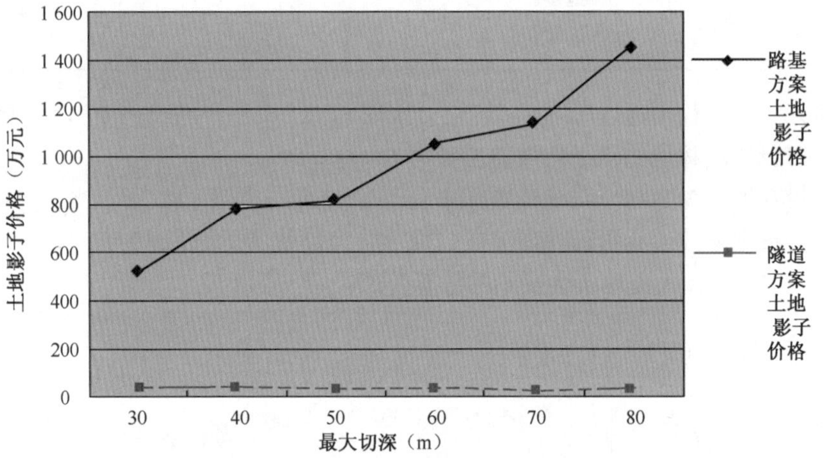

图 4-13 不同切深深挖路堑方案及对应埋深隧道方案影子价格比较图

由图 4-13 可知,不同切深路基方案随切深增加,其考虑影子价格的征地面积价格呈线性上升,相对而言,隧道方案考虑影子价格的征地面积随隧道埋深增加基本不变,相同切方深度条件下和相同埋深条件下,路基方案的考虑影子价格的征地面积价格要大于隧道方案征地面积。

不同切深的路基方案及对应埋深隧道方案影子价格趋势如图 4-14 所示。

由图 4-14 可以看出,经过拟合,考虑土地影子价格,不同切深路基方案占用土地影子价格趋势基本为非线性增加：

$$y = 330.577 \cdot e^{0.01849x}$$

式中 x——挖土高度(m);

y——土地影子价格(万元)。

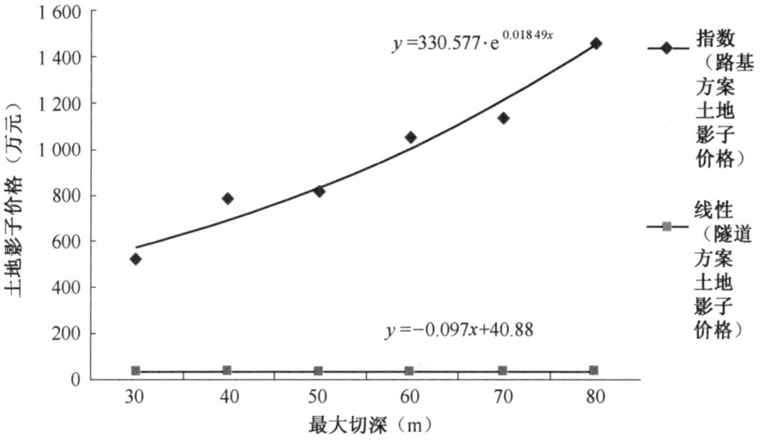

图 4-14 不同切深深挖路堑方案及对应埋深隧道方案影子价格趋势分析图

不同埋深隧道方案占用土地影子价格趋势基本不变,不同的工点相对应不同的洞门开挖,其对应的趋势也有所不同,但是变化很小基本趋势是不变的,本工点:

$$y = -0.097x + 40.88$$

式中 x——挖土高度(m);

y——土地影子价格(万元)。

不同埋深的隧道方案工程造价估算和相对应的边坡开挖高度路基方案包含征地补偿在内的工程造价估算如图 4-15 所示。

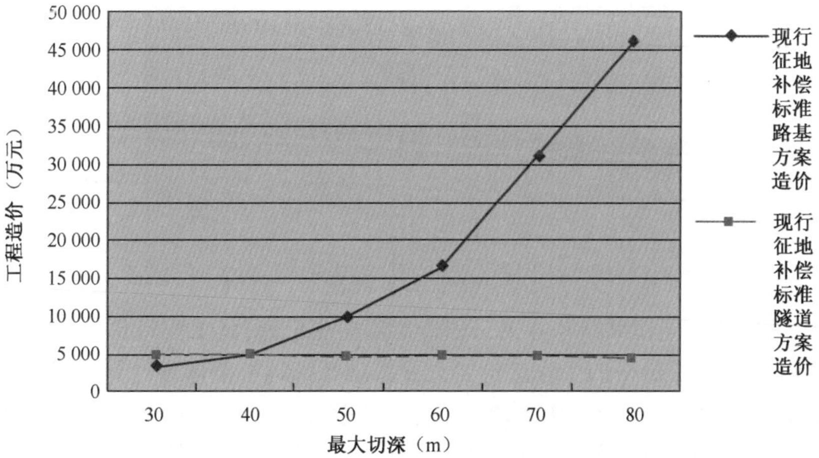

图 4-15 按现行征地补偿标准不同切深路基方案及对应埋深隧道方案工程造价比较图

由图 4-15 中可知,不同切深路基方案随切深增加,按现行征地标准考虑,其工程造价呈指数上升,相对而言,隧道方案工程造价随隧道埋深增加呈略微减少趋势,在切深 40 m 左右的时候,相应的埋深隧道工程造价和路基方案工程造价相当。

不同埋深的隧道方案工程造价估算和相对应的边坡开挖高度路基方案包含土地影子价格在内的工程造价估算如图 4-16 所示。

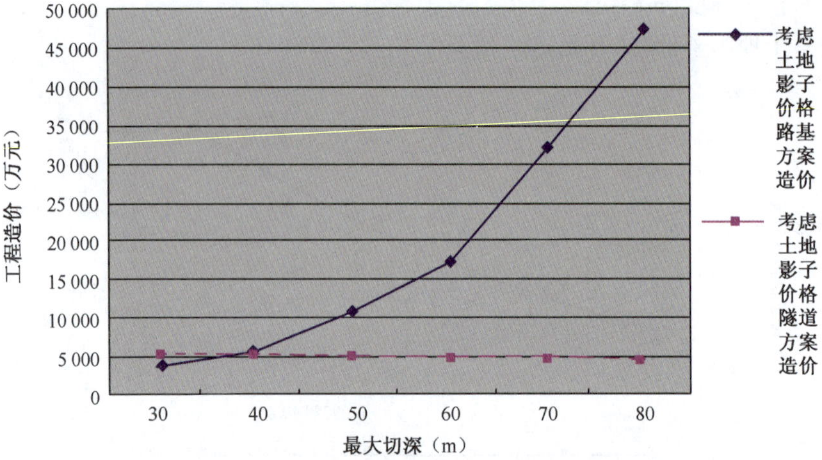

图 4-16　考虑土地影子价格不同切深路基方案及对应埋深隧道方案工程造价比较图

由图 4-16 可知,不同切深路基方案随切深增加,按现行征地标准考虑,其工程造价呈指数上升,相对而言,隧道方案工程造价随隧道埋深增加呈略微减少趋势,在切深 38 m 左右的时候,相应的埋深隧道工程造价和路基方案工程造价相当。

考虑不同补偿标准切深路基方案工程造价比较如图 4-17 所示。

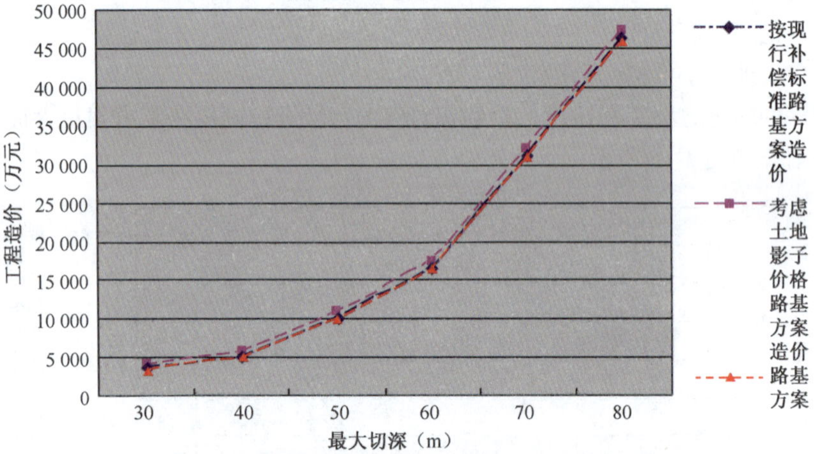

图 4-17　考虑不同补偿标准切深路基方案工程造价比较图

由图 4-17 可知,不同切深路基方案工程造价随切深增加,其工程造价呈指数上升,对应相同的切深,考虑土地影子价格的工程造价要大于按现行征地补偿标准计算的工程造价,但是由于深切方路基多为高山区,所占用地均为林地,其补偿价格相比水田和旱地而言,要少得多,因此,考虑土地影子价格和按现行补偿标准计算的工程造价在建安费的基础上增加不大,换言之,这种情况下的征地费用占工程总造价的比例很少。

考虑不同补偿标准切深路基方案工程造价趋势分析如图 4-18 所示。

由图 4-18 可以看出,经过拟合,考虑土地影子价格,工程造价随切深增加的趋势公式为:

$$y = 930.1 \cdot e^{0.0494x}$$

式中　x——最大切深(m);

　　　y——工程造价(万元)。

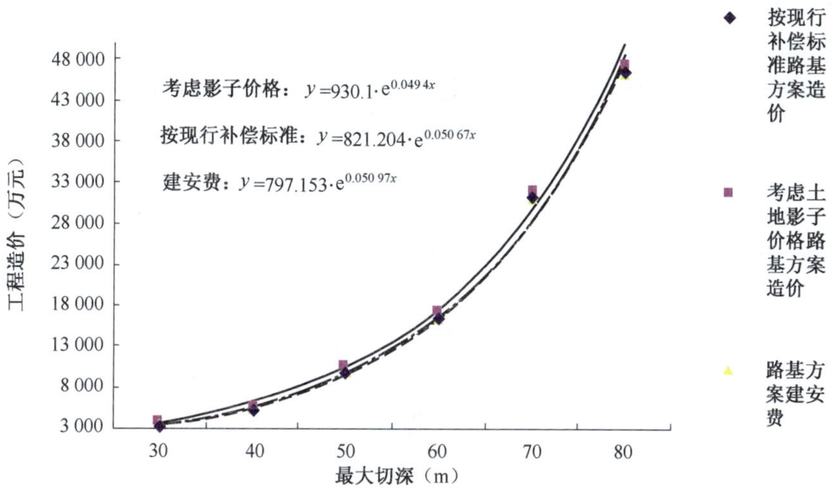

图 4-18　考虑不同补偿标准切深路基方案工程造价趋势分析图

按现行补偿标准,工程造价随填土高度的趋势公式为：

$$y = 821.204 \cdot e^{0.050\,67x}$$

式中　x——最大切深(m)；

y——工程造价(万元)。

从建安费考虑,工程造价随填土高度的趋势公式为：

$$y = 797.153 \cdot e^{0.050\,97x}$$

式中　x——最大切深(m)；

y——工程造价(万元)。

对应相同的切深,考虑土地影子价格的工程造价要高于按现行征地补偿标准计算的工程造价,如图 4-19 所示。

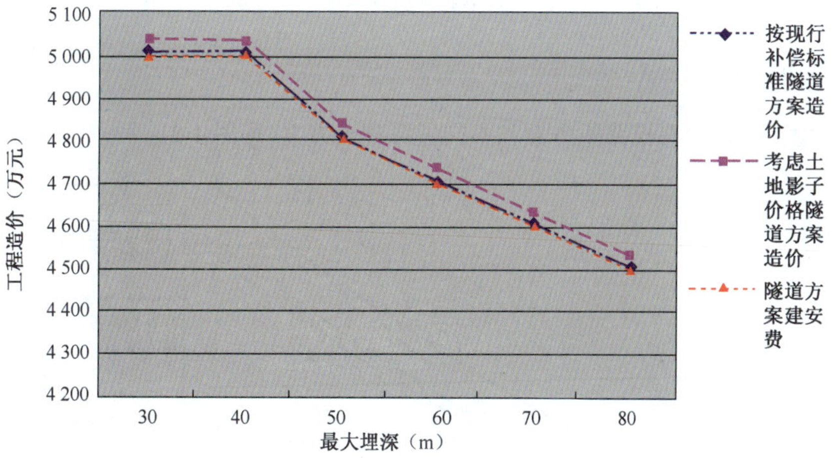

图 4-19　考虑不同补偿标隧道方案工程造价比较图

由图 4-19 可知,不同切深隧道方案工程造价随切深增加,其工程造价呈减少趋势,对应相同的埋深,考虑土地影子价格的工程造价要大于按现行征地补偿标准计算的工程造价。但是由于设置隧道处多为高山区,且隧道用地仅为洞门仰坡开挖用地,所占用地均为林地,其补偿价格相比水田和旱地而言,要少得多,因此,考虑土地影子价格和按现行补偿标准计算的工程造价在建安费的基础上增加不大,换言之,这种情况下的征地费用占工程总造价的比例很少。

由图 4-20 可以看出,经过拟合,考虑土地影子价格,工程造价随切深增加的趋势公式为:

$$y = -109.6x + 5\,185.9$$

式中 x——最大切深(m);

y——工程造价(万元)。

按现行补偿标准,工程造价随切深增加的趋势公式为:

$$y = -108.57x + 5\,152.7$$

从建安费考虑,工程造价随切深增加的趋势公式为:

$$y = -108.57x + 5\,146.7$$

对应相同的切深,考虑土地影子价格的工程造价要高于按现行征地补偿标准计算的工程造价,如图 4-20 所示。

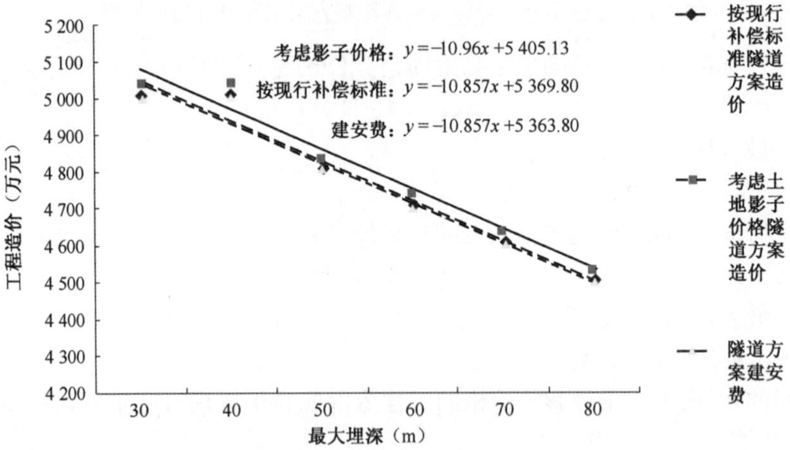

图 4-20 考虑不同补偿标隧道方案工程造价趋势分析图

4.2.4 路隧边界决策

综合考虑不同切深深挖路堑方案和不同埋深隧道方案,见图 4-21。

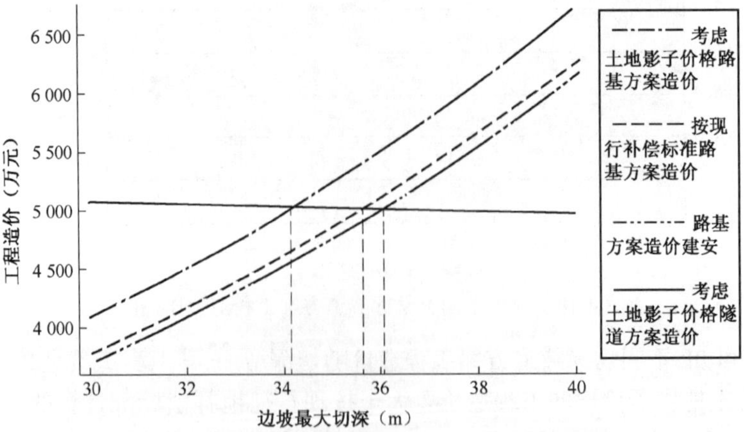

图 4-21 考虑土地影子价格的路隧边界决策曲线

考虑土地影子价格,两方案造价相当时:

$930.1 \cdot e^{0.0494x} = -10.96x + 5\,405.13$,解得 $x \approx 34.2$。

考虑土地现行补偿标准,两方案造价相当时:

$821.204 \cdot e^{0.05067x} = -10.857x + 5\,369.80$,解得 $x \approx 35.6$。

从建安费角度考虑,两方案造价相当时:

$797.153 \cdot e^{0.05097x} = -10.857x + 5\,363.80$,解得 $x \approx 35.9$。

因此,仅仅从建安费角度考虑,路基切深超过 36 m 时,可以考虑隧道代替路基方案;按现行补偿标准,路基切深高度超过 35.5 m 时,可以考虑隧道代替路基方案;考虑土地影子价格,路基切深高度超过 34 m 时,可以考虑隧道代替路基方案。

4.2.5 小　　结

(1)考虑土地影子价格,不同深挖路堑方案占用土地价值趋势基本为非线性增加:$y = 330.577 \cdot e^{0.01849x}$。不同埋深隧道方案占用土地影子价格趋势基本不变,不同的工点相对应不同的洞门开挖,其对应的趋势也有所不同。

(2)深挖路堑方案工程造价分析中,要考虑不同挖深路基方案的防护工程增加费用和土石方数量增运距所增加费用,由分析中可以看出,随路基挖深增加,其工程造价呈指数增长。

考虑土地影子价格,工程造价随切方高度的趋势公式为:$y = 930.1 \cdot e^{0.0494x}$。

按现行补偿标准,工程造价随切方高度的趋势公式为:$y = 821.204 \cdot e^{0.05067x}$。

从建安费考虑,工程造价随切方高度的趋势公式为:$y = 797.153 \cdot e^{0.05097x}$。

而相应隧道方案造价变化很少,基本呈线性变化。

考虑土地影子价格,工程造价随切方高度的趋势公式为:$y = -10.96x + 5\,405.13$。

按现行补偿标准,工程造价随切方高度的趋势公式为:$y = -10.857x + 5\,369.80$。

从建安费考虑,工程造价随切方高度的趋势公式为:$y = -10.857x + 5\,363.80$。

(3)深挖路堑方案征地面积数量除考虑路基本身边坡开挖所占征地面积之外,还需考虑路基挖方所需的弃土场征地数量,随路基切深增加,其征地面积数量呈指数增长,而相应隧道方案征地面积数量基本不变。

(4)从深挖路堑方案和隧道方案的边界决策条件来看,如果仅仅从建安费角度考虑,当路基切深高度超过 36 m 时,可以考虑隧道代替路基方案;按现行补偿标准,当路基切深高度超过 35.5 m 时,可以考虑隧道代替路基方案;考虑土地影子价格,当路基切深高度超过 34 m 时,可以考虑隧道代替路基方案。在具体工程实践中,选择深挖路堑方案或隧道方案,还与路基土石方平衡情况和工程地质条件相关,从保护环境和节约用地及施工工后运营安全角度出发,当路基切深超过 34m 时宜采用隧道方案。

(5)考虑到各工程项目建设条件及相关因素千差万别,每个项目其精确的边界条件(即临界高度)是不同的,本案例旨在考虑土地机会成本及土地影子价格的基础上,提供一种思路及计算流程,以更好地实现公路工程方案与土地占用的科学决策。

4.3 基于土地价值理论的吉怀高速高路堤方案和高架桥方案决策支持案例

4.3.1 工程概况

(1)地形、地貌

簸箕冲2号桥桥位地处怀化市鹤城区凉亭坳乡,位于流潭水库东南部,离209国道约8 m,有简易乡村公路到达桥位,交通条件一般。桥位区属于低山丘陵地貌,桥位多沿山坡展线,地形起伏,桥台最高处标高约305 m,冲沟中最低标高约240 m。山体较陡,自然边坡约30°~50°。

(2)水文

桥位地下水贫乏。桥位区地下水类型主要为基岩孔隙裂隙水,赋存于基岩节理裂隙中,因裂隙多被充填或闭合,透水性弱,赋水性差。

据调查地下水为当地村民饮用水,根据当地工程经验可判断桥位地下水对混凝土不具腐蚀性。

(3)工程地质

钻探揭露丘坡表层为种植土:紫红色,松软,厚度为0~0.5 m,为水田表土;亚黏土:紫红色,硬塑,含风化泥质粉砂岩碎块,厚度为0~2.0 m,分布于坡面及冲沟内,残坡积、冲积成因。下伏基岩主要出露泥质粉砂岩和粉砂岩,以泥质粉砂岩为主,粉砂岩多呈泥质粉砂岩的夹层产出。桥位区地质构造简单,基岩为单斜构造,岩层产状较平缓,岩层产状为100°~120°∠5°~12°,无不良地质构造。

(4)桥型方案

本桥平面位于直线上,纵面位于3.7%的上坡段中,最大墩高约为33 m。

方案一:上部构造采用8×30 m预应力混凝土T梁,桥梁全长246 m,先简支后结构连续体系;下部构造为柱式墩、桩基础;桥台为柱式台、桩基础。

方案二:上部构造采用6×40 m预应力混凝土T梁,桥梁全长246 m,先简支后结构连续体系;下部构造为柱式墩、桩基础;桥台为柱式台、桩基础。

两方案上部构造结构型式统一,均采用预制场集中预制,架桥机逐孔架设安装施工,施工简便易行,施工周期短。方案一全桥材料用量较省,工程造价低,高跨比适中,与地形配合较好,而方案二造价较高,桥墩相对较少。综合比较两个方案的优缺点,推荐方案一。

桥梁和路基方案对比造价分析在桥梁推荐方案即方案一的基础上进行,比较结果见表4-25。

表4-25 方案比较表

桥型方案	推荐方案	比较方案
桥长(m)	246	246
桥孔布置(m)	8×30 m预应力混凝土T梁	6×40 m预应力混凝土T梁
建安费(万元)	1 697.184 6	1 960.693 4
人工(工日)	82 359	94 073

续上表

桥型方案		推荐方案	比较方案
主要材料	钢筋(t)	1 145.017	1 291.448
	钢铰线(t)	103.668	142.813
	木材(m^3)	132.58	158.19
	水泥(t)	3 391.525	3 714.391
优缺点		优点:1. 桥跨布置协调; 2. 造价相对较低; 3. 施工简单。 缺点:桥墩相对较多	优点:1. 桥跨布置较协调; 2. 施工简单。 缺点:造价较高

4.3.2 建模思路

建模思路在于不同填土高度的高路堤方案和对应的高架桥方案的工程造价分析和征地面积分析。桥梁墩高在原有基础上每 5 m 一个分级,对应的路基方案第一级边坡按 1∶1.5,第二级边坡按 1∶1.75,第一、二级中间不设平台,第三级后按 1∶2.0,第二、三级中间设平台。填方高度不同,考虑路基不同比例土石方数量的增运距对造价的影响,不同填土高度的路基,考虑了借方所需的取土场面积,同时,对应不同填土高度路基,考虑施工方法(普通施工方法和强夯施工方法)对工程造价的重要影响。桥梁与路基比较见图 4-22。

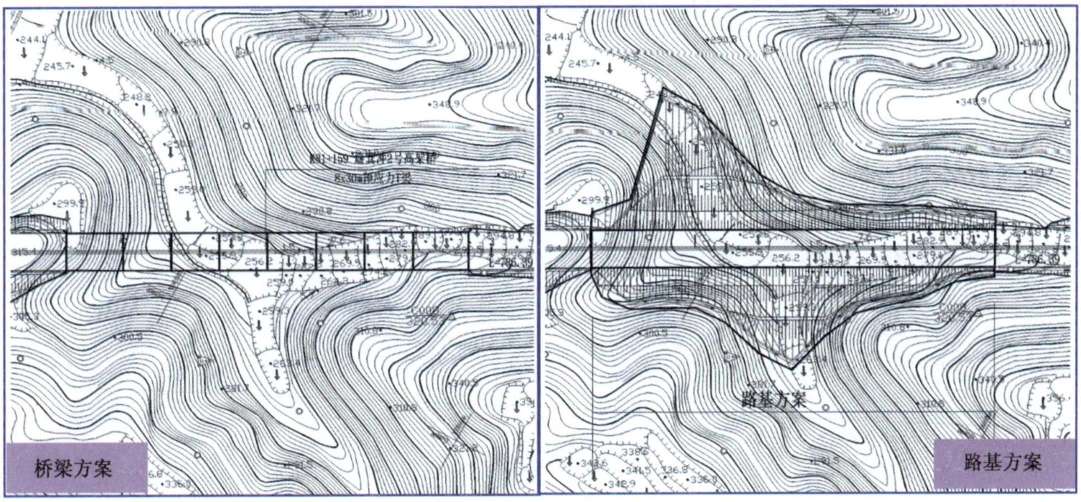

图 4-22 桥梁与路基工程比较图

路基典型断面如图 4-23 所示。

经估算,不同墩高的高架桥方案和相对应的高填路堤方案的工程数量和造价分析见表 4-26。

不同填土高度的高填路堤方案建安费估算和相对应的不同墩高桥梁方案工程建安费估算对比曲线如图 4-24 所示。

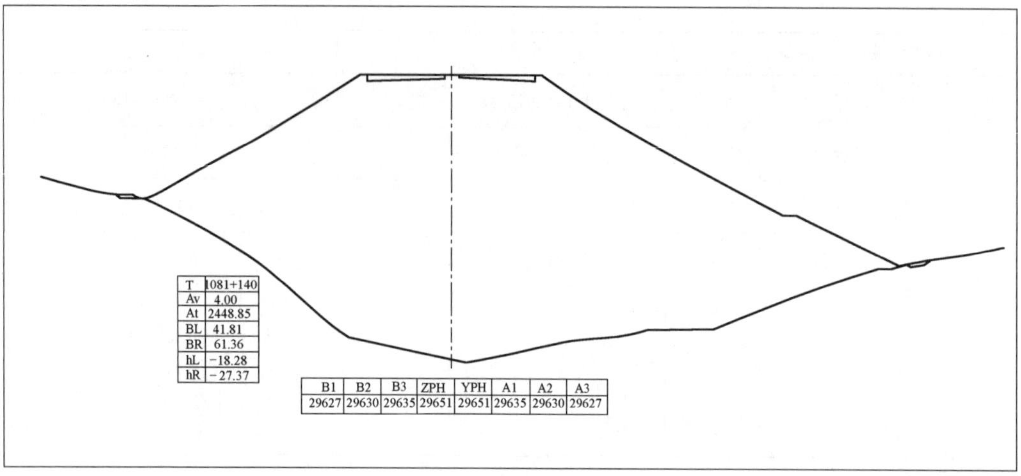

图 4-23　路基典型断面

表 4-26　不同填土高度高填路堤方案及对应高架桥方案工程造价和征地分析比较表

填土高度（m）	土石方数量（m^3）	增运距考虑及施工方法考虑	路堤造价估算（万元）	路基直接征地（m^2）	取土场征地（m^2）（挖山取土，取土厚度 20 m）	桥梁造价估算（万元）	相应桥梁方案征地（m^2）
10	56 880	70%不需增运距，30%1.5 km 增运距	558	12 667	2 844	1 414	5 880
15	75 840	70%不需增运距，30%1.5 km 增运距	597	14 074	3 792	1 457	5 880
20	91 354	60%不需增运距，40%1.5 km 增运距，增加碾压遍数	655	15 299	4 568	1 502	5 880
25	125 792	50%不需增运距，40%1.5 km 增运距，10%2.5 km 增运距，强夯施工	807	16 104	6 290	1 549	5 880
30	182 455	40%不需增运距，40%1.5 km 增运距，20%2.5 km 增运距，强夯施工	1 080	17 001	9 123	1 597	5 880
35	254 398	40%不需增运距，30%1.5 km 增运距，30%2.5 km 增运距，强夯施工	1 466	18 254	12 720	1 646（3%递减）	5 880
40	336 497	30%不需增运距，30%1.5 km 增运距，40%2.5 km 增运距，强夯施工	2 030	22 113	16 825	1 697	5 880

由图 4-24 可以看出，不同填土高度高填路堤方案随填土高度减少建安费呈减少趋势，对应不同墩高的高架桥方案随墩高减少建安费呈减少趋势，路基方案减少趋势要明显大于桥梁方案，在填土高度约 38 m 左右，两方案建安费造价趋于相同。

不同填土高度的高填路堤方案征地面积和相对应的不同墩高高架桥方案征地面积对比曲线如图 4-25 所示。

由图 4-25 可以看出，仅考虑建安费，不同填土高度高路堤方案随填土高度减少征地面积

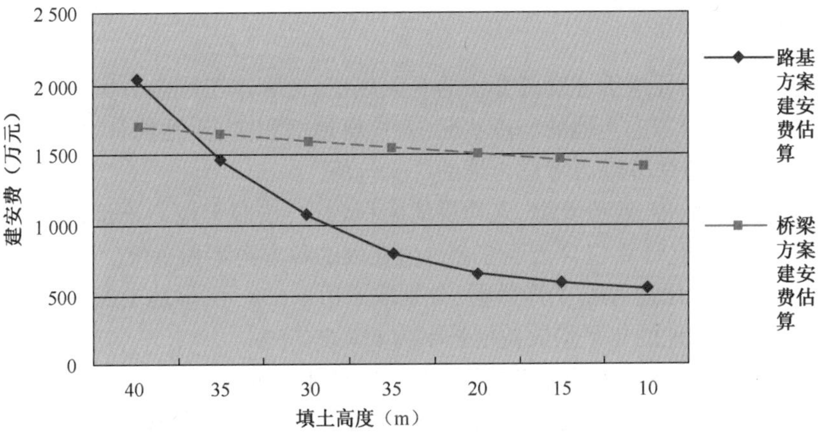

图 4-24 不同填土高度高填路堤方案及对应桥梁方案建安费对比曲线示意图

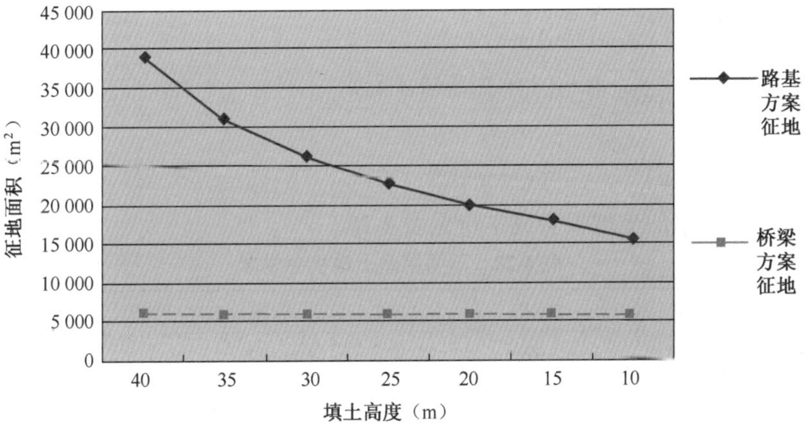

图 4-25 不同填土高度路基方案及对应桥梁方案征地面积对比曲线示意图

呈减少趋势，对应不同墩高的高架桥方案随墩高减少征地面积基本不变，且由图中可知，相同填土高度高路堤方案征地明显大于相同墩高的高架桥方案。

不同墩高的桥梁方案征用土地类别和相对应的高填路基方案征用土地类别见表 4-27。

表 4-27 不同方案征地类别一览表

最大填土高度（m）	路基直接征地（m^2）	征地类别	取土场征地（m^2）（按挖山包取土，平均取土厚度 20 m）	征地类别
10	12 667	水田 75%，旱地 10%，林地 15%	2 844	旱地 25%，林地 75%
15	14 074	水田 75%，旱地 10%，林地 15%	3 792	旱地 22%，林地 78%
20	15 299	水田 75%，旱地 10%，林地 15%	4 568	旱地 20%，林地 80%
25	16 104	水田 75%，旱地 10%，林地 15%	6 290	旱地 17%，林地 83%
30	17 001	水田 75%，旱地 10%，林地 15%	9 123	旱地 15%，林地 85%
35	18 254	水田 75%，旱地 10%，林地 15%	12 720	旱地 12%，林地 88%
40	22 113	水田 75%，旱地 10%，林地 15%	16 825	旱地 10%，林地 90%

4.3.3 工程造价分析

按照怀化市现行的征地拆迁安置办法的有关规定,计算本工程各方案包括土地征地补偿在内的工程造价。综合考虑当地的经济状况,人均耕地面积少,土地的社会保障功能大,按照土地影子价格的计算方法并综合考虑土地的广义价值。

工程点地处丘陵地带,地势崎岖,人均耕地面积较少,按照土地影子价格的计算方法并综合考虑土地的广义价值,计算包含土地综合价值在内的各方案工程造价。

(1)最好可行替代用途 NB_0 的净效益,分别取水田 1 638 元、旱地 1 288 元、林地 819 元。

(2)水田、旱地、林地的年平均效益增长率为 6%、6%、5%。

(3)项目基期年为 2008 年,统计数据来自于 2007 年,τ 取 1。

(4)社会折现率按工程可行性研究报告取 8%,公路使用所限为 30 年。

根据上述取值,代入土地机会成本的计算公式:

$$LOC = \sum_{t=1}^{n} B_0(1+g)^{\tau+t}(1+i_s)^{-t}$$

$$= \begin{cases} NB_0(1+g)^{\tau+1}\left[\dfrac{1-(1+g)^n(1+i_s)^{-n}}{i_s-g}\right] & \text{当 } i_s \neq g \text{ 时} \\ nNB_0(1+g)^{\tau} & \text{当 } i_s = g \text{ 时} \end{cases}$$

计算得出不同用途的土地机会成本价见表 4-28。

表 4-28 不同用途土地机会成本

作物类型	水 田	旱 地	林 地
土地机会成本(元)	39 498	31 058	17 171

该段线路总的土地机会成本是各不同类型机会成本之和,即:

项目土地总机会成本 $= \sum A(i) \times LOC(i)$

式中 项目土地总成本——该项目占用土地的价值(元);

i——不同的土地利用类型;

$A(i)$——不同土地利用类型的占地面积(亩);

$LOC(i)$——不同用途土地的机会成本(元)。

根据土地的机会成本,计算本段线路占用土地的影子价格,计算结果见表 4-29。

表 4-29 不同方案考虑土地价值的工程造价表

最大填土高度(m)	现行补偿方式(万元)		土地影子计算(万元)	
	路基造价	桥梁造价	路基造价	桥梁造价
10	590	1 428	764	1 459
15	634	1 471	831	1 502
20	696	1 516	912	1 547

综合考虑当地的经济状况,人均耕地面积少,土地的社会保障功能大,按照土地影子价格的计算方法并综合考虑土地的广义价值,计算包含土地综合价值在内的各方案工程造价见表 4-29。

续上表

最大填土高度(m)	现行补偿方式(万元)		土地影子计算(万元)	
	路基造价	桥梁造价	路基造价	桥梁造价
25	852	1 563	1 089	1 594
30	1 132	1 611	1 397	1 642
35	1 526	1 660	1 827	1 691
40	2 105	1 711	2 475	1 742

以现行征地标准计算的不同墩高的桥梁方案工程造价估算和相对应的高填路基方案工程造价估算如图 4-26 所示。

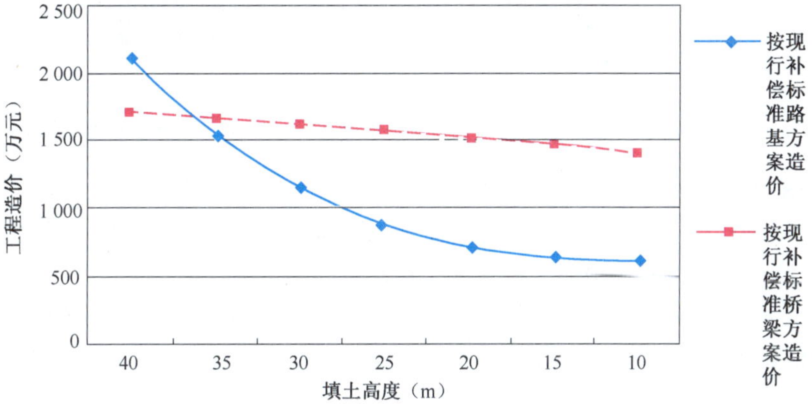

图 4-26　不同填土高度路基方案及对应桥梁方案按现行补偿标准计算工程造价对比曲线示意图

以土地影子价格计算的不同墩高的桥梁方案工程造价估算和相对应的高填路基方案工程造价估算如图 4-27 所示。

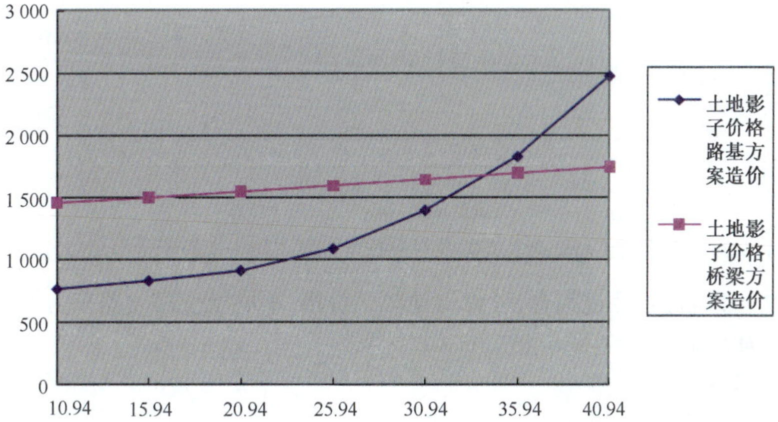

图 4-27　按土地影子价值计算路基与桥梁方案造价比较

由图 4-27 可以看出，按现行补偿标准，不同填土高度路基方案随填土高度减少工程造价呈减少趋势，对应不同墩高的桥梁方案随墩高减少建安费呈减少趋势，路基方案减少趋势要明显大于桥梁方案，在填土高度约 35 m 左右，两方案工程造价趋于相同。

同一工点，不同填土高度的路基方案征地面积土地影子价格和相对应的不同墩高桥梁方案征地面积土地影子价格如图 4-28 所示。

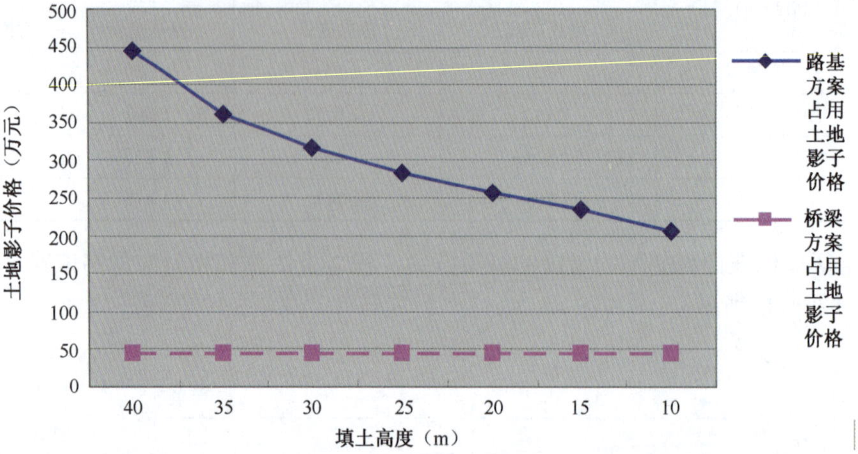

图 4-28　不同填土高度路基方案及对应桥梁方案占用土地影子价格对比曲线示意图

由图 4-28 可以看出，考虑土地影子价格，不同填土高度路基方案随填土高度减少土地影子价格呈减少趋势，对应不同墩高的桥梁方案随墩高减少土地影子价格基本不变，且由图中可知，相同填土高度路基方案土地影子价格大于相同墩高的桥梁方案。

不同填土高度的路基方案征地面积土地影子价格和相对应的不同墩高桥梁方案征地面积土地影子价格趋势分析如图 4-29 所示。

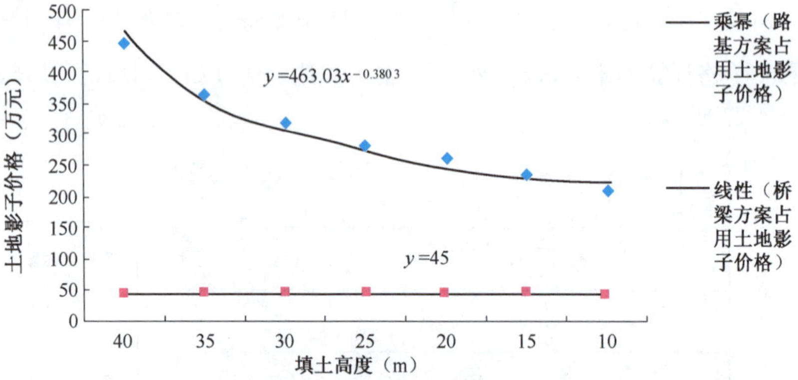

图 4-29　不同填土高度路基方案及对应桥梁方案占用土地影子价格趋势分析图

由图 4-29 可以看出，经过拟合，考虑土地影子价格，不同填土高度路基方案占用土地影子价格趋势基本为非线性增加：$y = 463.03 \cdot x^{-0.3803}$

式中　x——填土高度(m)；

　　　y——工程造价(万元)。

不同墩高桥梁方案占用土地影子价格趋势基本不变，不同的工点相对应不同的桥梁布置，其对应的常数也有所不同，本工点 $y=45$。

以土地影子价格计算的不同墩高的桥梁方案工程造价估算和相对应的高填路基方案工程造价估算如图 4-30 所示。

由图 4-30 可以看出，考虑土地影子价格，不同填土高度路基方案随填土高度减少工程造

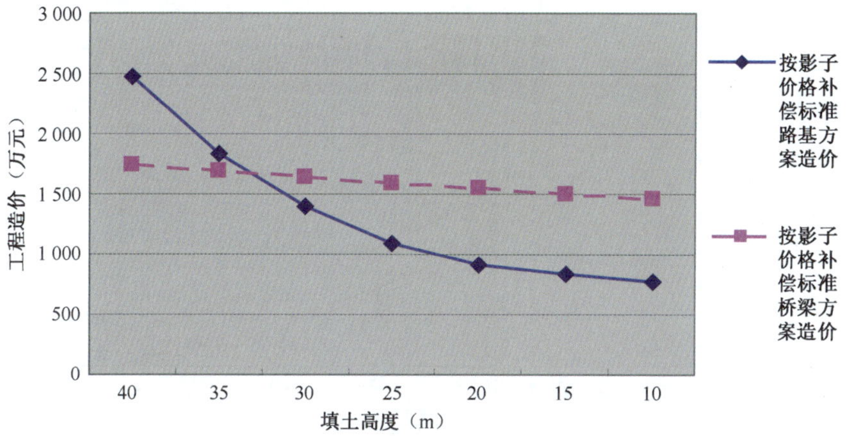

图 4-30 不同填土高度路基方案及桥梁方案按土地影子价格计算工程造价对比曲线示意图

价呈减少趋势，对应不同墩高的桥梁方案随墩高减少建安费呈减少趋势，路基方案减少趋势要明显大于桥梁方案，在填土高度约 32 m 左右，两方案工程造价趋于相同。

不同土地价格方式计算的不同填土高度的路基方案工程造价如图 4-31 所示。

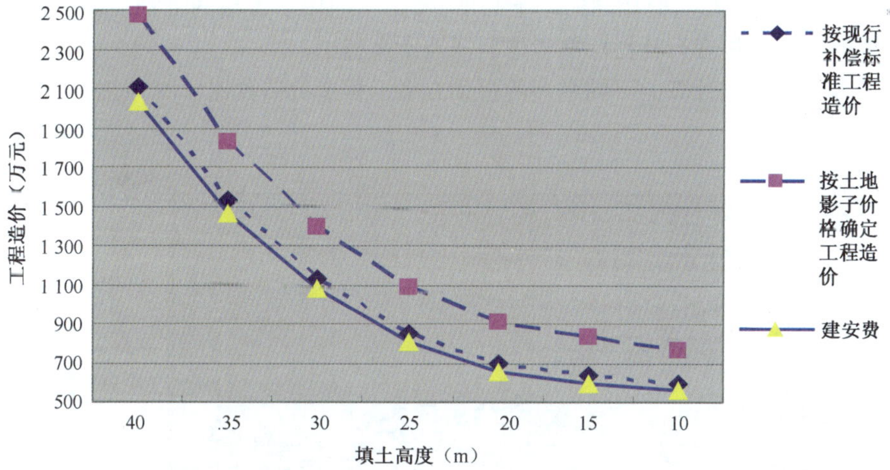

图 4-31 不同填土高度路基方案建安费及按现行补偿标准和土地影子价格计算的工程造价对比曲线示意图

由图 4-31 可以看出，从不同标准考虑土地价格，不同填土高度路基方案随填土高度减少工程造价呈减少趋势，对应相同高度填土，考虑土地影子价格的工程造价要大于按现行征地补偿标准计算的工程造价。

不同土地价格方式计算不同填土高度路基方案工程造价趋势估算如图 4-32 所示。

由图 4-32 可以看出，经过拟合，考虑土地影子价格，工程造价随填土高度的趋势公式为：

$$y = -911.9\ln(x) + 2\,438.4$$

式中 x——填土高度(m)；

y——工程造价(万元)。

按现行补偿标准，工程造价随填土高度的趋势公式为：

$$y = -813.83\ln(x) + 2\,067.6$$

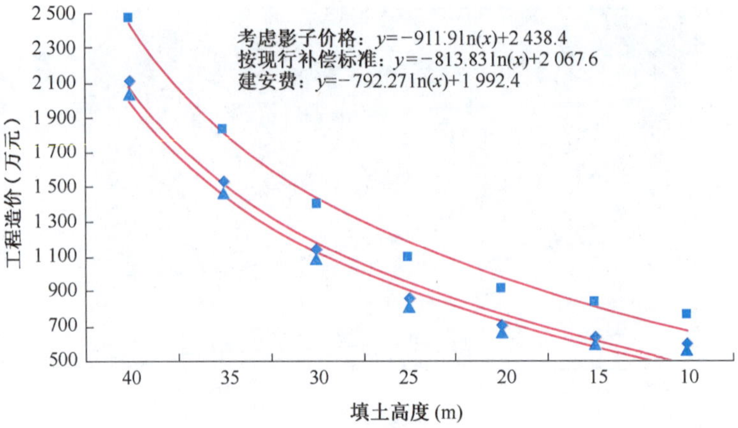

图 4-32 不同填土高度路基方案建安费及按现行补偿标准和土地影子价格计算的工程造价趋势分析对比曲线示意图

从建安费考虑，工程造价随填土高度的趋势公式为：

$$y = -792.27\ln(x) + 1\ 992.4$$

从图 4-32 可以看出，对应相同的填土高度，考虑土地影子价格的征地所需费用占工程造价的比例要明显高于按现行补偿标准考虑的征地所需费用。

不同土地价格方式计算的不同墩高的桥梁方案工程造价估算比较图，如图 4-33 所示。

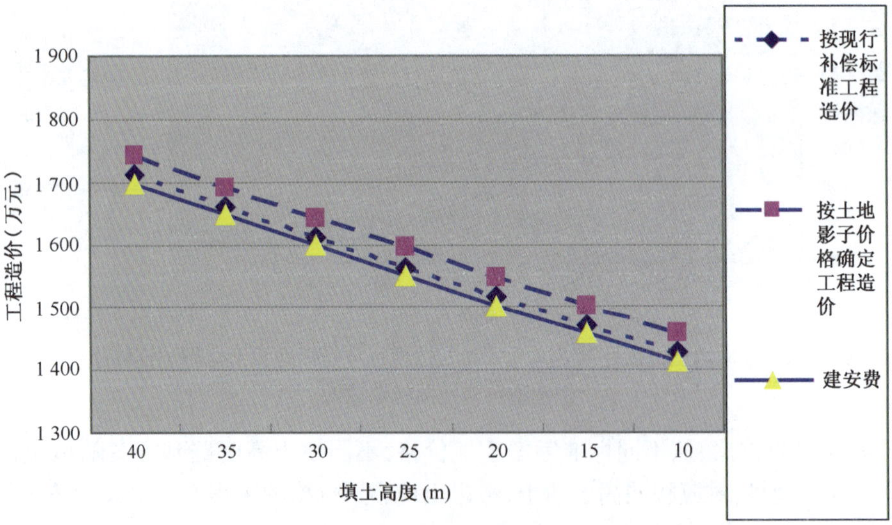

图 4-33 不同墩高桥梁方案建安费及按现行补偿标准和土地影子价格计算的工程造价趋势分析对比曲线示意图

由图 4-33 可以看出，考虑不同的土地价值标准，不同墩高桥梁方案随墩高减少工程造价基本呈线性减少趋势，对应相同高度填土，考虑土地影子价格的工程造价要大于按现行征地补偿标准计算的工程造价。

不同土地价格方式计算不同墩高高架桥方案工程造价趋势估算，如图 4-34 所示。

由图 4-34 可以看出，经过拟合，考虑土地影子价格，工程造价随填土高度的趋势公式为：

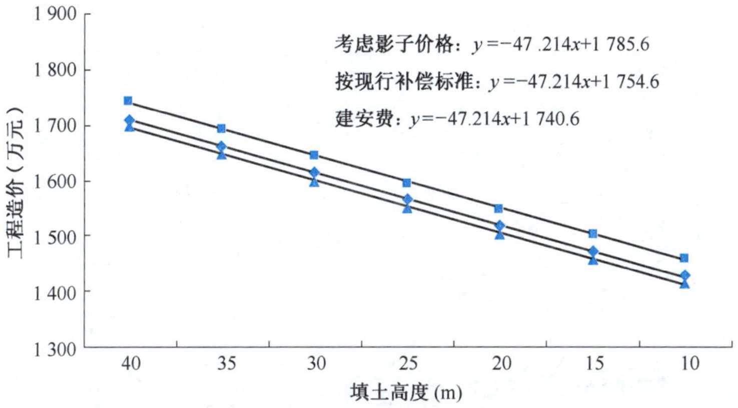

图 4-34　不同墩高桥梁方案建安费及按现行补偿标准和土地影子价格计算的工程造价趋势分析对比曲线示意图

$$y = -47.214x + 1\ 785.6$$

式中　x——填土高度(m)；

y——工程造价(万元)。

按现行补偿标准，工程造价随填土高度的趋势公式为：

$$y = -47.214x + 1\ 754.6$$

从建安费考虑，工程造价随填土高度的趋势公式为：

$$y = -47.214x + 1\ 740.6$$

从图 4-34 中可以看出，对应相同的桥梁墩高，考虑土地影子价格的征地所需费用占工程造价的比例要明显高于按现行补偿标准考虑的征地所需费用。

4.3.4 路桥边界决策

综合考虑不同填土高度路基方案和不同墩高桥梁方案：

考虑土地影子价格，两方案造价相当时：

$$-47.214x + 1\ 785.6 = -911.9\ln(x) + 2\ 438.4，解得\ x \approx 32。$$

考虑土地现行补偿标准，两方案造价相当时：

$$-47.214x + 1\ 754.6 = -813.83\ln(x) + 2\ 067.6，解得\ x \approx 36。$$

从建安费用角度考虑，两方案造价相当时：

$$-47.214x + 1\ 740.6 = -792.27\ln(x) + 1\ 992.4，解得\ x \approx 38。$$

因此，仅仅从建安费角度考虑，路基填土高度超过 38 m 时，可以考虑桥梁代替路基方案；按现行补偿标准，路基填土高度超过 36 m 时，可以考虑桥梁代替路基方案；考虑土地影子价格，路基填土高度超过 32 m 时，可以考虑桥梁代替路基方案。

考虑土地影子价格的路桥边界决策曲线如图 4-35 所示。

4.3.5 小　　结

(1)考虑土地影子价格，不同填土高度路基方案占用土地价值趋势基本为非线性增加：$y = 463.03 \cdot x^{-0.380\ 3}$。不同墩高桥梁方案占用土地影子价格趋势基本不变，不同的工点相对应

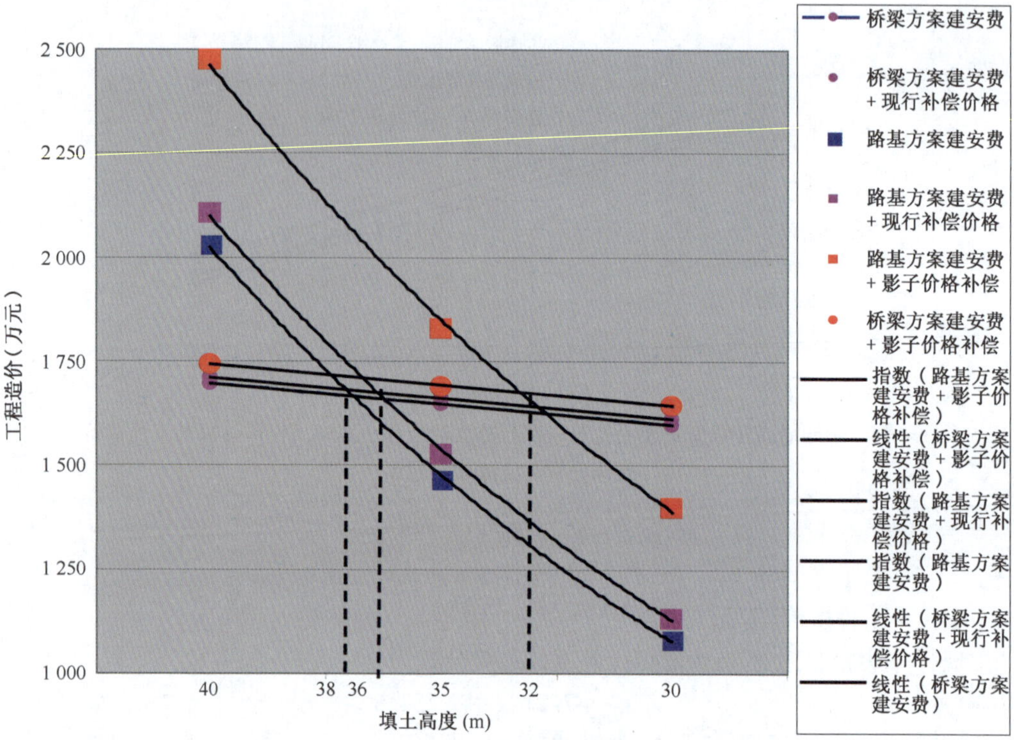

图 4-35 考虑土地影子价格的路桥边界决策曲线图

不同的桥梁布置,其对应的常数也有所不同。

(2)路基方案工程造价分析中,要考虑不同高度路基方案的施工方案增加费用和土石方数量增运距所增加费用,由图 4-35 可知,随路基高度增加,其工程造价呈指数增长。

考虑土地影子价格,工程造价随填土高度的趋势公式为:

$$y = -911.9\ln(x) + 2\,438.4$$

按现行补偿标准,工程造价随填土高度的趋势公式为:

$$y = -813.83\ln(x) + 2\,067.6$$

从建安费考虑,工程造价随填土高度的趋势公式为:

$$y = -792.27\ln(x) + 1\,992.4$$

而相应桥梁方案造价变化很少,基本呈线性变化。

考虑土地影子价格,工程造价随填土高度的趋势公式为:

$$y = -47.214x + 1\,785.6$$

按现行补偿标准,工程造价随填土高度的趋势公式为:

$$y = -47.214x + 1\,754.6$$

从建安费考虑,工程造价随填土高度的趋势公式为:

$$y = -47.214x + 1\,740.6$$

(3)路基方案征地面积数量除考虑路基本身填筑所占征地面积之外,还需考虑路基填筑所需土石方数量的取土场征地,由图 4-35 可知,随路基填土高度增加,其征地面积数量呈指数增长,而相应桥梁方案征地面积数量基本不变。

(4)从路基和桥梁边界条件决策来看,仅仅从建安费角度考虑,路基填土高度超过 38 m 时,可以考虑桥梁代替路基方案;按现行补偿标准,路基填土高度超过 36 m 时,可以考虑桥梁代替路基方案;考虑土地影子价格,路基填土高度超过 32 m 时,可以考虑桥梁代替路基方案。在具体工程实践中,选择高填路基方案或桥梁方案,还与路基土石方平衡情况和工程地质条件相关,从保护环境和节约用地及施工工后运营安全角度出发,路基填方超过 30 m 时宜采用桥梁方案。

(5)考虑到各工程项目建设条件及相关因素千差万别,每个项目其精确的边界条件(即临界高度)是不同的,本案例旨在考虑土地机会成本及土地影子价格的基础上,提供一种思路及计算流程,以更好地实现公路工程方案与土地占用的科学决策。

参 考 文 献

[1] Svoray T, Bar P, Bannet T. Urban land-use allocation in a Mediterranean ecotone: Habitat Heterogeneity Model incorporated in a GIS using a multi-criteria mechanism[J]. Landscape and Urban Planning, 2005, 72(4): 337-351.

[2] 朱德举. 中国耕地保护(第 1 版)[M]. 北京:中国大地出版社,1997:63-64.

[3] Greene R P. The farmland conversion process in apolynucleated metropolis [J]. Landscape and Urban Planning, 1997, 36(4): 291-300.

[4] 朱德举. 土地评价(修订版)[M]. 北京:中国大地出版社,2002:35.

[5] 谢春树,赵玲. 基于 GIS 的湘中紫色土丘陵地区土地适宜性评价——以衡南县谭子山镇紫色土综合治理试验区为例[J]. 经济地理,2005,25(1):101-105.

[6] 张友焱,周泽福. 黄土丘陵沟壑区土地适宜性评价研究——以山西省中阳县圪针耳流域为例[J]. 水土保持学报,2003,17(1):93-99.

[7] 于婧,周勇,周清波. 基于 GIS 和模糊数学方法的多方案下农用土地多宜性评价[J]. 农业工程学报,2005,21(增刊):183-187.

[8] Steiner F, Laurel M, Cohen J. Land suitability analysis for the upper Gila River watershed[J]. Landscape and Urban Planning, 2000, 50(4): 199-214.

[9] 付海英,郝晋珉,等. 耕地适宜性评价及其在新增其他用地配置中的应用. 农业工程学报,[J],2007,23(1):60-64.

[10] 姚炎明,王英. 公路建设项目土地经济损失的定量评价[J],环境污染与防治,1999,21(6).

[11] 刘二伟,赵艺学. 郭家山煤矿土地复垦适宜性评价[J],山西农业科学 2010,38(7):62-65.

[12] 刘静,李建学. 土地复垦整理可行性研究中的土地适宜性评价[J]. 陕西农业科学,2007(1):143-144.

[13] 赵欣,刘昌华. 贵州山地煤矿区待复垦土地适宜性评价初探[J]. 河南理工大学学报,2009,3(28):373-377.

[14] 鲍香台. 国民经济评价中"土地影子价格"的分析[J]. 石家庄铁道学院学报,2001,14(3):75-77.

[15] 周志言. 公路建设项目后评价[M]. 北京:航空工业出版社,1999. 44-76.

[16] 李晚斐,陈金海. 环境因子在公路建设方案比选中的应用研究[J]. 四川建筑,2007,27(4):53-55.

[17] 郭思涛,杨晓清. 公路工程环境影响评价经济损益分析初探[J]. 公路,2001(11).

5　基于土地资源保护的3S辅助选线

在资源与生态环境系统中,土地既是一个重要的要素,也是很多资源环境问题的集中体现者,土地资源利用是可持续发展最重要的组成部分。公路建设项目的工可选线,决定了项目的走廊带取舍,土地资源作为走廊带中的资源因素,对路线走廊带的选取有重要意义。

基于土地资源保护的3S选线技术,从大范围、多角度视点,合理选取路线走廊带,有重要价值。

5.1　概　　述

5.1.1　土地资源与3S技术

自20世纪中期以来,随着世界范围内的人口-资源-环境之间的矛盾越来越严重,评价土地价值,合理利用土地,成为各国政府和学者所关注的热点问题。土地价值和土地价值评价研究的根本目的在于实现土地资源集中、统一、协调高效利用,土地资源识别和分类是其首要环节。

进行可持续土地利用的科学决策需要有可靠的信息为依托,而可靠信息的获取必须有现代信息技术作支撑。长期以来,由于技术方法和手段的限制,我国公路建设前期过程中,尚缺乏对土地价值和土地价值评价的整体准确信息,从而在很大程度上影响着决策的科学性。因此,如何采用先进的技术手段和最新的研究成果,对具有不同时空尺度的复杂的土地资源识别和分类,判别敏感土地资源,提高土地资源利用率,实现土地资源集中、统一、协调高效利用,是公路建设前期过程中的重要研究课题。

"3S"技术是以遥感技术(RS)、地理信息系统(GlS)、全球定位系统(GPS)为基础,将RS、GlS、GPS三种独立技术领域中的有关部分与其他高技术领域(如网络技术、通信技术等)有机地构成一个整体而形成的一项新的综合技术。它集信息获取、信息处理、信息应用于一身,突出表现在信息获取与处理的高速、实时与应用的高精度、可定量化方面。近几年来,3S技术在国家宏观规划、土地资源调查、农作物估产与监测、灾害监测与评估、荒漠化监测、湿地资源监测、森林调查、生态资源环境建设等得到了广泛应用。自21世纪90年代以来,在我国公路交通建设中已广泛应用于公路规划、勘察设计、管理和运输等领域,其技术日趋成熟。利用3S技术,可识别高速公路走廊带内各类土地利用类型的分布情况,区分敏感程度,从而确定对耕地、林地等土地资源保护较为有利的公路走廊带,对于目前日益强调耕地保护的土地国策,探索利用3S技术选线以节约土地是一条可行的途径。

5.1.2　国内外3S技术研究与发展

目前,我国土资源领域是"3S"技术最重要的应用领域之一。GIS技术在土地管理方面获得了广泛的应用,建立了一批国土资源空间数据库。RS(遥感系统)在我国土地利用、规划、调查中发挥着越来越重要的作用。GPS(全球定位系统)在土地调查中继续获得广泛应用。

早在20世纪30年代,国外就开始利用航空摄影测量进行土地资源调查研究,而利用卫星遥感影像进行土地资源调查的研究则开始于20世纪70年代。加拿大、澳大利亚、法国以及日本、西欧等一些经济发达的国家,定期地利用卫星遥感进行土地资源利用情况的调查研究。近二十年来,国外遥感技术在土地资源研究中有了长足的进展,尤其是土地利用分类成为遥感专题制图中最热门的课题。自1990年起,国际社会科学联合会积极筹划全球性综合研究计划,于1995年共同拟定并发表了《土地利用/土地覆盖变化科学研究计划》,并将其列为核心研究计划。目前更多的国际组织和国家启动了各自的土地利用变化研究项目,取得了一系列成果。国际应用系统研究所于1995年开始的"欧洲和北亚土地利用/土地覆盖变化模拟"的项目用以分析土地利用的空间特征、时间动态和环境效应。美国的土地利用研究主要集中在对全球与区域性土地覆盖变化的监测研究,以揭示土地覆盖变化与温室气体释放的关系。

我国从"六五"才开始采用航空遥感与卫星遥感相结合的方法进行土地利用资源调查的应用研究。在"九五"期间将"遥感、地理信息系统及全球定位系统技术"作为国家科技攻关重点项目,应用于资源、环境、灾害等监测工作中。1999年以来,国土资源部采用TM/ETM+、SPOT、SAR、IRS、航空数据等遥感资料开展了土地利用动态遥感调查工作, 2006年开始,利用遥感技术开展土地执法调查。

早期的土地调查在技术上受到了遥感数据源和计算机软硬件条件等诸多因素的制约。随着高分辨卫星陆续发射和GIS技术的蓬勃发展,3S土地分类方法已经有很多种,有基于地物光谱反射特征的常规方法,包括监督分类、非监督分类和专家知识分类法。但是由于遥感数据一般带有综合光谱信息的特点(即一个像元有时是地面各类地物光谱的总和),用这些常规方法致使计算机分类面临着诸多模糊对象,导致精度降低,为此,人们不断研究尝试新的分类方法。近几年发展起来的分类方法有神经网络法、模糊数学法、基于GIS方法和基于地学知识符号逻辑推理的方法等。

3S技术虽已广泛应用于公路建设和管理,但就3S技术应用于公路选线设计而言,主要实现了全数字化作业流程并以低成本达到走径优化、减少工程量及劳动强度、提高工作效率和质量,另外在避开地质灾害的地质选线方面、环保方面取得大量成果和经验,开展了相关课题研究工作。但就保护土地资源(特别是耕田)方面而言,国内有相关论文进行了一些探讨,但基于3S技术、以土地节约为主旨的相关科研尚无系统性的研究。

5.1.3 遥感信息源

随着环境和资源探测需要的增长以及技术的不断发展,一系列新型的遥感技术系统在最近这10年期间比以往任何时候都得到了更快的发展。从1994年到2004年的10年中,根据各国的计划发射了多达70颗对地观测卫星。根据规划,从2015到2020年期间我国将要发射200到300颗卫星,让天上保持有60颗以上的卫星,人类比任何时候都要综合、全面地观测和监测我们的地球,这无疑是一个重大的进展。高光谱分辨率、高空间分辨率以及雷达遥感将是今后一段时间的主要遥感技术系统。自法国SPOT卫星以10 m的空间分辨率面世以来,高空间和超高空间分辨率卫星遥感就成了世界上一些国家角逐的一个重要领域。自1995年以来以及在今后若干年内,将有10余颗超高分辨率遥感卫星或小型卫星由美国、俄罗斯、法国、日本以及以色列、印度等国发射升空,其空间分辨率在1~5 m之间,最高达到0.5 m,为对地观测提供了新的空间系统和新的信息来源。

遥感数据源的获取技术得到了充分发展以外,随着现代计算机技术的发展,对遥感数据的处理利用技术也得到了长足的发展,如多源数据的融合、三维地形数据的提取、干涉雷达技术的利用等。我国自行设计研制卫星技术经历了近30年的发展,有了长足的进步。其具代表性的有风云一号C气象卫星,遥感系统的十个扫描辐射计探测通道覆盖了可见、近红外、短波、中波红外和长波红外波段。除覆盖NOAA卫星全部6个探测通道外,又增设了4个探测通道,全球延时图像的空间分辨率优于NOAA-15卫星仪器,是当今世界极轨卫星中综合探测能力最强的光电成像遥感仪器。

1. SPOTS卫星

2002年5月法国空间研究中心（CNES)发射了SPOT卫星家族最耀眼的一颗卫星——SPOTS卫星,其空间分辨率全色为2.5 m,多光谱提高到10 m,数据在2002年7月接收使用,该星重3 000 kg,有2个HRG高分辨率成像装置,每个装置能获取5 m全色或10 m多光谱的影像。SPOT普通影像产品包括一系列的分辨率和波谱模式可以满足用户的应用需求,全色影像:2.5 m,5 m,10 m;多光谱影像:2.5 m(2A处理级,3个波段),5 m(2A处理级;3个波段),10 m(4个波段),20 m(3个或者4个波段)。

2. 日本ALOS卫星

ALOS卫星于06年1月24日发射升空,卫星重达4 t,装有高性能照相机、雷达和光学感应器3种观测器材,每46天观测地球全域一次。其携带的高性能照相机——测绘用全色遥感器,拥有前视、下视、后视三个镜头,单程通过即可测得地面“立体像对”数据,得到分辨率为2.5 m、包括高程在内的地面信息,可据其绘制1∶2.5万的立体地图。日本地球观测卫星计划主要包括2个系列:大气和海洋观测系列以及陆地观测系列。对地观测卫星ALOS是JERS-1与ADEOS的后继星,采用了先进的陆地观测技术,能够获取全球高分辨率陆地观测数据,主要应用目标为测绘、区域环境观测、灾害监测、资源调查等领域。

ALOS卫星载有三个传感器:全色遥感立体测绘仪(PRISM),主要用于数字高程测绘;先进可见光与近红外辐射计-2(AVNIR-2),用于精确陆地观测;相控阵型L波段合成孔径雷达(PALSAR),用于全天时全天候陆地观测。ALOS卫星采用了高速大容量数据处理技术与卫星精确定位和姿态控制技术。

3. Qulckbird-2卫星

Qulckbird-2卫星是目前世界上分辨率最高的商用卫星。Qulckbird-2卫星可以同时拍摄全色和多光谱图像,也可以提供自然彩色和彩色红外合成图像。每次过顶可以拍摄连续10景图像或者2×2景图像的面积。2002年2月开始提供商业图像。这些全色、多光谱和彩色产品可进行大多数的图像分类和分析。不论用户进行复杂的图像分析还是只将其作为背景图像,其丰富的信息都增加了各种应用的价值。用户用4波段、2.44 m分辨率多光谱图像进行图像分类和分析,而用0.61 m分辨率的全色、自然彩色和近红外彩色图像进行目视解译,或用于GIS和制图的背景数据。

Qulckbird数据具有4个多光谱波段和1个全色波段,Qulckbird-2图像数据的多光谱波段的波谱范围与Landsat卫星的前四个多光谱波段一致,因此其光谱信息识别特征和适用范围相同。全色波段的分辨率为0.61 m,是目前世界上空间分辨率最高的波段图像,一般可直接用于地物的目视解译图像,可制作大比例尺的地形图。

5.1.4 多波段高分辨率遥感技术现状

5.1.4.1 高分辨率卫星遥感影像特点

高分辨率的卫星遥感影像通常是指像素的空间分辨率在 10 m 以内的遥感影像。早期高分辨率传感器的研制与应用主要是在军事领域,以大比例尺遥感制图和对地物的分析以及人类活动的监测为目的,20 世纪 90 年代以后才逐渐进入商业和民用领域的范围,并迅速地发展起来。与传统低的空间分辨率卫星遥感影像相比,高分辨率卫星遥感影像具有以下特点:

1. 单幅影像的数据量显著增加

例如,一幅地面覆盖面积为 35 km×35 km 的全色波段 ALOS 影像可达 54 MB,而相同覆盖面积的多波段影像高达 175 MB。在现有的计算机硬件的条件下,数据量的增加无疑将给图像的存储、显示和计算处理等带来困难。

2. 成像光谱波段变窄

单色波段的光谱分辨率增加,这使得利用光谱空间特征来区分和判定地物类别的精度提高。

3. 地物的几何结构和纹理信息更加明显

在高分辨率影像上,地物景观的结构、纹理和细节等信息清楚地表现出来,让我们在获得丰富的地物光谱信息同时还可以获取更多的关于地物结构、形状和纹理方面的信息。

4. 从二维信息到三维信息

对于中、低分辨率的卫星数据,遥感像元是不同组分的平面组合,但对于高分辨率的遥感数据而言,遥感像元反映的是三维空间上的不同组分的组合结果,即在第一章遥感监测综述更小的尺度上,每个像元不能看作是二维的,而是反映了地物的三维立体属性。

5. 高时间分辨率

同地区成像时间周期显著缩短,重复轨道周期都缩短在 1~3 天之内。

5.1.4.2 高分辨率卫星遥感影像信息处理和提取

传统的中低空间分辨率卫星遥感影像由于受空间分辨率对几何精度的限制,遥感影像的信息处理和提取所使用的方法比较局限,只能建立在基于像素级别的光谱信息分析基础上,它们的共同特征是只能使用图像的强度量即灰度值的统计信息,而对地物形状、结构等信息的分析很少涉及,这成为制约遥感应用的主要瓶颈之一。而高分辨率遥感影像时代的到来给遥感技术的发展带来了契机,在高分辨率的卫星遥感影像上,地物景观的结构、纹理和细节等信息都非常清楚地表现出来,这样,除了地物光谱信息,更多的是获得关于地物结构、形状和纹理方面的信息。但是,传统的遥感卫星影像信息处理是建立在基于像素级别的光谱信息分析基础上的,这样就不能真正发挥高分辨率遥感影像的优势,因此,对高分辨率遥感影像的理解和处理必须根据其特点采取新的技术方法,建立起影像数据与目标特性之间的物理—机理联系,而不仅仅是统计联系,才能充分挖掘高分辨率遥感影像所包含的信息,这是高分辨率卫星影像信息处理成败的关键。

考虑到高分辨率卫星遥感影像的自身特点,一个完整的高分辨率卫星遥感影像应用分析与处理系统的基本功能流程可以描述为:

(1)将影像数据读入,再做影像预处理,包括辐射校正、去噪处理、几何纠正等。之后根据影像特征和实际要求，对影像上的景观地物进行边缘监测与分割，形成能够表征地表基本景观特征的基本对象。然后基于地物的先验模型和专家知识系统，确定各类型的特征描述参数，包括光谱特征、形状特征、纹理特征和相邻关系特征等，并指定各参数的权重和组合方式，进而以这些特征参数集为标准，对影像进行分类、解译，提取感兴趣的信息，最后产生应用结果输出。

(2)去噪处理。高分辨率卫星遥感影像尽管空间分辨率高，但是原始图像的信噪比是比较低的，图像上的噪音如果不去除，将严重降低影像信息提取的精度。因此，首先要对原始图像进行去噪处理。

(3)影像融合。目前的高分辨率传感器大多是一星多传感器，既提供高几何分辨率的全色波段，又提供多光谱数据，通过一定的数据融合手段，就可得到空间分辨率较高的多光谱数据。但是，由于高分辨率影像上的结构信息突出，若直接采用传统方法进行融合，反而会导致边界发虚、几何结构信息丢失。

(4)制作正射影像图。通过高分辨率卫星遥感影像生产正射影像图可以大大提高信息提取的能力。

(5)信息提取技术。如前所述，传统的遥感影像信息提取技术，由于受其基于高分辨率遥感影像的分辨率的限制，只能依靠图像像素的光谱特征来提取信息。从分类技术上来讲，不论是监督分类或者非监督分类，都是依靠像素不同光谱数据组合在统计上的差别来进行。这种以单个像素为单位的分类方法过于着眼于局部而忽略了附近整片图斑的纹理、结构情况，从而严重影响了影像识别的准确性。对于高分辨率遥感影像来讲，其结构、形状、纹理和细节等信息非常突出，而光谱分辨率并不高。

(6)三维场景分析。高分辨率卫星遥感影像的地物纹理信息十分丰富，为三维模拟提供了非常丰富的信息源。利用三维场景分析技术，可以获取地表景观的数字高程模型和地物的三维数据信息，并通过地物模型的构建实现真实的三维景观表现与模拟。

5.2 高分辨率遥感数据敏感土地资源属性提取技术

对具有不同时空尺度的复杂的土地资源识别和分类，判别敏感土地资源，提高土地资源利用率，实现土地资源集中、统一、协调、高效利用。首先要利用高分辨率遥感影像进行敏感土地资源识别和分类研究。

高分辨率卫星遥感影像的出现使得在较小的空间尺度上观察地表的细节变化、进行大比例尺遥感制图以及监测人为活动对环境的影响成为可能。卫星影像空间分辨率的提高意味着更小的地物被认知，更多的信息被提取，同时也意味着其图像处理方法与中低分辨率的卫星影像有所不同。因此，探索基于高分辨卫星影像的图像处理方法和遥感分类方法具有重要意义。

5.2.1 光学遥感图像的处理

在遥感成像时，由于各种因素的影响，使得遥感图像存在一定的几何变形和辐射量失真现象，这类变形和失真影响了图像的质量和使用，必须进行消除或削弱。简单说，几何变形是指图像上的像元在图像坐标系中的坐标与其在地图坐标系等参照坐标系中的坐标之间的差异，消除这种差异的过程称为几何纠正。利用传感器观测目标的反射和辐射能量时，传感器得到的测量值与目标的光谱反射率或光谱辐射强度等物理量不相同，这是由于测量值中包含了太阳的位置和角度条件、大气条件所引起的失真，消除图像数据中辐射所含的失真的过程称为辐射量校正。在卫星图像数据提供给用户使用之前，一般都经过辐射量校正和一定的几何纠正，在实际应用中应根据具体情况加以相应处理。

5.2.1.1　遥感数据的选取

1. 空间分辨率选择

遥感图像的选择并不是精度越高越好，它包含有事物影像的尺度效应、距离效应以及经济合理性。不同的自然现象有不同的最佳观测距离和尺度，并不一定是距离越近越好，观测越细微越好。这并不是否定系统的高精度的实地观测，而是说明需要适当的距离和比例尺，才能有效、完整地观察。目前在国际上，越来越多的学者们认识到遥感科学在地学中的应用已经从传统定点观测数据转换到不同空间范围多尺度空间，也就要求研究不同的地物对象需要选择不同尺度的遥感数据。公路建设敏感土地价值单元识别的研究对象复杂程度不同、规模也不同，而遥感图像的空间分辨率从零点几米到几公里，也就决定了敏感土地价值单元识别研究中的遥感技术是有尺度条件的。

通常，从图像上能够识别目标的最小尺寸应等于地面分辨率的5~10倍，就识别任一单目标而言，该目标在图像上至少应覆盖10×10个像元。就遥感数据土地覆被分类来说，分类精度和地表覆被类型单元的大小有关，过高的空间分辨率反而会降低分类精度。研究中要分析的地物特征如梯田尺寸一般都在10 m以下，需要10 m以上空间分辨率的遥感信息源，以滑坡为例，根据经验，最小可识别的滑坡至少应覆盖10×10×2个像元，要定量分析滑坡的各要素特征，一般需要覆盖2 000个像元以上。图像的分辨率越高，能够解译的细部特征就越多。但是，并不是图像分辨率越高越好，对于大型滑坡、泥石流等，往往使用高精度的遥感图像并不能取得好的效果。一方面如果图像显示的范围不够，难以识别地质灾害的整体，同时高分辨率的遥感图像数据量非常大，处理起来非常不方便，需要的软硬件条件较高，同时高分辨率的遥感图像往往价格昂贵，经济效益不佳。

研究经验表明，结合现有的遥感数据源，对于植被特征、土地类型、水体、地层岩性、大规模的崩塌、滑坡、泥石流地质灾害等，ETM图像、ALOS图像、SPOT图像以及卫星雷达图像是较好的选择。

2. 波段组合选择

由地物点（像元）辐射亮度值构成的遥感数字图像是一随机场。这主要由于遥感图像像元亮度值受到多方面随机变化因素的影响，同一地物由于成像时间、气候，植被覆盖等条件发生变化，其亮度值也随机发生变化，因此存在同物异谱、同谱异物的现象。而人眼对灰度一般只能分辨16个等级，但人眼对彩色的分辨能力要大得多，以蓝（B）、绿（G）、红（H）三原色合成三个波段的卫片，正是由于人眼对彩色的分辨能力的独特性质，一般在实际应用中，主要应用RGB彩色合成图像作为目译解译的标准片。对于具体景物的图像来说，选取波段主要依据各波段之间辐射量的方差应尽可能大，因为方差的大小体现了所含信息内容的多少。但是由于景物各波段的辐射特性之间的相关性，用三个方差最大的波段合成的结果并不一定能获得最多的地物信息。当三者之间相关性很强时，各波段所包含的信息之间就必然有大量的重复和冗余。因此在进行RGB最佳波段组合时就必须考虑方差最大而相关性最小的条件，同时还要考虑各波段之间的均值大小不要太悬殊及选用的波段应尽可能含有丰富的目标地物特征，才可能满足需要。选用参加组合波段要考虑以下几方面的因素：①参加合成波段信息量的丰富程度；②是否含有目标地物的特征信息；③色彩的饱和程度；④色差的明亮程度。其基本思路一般要满足“方差最大、相关性最小”的原则。然后，根据理论地物波谱反应曲线和实际工作的不同需要，选择不同波段组合进行不同专题的试验性解译，以最终获得易判译、可解程度高的最佳波段组合。结合各波段波谱对土壤、岩性、植被的反映特征，对水体的敏感程度以及对地物的分辨率，通过计算机对比分析，最终选择满意的波段组合。

在获得最佳波段组合的情况下，为满足成果图像在色彩、清晰度、对比度及肉眼感觉等方面的最佳效果，避免因图像反差太大不易调试到满意效果或因之而出现部分信息损失等不良情况，对所选定的最佳波段组合应进行进一步的输出增强处理。

5.2.1.2 遥感图像的几何校正

在遥感成像时，由于各种因素的影响，使得遥感图像在几何位置上发生了变化，产生诸如行列不均匀、像元大小与地面大小对应不准确、地物形状不规则变化等畸变，即所谓的遥感图像的几何畸变（或几何变形）。这种变形影响了图像的质量和应用，必须进行消除。

几何变形是指图像上的像元在图像坐标系中的坐标与其在地图坐标系等参考系统中的坐标之间的差异，它可分为静态变形和动态变形两大类。静态变形是指在一景图像的形成过程中传感器相对于地球表面呈静止状态时所具有的各种变形误差；动态变形是指在一景图像的形成过程中传感器的运动造成的图像变形。消除这种变形的过程称为几何纠正。几何纠正包括消除遥感图像的倾斜误差等（几何校正）和因地形起伏引起的投影误差（正射校正，后面介绍）两方面，后者多用于对航空图像或空间分辨率较高的航天图像进行。影像数字纠正的目的是因为获得的数字影像投影方式各不相同，并且还含有各种变形误差（主要是传感器的外方位变化、传感介质不均匀、地球曲率、地形起伏及地球旋转等因素引起的外部变形误差，内部误差较小可忽略），需要经过几何纠正来消除或减小这些误差，以便使用。

遥感图像几何校正是把带有几何失真的遥感图像恢复成无失真（或少失真）的地面实际图。为了使遥感数据服务于资源环境管理者和应用研究人员，这些数据必须经过几何校正（几何编码），转换地图的投影到标准的投影系中，及根据研究需要，确定其比例尺。只有这样，遥感数据方能很好地与其他的非遥感数据信息相复合和匹配，便于工作人员很好的对各种信息的相互比较分析。所谓精校正是在系统校正的基础上进行的几何校正和正射校正。图像几何校正和正射校正是卫星区域镶嵌图和标准地理分幅遥感图像图制作的基础。

遥感图像几何精校正分为两步进行：(1)像元坐标转换，即在校正后的图像与被校正图像（原始图像）间建立一个几何变换关系（变换模型），产生一个遵循所需地图投影的零值像元图像，即校正矩阵。(2)重采样，即对在原始图像上而不在数字网格上的点（由空间变换而来）进行灰度赋值，从待校正图像上计算校正矩阵中各像元的亮度值。常用方法有：最近邻赋值法、双线性内插法、三次卷积法、样条函数内插法等。

5.2.1.3 遥感图像的增强处理

通过数学运算及显示技术，增强图像中的有用信息，使之更易于目视识别和描绘，同时也有利于进一步计算机分析和信息提取。遥感图像增强处理的主要着眼点在于改进图像显示，提高遥感图像的视觉效果和可解译性，使遥感应用者易于从经过增强处理的遥感图像上获得所感兴趣的有用信息，快速实现从遥感数据向有用信息的转化。从数学意义上理解，任何图像的增强处理都是对图像特征施行某种变换。遥感图像能为视觉感受且可作为参数描述的特征是灰度、颜色、纹理和形状等。增强就是根据图像数据的这些特征参数，结合显示介质和人的视觉系统特点,选择某种从原始图像到增强图像的变换。这种变换在数学上是不难实现的,但是变换结果能否突出有用信息,是否符合实际要求,在很大程度上取决于应用目的及处理者对增强效果的主观判断。目前尚难确定一个普遍适用的统一评价标准,必须结合具体情况考虑需增强的要素,来选择变换参数与变换算法,并通过反复试验,观察变换结果,不断调整,直至满意为止。所以遥感图像增强处理技术水平的提高过程,是理论指导下的实践经验积累,没有理论指导,仅注重实践,必进展迟缓,九事一功。反过来,仅掌握一般的图像增强处理理论,而缺乏有关应用专业的理论素养与丰富经验,则根本无法完成开发与提高遥感图像应用处理技术水平的任务。

常用的遥感图像增强处理方法有:

1. 灰度增强

目前几乎所有遥感图像都没有充分利用遥感器的全部敏感范围,各种地物目标影像的灰度值往往局限在一个比较狭小的灰度范围内,使得图像看起来不鲜明清晰,许多地物目标和细节彼此相互遮掩,难于辨认。通过灰度拉伸处理,扩大图像灰度值动态变化范围,可加大图像像元之间的灰度对比度,因此有助于提高图像的可解译性。灰度增强方法有线性拉伸、分段线性拉伸及非线性拉伸(又称特殊拉伸)等。

2. 边缘增强

遥感系统成像过程中可能产生的“模糊”作用,常使遥感图像上某些用户感兴趣的线性形迹、纹理与地物边界等信息显示得不够清晰,不易识别。通过单个像元灰度值调整的处理方法对此难以奏效,需采用邻域处理方法来分析、比较和调整像元与其周围相邻像元间的对比度关系,图像才能得到增强,也就是说需要采用滤波增强技术处理。图像滤波增强处理实质上就是运用滤波技术来增强图像的某些空间频率特征,以改善地物目标与邻域或背景之间的灰度反差。例如通过滤波增强高频信息抑制低频信息,就能突出像元灰度值变化较大较快的边缘、线条或纹理等细节。反过来如果通过滤波增强低频信息抑制高频信息,则将平滑影像细节,保留并突出较均匀连片的主体影像。滤波增强分空间域滤波和频率域滤波两种。前者在图像的空间变量内进行局部运算,使用空间二维卷积方法,特点是运算简单,易于实现,但有时精度较差,容易过度增强,使图像产生不协调的感觉。后者使用富氏分析等方法,通过修饰原图像的富氏变换来实现,特点是计算量大,但比较直观,精度比较高,图像视觉效果好。

3. 彩色增强

地面站经系统处理得出的原始图像产品都是反映灰度差异的黑白图像。众所周知,人眼识别和区分灰度差异的能力是很有限的,一般只能区分二三十级,而识别和区分色彩的能力却大得多,可达数百种甚至上千种,两者相差甚远。显然,如把黑白图像的灰度差异转变为色彩差异,就可大大提高遥感图像的目视分析解译性能,所以彩色增强成为遥感图像应用处理的又一关键技术,应用十分广泛。一般有密度分割、彩色编码、彩色合成以及HIS变换。

5.2.1.4 遥感图像的融合处理

随着遥感技术和空间技术的迅速发展,遥感图像的分辨率随之大幅度的提高,遥感影像数据的数据量也相应巨增,如何有效地利用不同传感器、不同时相及不同分辨率的遥感海量数据信息,成了遥感应用的瓶颈问题。遥感图像数据融合(Fusion)则是解决这一问题的关键技术。近年来,国内外不少专家、学者提出了各种有用的融合方法。很多研究者已经在多传感器的数据融合理论基础方面做了大量的工作,在数学上为它奠定了相当完备的基础。遥感数据融合充分利用多源互补性和现代计算机的高速处理能力，将来自多传感器的信息和数据进行综合处理，从中抽取出更为准确可靠的结论。

数据融合技术是对多传感器、多时相、多频谱、多数据源的信息进行多层次有机结合，以特征信息优化为原则，提高对地物的识别能力。

遥感图像融合方法可归结为三层面的融合方法，即基于像元级的融合方法、基于特征级的融合方法和基于决策级的融合方法。像素级融合是在各传感器对原始信息未作太多处理前所进行的信息处理，是一种低水平的数据融合。其优点是保留了尽可能多的信息，具有最高精度(如采用代数法、IHS 变换、小波变换等)，缺点是处理信息量大、费时、实时性差。特征级融合是在各传感器对原始信息进行预处理和特征提取以后所进行的信息综合处理，所提取的特征信息应是原始信息的充分表示量和充分统计量，然后按特征信息对多信息源进行分类、聚集和综合。它是一种中等水平的数据融合。其优点是实现了可观的信息压缩，有利于实时处理，融合的结果最大限度地给出了决策分析所需要的特征信息，其缺点是比像素级融合精度差。决策级融合是融合的最高层次，它是在上述像素级和特征级融合所提供的各类特征信息的基础上，对图像信息进行专业化的识别、分类或目标检测，在获得有关区域特征、目标状态等决策信息后，再对所获的专题图像进行融合处理，它的融合结果直接为指挥、控制、决策系统提供依据，是最高水平的数据融合。其优点是具有很强的容错性，很好的开放性，处理时间短。另外上述 3 个层次之前还存在一种更为低级的融合过程，即信号级融合。信号级融合指将不同传感器的信号进行某种形式混合，以便产生出具有更佳质量与可靠性的融合信息。

遥感图像的融合技术包括空间配准和图像内容融合两个方面。其技术的关键在于：①充分认识研究对象的地学规律；②充分考虑不同遥感数据之间波谱信息的相关性而引起的有用信息的增加和噪声误差的增加，对多元遥感数据作出合理的选择；③解决遥感图像的几何畸变问题，使各种遥感图像在空间位置上能精确配准起来；④选择适当的融合算法，最大限度地利用多种遥感数据中的有用信息。只有对研究对象的地学规律、遥感图像几何和物理特性、成像机理这三者有深刻的认识，并把他们有机结合起来，信息融合才能达到预期的效果。

1. 图像信息融合的基本原理和方法

不同的遥感数据具有不同的空间分辨率、波谱分辨率和时相分辨率，如果能将它们各自的优势综合起来，可以弥补单一图像上信息的不足，这样不仅扩大了各自信息的应用范围，而且大大提高了遥感图像分析的精度。遥感图像融合的目的就是将单一传感器的多波段信息或不同类型传感器所提供的信息加以综合，消除多传感器信息之间可能存在的冗余和矛盾，加以互补，降低其不确定性，减少模糊度，以增强图像中信息透明度，改善解译精度、可靠性以及使用率以形成对目标完整一致的信息描述。不同类型遥感图像之间的融合处理，必须具备四个条件，即：①融合图像数据应包括不同空间和光谱分辨率；②融合图像数据应是同一区域；③图像应精确配准。融合结果图像必须具有以下 3 个性质：①结果图像被降解到它原来的分辨率时，必须和原来的图像一样；②结果图像应尽可能和高分辨率图像的空间分辨率一样；③结果图像的光谱特性应当和多光谱图像尽可能一样。

数字融合图像的优点是：①融合图像的地物细节和影纹结构丰富。②与原来的多光谱图像(TM 图像)相比，复合图像有更强的立体感和空间分辨力。③与原来的全色图像相比，复合图像有更强的光谱分辨力，图像的层次感更强。④融合处理后的图像，各分量间的空间信息冗余度降低，同时在原来图像上增加了全色图像的空间信息。⑤融合处理使图像上的阴影区、植被覆盖区、水体部分质量得到改善。⑥融合后的图像提供更宽的地物反射波谱特征。⑦经几何校正、镶嵌，正射校正，再经融合处理后的图像，便于与原有的地形图、土地规划图、城镇规划图、资源分布图件相匹配，并使其配准精度更高，从而满足公路前期设计工作中土壤类型、土地覆被、敏感土地价值单元识别及资源分布调查等要求。

在作融合处理之前，应首先对多光谱图像进行低通滤波，以消除多光谱图像的高频信息对融合结果的干扰，防止融合图像出现色斑等；对高分辨率图像进行高通滤波，以消除全色波段图像的低频信息对融合结果的光谱等信息的改变；对滤波后的图像进行反距离线性拉伸，便于各灰度直方图的精确匹配。常见的图像融合方法有：以像元为基础的加权融合、IHS色彩空间变换融合、基于小波理论特征融合、基于贝叶斯法则的分类融合以及以局部直方图匹配滤波技术为基础的图像数据融合等。

2. 分辨率融合

所谓分辨率融合算法是一种基于像元坐标的融合处理方法。该方法是通过对低空间分辨率而有高光谱分辨率的彩色图像和有高空间分辨率但其光谱分辨率较低的全色波段图像进行精校正后，以多光谱彩色图像的波段为基础，利用高空间分辨率全色波段图像为参照，来增强原始多光谱彩色图像的空间分辨率和特征信息。该方法的融合机理对原始图像的电磁波辐射值加以严格保存，并且各波段之间相互独立，互不干扰。其特点是保留原始图像的低频信息和光谱信息的基础上，增强图像的细节信息，从而提高其空间分辨率。

5.2.1.5 遥感图像的分割与镶嵌

在遥感图像的处理过程，根据研究区的大小，往往需要对图像进行分割和镶嵌，对于分割或镶嵌处理后的图像，应该尽量保持原图像的光谱信息。对不同时期、不同光谱特征的遥感图像进行镶嵌时，为了达到无缝拼接，需要对各图像进行色彩平衡、几何精校正或正射校正以及拼接缝光滑处理。PCI、ENVI等软件在此功能上均有较好的表现。

5.2.1.6 图像正射校正

遥感图像正射校正就是利用数字高程模型以及地面控制点对遥感图像进行包括投影差改正。它可以有效地降低中心投影造成的像元偏移，同时可以提供更为丰富的地形地势信息，对于提取和定量分析坡度、地质灾害及其要素，以及土壤、地层解译是非常有利的。

在实践中应该根据数据源及数据的可靠性，决定选择最适合的校正方法。我国西部山区，采用多项式纠正后影像与实际地物吻合的效果较差，因此在几何精校正的时候常常采用基于共线方程的正射校正方法。正射校正可以将由于传感器和像机旋转、地形起伏以及在图像获取和处理过程中产生的位置误差全部剔除，生成具有平面无变形的正射影像。正射影像既具有地图的几何特性，又具有像片的影像质量，正射影像图上的地物位于其正确的正射影像位置上。校正过程中利用DEM(数字高程模型)进行数字微分纠正，通过对图像上像点位移的逐点改正，得到高精度的正射影像。在校正的时候，是以地形图为基准，对遥感图像进行精纠正。此过程即是在地形图上和遥感影像上选取同名地物点，以地形图上的标准大地坐标来对影像进行整体校正。选择控制点时遵循的原则是控制点要均匀分布，选取的时候，一般首先在影像的四角选控制点，然后再逐渐加密，数量要足够。在地形图上和遥感影像上选取同名地物点的时候尽量选取河流交叉点或河岸边的大堤等明显、不易改变的标志物。选取的控制点以每景影像30~50个左右为宜，具体数量要视图像的精度和范围，一般要求要达到像元级。

5.2.2 遥感信息提取方法

5.2.2.1 监督分类

传统的图像分类方法分为监督分类与非监督分类,其中监督分类方法又包括最小距离分类、最大似然分类、马氏距离分类等,非监督分类方法又包括K均值分类和ISODATA分类等。支持向量机分类、人工神经网络分类、决策树分类等是近些年发展起来的图像分类新方法,而面向对象分类方法是专门针对高分辨率遥感图像发展起来的分类方法。可以通过实验研究,从这些现有方法中优选出最优的方法。

监督分类法是传统的遥感影像信息提取方法,如基于最小错误概率的Bayes分类器、极大似然法、最小距离和BP神经网络分类法,这些方法就是首先根据类别的先验知识确定判别函数和相应的判别准则,其中利用一定数量的已知类别的样本(称为训练样本)的观测值确定判别函数的中待定参数的过程称之为学习或者训练,然后将未知的样本的观测值代入判别函数,再根据判别准则来对该样本的所属类别作出判断。这种方法如果在分类过程中注意训练区的质量,可以达到较好的分类效果。但是以极大似然分类法为例,这种方法要求利用先验知识及概率,并且样本呈正态分布、具有良好的统计性等条件,有时无法满足,得不到足够的训练信息。尤其对于非高斯高分辨率遥感图像分类技术研究分布的样本数据会导致分类精度的大大降低。遥感信息提取常采用图像分类的方法进行,常用的监督分类方法有最大似然分类(ML)、神经网络分类(NN)、支持向量机分类(SVM)等。其中最大似然分类假定训练区所有样本服从某种分布(如正态分布),而事实上不同类别的样本可能服从不同的分布,最大似然分类的这种原假设一般很难满足,所以其分类精度有限。而且由于ML是基于统计的分类,要求选择大量的训练样本,工作量较大。人工神经网络分类虽然精度也较高,但是其学习速度慢,处理高维数据难以收敛,分类结果难以解释。

SVM是近几年在统计学理论基础上发展起来的一种新的模式识别方法。该方法根据Vapni的结构风险最小化原则,通过在特征空间构造一个目标函数使得学习器得到全局最优解,从而将两类模式尽可能地区分开来。SVM分类算法在解决小样本、非线性及高维模式识别问题中都表现出许多特有的优势,已成为国际上模式识别领域新的研究热点。SVM不同于常规的统计和神经网络方法,其算法的复杂性与问题的维数无关;全局只有一个极值点,能够保证算法的收敛;有很强的泛化能力和可扩展性,并且分类精度较高。SVM比现在流行的神经网络、决策树以及传统的概率分类器(如最大似然分类器)有更高的分类精度。

目前,针对敏感地块的分类缺乏相关研究,常规的地表覆盖分类虽然涉及其中一些地类信息的提取,但其分类精度难以达到选线的要求。鉴于遥感技术能快速提取敏感地块以及SVM分类算法的上述优势,研究本次利用ALOS遥感影像,采用结合NDVI的SVM监督分类方法,对试验区的敏感地块进行分类。

5.2.2.2 结合NDVI的SVM监督分类方法

本文所用遥感数据为2010年9月ALOS卫星全色遥感立体测绘仪(PRISM)获取的全色2.5 m数据,以及可见光与近红外辐射计(AVNIR-2)获取的10 m多光谱数据。此外,还利用了路线矢量数据、1∶5万地形图数据与实地调查数据。如图5-1所示。

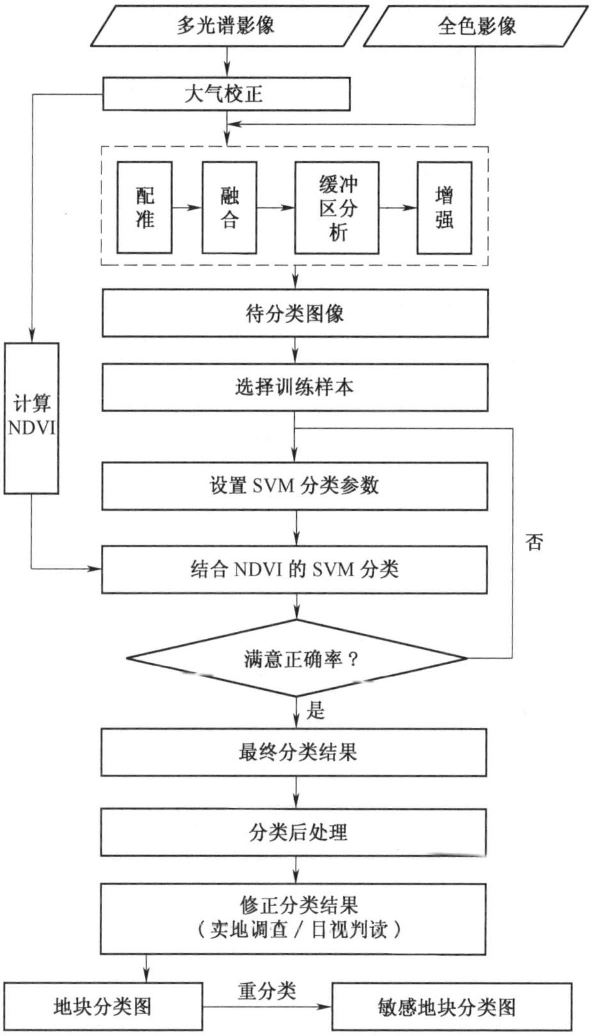

图5-1　NDVI参与SVM分类流程

5.2.3　分类方法精度评价

5.2.3.1　评价指标

分类精度是指分类图像中的像元被正确分类的程度，用来对遥感图像的分类效果进行评价。遥感分类精度评价中最常用的是Congalton提出的混淆矩阵（Confusion Matrix）。混淆矩阵的定义如下：

$$M=\begin{bmatrix} m_{11} & m_{12} & \cdots & m_{1n} \\ m_{21} & m_{22} & \cdots & m_{2n} \\ \cdots & \cdots & \cdots & \cdots \\ m_{n1} & m_{n2} & \cdots & m_{nn} \end{bmatrix}$$

式中　m_{ij}——试验区内应属于i类的像素被分到j类中去的像素总数；

n——类别数。

混淆矩阵中对角线上的元素值越大,则分类结果的可靠性越高;混淆矩阵中非对角线上的元素值越大,则分类结果可靠性越低,错误分类的现象越严重。

分类精度的主要指标包括生产精度、用户精度、总体精度、漏分误差、错分误差和 Kappa 系数。

生产精度(Product's Accuracy, PA)指某一类别的正确分类数占参考数据中该类别像元总数的比例,生产精度体现在混淆矩阵中则为:

$$\mathrm{PA} = \frac{m_{ij}}{\sum_{j=1}^{n} m_{ij}}$$

而错误的分类数占参考数据该类别的总数则为漏分误差(Omission Errors,OE),即:

$$\mathrm{OE} = 1 - \frac{m_{ij}}{\sum_{j=1}^{n} m_{ij}}$$

用户精度(User's Accuracy,UA)指某一类别正确分类数占分为该类像元总数的比例,在混淆矩阵中体现为:

$$\mathrm{UA} = \frac{m_{ji}}{\sum_{j=1}^{n} m_{ji}}$$

而错误的分类数占分为该类像元的总数则为错分误差(Commission Errors,CE),即:

$$\mathrm{CE} = 1 - \frac{m_{ji}}{\sum_{j=1}^{n} m_{ji}}$$

总体精度(Overall Accuracy,OA)指总正确分类数占总抽样数的比例,它反映了分类结果总的正确程度,利用混淆矩阵可表示为:

$$\mathrm{OA} = \frac{\sum_{i=1}^{n} m_{ij}}{\sum_{j=1}^{n}\sum_{i=1}^{n} m_{ij}}$$

由于总分类精度还只利用了混淆矩阵对角线上的元素,而未利用整个混淆矩阵的信息,作为分类误差的全面衡量尚欠不足,因此许多研究者提出了 Kappa 系数作为分类精度的一个指标。Kappa 系数可用下式计算:

$$K = \frac{N\sum_{i=1}^{n} m_{ij} - \sum_{i=1}^{n}(m_{i+}m_{+i})}{N^2 - \sum_{i=1}^{n}(m_{i+}m_{+i})}$$

式中 n——分类矩阵行列数;

m_{ij}——混淆矩阵中第 i 行第 j 列的元素值;

m_{i+} 和 m_{+i}——分类混淆矩阵的行总和及列总和;

N——总观察值,也就是混合矩阵中所有元素的和。

因为 Kappa 系数全面地利用了混淆矩阵的信息,可作为分类精度评价的综合指标。

5.2.3.2　评价方法

进行精度评价的步骤如下：

(1)确定抽样点数和抽样方法；

(2)逐个确定像元点的参考(实际类别)；

(3)像元抽样；

(4)建立精度评价混淆矩阵。

研究利用 ERDAS 分类模块(Classifier)中的 Accuracy Assessment 产生随机点,并逐点进行参考类别确定,最后得出分类精度评价报告。

5.2.4　结果与讨论

5.2.4.1　分类结果图

2007 年 12 月,国家批准长株潭城市群为“全国资源节约型和环境友好型社会建设综合配套改革试验区”,这是实施中部崛起战略的一个重大决策。长株潭区域交通建设也纳入了国家“五纵七横”交通网络建设之中,是国家和湖南省高速公路网的重要组成部分。本文所选研究区域为“五纵七横”高速公路网的第三纵岳阳(湘鄂界)至临武(湘粤界)高速公路中长湘公路段(长沙望城县~湘潭塔岭)的其中一段(从巡检湾到龙蟠山,线路总长约 25 km,北起长沙市望城县巡检湾,与长沙市 079 县道相交,跨越靳江河,向南与潭邵高速公路(G60)相交,终点至湖南省湘潭市湘潭县龙蟠山),如图 5-2(a)中红色线所示。该段线路近南北向展布于湘江西侧,研究区域海拔在 40~260 m 之间,区内发育湘江及其支流靳江河等河流,以岗地和丘陵为主,夹有冲洪积平地。

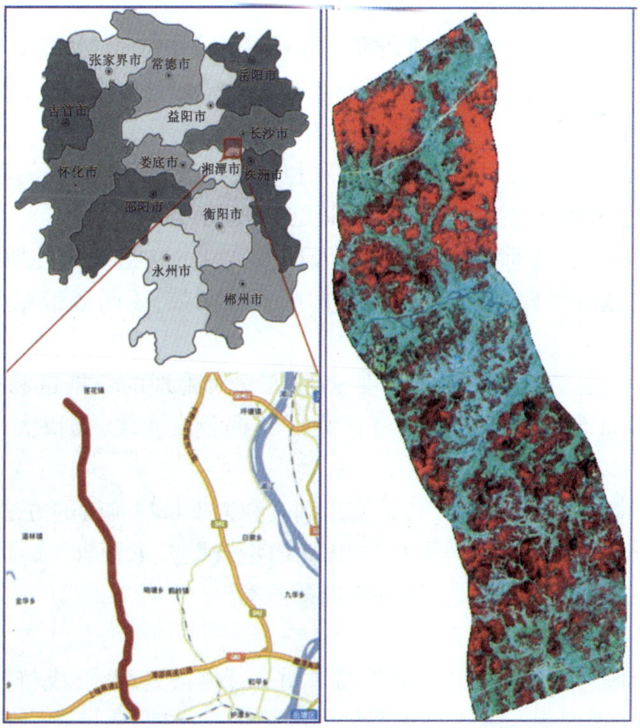

(a)　(b)

图 5-2　研究区域及位置分布及区域 ALOS 融合影像

1. 数据预处理

研究范围为所选线路两侧 3 km 走廊带。首先,对 ALOS 多光谱影像进行大气校正,将校正后影像与 ALOS 全色影像进行配准和融合,生成覆盖研究区的高空间分辨率影像;然后,以矢量线路为中心进行缓冲区分析,得到线路两侧 3 km 范围的走廊带遥感影像数据;最后,对走廊带影像进行增强处理,得到待分类图像,如图 5-2(b)所示。

2. 数据预处理

NDVI 是植被生长状态和植被覆盖度的最佳指示因子,而且能部分消除与太阳高度角、卫星观测角、地形、云、阴影以及和大气条件有关的辐照度条件变化(大气程辐射)等的影响。加上走廊带分布在植被覆盖的丘陵地区和大面积农作物种植的平原地区,为此引入 NDVI 参与 SVM 分类。NDVI 的计算公式如下。

$$\mathrm{NDVI} = \frac{[P(NIR) - P(R)]}{[P(NIR) + P(R)]} \tag{5-1}$$

其中 $P(NIR)$ 和 $P(R)$ 分别代表地物在近红外和红外波段的地表反射率。

为了使 NDVI 的取值范围与光谱范围保持一致,按公式(5-2)对 NDVI 进行处理,将其变换到 0~255 之间。

$$\mathrm{NNVI}_{255} = 255 \times \frac{[\mathrm{NDVI} - \min(\mathrm{NDVI})]}{[\max(\mathrm{NDVI}) - \min(\mathrm{NDVI})]} \tag{5-2}$$

3. 分类

将上述 NDVI 作为分类数据的一个波段,采用 SVM 分类算法对整个走廊带 ALOS 图像进行分类。研究区内地物类型主要有林地、水田、水体(包括水库、坑塘、水渠)、道路、居民点和裸地 6 种地类。分类的主要步骤如下。

首先,选取 SVM 分类样本。通过对研究区域遥感影像中林地、水田、水体、道路、居民点和裸地 6 种样本地类进行判读,选取样本点。样本区域选择大于 6×6 像元,最终选取了 1 729 个样本点,6 组样本集。

然后,设置 SVM 分类参数,主要是核函数和相应核参数的设置,这是算法的关键。本文以 ALOS 遥感影像第 2(绿波段)、3(红波段)、4(近红外波段)、5(NDVI255)四个波段的像元灰度值进行 SVM 分类训练。根据训练样本的特征及样本类别的构造确定各地类初始分类的核函数。通过对比试验,选择径向基函数(RBF),即高斯核函数,核函数带宽 $\sigma = 0.25$,惩罚系数 $C = 100$。

最后,逐块分类。由于目前商用软件中 SVM 方法对处理的数据量和样本量有一定的限制,需要分块进行 SVM 监督分类处理。将研究区数据分成 4 块,每块大小 4 592×2 579(约 57 M)。

在处理各分块时,利用测试样本,包括实地调查和人工目视判读的方法对分类结果进行分类精度评价。对评价结果不满意时,则修改 SVM 模型参数并重新分类,直到得到较满意结果为止;若分类精度一直不能满足,则需要重新选择样本。

4. 分类后处理

在上述分类基础上,首先将各块的分类结果图进行镶嵌处理,形成整体的分类结果图,如图 5-3(a)所示。将分类结果与人工目视判读的结果进行比较,通过建立混淆矩阵,得出 SVM 总体分类精度为 89%,Kappa 系数 0.85。

然后,对分类结果进行细小图斑合并等分类后处理,并利用地学专家知识进行目视交互判读修改(主要是对误判边界几下修改),得到林地、水田和水体三种敏感土地单元的提取结果,如图5-3(b)所示。

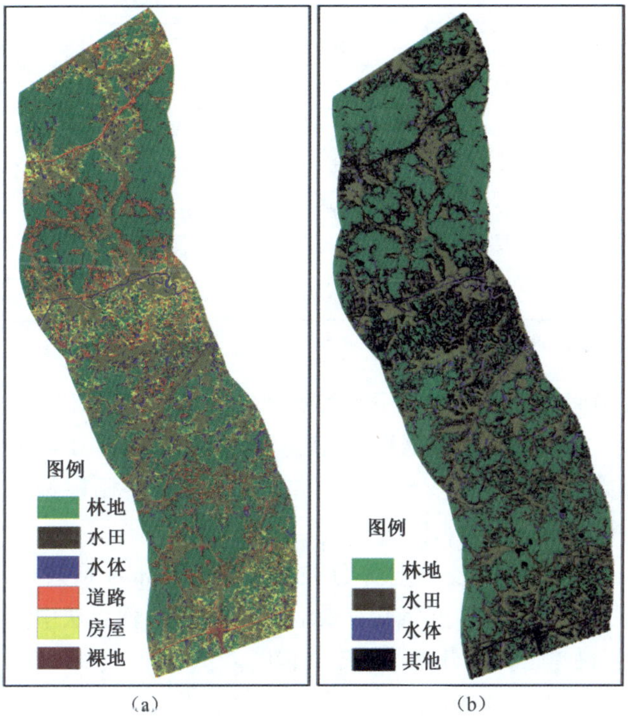

图5-3 公路走廊带各地类SVM分类结果及三种敏感土地单元信息提取结果

5.2.4.2 分类精度比较

实地调查、结合高空间分辨率遥感数据(0.5 m)对研究区域数据进行目视解译,对每个类别随机选取100个测试样本,共37 656个像素,建立混淆矩阵见表5-1,分类精度见表5-2。研究区域SVM分类总体精度为89%,Kappa系数为0.85。本书试验中主要提取林地、水田和水体三种敏感土地单元,其他敏感地类需要结合资料、遥感影像纹理分析后方可确认是否为保护区、不良地质体等。为此本书主要分析这三种(林地、水田和水体)土地单元的信息提取结果和精度。通过分析发现,分类总体精度为89%,Kappa系数为0.85。从表5-2可以看出:林地

表5-1 研究区SVM分类混淆矩阵(单位:像素)

目视判读 SVM分类	林地	水田	水体	道路	居民点	裸地	样本数
林地	11 516	0	0	1	74	9	11 600
水田	0	11 612	0	263	984	181	13 040
水体	0	878	6 551	0	10	103	7 542
道路	1	93	0	1 275	57	135	1 561
居民点	0	662	0	4	1 656	292	2 614
裸地	0	178	15	48	155	903	1 299
测试样本数	11 517	13 423	6 566	1 591	2 936	1 623	37 656

表 5-2 研究区 SVM 分类精度(单位:%)

类别＼精度	制图精度	用户精度	漏分误差	错分误差	平均精度
林地	99.99	99.28	0.01	0.72	99.64
水田	86.51	89.05	13.49	10.95	87.78
水体	99.77	86.86	0.23	13.14	93.32
道路	80.14	81.68	19.86	18.32	80.91
居民点	56.40	63.35	43.60	36.65	59.88
裸地	55.64	69.52	45.36	30.48	62.58
总体精度	89%				
Kappa 系数	0.85				

注:平均精度=(制图精度+用户精度)/2。

分类精度几乎达到100%,主要将少量居民点和裸地错分为林地;水田分类精度为87.78%,漏分误差13.49%,主要被漏分为水体和居民点,错分误差10.95%,主要将居民点、道路和裸地错分为水田;水体分类精度为93.32%,漏分误差为0.23%,主要被漏分为裸地,错分误差13.14%,主要将水田和裸地错分为水体。

以上结果表明,多分类器组合分类总体分类精度85%,Kappa 系数0.893。多分类器组合决策算法充分利用了传统分类算法并将其有效地组合在一起,使算法中参数需求较少,有效地减少错分类别,极大提高单一传统分类器的分类精度。

5.2.5 被覆盖度提取

5.2.5.1 植被指数又称光谱植被指数

植被指数是指由遥感传感器获取的多光谱数据,经线性和非线性组合而构成的对植被有一定指示意义的各种数值。植被指数是根据植被反射波段的特性计算出来的反应地表植被生长状况、覆盖情况、生物量和植被种植特征的间接指标。植被指数广泛应用于监测、分析和植被结构的时空动态监测以及一些生物参数的估算。这些指数可以对生物覆盖特性进行估算和变化监测,如植被覆盖度、叶面积指数、光合吸收分数、生产量等。而许多研究表明,植被指数与植被覆盖度具有密切的相关关系,在遥感应用领域,植被指数被广泛用于植被覆盖度的定性、定量估算。

常用的植被指数有归一化植被指数(NDVD)、差值植被指数(DVl)、比值植被指数(RVl)和垂直植被指数 (PVD)等,这些指数法主要是通过将各波段反射率以不同形式进行组合来消除外在的影响因素。在遥感中估算植被覆盖度研究中最常用的是 NDVI。NDVI 计算公式如下:

$$NDVI = Bnir - Bred / Bnir + Bred$$

式中 Bnir 指近红外波段图像,Bred 指红光波段的图像。由于植被在红外光波段的反射率远远大于红波段,因此以上公式可以把植被覆盖区域突出出来。NDVI 来提取植被覆盖度有其自身的优势:植被监测灵敏度高,植被覆盖度监测范围宽,能消除地形和群落结构的阴影和辐射干扰,能消弱太阳高度角和大气带来的噪音干扰。

5.2.5.2 植被覆盖度提取

植被覆盖度是指植被(包括叶、茎、枝)在地面的垂直投影面积占统计区总面积的百分比。植被覆盖度是衡量地表植被状况的一个最重要的指标之一,是影响土壤侵蚀的关键抑制因子。基于高分辨率遥感影像的敏感土地资源提取方法研究,考虑查阅相关文献的基础上,利用植被覆盖度有比较成熟的算法,常采用像元二分模型,即把像元看作是由土地和植被两部分组成,那么通过遥感传感器所观测到的信息 S,就可以表达为由绿色植被成分所贡献的信息 S_v 和由土壤成分所贡献的信息 S_s 两部分组成。

$$S=S_v+S_s$$

对于每个由土壤与植被两部分组成的混合像元,像元中有植被覆盖的面积比例即为该像元的植被覆盖度 f_c,而土壤覆盖的面积比例为$(1-f_c)$,一个混合像元的信息可以这样表示为:

$$S=f_cS_v+(1-f_c)S_s$$

可以理解为将 S 线性分解为 S_v 和 S_s 两部分,这两部分的权重分别为它们在像元中所占的面积比例,即 f_c 与$(1-f_c)$可以得到计算植被覆盖度公式为:

$$f_c=(S-S_s)/(S_v-S_s)$$

由于归一化植被指数在估计植被覆盖度时有诸多优点,因为常用 NDVI 的像元值来代替像元信息 S,即植被覆盖度计算公式为:

$$f_c=(NDVI-NDVI_s)/(NDVI_v-NDVI_s)$$

式中:$NDVI_s$ 和 $NDVI_v$ 的求算利用全植被覆盖的像元和全土壤覆盖的像元的最大值。

5.2.6 土地景观类型信息提取

公路选线时,准确把握公路路线走廊带的土地景观格局特征,有利于保护土地资源,减少道路修建对生态环境的干扰。但目前应用高分辨率遥感影像进行景观格局分析时,在景观指数的选择、分析尺度的确定和景观指数计算结果分析应用等方面尚未形成共识,实际应用中往往因各研究区景观格局特征的差异及研究目的不同而异。本书采用基于遥感影像的景观信息提取技术,利用景观指数变化图确定最佳景观格局分析尺度,选取破碎化、异质性和连通性等可以反映人类活动对自然环境影响的景观指数,对长湘高速公路走廊带的土地景观格局进行了定量评价。其中,在斑块类型水平上从多个尺度定量分析每一种土地景观类型的格局特征。在景观水平上,一方面不考虑研究区各空间位置间景观格局的差异,将研究区作为整体计算其景观指数,另一方面考虑各空间位置间景观格局的差异,利用移动窗口法,分析各空间单元的景观格局,得到景观指数空间分布图。研究表明,多尺度景观格局分析法适应了研究区大、小斑块空间尺度差异大的特点,移动窗口法满足了公路选线时敏感土地单元空间划分的需要。

借鉴目前常用的土地分类及景观分类方法,结合研究区的土地利用特点、遥感影像特征和人类活动影响力度,将该地区的景观类型划分为六类,分别是:(1)林地景观,主要指山区和居民点附近的乔木、灌木和草本植物等构成的景观;(2)水田景观,主要指这一地区的农业用地景观;(3)水域景观,主要指河流、水库坑塘等各种水体;(4)道路交通景观,主要指各级公路及相关附属设施;(5)居民地及工矿用地景观,主要指居民点及居民点以外的工矿企业等;(6)未利用地景观,指裸露山地和城乡未开发用地等景观。如图5-4所示。利用SVM分类方法,提取ALOS遥感影像中的上述中的景观类型。SVM分类算法在解决小样本、非线性及高维模式识别问题时与其他方法相比表现出许多特有优势。

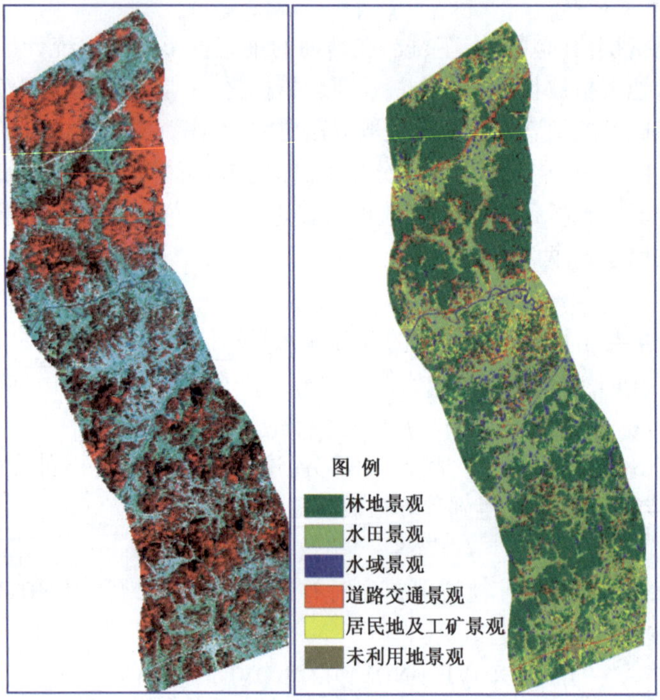

图 5-4　ALOS 遥感影像及景观类型分布图

从分类结果看,研究区北部和南部的岗地和丘陵分布较多林地,地形平坦地区分布着较多的耕地,在中部地区最为集中,以水田为主,水域多为小面积水库坑塘,散布于水田景观之间,以满足灌溉等农业活动的需要。道路交通景观多位于山脚或穿越平原地区,居民地表现为沿路分布,道路和居民地共同构成串珠结构。林地及水田景观面积优势明显,占土地面积的 76.83%。水域、道路、居民点、未利用地面积比例小且分散,镶嵌于林地和水田中。景观类型统计见表 5-3。

表 5-3　景观类型统计表

景观类型	面积(m^2)	面积比例(%)
林地景观	68 857 962.5	45.63
水田景观	47 076 987.5	31.20
水域景观	7 372 275	4.89
道路交通景观	8 703 675	5.77
居民地及工矿用地景观	15 728 793.75	10.42
利用地景观	3 162 350	2.10
合计	150 902 043.8	100.00

进行景观格局分析时,需在景观指数与分析尺度的选择、景观指数的计算方法与分析表达方面选择适宜的方法。

5.2.6.1　景观指数选取

景观生态学家提出了各式各样的景观指数,这些指数从不同方面或不同程度反映景观格局,目前难以用一个公认的标准对其进行分类。较权威的 Fragstats 软件,根据景观指数所表征内容的差异建立景观体系,将景观指数分为 8 类:①面积/密度/边缘指数;②形状指数;③核心面积指数;④隔离度/邻近度指数;⑤对比度指数;⑥聚集度指数;⑦连通性指数;⑧多样性指数。各景观指数间的相关性往往很高,尤其是同一大类的指数,有时同时采用多种指数并不能增加信息量。

本书基于遥感影像从破碎化、异质性和连通性等方面分析景观格局,根据研究区特点和上述研究目的,参考相关研究成果,在尽可能满足既描述景观格局又减小信息冗余的前提下,从面积/密度/边缘、形状、聚集度和多样性这四个方面选择具有代表性的常用指数。它们是:在斑块类型水平上选择斑块数量 NP、斑块密度 PD、连通度 COHESION、斑块形状指数 LSI、斑块类型面积比 PLAND、最大斑块指数 LPI、在景观水平上选择斑块数量 NP、斑块密度 PD、连通度 COHESION、斑块形状指数 LSI、最大斑块指数 LPI、聚集度 CONTAG 、丰富度 PR、香农多样性指数 SHDI。各景观指数及其生态意义见表 5-4。

表 5-4　景观指数及其生态意义

斑块类型水平	斑块数量 NP	斑块总数,NP≥1
	斑块密度 PD	每平方公里的斑块数,PD≥0
	连通度 COHESION	度量斑块的团聚程度,0≤COHESION<100
	斑块形状指数 LSI	度量斑块的相对于正方形的规则程度,LSI≥1
	斑块类型面积比 PLAND	某一类型斑块的面积与景观总面积之比,0≤PLAND<100
	最大斑块指数 LPI	最版斑块面积与景观总面积之比,0≤LPI<100
景观水平	斑块密度 PD	是斑块类型水平的相应指数的加和或均值
	斑块形状指数 LSI	
	最大斑块指数 LPI	
	聚集度 CONTAG	度量斑块的同种类型斑块的聚集程度,取值受类型总数及均匀度的影响,CONTAG≤100
	丰富度 PR	景观类型数,PR≥1
	香农多样性指数 SHDI	当斑块类型较多或各类型斑块所占面积比例趋于相似时,多样性高,SHDI≥0

5.2.6.2　景观格局分析尺度的确定

分析尺度指样方或取样面积大小,在本研究中即计算景观指数时采用的景观类型分布图的最小栅格所代表的地物大小。景观指数随分析尺度的变化而变化,因此,在使用这些指数时必须明确指出分析尺度。本研究通过在较大尺度范围内利用 Fragstst 3. 3 软件连续计算景观指数,得到景观指数变化图,以确定分析尺度。

在 10~100 m 范围内,依次以 10 m、20 m、30 m、50 m、70 m 和 100 m 采样间距对景观分类图重采样。然后结合前人研究,从景观水平选择对粒度变化有敏感反应的 8 个景观指数进行分析尺度分析,这些指数分别为斑块数量 NP、斑块密度 PD、平均斑块面积 AREA_MN、最大斑块指数 LPI、周长面积对数回归分维数 PAFRAC、聚集度 CONTAG、分割度指数 SPLIT、香农多样性指数 SHDI。最后使用 Fragstats 软件计算各次重采样后景观类型分布图的景观指数,得到如图 5-5 所示的景观指数变化图。

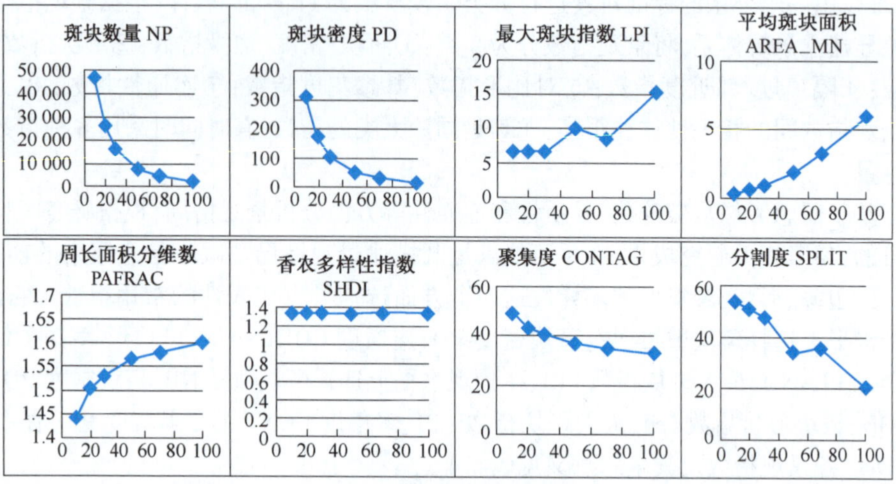

图 5-5 景观指数变化图

从图 5-5 可得，斑块数量 NP 和斑块密度 PD 的拐点为 50 m，最大斑块指数 LPI 和分割度指数 SPLIT 的拐点 30 m、50 m、70 m，周长面积对数回归分维数 PAFRAC 的拐点为 30 m，平均斑块面积 AREA_MN 和聚集度 CONTAG 有规律但无明显转折，香农多样性指数 SHDI 无变化。以景观指数随分析尺度变化的各拐点为临界值，得出研究区的最佳分析尺度域：10～30 m、30～50 m、50～70 m，然后从第一尺度域 10～30 m 中选择最佳分析尺度。

通常选择尺度域中的最大尺度作为分析尺度，但因本研究区的景观结构特点是：不同景观类型的平均斑块大小差异大；林地及水田的平均斑块和面积比均较大；水域、道路、居民点和未利用地面积比小，单个斑块小而分散。为了准确反映小斑块的景观格局特征，选择 10 m 重采样数据进行分析，同时为准确反映较大斑块的格局特征，减小斑块划分过细碎带来的误差，选择 30 m 重采样数据进行分析。另外，由于利用 Fragstats 的移动窗口法分析时，软件运算能力有限，研究区 10 m 重采样结果的行列数过大，无法导出移动窗口计算结果。通过从研究区截取的 1 km×1 km 样方，比较第一尺度域中 10 m 和 30 m 重采样数据的移动窗口计算结果，发现两者总体分布规律一致，仅在边缘处精细程度有差异，所以选择研究区的 30 m 重采样结果进行移动窗口法计算。

5.2.6.3 景观指数的计算与分析表达

利用 Fragstst3.3 软件计算景观指数。

在斑块类型水平上，定量分析每一种景观类型的格局特征。

在景观水平上，按照是否考虑空间位置差异进行两方面分析：一方面，对整个研究区计算其聚集度 CONTAG、分割度指数 SPLIT、香农多样性指数 SHDI，利用这三个数值反映研究区整体的格局特征；另一方面，为探索各局部地区景观格局特征，选择 500 m×500 m 的窗口，运用移动窗口法分析各空间位置的景观格局。

移动窗口法是将分析对象由景观整体变为每个窗口，将各窗口的景观指数赋给窗口中心栅格，从左上角开始计算，依次移动窗口至右下角，所有窗口中心栅格的值即为最终结果，如图 5-6 所示。

5.2.6.4 结果分析

在上述试验基础上，对景观格局从景观类型水平的格局特征和景观水平的格局特征两方面进行分析。

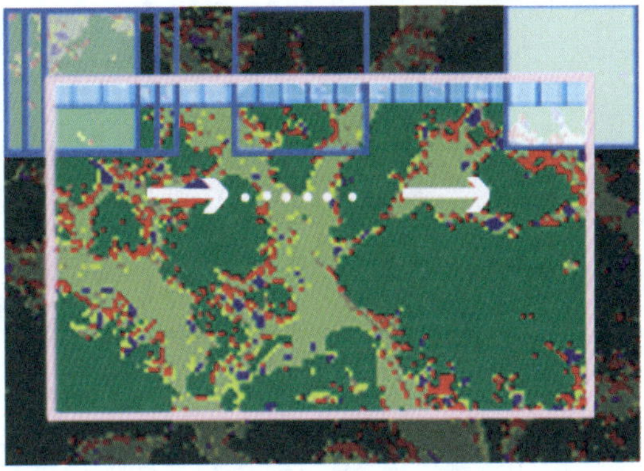
图 5-6 移动窗口法原理

1. 景观类型水平的格局特征

景观类型水平的格局特征见表 5-5 和表 5-6,各指标统计对比如图 5-7 所示。分析可知:林地的斑块数量最小但面积百分比,平均斑块面积和最大板块指数均最大,斑块的形状较规则,连通性较强;水田的各指数所反映出的格局特征与林地相似,仅在面积比、平均斑块面积等方面居其次;水域、道路、居民点和未利用地的格局特征在面积百分比、平均斑块面积和最大板块指数方面比较相近。林地、水田和水域两个尺度下的各景观指数基本一致,这是由于这些地物本身的面积大于 30 m,故受分析尺度影响很小。因为分类精度以及重采样的影响,道路连通度并未达到实际值。在 10 m 分析尺度下,居民点的斑块数和形状指数均很高,说明其形状不规则、破碎化程度高。居民点的这种无序蔓延对生态环境影响较大。未利用地的特征与居民点有很高一致性,多为居民点的未来发展用地。

表 5-5 10 m 重采样斑块类型指数统计表

	斑块数量	类型百分比(%)	斑块密度	最大斑块指数	斑块形状指数	连通性
水田	6 287	31. 23	41. 66	6. 03	105. 57	99. 31
道路	14 900	5. 76	98. 74	0. 13	156. 53	81. 32
水域	3 089	4. 95	20. 47	0. 18	61. 66	87. 97
居民点	14 226	10. 28	95. 27	0. 10	172. 38	86. 47
林地	1 902	45. 62	12. 60	6. 66	55. 65	99. 06
未利用地	6 682	2. 16	45. 28	0. 09	88. 41	74. 93

表 5-6 30 m 重采样斑块类型指数统计表

	斑块数量	类型百分比(%)	斑块密度	最大斑块指数	斑块形状指数	连通性
水田	1 845	31. 20	12. 23	6. 40	63. 91	98. 10
道路	4 309	5. 79	28. 55	0. 09	76. 80	53. 56
水域	5 255	10. 35	34. 82	0. 09	93. 41	67. 18
居民点	2 062	4. 93	13. 66	0. 21	50. 77	66. 84
林地	946	45. 56	6. 27	6. 41	42. 86	97. 47
未利用地	1 809	2. 17	11. 99	0. 12	45. 78	51. 53

2. 景观水平的格局特征

利用 Fragstats 软件计算得到景观水平的聚集度 CONTAG、丰富度 PR、仙农多样性指数 SHDI 这 3 个指标的值分别为 31. 200 3,6 和 6. 396 8,景观整体的聚集度和多样性较高。

另外,利用该 Fragstats 软件的 Moving Window 运算方法,得到如图 5-8 所示的各景观水平

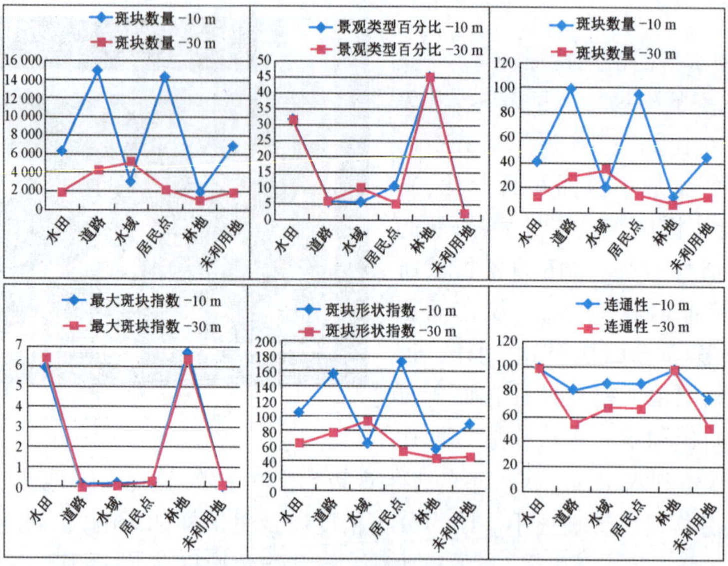

图 5-7 景观指数统计图

指数的空间分布图。综合分析各景观指数的空间分布图可知，研究区的景观格局空间差异较大，大体可以由北至南分为三段，这与当地地形以及人类活动强度有很强相关性。北部丘陵岗地地区，以林地为主，斑块密度小，最大斑块指数和斑块形状指数小，景观丰富度和多样性指数较低，蔓延度高。中部有大面积平原，村镇、水田等农用地密布，因此斑块密度、形状指数、丰富度和最大蔓延指数很高，最大形状指数和蔓延度低，表现出人工景观的格局特征。南部各指数基本居中，这一地区丘陵岗地和平原面积相当，人类活动干扰强度弱于中部地区。

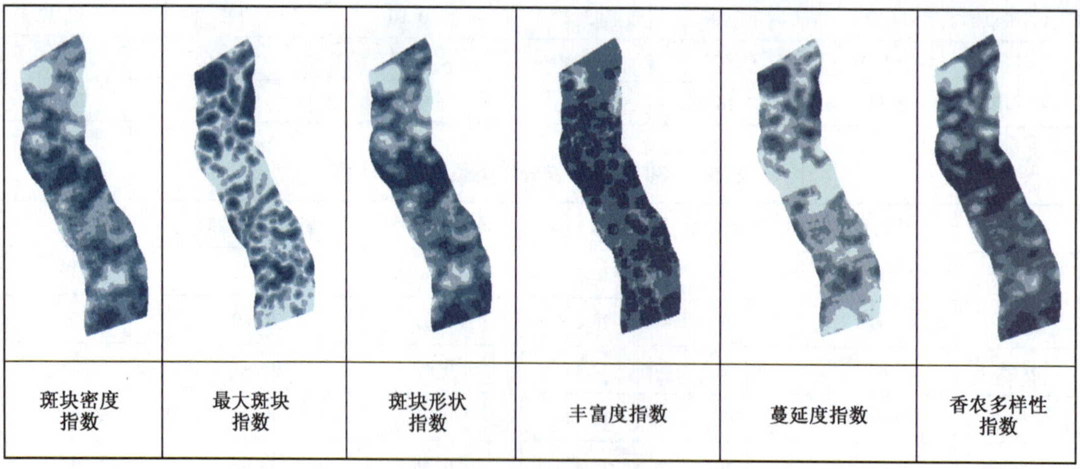

图 5-8 景观指数空间分布图

5.2.6.5 结论与讨论

利用 ALOS 等高分辨率遥感影像可以提取公路走廊带内道路、居民点、未利用地等小图斑以分析人类活动对景观格局的影响。多尺度景观格局分析法适应了研究区大、小斑块空间尺度差异大的特点。移动窗口法的结果直观反映每一空间位置的景观格局信息，可以更好满足公路选线时敏感单元空间划分的需要。

依据景观格局分析结果可知，研究区内各景观类型中，林地和水田的格局特征相似，斑块数量最小但面积百分比大，形状较规则，连通性较强；水域、道路、居民点和未利用地的格局特征相似，其中居民点和未利用地的斑块数、形状指数均很高，说明其形状不规则、破碎化程度高，这种人工用地的无序蔓延对生态环境影响较大。另外，从景观层面看，景观格局在空间上的变异受到地形的影响，丘陵岗地地区以自然大型斑块为主，平原地区多为人类活动影响下的破碎、多小型斑块。

因此，道路选线时宜顺应地形规律，而不是单纯追求经济的平直路线；道路两侧宜为沿线自然廊道的形成预留一定宽度，使道路起到自然廊道的作用，减小隔离影响；因村镇多沿道路发展，进行道路选线应考虑现存村镇的分布，实现道路以及居民点的集约发展，控制人工用地的无序蔓延。

5.2.7 三维遥感图像模型的建立

自从三维模型计算机技术出现以来，就得到了广大地学界人士强烈关注，特别是在公路、铁路选线、城市规划等行业。三维遥感模型可以使人们更加直观、形象地认识和了解地形地貌、土地覆盖特征等，有利于对土地资源、地质环境的识别。

三维遥感图像模型，是在DEM的基础上建立的，它是采用纹理映射技术，把地表纹理图像映射到地形高度场几何模型上，来模拟真实感的地表形态。所谓纹理映射就是把纹理空间的坐标系映射到多边形坐标系，将纹理图像粘贴于几何图形表面来增强图形的真实感的一种计算机技术。这种技术既能提高场景的丰富度，又不影响几何图形本身的复杂度。在映射的过程中，务必使DEM模型和纹理图像具有相同的投影方式和相同的地理坐标，这样才能使二者完全映射在一起，来逼真地模拟地貌形态。

如果数字等高线是由地形图自动识别而成或经实地测绘而成的，在生成的过程中，难免出现错误，而这些错误将导致DEM表象上伪地形的出现。为了逼近真实的地表形态，务必将错误的等高线(或其高程值)剔除，用以消除DEM的表象畸变。在由地形图自动识别成为数字等高线的过程中，识别系统有自身的搜索半径(或闭值)，当生成的短小线段(弧段)长度小于搜索半径(或闻值)时，将不被赋予正确的高程值，一般是由系统赋统一的默认零值。正是由于这些不被识别的小线段(弧段)，才导致上述错误的产生。有时由于高程值赋值发生错误，也会出现地形畸变，与实际地形不符，要特别注意此类错误。为了消除地形畸变，必将对等高线数据进行编辑查错，但并不是所有地形图上具有零高程值的等高线都是错误的，要具体地点具体分析，利用遥感图像很容易发现伪地形。

对DEM来说，可将卫星图像、航空相片和遥感解译结果以及其他矢量图等作为纹理贴到DEM上。近几年进行的西部山区公路建设研究项目中，建立了三维遥感图像模型，对土地资源、地质环境的解译和结果表示取得了较好的效果。

由于遥感数据往往比较大，特别是大范围的高分辨率遥感图像，在图形的实时显示过程中，往往由于被绘制模型的复杂度远大于图形硬件的实时绘制能力，导致难以实时显示。在Erdas Imagine的Virtualoxs模块中，采用Loo(levelordetail)技术很好地解决了显示问题。Virtual GIS模块采用LOD技术的透视手法，减少三维视景中所需显示的数据，仅当图像的内容位于观测者视域范围(Field of View)内时才被调入内存，而且远离观测者的对象比接近观测者的对象以较低的分辨率显示。同时，为了增加三维显示效果，对于地形变化较大的图像，采用较高的分辨率显示，而地形平缓的图像则以较低分辨率显示。

5.2.8 土地资源、地质环境漫游技术

通过建立虚拟漫游机制，将图形图像处理和分析的各个过程综合起来，形成一个有效的可视化研究和分析环境，具有很高的经济和社会效益。在西部山区公路建设中土地资源、环境调查等方面有重要意义，有利于分析土地资源、环境，便于决策。

景观漫游的显示可分成两类：交互式的和自动式的。前者用户利用有关知识和经验操作交互设备（如鼠标）操纵屏幕中的虚拟摄像机在二维或三维图像中定位，优点是使用灵活，可以从不同方向、不同角度，选用不同比例尺来观察调查点。后者是系统按照固定设置实现对虚拟摄像机的自动定位、自动演示，特别适合项目汇报、工程规划论证等。

5.3 基于3S的公路路域敏感土地价值单元识别

传统经济学的经济发展观念，以物质财富的增长为核心，以经济增长为主要目标，这种传统经济学发展观念的理论前提是：资源环境的供给具有无限性。但是人类无节制利用土地资源所带来的负面影响，使人类面临耕地丧失与土地退化的危机，而且这种危机已威胁到人类的生存与持续发展，传统经济学的发展观念是一种工业文明价值观，其根本缺陷就在于忽视了人类社会发展的资源基础，而仅将经济社会本身看成一个完整的系统，在这个系统中其价值观念自然就局限于产品的价值，而忽视了土地的自然价值。

可持续理念的形成与确立是建立在资源环境与经济协调发展的基础之上的，与传统经济学的经济社会系统模式不同，可持续的经济学系统是建立在资源环境基础之上的，资源环境经济系统土地价值，只有从可持续的资源环境经济系统角度去加以理解，才有可能得以准确认识。

可持续理念的土地价值决定，一方面同边际效用价值论一样强调土地对人类的功能效用，另一方面不同的是相对于边际效用价值论而言，在可持续理念下，土地价值决定不仅仅取决于人类对土地的需求和土地的产出，而且还取决于土地对人类社会的各项功能效用因素。即土地价值不仅决定于土地的经济效用，而且还决定于土地的生态效用、景观功能、社会保障功能以及代际公平等多种功能与效用。

公路建设对土地资源及其生态环境影响较大。根据可持续理念的土地价值理论，本研究公路路域敏感土地价值单元，指土地的自然属性，强调土地利用的生态效用、景观功能，选择合适的公路占地，减少对生态、景观的破坏。

土地的自然属性是由地形、地质、气候、植被、水文和土壤等要素组成的自然综合体，其性质取决于土地要素组合关系和综合特点。公路路域敏感土地价值单元主要分析调查路域地形、地质、植被、自然资源和地质灾害。

运用3S技术，对公路路域敏感土地价值单元识别研究，主要包括数据源的选取、路域遥感图像处理、公路土地覆被分类、数据转换与调整、GIS空间分析几个主要步骤。其中核心步骤是公路土地覆盖分类部分，它直接影响研究的准确度和效率。见图5-9。

结合两型社会建设区长沙至湘潭公路，研究基于3S的公路路域敏感土地价值单元识别。

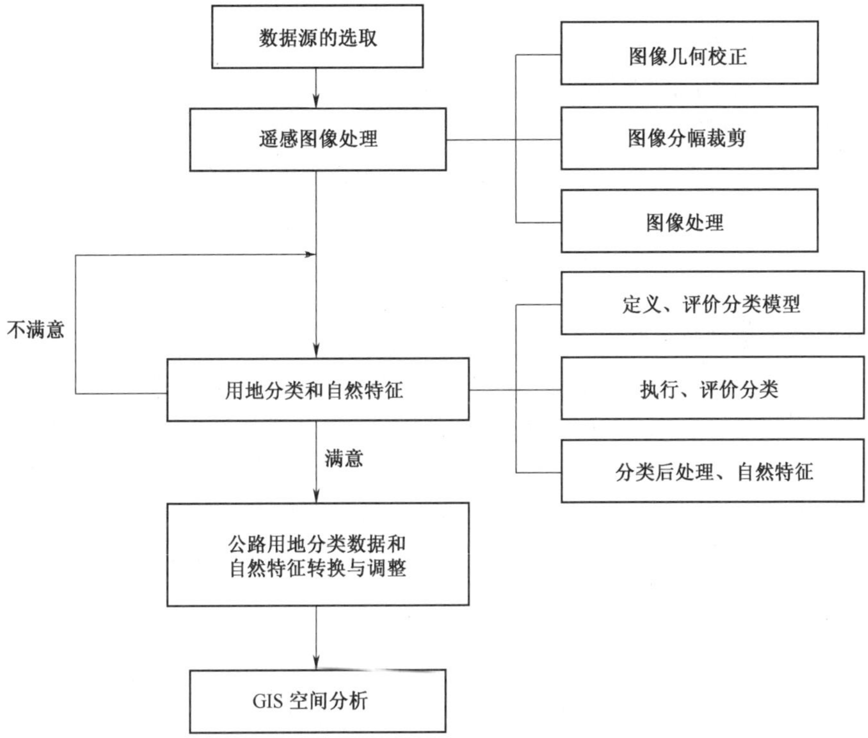

图 5-9　公路路域土地敏感类型识别研究流程

5.3.1　项目简介

5.3.1.1　项目背景

湖南省长沙至湘潭高速公路(复线)(简称长湘高速公路)是湖南省"五纵七横"高速公路网的第三纵岳阳(湘鄂界)至临武(湘粤界)高速公路的重要组成部分。路线起于望城县茶亭,北接岳阳至长沙高速公路,南止湘潭市塔岭,与在建的湘潭至衡阳西线高速公路相接。它的建设将优化和完善湖南省高速公路网,提高公路运输效率和服务水平,将为"中部崛起战略"、"泛珠三角区域合作"、"环洞庭湖经济圈"及"长株潭城市群综合配套改革"的实施提供良好的交通条件,将加强长株潭城市群和武汉城市圈两型社会综合配套改革试验区之间交通联系,促进区域社会经济发展,同时对巩固国防以及重大自然灾害和突发事件亦具有重大意义。建设项目主线全长 74. 902 km,全线按双向六车道高速公路标准建设,设计行车速度 120 km/h,路基宽度 35. 5 m。

本项目位于长株潭城市群两型社会综合配套改革试验区的核心区域,纵贯长沙市大河西先导区,沿线地区经济发达、人口稠密、土地资源短缺。

本项目作为国家和湖南省高速公路网的重要组成部分,除服从公路总体规划、满足功能外,还注意与影响区域内已建和规划的其他高速公路、地方公路、城市主干道等配合、协调;结合沿线的地形、地质、水文、筑路材料等自然条件,坚持"安全、环保、舒适、和谐、创新、节约"的原则,并贯彻落实"资源节约型、环境友好型"的设计理念。

和谐型设计要求公路在满足出行需求与安全需求的同时,更适合周边的自然环境和社会环境,更有利于自然风景、人文历史、美学因素和其他社会价值的保护;它主张灵活性设计,提倡公众参与、多学科协同、多方案比较。

坚持地区特性原则,加强“公众参与”,多与当地政府群众协调。在桥梁结构、建筑、路基防护、材料选择上充分考虑当地民情,吸取当地的文化特性,使设计更具个性,也更能为百姓所接受。在设计中注重拓宽思路,充分考虑自然风景、人文历史、美学因素和其他文化价值,在出行需求,安全需求和环境需求之间取得平衡。依据地质选线、地形选线、生态环保选线的原则选出最佳方案

5.3.1.2 地形、地貌

本项目路线走廊带位于湖南省湘北环洞庭湖东侧丘岗、丘陵区,地势总体北低南高。最高海拔海高程 203 m,最低高程 26 m,地面标高一般在 28~100 m 之间。路线近南北向展布于洞庭湖东侧及湘江两侧,以岗地、丘陵为主,夹冲洪积及湖积平地。区内发育湘江及其支流沩水、靳江河等河流。

本项目沿线地形地貌特征为构造剥蚀丘陵区 ,地形起伏大,黄海高程 70~203 m,相对高差 20~100 m,剥蚀作用强烈,山体走向受构造控制,坡度较陡,地层以板岩为主,地表水系发育。

5.3.1.3 沿线土地资源状况

根据沿线各县市土地利用规划,土地利用须保持耕地总量的动态平衡,因此,要求项目建设严格控制用地规模,特别是少占耕地,做好复垦设计,促进社会经济的持续发展。沿线土地状况见表 5-7。

表 5-7 沿线各市(县)人口、土地状况表

县市名称	人口(万人)	土地面积(km^2)	耕地面积(千公顷)	人口密度(人/km^2)
长沙市	628.8	11 819.5	3 379.05	532.00
望城县	71.11	1 361	21.33	522.48
湘潭县	115.1	2 513	753.9	454.04
湘潭市	291.64	5 006.01	818.48	582.58
湖南省	6 768.1	211 800	63 540	319.55

5.3.2 遥感图像选择及数字处理

遥感图像处理是充分发挥遥感技术的重要步骤。图像处理结果的好坏会直接影响后期图像解译的效果及各种专题制图的精度。因此,在进行遥感图像解译之前必须选择适当的图像处理方法,对原始的遥感图像进行增强处理,制作出高质量的遥感图像。

在路域敏感土地价值单元研究中,可供选择的数据源较多,如美国陆地资源卫星 Landsat 的 ETM 图像,最高分辨率 15 m,法国的 SPOT-5 卫星,图像最高分辨率 2.5 m,美国的 QuiCk-Bird-2 卫星,图像最高分辨率可达 0.61 m。对于地物识别来说,当然是分辨率越高,精度越好,但是对于一个具体的工程项目,并不是图像精度越高越好。尽管 QuikBird 的空间分辨率最高,达到了 0.61 m,但其数据价格也相当高,每平方公里约 200 元人民币,加急数据甚至更高。而 SPOT-5 的分辨率能达到 2.5 m,其价格则便宜很多,其性能价格比要大于 QuiCkBird 卫星数据。ALOS 不需要进行复杂的几何正射校正、镶嵌等,而且 ALOS 影像更加容易被分析,因此购

买 ALOS 空间分辨率 10 m 多光谱数据及 ETM 数据。

5.3.2.1　遥感图像最佳波段选择

依照“方差最大,相关性最小”的原则,通过对研究区 ETM 数据的七个波段组合的 OIF 值从大到小的顺序排列,考虑到 ETM6 几何分辨率较低(60 m),ETM7、ETM1 分属蓝光、绿光波段,受大气影响严重,且 ETM5 和 ETM7 相关性较大,及研究区地理环境的限制,因此,本次研究区的最佳 RGB 波段组合为 ETM7(R)+ETM4(G)+ETM1(B),并获得了较好的图像效果。通过与 ETM321 真彩色合成图像的对比分析表明:ETM741 彩色合成图像反映地物的有用信息更丰富,构造层次更清晰。

由表 5-8 可以看出,ALOS 的波段跨越两个区段,第 1、2、3 波段处于可见光区,能反映出地表植物色素的不同程度;第 4 波段为近红外区,获得强烈的近红外信息,且信息强弱与耕地作物生活力、地表作物叶面积指数等因子相关,对植物叶绿素的差异表现出较强的敏感性;第 5 波段是 ALOS 的全色波段,具有较高的空间分辨率,其波段范围跨可见光区。

表 5-8　ALOS 传感器波段特征

波段序号	波长范围(μm)	波段名称	地面分辨率(m)	主要应用领域
波段 1	0. 42~0. 50	蓝色	10	对水体有透射能力,能反射浅水水下特征,可区分土壤和植被、编制森林类型图、区分人造地物
波段 2	0. 52~0. 60	绿色	10	探测健康植物绿色反射率,可区分植被类型。对水体有一定的透射力
波段 3	0. 61~0. 69	红色	10	可测量植物绿色素吸收率,并依次进行植物分类,可区分人造地物类型
波段 4	0. 76~0. 89	近红外	10	测定区分植被类型,绘制水体边界,探测水中生物的含量
波段 5	0. 52~0. 77	全色	2. 5	具有较高的空间分辨率,可用于农林调查和规划、公路、城市规划和较大比例尺专题制图

直方图是影像灰度分布的直观描述,能够反映影像的信息量及分布特征。横坐标表示影像的灰度级变化,纵坐标表示影像中各个灰度级像元数占整幅影像像元数的百分比。ALOS 影像各多光谱波段影像服从或接近于正态分布,其中波段 4 有相对较大的信息量。

ALOS 各多光谱波段的标准差作为衡量图像信息量的重要指标,反映了灰度偏离灰度均值的程度,标准差越大,则灰度级分布越分散,图像中所有灰度级出现概率越趋于相等,则包含的信息量越趋于最大。经统计可以看出标准差顺序为:波段 4 >波段 1 >波段 3 >波段 2。

协方差矩阵既能反映各个分量各自取值的离散程度,又能反映不同变量之间的相关密切程度。相关矩阵也反映多维随机变量各个分量两者之间的相关密切程度,主对角线元素是 1,其他元素则是两个变量之间的相关系数——反映两个随机变量之间线性关系的密切程度。经统计,ALOS 的 4 个多光谱波段中,波段 1、2 和 3 间的相关性较显著,但波段 2 和波段 3 间的协方差较小,波段 1 与波段 2、3 间的协方差均较大,说明波段 1 与波段 2、3 在光谱信息上有很强的一致性。第 4 波段与其他波段的相关性都很低,表明波段 4 的信息有很大的独立性,在选择波段时,波段 4 是必选波段。

ALOS 遥感图像可供选择组合的波段共四个,通过分析 ALOS 影像图像特征分析,研究区的最佳 RGB 波段组合为 ALOS431,并获得了较好的图像效果。

5.3.2.2 遥感图像预处理

对于 ETM 和 ALOS 图像,无论是原始单波段还是 RGB 彩色,其色调对比度不大,灰度级较集中,遥感层次较少,色彩不丰富,明度和饱和度低,影像分辨力和解译力均很差,不适宜直接用于遥感地质解译。因此需对原始图像进行辐射增强、灰度级线性拉伸等增强处理。

1. 反差扩展(灰度变换)

其目的是使图像数据占据对用户而言是有用的灰度级范围。如果某一景物的灰度级范围局限于某一狭窄的范围内(远小于 256 个灰度级),而集中在比较窄的动态范围,致使图像反差较小,色调单一,对比度不明显,很难区分出更多的地物信息。因此,很有必要对图像进行反差扩展,从而满足遥感解译和识别地物的需要。

2. 比值/差值法

比值法是两个不同斜率波段的图像,经过配准后像元值对应相除的运算,相除以后乘以系数并取整,调到显示设备允许的动态范围。比值图像最重要的特征是增强地面特定地物的波谱特征曲线的某些特征。如果所选的波段覆盖了峰值、吸收谷及曲线形态变换处,不仅对波谱的差别有夸大作用,也增强了地物之间的微小差异。差值法也同样是增强不同地物或岩性之间的灰度值的微小差别。差值法常用于图像直方图方差较小,目标与背景反差小的信息提取。差值法的结果压缩了图像的平均背景,突出了亮度值接近的地物的波段间差值,其目的主要是根据光谱差异分出某些特定目标地物,达到增强有用信息,也可以通过差值法增强图像中的边缘信息。在解译滑坡灾害点时,为了提取滑坡体上的细微影像差别,对局部图像进行了比值处理。

3. 主成分分析

也即 K-L 变换,是在统计特征基础上的多维正交线性变换,是一种通用于多光谱通道的多元统计图像处理方法,在原始输入图像的相关性分析的基础上进行多维正交线性变换,产生一组互不相关的原始输入图像的线性组合——主分量,每一主分量比前一序列的主分量具有较小的方差和相关性,前面几个主分量(一般前三个)集中了原始图像的大量信息。这种级序排列受地物的空间分布及图像的统计特征影响。可以通过调节图像的统计特征,利用特征波段输入使方差信息得以重新分配,进而获取地物分布与丰度方面的信息。因此,通过该变换可以消除一幅多波段图像的不同波段之间存在的相关性。该方法的目的也就是把原来多波段图像中的有用信息集中到数目尽可能少的新的组合图像中,并使这些组合图像之间互不相关,即各自包含不同地物波段信息,并大大减少总的数据量,消除不同组合之间数据的重复。主成分分析通常是以牺牲一些信息为代价,来降低复杂集合的维数,或者通过 K-L 变换,舍弃一些次要参数或信息。在利用 ALOS 图像进行土地利用分类时进行了主成分变换,以提高在对图像进行分类时的解译精度,特别是对植被信息的提取。

5.3.2.3 图像融合

遥感影像数据融合是一种通过高级影像处理技术来复合多源遥感影像数据的技术,其目的是将单一传感器的多波段信息或不同类传感器所提供的信息加以综合,消除多传感器信息之间可能存在的冗余和矛盾,加以互补,降低其不确定性,减少模糊度,以增强影像中信息透明度,改善解译精度、可靠性以及解像力,形成对目标完整一致的信息描述。不同类型遥感影像之间的融合处理,必须具备 4 个条件,即:(1)融合影像数据应包括不同空间和光谱分辨率;(2)融合影像数据应是同一区域;(3)影像应精确配准;(4)在不同时间获取的影像中,其内容没有大的变化。数字融合图像的优点:(1)融合影像的地物细节和影纹结构丰富。(2)与原来的多光谱图像(ETM、ALOS 图像)相比,复合图像有更强的立体感和空间分辨力。(3)与原来的全色图像相比,复合图像有更强的光谱分辨力,图像的层次感更强。(4)融合处理后的图像,各分量间的空间信息冗余度降低,同时在原来图像上增加了全色图像的空间信息。(5)融合处理使图像上的阴影区、植被覆盖区、水体部分质量得到改善。(6)融合后的图像提供更宽的地物反射波谱特征。(7)经几何校正、镶嵌、正射校正,再经融合处理后的图像,便于与原有的地形图、地质图、物化探图件相匹配,并使其配准精度更高,从而满足中等(大)比例尺区域地质调查的要求。

常见的影像融合方法有:以像元为基础的加权融合、IHS 色彩空间变换融合、基于小波理论特征融合、基于贝叶斯法则的分类融合以及以局部直方图匹配滤波技术为基础的影像数据融合等。但是,大多数遥感图像数据融合的方法在增强空间分辨率的同时以损失原始图像的光谱分辨率为代价,即结果图像的色彩效果并不是最佳。

根据相关研究区实际情况,经过对比分析,对于 ETM 图像采用基于乘积变化的融合方法将分辨率为 30 m 的 7、4、1 波段与分辨率为 15 m 的全色波段融合成为分辨率 15 m 的多光谱图像,该方法以像元为基础,不仅提高了多光谱图像的空间分辨率,而且最大程度地保持了原多光谱图像的色彩。对于 ALOS 图像采用了基于主成分融合变换方式,将分辨率为 10 m 的多光谱图像与分辨率为 2. 5 m 的全色波段融合成为分辨率 5 m 的多光谱图像,取得了较好图像效果。如图 5-10 所示。通过融合方法的分析可以看出,主成分融合方法处理的结果无论在图像整体格局,还是在反映地物的细节方面及色调层次,都明显优于融合前。因此,主成分融合方法处理的 ALOS 图像可以作为路域敏感土地价值单元识别的基本图件。

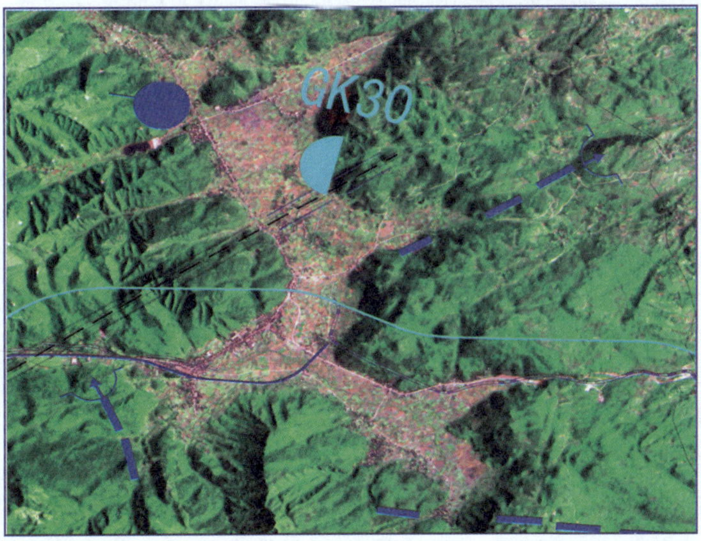

图 5-10　ALOS 2. 5 m 全色与 10 m 多光谱融合图

对于 ETM 图像和 ALOS 图像的分辨率融合均为对同一传感器的图像进行融合,图像配准的精度较高,无需进行几何校正和另外的图像配准处理。同时由于在几何校正时容易引入人为误差,所以对于此类图像的处理一般都是先进行分辨率融合,再进行几何校正或正射校正。

5.3.2.4　遥感图像精校正

在遥感成像时,由于各种因素的影响,使得遥感图像存在一定的几何畸变和辐射量的失真现象。本次研究所购买的ETM数据和ALOS数据已经过辐射量校正。因此,在图像处理中,重点是对遥感图像进行几何纠正,包括消除遥感图像的倾斜误差(几何校正)和因地形起伏引起的投影误差(正射校正)两方面。

1. 工作区ETM遥感图像几何校正

根据研究区的地形、地貌及遥感图像本身的特点等,加之二元多项式拟合是一种最基本而又极有效的几何校正方法,本次在遥感软件ERDASIMAGINE支持下,对ETM遥感图像进行几何校正时,采用了二元多项式拟合的控制点校正法。由于本地区水系发育,水位变化不大,根据地形测量所获得的水系图相对稳定,而水系在ETM图像上,非常容易识别和定位,因此在几何校正处理过程中,选择的参考文件主要是水系图,一般选择河流或冲沟的交叉点为参考点,在公路特征明显的地段选择桥位或公路交叉点作为参考点,进行校正。

2. 工作区ALOS正射校正和镶嵌

ALOS遥感图像其优点是分辨率高,覆盖面积大,但这同时也有一定的缺点,因为ALOS遥感图像投影方式为多中心投影,因此,其边缘地物变形程度大,虽然同一轨道上的相邻图像不经校正就可以拼接起来,但其坐标不准确,而相邻轨道上由于变形方向不同,若不经正射校正,难以将其镶嵌起来。

数字正射影像镶嵌是将两幅或多幅数字正射影像(它们有可能是在不同的摄影条件下获取的)拼在一起,构成一幅整体图像的技术过程。数字正射影像镶嵌与拼接是图像处理中的一个重要问题,具有广泛的应用背景。在实际工作中,工作区往往覆盖几景遥感图像,或由于购买的遥感图像由于季节或气候的原因,某些图幅的质量较差(如多云或被雪覆盖严重),因此,要对不同的图像进行镶嵌处理。镶嵌处理一般应具备三个基本条件:(1)信息丰富;(2)色调和谐;(3)镶嵌的几何精度高。为满足这些条件,最理想的做法是选择几何畸变小、图像质量高(无噪声、无云盖)、获取时间相同或相近的图像进行镶嵌。在通常条件下,这种理想的选择是难以办到的:第一,遥感图像数据(例如ALOS数据)价格昂贵,在经费有限的情况下,一般没有能力去选购时相相同或相近的高质量图像,一般采取使用现有磁带数据的办法,因而在时相和质量上基本上没有选择余地;第二,即使有能力购买相同时相的图像数据,但因某些图像云量过大或噪声太多,也不得不去选购质量较高但时相不同的图像。由于各方面条件的限制,大多数情况是对不同时相的遥感正射影像图进行镶嵌。本书研究过程中,用到的图像为ETM和LAOS图像,主要原因是其覆盖范围不同,只有将其镶嵌起来才能满足工作区范围。本次镶嵌主要采用自动镶嵌和缝合线镶嵌方法。

自动镶嵌适用范围:当两幅影像重叠区域足够大并且重叠区域的镶嵌带都在影像内的情况,可采用自动镶嵌的方法。这种方法首先确定影像的镶嵌带,根据输入的镶嵌结果带宽与影像的信息计算出镶嵌带的左(上)右(下)边界,然后计算出左(上)右(下)加权值,最后用加权值乘以各自的影像值求和即为镶嵌带的影像值。由于研究区的ETM图像完全覆盖了要镶嵌的ETM图像,因此选用了该方法对ETM图像的镶嵌,并取得了较好效果。当待镶嵌的两幅遥感正射影像的重叠区域足够大但重叠区域的镶嵌带不全在影像内时,这就要采用缝合线的镶嵌方法进行镶嵌。因为,如果采用自动镶嵌的方法,镶嵌的两幅图像没有遥感影像数据的空白区也将参加运算,这就导致镶嵌影像中有些地区影像退化,改变遥感正射影像的影像特征,最终影响遥感正射影像地图解译标和精度。该方法是通过选取镶嵌缝合线,设定一定的带宽(一般选取50~100个像元),然后以镶嵌线为中心,以镶嵌带宽为半径,同时参考影像的信息求出镶嵌带的左(上)右(下)边界,计算出左(上)右(下)加权值,最后用加权值乘以各自的影像值求和即为镶嵌带的影像值。对于本研究区的ALOS图像采用此方法进行,从处理的结果来看,没有明显的拼接缝,满足图像镶嵌的精度要求。

5.3.3 敏感土地价值单元资源调查与研究

土地自然属性是由地形、地质、气候、植被、水文和土壤等要素组成的自然综合体,其性质取决于土地要素组合关系和综合特点。公路路域敏感土地价值单元主要分析调查路域土地资源的地形、地质、植被、水文和地质灾害等要素。

利用3S遥感技术提取公路路域土地自然属性,以便于公路建设选择合适的公路占地类型,减少对生态环境的破坏。

5.3.3.1 公路走廊带用地分类

根据现行公路用地分类,考虑本研究地区土地的种类,将该区分为以下几类:①旱地(本区多为岩溶地貌,水田分布较少,暂不划分);②水体;③用材林(包括针叶林、阔叶林和针阔混交林);④经济林;⑤牧草地;⑥建设用地(宅基、城镇、公路铁路);⑦荒地。图5-11。将NDVI作为分类数据的一个波段,采用SVM分类算法对岳阳至长沙(湘潭)高速公路简家坳至塔岭段整个走廊带ALOS图像进行分类,对公路走廊带土地覆盖类型进行分类。分类数据见表5-9和表5-10。

图5-11 走廊带用地分类

表5-9 公路路域用地分类数据

目视判读 / SVM分类	林地	水田	水体	道路	居民点	裸地	样本数
林地	11 516	0	0	1	74	9	11 600
水田	0	11 612	0	263	984	181	13 040
水体	0	878	6 551	0	10	103	7 542
道路	1	93	0	1 275	57	135	1 561
居民点	0	662	0	4	1 656	292	2 614
裸地	0	178	15	48	155	903	1 299
测试样本数	11 517	13 423	6 566	1 591	2 936	1 623	37 656

表 5-10 公路路域用地分类精度

类别＼精度	制图精度	用户精度	漏分误差	错分误差	平均精度
林地	99.99	99.28	0.01	0.72	99.64
水田	86.51	89.05	13.49	10.95	87.78
水体	99.77	86.86	0.23	13.14	93.32
道路	80.14	81.68	19.86	18.32	80.91
居民点	56.40	63.35	43.60	36.65	59.88
裸地	55.64	69.52	45.36	30.48	62.58
总体精度	89%				
Kappa 系数	0.85				

5.3.3.2 地形地貌

虽然地貌单元的划分在遥感图像上可以非常容易地实现，但是在土地资源分析评价中不好量化，大多评价以地形坡度和坡向来表征地形地貌。坡度是地形地貌的一个重要描述参数之一，本书选取地形坡度和坡向来代替地形地貌作为一个重要的因子。见图 5-12。要提取研究区的坡度和坡向，需要建立研究区的 DEM 模型。本书直接利用地形图来建立数字高程模型。有了 DEM 模型，利用 MAPGIS 软件可以非常容易地提取地形坡度图。

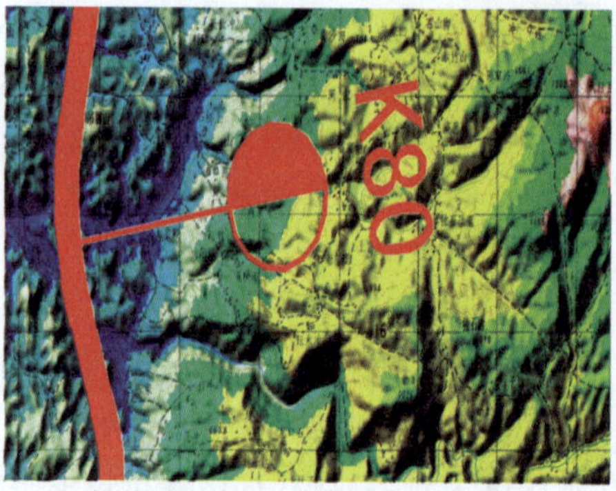

图 5-12 地形地貌

5.3.3.3 地质环境

利用 ETM 图像、ALOS 图像进行地质解译。

1. 断层

ALOS 图像、TM 图像上断裂构造的线性影像以色彩、色调、岩性地层、地貌、水系、植被等解译标志的线性异常表现出来，断裂构造在视域广，信息丰富的 ALOS、TM 卫片上具有十分优越的判读性，其展布形迹和组合类型可以真实直观地显示给视觉系统。解译人员借助地质学、遥感学等综合知识及经验，可以对构造形迹的构造样式、生成顺序、组合规律及空间展布特征进行分析。断裂常形成直线型和弧线型的影纹，表现为地貌单元和不同水系的直线型接触、影象地质单元的突然中断、断续相连的直线型河谷或山谷。有些在地表工作难以发现的隐伏构造带或变形带均可在遥感影像图上客观的反映，这样就可以加深工作区新构造和深部构造的研究程度。另外活动断裂构造在 ALOS、TM 图像上多表现为地貌单元的突变，第四系松散堆积物被切割、错开及洪积扇变形、叠置，说明第四系沉积在活动断裂带之上或第四系沉积后发生断裂活动。在详细研究断裂构造的波折、弯曲、分叉、复合及其影像特征基础上，可查明主干断裂（区域性构造）的规模、性质和时空分布。见图 5-13。

在本研究区内，由于裂隙溶洞水发育，地下水往往沿断裂面运移，反映在影像上就形成一些浅蓝色、直线状的影纹，这也有助于解译识别断层。

2. 褶皱

褶皱构造在 ALOS、TM 影像上易于识别，主要标志是：

(1)岩层对称重复出现

其在TM影像上表现为不同的色彩、色调,不同纹形的条带呈对称重复出现,虽在宽度和形态上有差别,但根据其展布的地质学意义即可判译出褶皱构造。当某岩层出露厚度较大时,其微地貌、水系类型、植被特色等遥感解译标志对称重复出现,这样随着解译标志的增加,所判译的褶皱构造的准确性便得到很大的提高,此时依据出露地层的新老关系及两翼产状来确定褶皱类型,从而识别和提取褶皱构造信息。见图5-14。

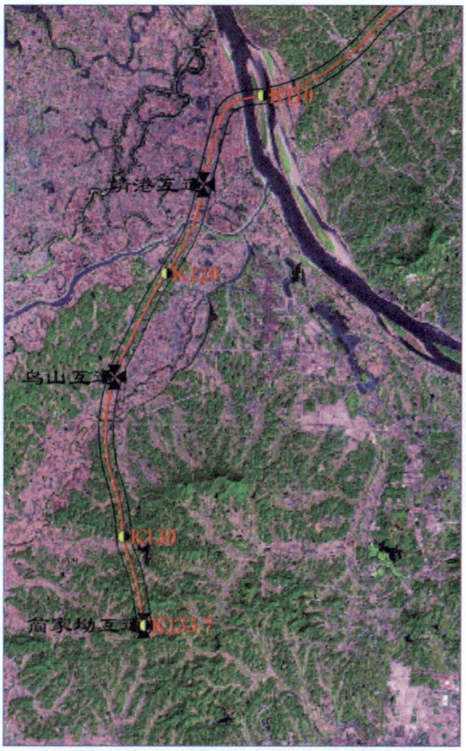

图5-13 断裂在“TM”图像上

(2)转折端影像的识别

TM图像上最易于识别的是褶皱构造转折端影像特征,在一褶皱构造中,只要两翼岩层不被断层破坏,转折端没有缺失的情况下,就会在遥感图像上识别出构造的地层发生同步弯曲的现象,解译标志体现在色彩、色调、影纹条带呈弯曲状,连续延伸,弯曲处称之为褶皱构造影像转折端。常见的影像转折端形态有尖角状、钝角状、对称状、不对称等,这些被遥感解译标志及其组合,为解译转折端提供了可能。转折端形态与两翼地层的产出可以确定褶皱类型,如尖角状转折端且两翼条带与轴线夹角大致相等,弧度小者为同斜紧闭褶皱类型,钝角状转折端且两翼地层条带与轴线夹角大致相等,弧度大者为同斜开阔褶皱类型,转折端不对称状即两翼地层影像条带宽窄不一者为斜歪褶皱类型。

图5-14 背斜在“TM”图像上

3. 地层

在“ETM”图像上,地层的影纹特征清晰,较易判别。如寒武系地层,在影像上表现为灰蓝色,表面粗糙,而白垩系地层则呈亮绿色。见图5-15。

4. 不良地质现象

在本研究区内近吉首段岩溶较发育,其次是滑坡、崩塌,利用遥感图像判释调查,可以直接按影像勾绘出范围,并确定其类别和性质。遥感数据的选择:对于不良地质现象调查,以融合后空间分辨率10 m的ALOS图像为主。

由于ALOS遥感图像分辨率为10 m,一般的滑坡和崩塌是能够识别的,面积小于50 m的崩滑体一般难以解译出来,需结合航片和野外调查来确定。

5.3.3.4 植被覆盖度

基于高分辨率遥感影像的敏感土地资源研究,利用植被覆盖度有比较成熟的算法,常采用

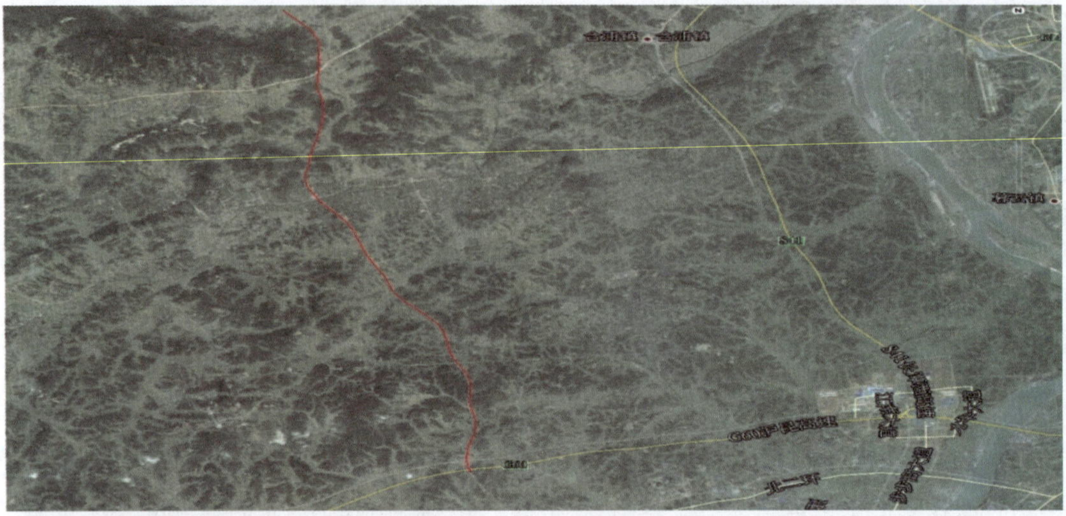

图 5-15 “ETM”图像示例

像元二分模型。见图 5-16。

5.3.4 基于 GIS 图层叠置

图 5-16 植被覆盖度图

图形叠置法由麦克哈格提出,对公路敏感土地资源的综合评价是将公路走廊带土地自然属性的现状图叠加(矿产资源图、土地利用图、自然保护区图等),从而确定选定基于土地资源保护的合适公路方案。敏感土地资源分析中的绝大多数信息都与地理位置相关,充分利用 GIS 的叠置分析、缓冲区分析等空间分析功能和处理属性数据的功能,叠置时不仅叠置图形,而且叠置与图形相关的属性数据。因此,在 GIS 环境下利用图形叠置法,可以进行分层次评价和大范围敏感土地资源分析。见图 5-17。

图 5-17 ALOS 融合图与敏感土地资源叠置图

CAD 系统以其丰富的交互设计手段、强大的设计模型可以迅速地确定路线的具体位置。

5.3.5 解译结果的虚拟现实分析

遥感卫星三维影像图(系列动画之一帧),图像分辨率 15 m,公路沿线敏感地资源是综合性很强的基础工作之一,西部地区山高路险、环境恶劣、交通不便,许多地区工作十分艰难,甚至人车无法到达。遥感图像三维虚拟现实技术的目的就是综合利用“3S”技术、遥感图像数字处理技术、虚拟现实和全数字摄影测量等高科技,通过遥感图像正射处理、多源遥感图像数据融合、高精度 DEM 生成、敏感土地资源专题图和影像复合等工序,按照一定比例尺和飞行路线生成研究区的虚拟三维影像动画系列图,以解决山区区调工作者面临的实际问题,弥补其不足。见图 5-18 和图 5-19。

图 5-18 高精度三维影像

图 5-19 三维遥感图像

高精度的三维影像动画系列图,对于宏观观察者而言,其实际效果相当于乘坐在一定高度的飞行器上进行航空路线观察;对于遥感图像解译者具体的区调工作人员而言,高精度的三维影像动画系列图提供了可供反复使用的真实、客观、信息连续的宏观分析地面景观影像。遥感图像三维可视化及影像动态分析方法为公路选线、方案比选工作开拓了新的工作思路,可以实时动态地分析拟建公路的敏感土地资源,对加快工作现代化进程具有重要意义和实用价值。

5.4 高速公路敏感土地资源选线

西部山区地形地质条件较为复杂,公路建设对土地资源影响较大。根据可持续理念的土地价值理论,研究公路路域敏感土地价值单元,是在土地的自然属性内涵范围内,强调土地利用的生态效用、景观功能,以选择合适的公路路线方案,保护敏感土地资源,减少对生态、景观和自然资源的破坏。

土地的自然属性是由地形、地质、气候、植被、水文和土壤等要素组成的自然综合体,其性质取决于土地要素组合关系和综合特点。公路路域敏感土地价值单元(敏感土地资源)主要分析调查路域地表覆盖、地形、地质、植被、自然资源和地质灾害等,保护沿线生态、景观环境。

5.4.1 敏感土地资源保护的走廊带选择

保护敏感土地资源走廊带的选择是一个综合分析过程。它是在公路起点、终点间选定一条技术上可行、经济上合理,能符合使用要求又能最大程度地保护路域敏感土地资源的公路走廊带工作。

敏感土地资源走廊带选择面对的是一个复杂的自然环境和社会经济条件,需要考虑多方面因素。敏感土地资源保护走廊带的合理性不仅直接影响工程建设规模、投资、工期、质量、抗灾防灾能力,而且影响公路的社会效益、运输效率,以及沿线经济、城镇规划、路网密度等。因此,敏感土地资源保护走廊带选择必须由粗到细,由轮廓到具体,逐步深入,分阶段、分步骤加以分析比较,以期定出最合理的方案。

5.4.1.1 *走廊带的组成要素*

走廊带的组成要素包括与几何属性有关的要素(走廊带的走向及控制点、走廊带的长度)和与物理属性有关的要素(地形地貌、土地利用、地质环境、自然保护区和环境敏感区、人文社区要素等)。

1. 走廊带的走向及控制点

路线走廊带的拟定受路网规划、社会条件、自然条件等多种因素的影响,其所必须经过或绕避的地理位置点就是控制点。按照确定控制点考虑的因素不同,可以分为经济控制点、地形控制点、地质控制点、环境控制点、城镇控制点等。将公路网规划所确定的路线起终点和控制点依次连接,就是走廊带的基本走向。走廊带控制点间有不同的连接方法,构成了路线走廊带的可能方案。走廊带方案确定后就决定了路线的大致长度、对敏感土地资源的影响程度、对经济的带动作用、施工难易程度和工程的基本造价等。

2. 走廊带的长度

走廊带的长度与工程经济性和运营经济性密切相关,必须兼顾工程经济和运营经济。走廊带的选择是一个由粗到细、由整体到局部,逐步深入,分阶段的过程。因此,随着设计深入,走廊带的宽度由宽到细，走廊带的条数也由多到少。

3. 地形地貌

西部山区地形起伏大，地貌单元多，景观资源丰富，受地形影响，经常路线方案布设较困难，同时奇特地形地貌构造成稀有的景观资源，路线方案布设不当，影响或破坏景观资源。

4. 土地利用

西部山区耕地资源稀少，一般人均耕地少，保护耕地尤显重要。因此，要实现公路建设的可持续发展，就必须调查和识别路线走廊带内的耕地资源。

5. 地质环境

山区一般地质条件复杂，地质环境脆弱，地质灾害多发，高速公路的建设不可避免会对地质环境造成破坏，处理不好还会诱发和加剧各种地质灾害，增加公路建设投资，影响工期，甚至给运营阶段带来严重的安全隐患。山区的主要不良地质地段通常包括滑坡、泥石流、岩崩、岩溶、岩堆（坡积层）、软（弱）土、膨胀土、湿陷性黄土、冻土、水害、采空区以及强震区（高地应力）等地段。在走廊带拟定和选择时，应深入进行调查研究，查明特殊地区和不良地质现象地区的分布范围、类型、规模和严重程度及其发生、发展的原因和规律。根据具体情况，提出各种可行的绕避和通过方案，做到绕有根据、治有办法，保证公路建成后畅通无阻。

6. 自然资源保护区及敏感区

公路沿线存在诸多的自然资源保护区，通常包括珍稀动植物生态保护区、湿地生态保护区、自然景观保护区、矿产资源保护区、地质公园等，这些区域自然风光优美但生态环境脆弱，动植物种类丰富，但存在很多濒临灭绝的珍稀物种。同时，山区自然环境千差万别，承受能力不尽相同。在同等冲击力作用下，通常环境越敏感的地方，环境变化越剧烈，甚至超过环境的承载能力；对于环境不敏感的地方，环境变化不剧烈，受到的影响就比较小，环境承负力也较大。因此，要实现公路建设的可持续发展，就必须调查和识别路线走廊带内的生态保护区及敏感区。

7. 人文社区要素

公路沿线的村镇、城市、居民地是路线走廊带的固有要素，路线走廊带在拟定和选择时必须征求沿线政府、居民的意见，使城镇要素成为走廊带内的有利要素，从而带动当地经济，增加社区价值，实现和谐发展。必须确定路线走廊带内的人文资源（文物古迹、民族风情区等）的位置和性质，有利于人文旅游资源的开发保护。

5.4.1.2　走廊带敏感土地资源的分析与原则

1. 敏感土地资源的分析因素

按照公路设计的目的和理念，从功能、安全、环保、美观、以人为本和可持续发展出发，主要从以下几个方面的因素对走廊带进行识别与分析。

（1）地形地质因素

复杂的地形地质情况是影响敏感土地资源保护走廊带选择的关键因素。地形的起伏、河流的走向、滑坡、泥石流等不良地质现象的位置将直接影响到走廊带的走向和公路的造价及结构物的稳定。同时，由于地形地质的内因条件，有时又组成重要的景观资源、矿产资源和地质公园、地质科研遗迹。

（2）环境因素

敏感土地资源保护走廊带选择时需要考虑的环境因素，包括自然环境保护区的数目、范围、影响区。

(3)交通效率与安全

交通效率包括走廊带与综合运输网的关系、与公路网规划的关系、交通质量的改善。交通安全则是从宏观上估计各敏感土地单元走廊带的安全水平。

(4)工程造价因素

在进行敏感土地资源走廊带选择时,对工程造价因素的考虑较为宏观,主要从工程规模等方面进行考虑。

(5)经济社会发展因素

走廊带对影响区范围的经济带动作用等。影响走廊选择的因素是多方面的,各种因素又多是互相联系和互相影响的。

2. 敏感土地资源走廊带的分析原则

走廊带的优劣关系到公路本身功能的发挥和在路网中作用的发挥。走廊带的选择受诸多因素的影响,为了妥善处理好各方面的关系,应遵循以下基本原则:

(1)重视地质、生态因素。既要注重对地质不良路段的绕避,又要减少对周边环境的影响,还要考虑路线对沿线经济的促进和拉动作用,把走廊带作为不可再生的资源,统筹规划、合理布局、近远结合、综合利用。

(2)注意处理好绕避与穿越的关系,最大程度地保护原有自然状态,其人工构造物应与周围环境、景观相协调。

(3)原有生态系统连续性原则

生态系统虽具有一定的自我维持功能,但其中任何一种成分或过程的破坏和变化,都将影响系统的稳定。因此,公路建设应尽可能保证原有生态系统的连续性,特别对一些自然保护区、湿地生态系统、野生动物保护区、水资源保护区采取相应的保护措施。

(4)路域生态系统稳定性原则

路域生态系统是个典型的人工生态系统。该系统的稳定主要受人为因素的影响。要保证路域生态系统的稳定,首先使路域生态系统与周边系统融合。

(5)走廊带的确定应考虑走廊带内各综合运输体系的分工与配合,统筹规划、近远期结合、合理布局,以充分发挥和提高公路总体综合效益。

(6)走廊带的选择应重视地区经济带格局,既促进多年形成的经济带的发展,又促进新经济带的开发。

(7)走廊带选择应兼顾工程经济和运营经济两方面的因素,既要节省工程造价,又要提高交通效率和质量,保证交通安全。

(8)走廊带选择必须充分考虑公路建设与城镇建设的关系,采取合理布局,最大程度地满足双方需求。

(9)走廊带确定和选择过程中,应充分听取公众的意见。

5.4.2 敏感土地资源保护路线走廊带选择的过程和技术手段

5.4.2.1 *走廊带选择的过程*

走廊带的拟定和选择是一个由粗到细、由整体到局部、分步骤、分阶段的过程。

(1)研究区域的确定及资料收集

利用遥感影像和地理信息系统(GIS)确定拟研究区域中对敏感土地资源影响最小的路线走廊带的大致范围,然后进行资料收集工作,包括项目研究区域内的路网规划、水文地质、经济发展、农田水利、村镇布局、地形地貌、生态环境、旅游资源、区域交通特征等资料,为生态走廊带的拟定和选择做准备。

(2)确定走廊带要素及其限制条件

分析影响生态走廊带选择的各种因素,确定路线走廊带的控制点、基本走向、走廊带的宽度和长度特征,利用3S技术,结合调查资料,对走廊带的影响要素如地表覆盖、地形、地质、植被、自然资源和地质灾害区进行识别和确定,从而确定影响路线走廊带的各种限制条件和因素。

(3)路线走廊带

根据确定的走廊带的原则,在仔细分析路线走廊带影响因素和限制条件基础上,结合GIS技术,初步拟定路线走廊带。

(4)走廊带的初步评价与选择

从资源保护、环境生态保护、地质环境因素、经济带动等方面,对走廊带进行初步的评价与优化。

(5)走廊带的详细评价与选择

从资源环境配合、交通效率与质量、工程造价、社会经济发展等方面,利用专家打分、综合评价的方法,对路线走廊带进行评价和分析,最后选出满足公路设计目标、适合布设路线方案的路线走廊带。

5.4.2.2 敏感土地资源保护走廊带选择的技术手段

最佳的路线敏感土地资源保护走廊带的选择受许多具有模糊性的、复杂的客观因素的影响,如评选方法,评选时的社会政治、经济、文化和军事等因素,同时还受评选人员的主观因素的影响。因此,建立科学、全面、实用的路线走廊带选择方法十分必要。

RS是一门通过非接触传感器获得所摄目标的影像并由影像提取各种几何和属性信息的科学技术。遥感图像客观、真实、全面地记录了地表物体的各种属性,是地貌、土壤、岩石、构造、植被、土壤、水文地质、环境、景观和人文活动等现象的综合信息库。由于图像资料的连续性好,因此,它所提供的各种信息具有较高的现实性和可利用价值,是一幅最新的实际材料极为丰富的影像土地资源图,为进行敏感土地资源保护选线提供了可靠依据,具有其他方法无可比拟的优势。

通过对高分辨率遥感图像的判释,查明路线走廊经过地区的敏感土地资源情况,并进行图像处理,结合GIS系统,绘制出数字三维地形地貌图、土地利用分类图、地质环境图、植被覆盖图、地质灾害分布图及自然资源分布图,必要时进行少量有针对性的调查工作,为路线敏感土地资源保护走廊方案研究与比选提供依据。

应用3S技术进行路线敏感土地资源走廊选择,需要考虑设计阶段的具体要求。由于各阶段工作所依据的基础资料及文件要求深度不同,具体工作方法与详略程度也有所不同。

(1)在工程预可行性研究阶段,主要是利用航天遥感技术的优势,在大面积范围内进行方案研究、论证和比选。运用遥感图像进行地形地貌、植被覆盖、地质灾害、自然资源、地质环境判释,初步进行敏感土地资源带的分区,然后现场踏勘、验证,编制1∶10 000~1∶50 000敏感土地资源略图。

(2)在工程可行性阶段遥感技术的应用以大比例尺遥感图像为主(ALOS、SPOT 等航天遥感数据),加深对土地利用、地质环境、植被覆盖、地质灾害、自然资源等内容研究工作,利用 GIS 系统,采取综合分析手段,获取所需的敏感土地资源分布资料。

(3)在初测前期阶段,遥感图像、航摄像片先于大比例尺地形图,为各相关专业提供了沿线地区的自然模型。

5.5 面向土地资源保护的公路选线评价方法

目前国内主要代表性的研究有:

(1)层次分析法:层次结构模型的建立、比较矩阵的构造方法及编程实现,更加方便地重构成对比较矩阵进行路线方案的比选,增强其实用性。应用层次分析法评价林区公路路线方案是切实可行的,进一步验证了该法具有很好的实用性,其结果具有一定的客观性和科学性。

(2)多目标综合评价方法:采用经济评价结果、环境影响评估结果、路线通过县和市的个数及总人口、方案通过地区现有经济强度和方案所需投资总额 6 个方面的评价指标,建立了一种多目标综合评价方法。

(3)模糊优选模型:运用模糊数学方法,在采用 AHP 法构造优选系统的综合评价指标体系的基础上运用多目标决策模糊集理论,将方案优选视为多目标决策模糊优化问题,建立模糊优选模型。陈继光应用模糊一致矩阵的概念建立多因素、多层次决策方案的优选,利用优先关系系数来描述方案间的优劣,在大量定性因素与定量因素并存的决策中成功地避开了隶属度确定问题,在对基于 GIS 技术的公路选线实例方案进行优选,取得理想效果。范颖玲利用模糊 AHP 法来确定城市交通环境影响评价中个聚类指标权重,有效地将广义城市交通环境影响评价中复杂的权重问题分解、判断、综合,从而建立多级灰色聚类综合评价模型。

采用层析分析法对多目标问题进行影响因素分析,而传统的层次分析法多是在评价方案中给系统打分。

目前我国还没有较为完善的路线方案评价体系,大部分路线方案评价理论都是基于某一侧重因素,结合一定的评价方法进行探讨的。主要存在以下几个方面的问题:

(1)评价体系多针对影响路线方案决策的某一因素所建立,不能够全面反映路线方案评价影响因素和评价要求。相对于路线方案评价来说,评价体系不够完整,选取的评价指标较为片面。

(2)评价方法多为较单一的传统方法,而路线方案评价是一个更为复杂的系统,需要用系统理论进行指导和评价。

(3)在评价标准方面,定性评价标准较多,而定量评价标准较少,没有给出较为全面的标准。

为公路选线方案评价建立评价指标体系,评价指标应能反映公路设计中必须考虑的因素,同时有利于对自然环境最大限度地保护。指标选取遵循系统性、目标性、可操作性、代表性和简洁性的原则,以体现评价的准确性与有效性,指导路线方案选择。

针对公路保护自然环境的选线设计,通过设计调查、专家咨询并结合规范要求,筛选出 10 项设计评价指标,确定指标的等级标准;应用物元理论和层次分析法建立评价模型,对待评方案进行分析评价。

5.5.1 评价指标体系的建立

土地资源综合评价指标体系是公路选线的基础,准确地选择指标才能够真实反映公路选线时所需要考虑的关键要素,对节约土地资源,促进环境、经济协调发展有着重要的指导意义。

公路专家在进行公路选线时需要对各类土地资源进行评价,均采用了某些评价指标,这些评价指标有的已比较完整和成熟,但没有对综合评价指标进行系统的收集整理,变为公路设计专家及相关研究人员、土地资源管理人员的共享知识。随着两型社会的发展,土地资源保护的理念的加强,公路与环境协调发展研究的不断深入,遥感空间信息技术以及计算机新技术方法间渗透程度的加深,公路专家除了熟知本专业外,还需要了解其他专业知识,以便提升公路选线的可视化、智能化与科学合理化的水平。鉴于此,有必要研究土地资源评价的各类指标并加以整理归纳,使之系统化。

公路选线时需要对土地资源进行综合评价,从科学性、客观性、实用性、全局性以及可操作性等方面考虑。本研究将对以下5部分内容进行整理,提出适用公路选线的土地资源综合评价的一套指标体系。这套指标体系可用于公路选线时进行土地资源综合评价的一系列指标的集合,具体指标见图5-20和表5-11。

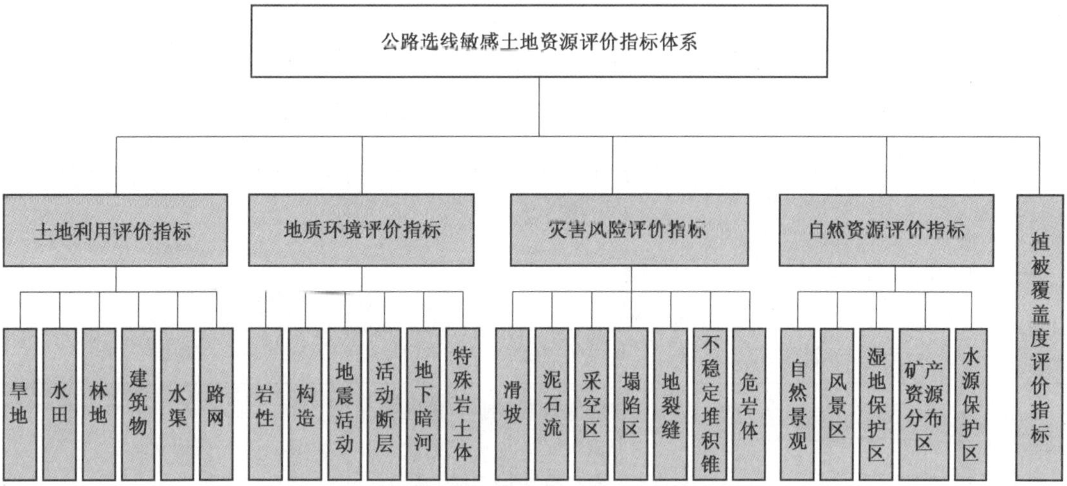

图5-20 公路选线的土地资源综合评价指标体系

表5-11 公路选线敏感土地资源评价指标体系分类

一级指标及编号	二级指标及编号	指标说明	数据来源
1 土地利用评价指标	11 旱地	包括园地	遥感分类+判读+地面调查
	12 水田		遥感分类+判读+地面调查
	13 林地		遥感分类+判读+地面调查
	14 建设用地	包括特大水利设施,如大坝交通,用地、厂房、工业用地、居民点	遥感分类+判读+地面调查
	15 水体	河流、水库,水渠等	遥感分类+判读+地面调查
	16		遥感分类+判读

续上表

一级指标及编号	二级指标及编号	指标说明	数据来源
	城镇规划用地		
2 地质环境评价指标	21 岩性		遥感、勘察、监测等
	22 构造		判读+地面调查+地面调查
	23 地震活动		地震资料+地面调查
	24 活动断层		判读+地面调查
	25 地下暗河	包括地表水和地下水水文特征	判读+地面调查
	26 特殊岩土体		判读
3 灾害风险评价指标	31 斜坡地质灾害	滑坡、泥石流、不稳定堆积锥、危岩体	遥感识别、勘察或资料等
	32 地面形变	采空区、塌陷区、地裂缝	遥感识别、勘察或资料等
	33 海岸带灾害	沙坝、潮汐	遥感识别、勘察或资料等
	34 河流	岸崩、管涌、冲刷	遥感识别、勘察或资料等
			遥感识别、勘察或资料等
			遥感识别、勘察或资料等
			遥感识别、勘察或资料等
4 自然资源评价指标	31 风景名胜保护区		资料
	32 湿地保护区		资料
	33 矿产资源分布区		资料
	34 水源保护区		资料
5 植被覆盖度评价指标		只对丘陵和平原地区(湖区因植被覆盖度低,可不考虑)绿度、植被指数、郁闭度	遥感分类

(1)区域城镇现状布局与规划评价指标

公路拟建项目的关系应与区域内的城镇有效衔接,在保证路线总体走向的前提下,尽可能方便沿线城镇,以促进区域社会经济发展,提高选线项目的效益。

(2)自然资源保护评价指标(evaluation of natural resources indice)

主要包括对路线经过区域的自然景观、风景区、湿地保护区、矿产资源分布区、水源保护区。自然资源的数量和质量及其评价自然资源的地理分布特点。

(3)土地利用评价指标

土地利用类型指的是土地利用方式相同的土地资源单元,是根据土地利用的地域差异划分的,是反映土地用途、性质及其分布规律的基本地域单位。在评价指标选取上主要指公路选线时对敏感土地利用类型需要进行避让的土地类型,包括旱地、水田、林地、建筑物、水渠、路网。

(4)地质环境评价指标

地质环境(geologic environment)是自然环境的一种,指由岩石圈、水圈和大气圈组成的环境系统。本研究主要涉及岩性、构造、地震活动、活动断层、地下暗河、特殊岩土体。地质构造,决定地基及路基附近岩层的稳定性,确定有无滑坍、碎落和崩坍的可能,同时也决定土石方工程施工难易和筑路材料的质量。水文状况决定了排水结构物的数量和大小,水文地质情况决定了含水层的厚度和位置等。根据构造和岩性可以了解地下水的分布,从而避让地下水分布区域。

此外,还应该考虑灾害风险评价指标,包括对公路工程可能造成影响的滑坡、泥石流、采空区、塌陷区、地裂缝、不稳定堆积锥、危岩体。

(5)气候评价因子

冰冻线(600 m 海拔以上,季节性,12 月~次年 2 月);雾线(季节性——春季、雨季);降雨量(暴雨、暴雷区——分布在山区);峡谷风(受季节影响)。

(6)植被覆盖度(vegetation coverage)

植被覆盖度是指植被(包括叶、茎、枝)在单位面积内植被的垂直投影面积所占百分比,是植物群落覆盖地表状况的一个综合量化指标,是描述植被群落及生态系统的重要参数。植被覆盖及其变化是区域生态系统环境变化的重要指示,对水文、生态、全球变化等都具有重要意义。而植被覆盖度是衡量地表植被状况的一个最重要的指标,同时,它又是影响土壤侵蚀与水土流失的主要因子。植被覆盖度的高低是公路建设中涉及到征地赔偿的一个重要因子。因此,在本评价体系中将其列为评价指标。

5.5.2 公路选线土地资源评价指标权重的确定

通过对上述土地资源评价指标体系的定量化,建立土地资源保护的公路选线方案综合评价的指标权重。在确定权数时,可以考虑采用主观赋权法中的一种——德尔菲法,又称专家法。其特点在于集中专家的经验与意见,确定各指标的权数,并在不断地反馈和修改中得到比较满意的结果。基本步骤如下:

(1)选择专家。一般情况下,选本专业领域中既有实际工作经验又有较深理论修养的专家 5~10 人左右,在公路设计方面具有权威的教授、研究人员等。这一步相当重要,因为专家选得好不好将直接影响到结果的准确性。

(2)将待定权数的多个指标和有关资料以及统一的确定权数的规则发给选定的各位专家,请他们独立给出各指标的权数值。

(3)回收结果并计算各指标权数的均值和标准差。

重复第(2)和(3)步,直至各指标的权数与其均值的离差不超过预先给定的标准为止,也即各专家的意见基本趋于一致。

5.5.3 基于土地资源保护的公路选线综合评价方法

由于综合评价涉及众多要素,GIS 技术拥有强大的空间分析能力,采用 GIS 手段将多个评价指标的属性和空间特征建立综合敏感土地资源的评价分析模型。

基于土地资源保护的公路选线方案的优劣往往不是一个单纯的数学公式可以实现的,基于土地资源保护的公路选线方案,更需要在对整个研究区域大范围的基本地形地面、地质环境信息、周边的土地利用情况、矿区开采情况等全面掌握的基础上，综合考虑相关因素的属性特征和空间特征，需要借助 GIS 等先进技术，实现综合评价，把土地资源的社会效益和环境影响纳入到评价指标体系中。因此，可以用模糊综合评判法、灰色聚类综合评价模型、层次分析法(AHP)、人工神经网络法、多目标综合评价方法等。

总结近年来国内的相关研究成果，应用较广的评价方法主要有以下几种：

1. 模糊综合评判法

模糊综合评判法是以模糊数学为基础，对多种属性的事物或总体优劣可能受多种因素影响作出一个能合理综合这些所有因素的总体评判。模糊集合的概念由 L. A. Zadeh 首次提出，并以此为基础发展成了模糊数学。模糊逻辑是精确处理不精确不完全信息的一种方法，它的最大特点就是用它可以比较自然地处理人类思维的主动性及模糊性，并对这些因素进行分析、综合，给出一个合理的评价。原理是按某一个特定的标准对对象中一个因素进行评价，称为单一评价，而从众多的单一评价中获得整体评价某个对象，又称为综合评价。在实际运用中，评价对象往往由于各种不确定因素的影响，所以模糊性是非常重要的，由此产生了模糊综合评价。20 世纪 80 年代初汪培庄提出了综合评判模型，现在综合评判模型广泛应用于国民经济和工农业生产的多个领域。

在各种综合评价应用中，模糊数学理论为研究和处理具有双重不确定性的事物提供了一个新的方法，并且在许多公路环境分析评价中已成功地应用，用参数间的模糊关系替代数学假设基础上求出的解析关系就是其核心。模糊的二级综合评判法就是按几类将全部参评因素集合 U 按某种属性分类，先对每一类进行综合评判，然后对评判结果分别进行“类”之间的高层次的综合评判，这样就可以划分实际的理论依据。

2. 人工神经网络法

人工神经网络(Artificial Neural Networks, ANN)是最近几年来发展起来的模拟人脑生物过程的人工智能技术。人工神经网络有以下几个特点：(1)它是一种大规模并行的非线性动力系统，其中有大量可供调节的参数；(2)有高度并行的处理机制，且具有很强的高速运算能力；(3)有高度分散的存贮方式，具有全息联想的特征；(4)有高度灵活可变的拓扑结构，适应能力强的特点；(5)具有高度冗余的组织方式，有很好的坚韧性；(6)具有高度的非线性运算，具有自学习、自组织的潜力的能力；(7)高度的集体协同计算，模拟处理与数字处理并存。

3. 灰色关联分析法

是综合多种因子的结果。不同环境因子的作用方式和影响程度有很大的差异，其中有的因子可以明确判断度量，而有些因子则不能完全确定，或是模糊不清的，这就形成了一个总体上的灰色系统。灰色关联分析的基本原理和方法是：首先用均值化方法把原始数据做无量纲化处理，得到一个均值化矩阵，然后再计算主导因子序列与各关联因子序列相互比较的绝对差值，并找出最大绝对差值和最小绝对差值，最后得以计算出主导因子与关联因子间的关联度。以每个主导因子的两个关联度的平均值作为主导因子的关联度，然后分别求得潜在条件和历史条件各关联因子的关联度之和，再分别用潜在条件和历史条件各关联因子的关联度与之相除就得到相应各关联因子的权重值。如刘希林运用该方法确定评价各个因子权重后建立的评价模型：

$$R = \sum G_i D_i \tag{1-1}$$

式中　G_i——赋予评价因子的值；

D_i——因子权重，在实际中该模型得到了较广泛的应用，是属于比较成熟的模型。

在对公路选线方案进行评价时，先用灰色关联度的计算结果确定所选用各因子的权重值，然后建立相应的评价模型。灰色系统理论中的分析各个因子的关联度是确定主次因子之间关系密切程度的一种方法，通过关联度分析，可以确定出哪些因子是主要因子，哪些因子是不重要的可以剔除的。关联度分析是比较对一个发展变化系统的状态和趋势的定量化，计算量小，量化结果可靠。

随着信息技术的发展，以 ArcGIS 为平台，将研究区的地形图数据和所选其他因子数据通过 Arctin 建立 tin 模型，并将 tin 转换为多边形矢量数据。将所得各数据通过变换将其转换为具有统一比例尺、统一分辨率、统一投影、统一行列数的栅格阵列，每一栅格就是一个分析单元。用统一的地理坐标、统一的转换方法后，实际位置对不同栅格数据相对具有良好的空间重合性，既可以满足栅格单元空间逻辑代数运算的要求，也满足评价预测和查询的要求。由于评价各指标间的量纲不统一，因此还要对其各类指标进行无量纲化和分级。在 ArcGIS 平台上，利用 grid 模块中的 reclass 函数，进行重新分类对处理后的数据。通过对泥石流各类指标分析影响程度，赋予它们不同的权重。最后对各种因子在统一的空间框架中，通过空间叠加分析运算，属性项合并，便可得到所研究区域的评价图。

5.5.4　公路选线土地资源综合评价步骤

1. 确定和划分研究范围

所确定研究范围须界线清楚、经济且满足路线方案研究和敏感土地资源评价要求。总之，研究区域应覆盖下列范围：

(1)规划路线所经过的走廊带，同时也应包涵可能比选方案所经过的区域；

(2)路线走廊带周围可能影响环境的所有区域。

2. 根据专题地图，确定、描述和评价公路与资源环境的关系及影响模式

在进行资源环境协调性研究过程中，必须收集详尽的规划公路相关信息并确定其对环境可能产生的影响。在研究过程中，不仅应考虑公路建设期对环境的影响，还应该考虑运营期对环境所产生的长期影响。

在这个阶段，由于要确定、描述和评价研究区域内公路与环境的关系及影响模式，因此需要多学科领域的专家进行协作。地理信息系统可以将环境信息通过专题地图展示出来，为专家科学的确定、描述和评价提供了有效的平台。在建立专题地图时，必须考虑以下四个方面的因素：

(1)强调保护的理念，涵盖所有值得保护的区域和资源信息；

(2)调查资源环境的敏感性，并定量化；

(3)调查土地用途，并加以区分；

(4)现有土地的利用情况及土地规划。

3. 按对资源环境的影响权重对专题地图进行叠加，以寻找对环境影响相对较小的路线走廊

在以上专题地图的基础上，综合考虑环境敏感性的专题地图，就可以利用 GIS 的空间分析功能建立起来。建立的途径是，首先确定每个专题地图所代表的环境要素在最终评价体系中

的权重，然后按权重对专题地图叠加，从而得到反映资源环境敏感性的决策图，找出对资源环境影响相对较小的路线走廊。

4. 在对资源环境影响最小的走廊带里设计可行的路线方案

确定环境影响最小的走廊带后，利用公路 CAD 软件设计可行的路线方案。

5. 对各路线方案的优缺点进行评估

资源环境协调性研究的最后一步是对可行的路线方案进行比选，最终确定与环境协调性最好的路线。应考虑以下因素：

(1)评估和描述路线对邻近地区的影响；

(2)评价对资源环境的破坏性影响；

(3)提出改善对资源环境负面影响的措施；

(4)评估对已存在的负面影响改善措施的效果。

但在一些情况下，与资源环境最协调的方案，不一定是满足公路使用功能最好的方案，需要根据实际情况进行取舍和调整。

5.6 基于 3S 的公路辅助选线系统实现技术

5.6.1 公路选线中土地资源评价选线系统

随着交通运输业的快速发展，高速公路建设与土地资源节约及环境保护之间的矛盾非常突出。因而资源节约型和环境友好型设计是高速公路设计的必然需求。传统的人工道路选线设计方法需要有经验的工程师反复地比较各种因素考虑，因而需要耗费大量的人力物力。随着空间技术、信息技术、计算机技术的快速发展，3S 技术（遥感（Remote Sensing，RS）、地理信息系统（Geogrphic Information System，GIS）和全球定位系统（Global Positioning System，GPS））日渐成熟，基于土地资源保护的 3S 公路辅助选线系统研发的目的是将 3S 技术及三维可视化技术集成于公路辅助选线系统，提高土地资源保护各种数据的获取速度和对其综合分析的能力，完成基于土地资源保护的复杂选线评价工作并直观展示选线结果，提高基于土地资源保护路线选线的效率与科学性。系统主要功能包括图像拼接处理模块、遥感影像处理与分类子系统、系统管理维护子系统、资源数据处理与分析子系统、空间数据管理与分析子系统、路线走廊带选择与评价、三维(3D)浏览子系统和成果输出模块八个部分，可辅助支持公路选线过程中数据处理、路线生成、路线评价及结果三维展示整个过程。以京珠复线长沙至湘潭高速公路资源节约型和环境友好型示范工程为案例，结果表明，“基于土地资源保护的 3S 公路辅助选线系统”可有效地辅助高速公路的选线工作，较传统的人工方式能大大提高工作效率和选线工作的科学性。

基于土地资源保护的 3S 公路辅助选线系统的架构如图 5-21 所示。系统由系统管理维护子系统、图像处理子系统、图像分类子系统、资源数据预处理子系统、空间数据管理与分析子系统、路线走廊带选择与评价子系统、3D 浏览子系统构成。系统管理维护子系统负责系统的设置与管理，包括用户信息管理、用户权限管理与日志管理三个子模块。图像处理与图像分类子系统基于遥感技术，对遥感图像进行处理与分类，集成了常用的遥感数据与信息提取工具。资源数据预处理子系统包括栅格数据预处理工具、矢量化工具和分析工具。预处理工具包括栅格数据导入、预览、多边形裁剪、输入控制点坐标、手动图像移动功能及多幅图像拼接批处理功能。矢量化工具包括面、线和点类型数据生成工具。分析工具指矢量化后矢量属性计算与描述,其中多边形面积、线段长度为自动计算,其他属性为手动输入。空间数据分析工具提供通用 GIS 分析功能,如点选查询等。路线走廊带选择与评价子系统包括线路管理、指标数据获取和路线方案评价三个主要工具。3D 浏览子系统主要实现三维场景浏览,包括数据导入、场景控制和飞行浏览三个主要子模块。

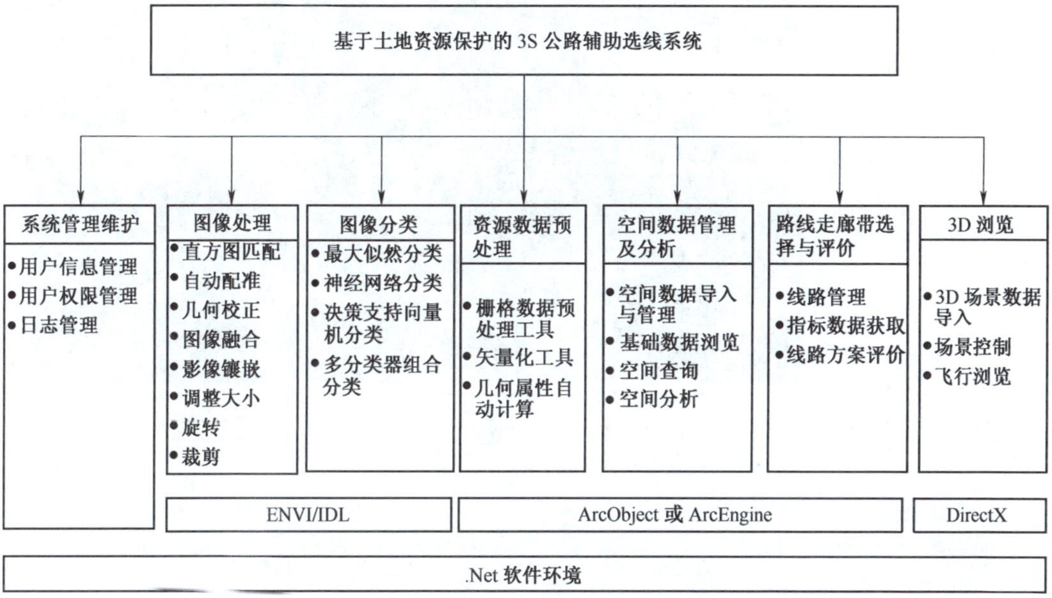

图 5-21 基于土地资源保护的 3S 公路辅助选线系统架构

5.6.1.1 系统界面设计

系统主界面采用 Ribbon 风格设计,如图 5-22 和图 5-23 所示。Ribbon 风格界面较传统的 Window 程序经典界面更加简洁,能够把经常使用的命令设置在直观和易于找到位置。界面上半部分为菜单栏,各功能模块对应于不同的 Ribbon 菜单项。功能则由 Ribbon 按钮来激活。每个按钮都显示图标和标题,有利于用户识别。图 5-24~图 5-33 分别为各功能菜单。

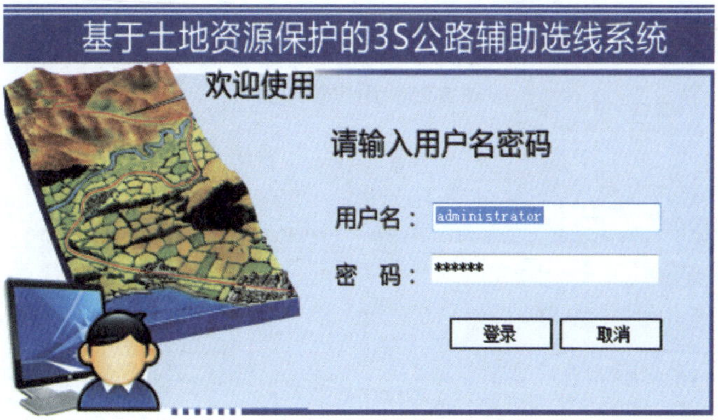

图 5-22 系统界面

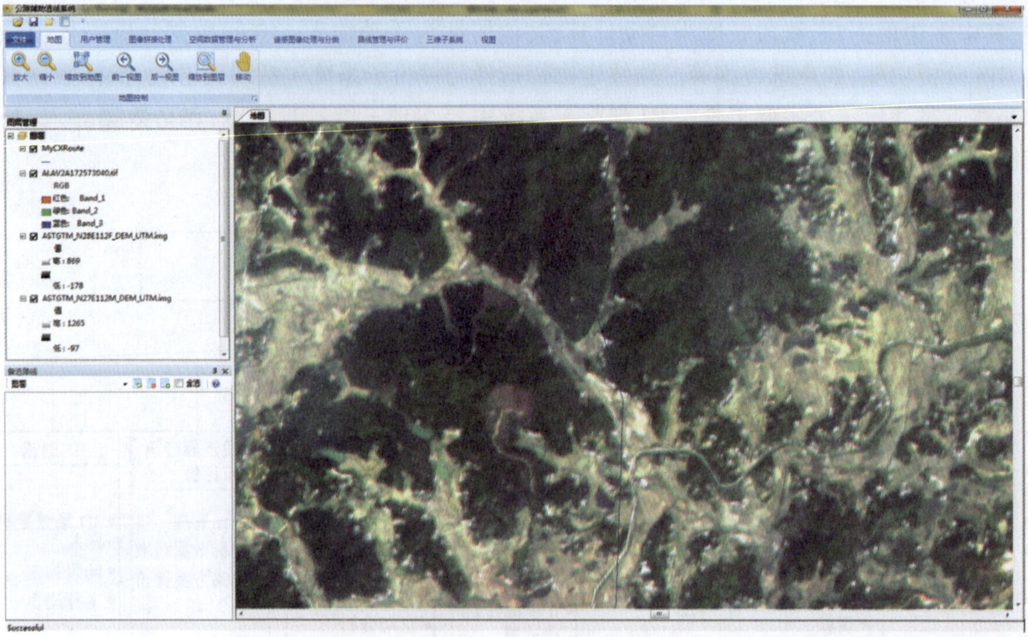

图 5-23　系统主界面

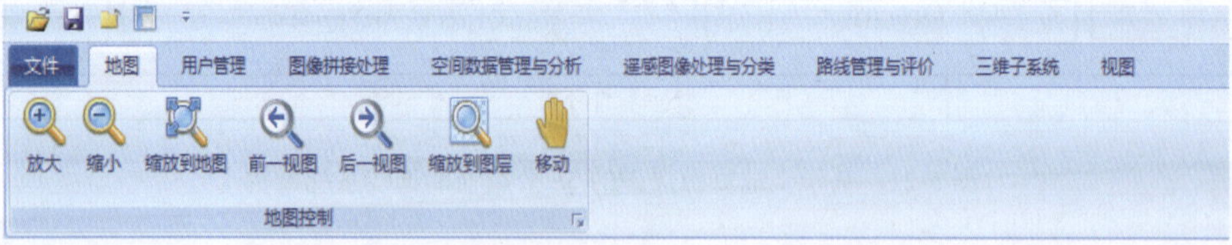

图 5-24　地图控制面板

图 5-25　用户管理面板

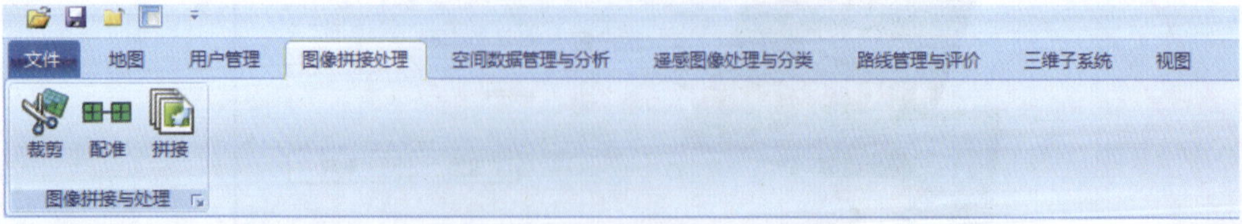

图 5-26　图像拼接与处理面板

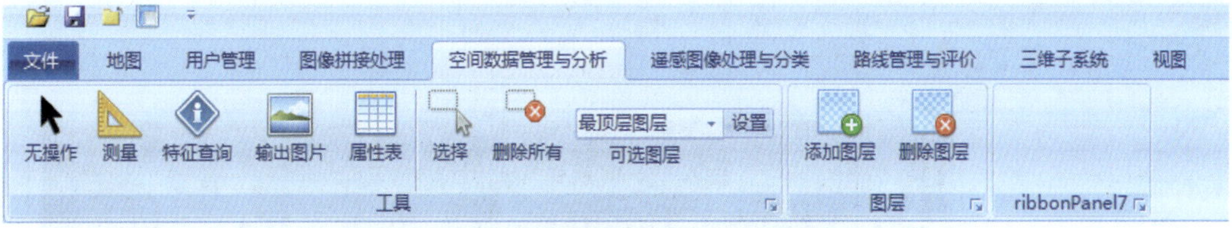

图 5-27 空间数据管理与分析面板

图 5-28 遥感图像处理与分类面板

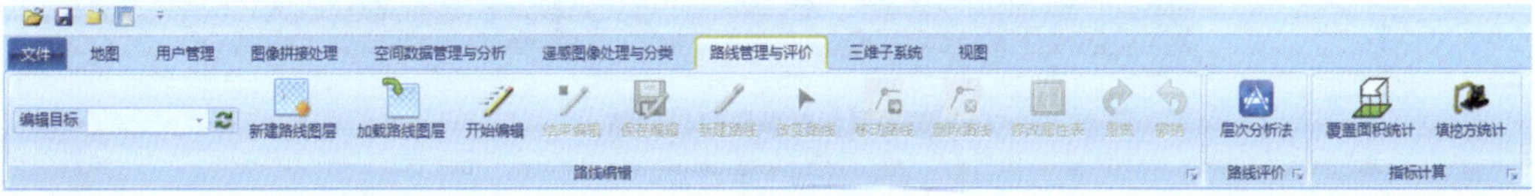

图 5-29 路线管理与评价

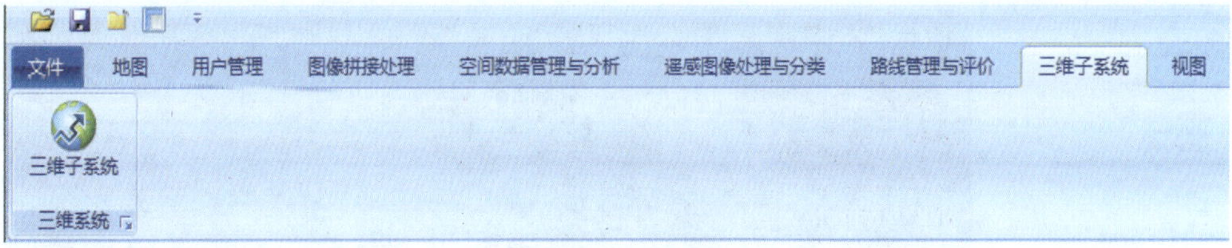

图 5-30 三维子系统面板

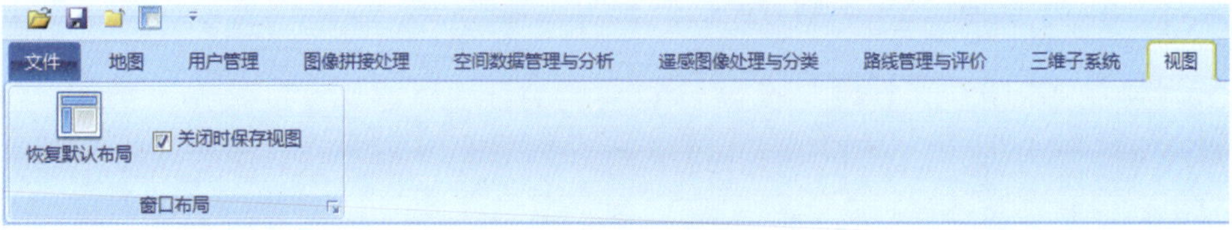

图 5-31 视图控制面板

用户窗体由可停靠窗体构成。用户可按下子窗体标题拖动到适当位置。图 5-32 显示了窗口可停靠位置，分别表示为主窗体上部、主窗体右面及目标窗体的五个方位（目标窗体的上、下、左、右及与目标窗体平行）。图 5-33 显示了一个拖动子窗体实现停靠的案例。其中 5-33(a) 为将鼠标移示意位置时窗口停靠预览效果。窗口停靠预览效果由一个半透明蓝色矩形显示。当释放鼠标后，窗口将被停靠到指定位置，如图 5-33(b)所示。

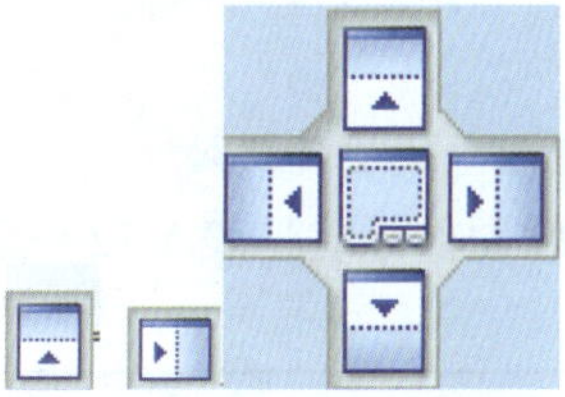

图 5-32 窗口可停靠位置

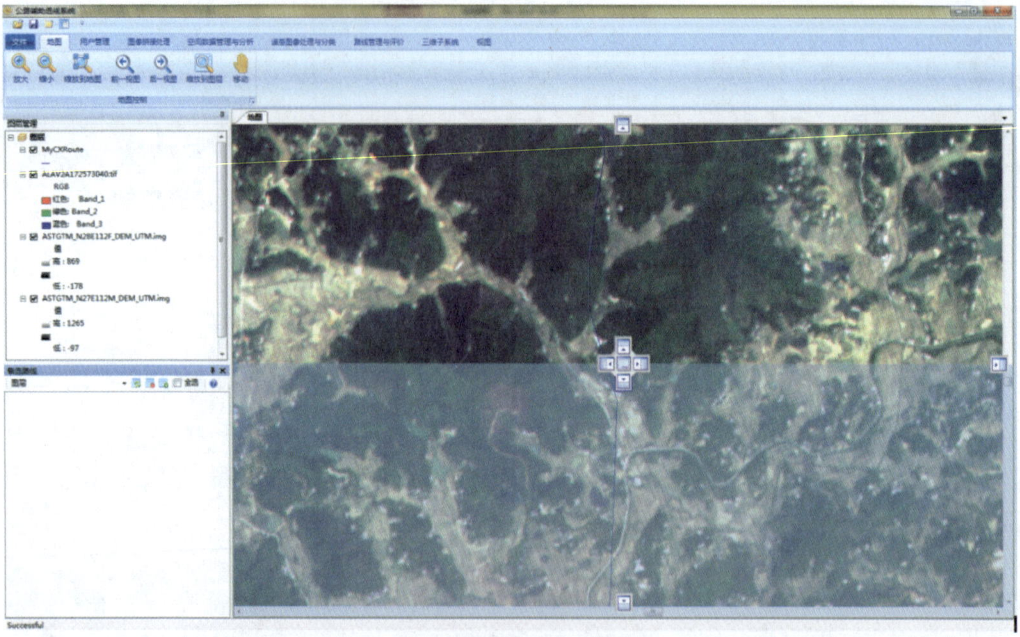

（a）拖动鼠标时预览窗口停靠

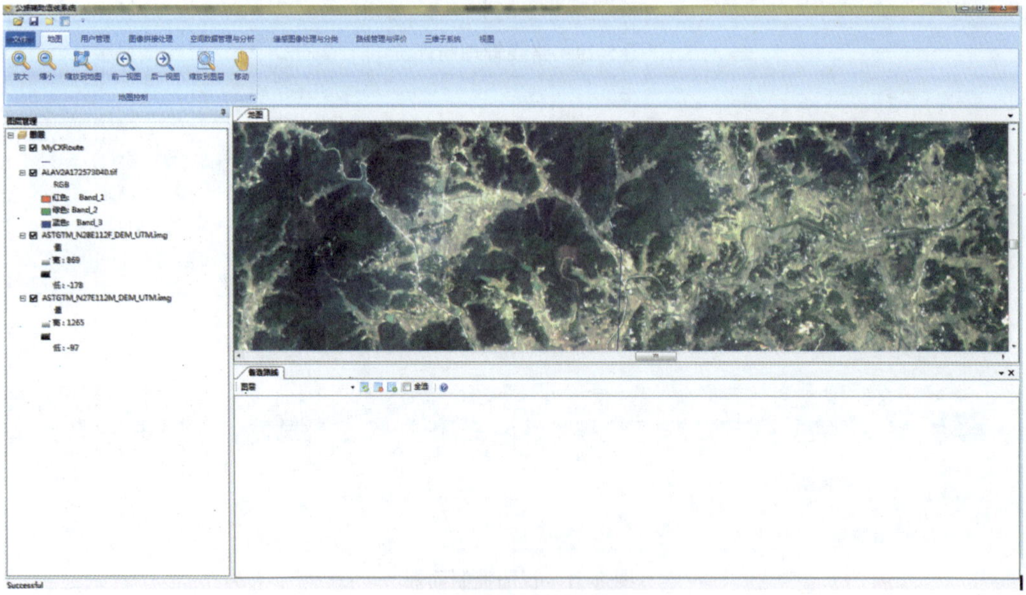

（b）释放鼠标后停靠效果

图 5-33　可停靠系统界面布局

5.6.1.2　软硬件环境

软硬件环境见表 5-12～表 5-14。

表 5-12　操作系统

编号	软 件 配 置	应用说明	备注
1	Windows XP/Vista/ windows 7 with	系统客户端	—
2	Microsoft . NET Framework 4	运行环境	

表 5-13 数据库平台

编号	软 件 配 置	应用说明	备注
1	Microsoft Access	用户信息数据库	2010
2	Arc Engine 10 或 Arc Desktop	业务系统客户端组件	运行时,扩展许可

表 5-14 GIS 操作平台

编号	配 置 参 数	型号	备注
1	处理器数量	无特殊要求	推荐双核
2	处理器主频	3.2 GHz 以上	3.2 GHz 以上
3	随机存储器容量	1 GB 以上	推荐 2 GB

5.6.1.3 输入/输出要求

以下参考基于卫星遥感技术的公路选线系统设计。设计单位可以根据自己的需求,选择和准备以下数据。

(1)提供 DEM 数据,可以根据自己的需要选择合适精度的 DEM。

(2)1∶10 000 或者 1∶50 000 的地形图。

(3)卫星影像数据,包括目前主流的 INKNOS、QUIKBORD、SPOT、P5 等卫星影像数据,可以是 GEOTIFF、TIFFWORD 等格式数据。

5.6.1.4 软件功能

1. 选线模块

(1)影像界面

①支持多种格式的卫星影像。如当前的主流高分辨率卫星影像:IKNOS、快鸟、SPOT5 等影像,并具备能从该影像提供的轨道参数来读取坐标的功能。

②支持主流的地理编码影响格式,如:GEOTIFF TIFFWORD。

③一般线路都比较长,数据量都比较大,因此要能在大数据量的状态下实现快速漫游,以保证量测的流畅性。

④影像按层存放。由于在选线过程中很可能是卫星影像和 1∶50 000 的地形图结合使用,因此要能够把这些图放在不同的层中,能随时在这些层之间交替显示,并能提供半透明的功能,便于同时能看到影像和地形图上的信息。见图 5-34。

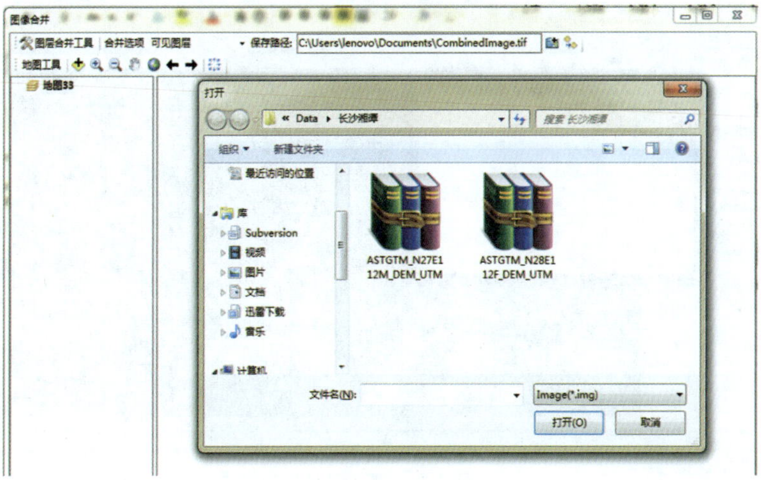

图 5-34 添加要合并的图层数据

⑤提供调整影像亮度对比度的功能。

(2)矢量界面

①可以自己根据影像的坐标来设置矢量坐标边界(类似 IGS 测图的按正射影像设置矢量边界),也可以人工设置矢量边界。见图 5-35。

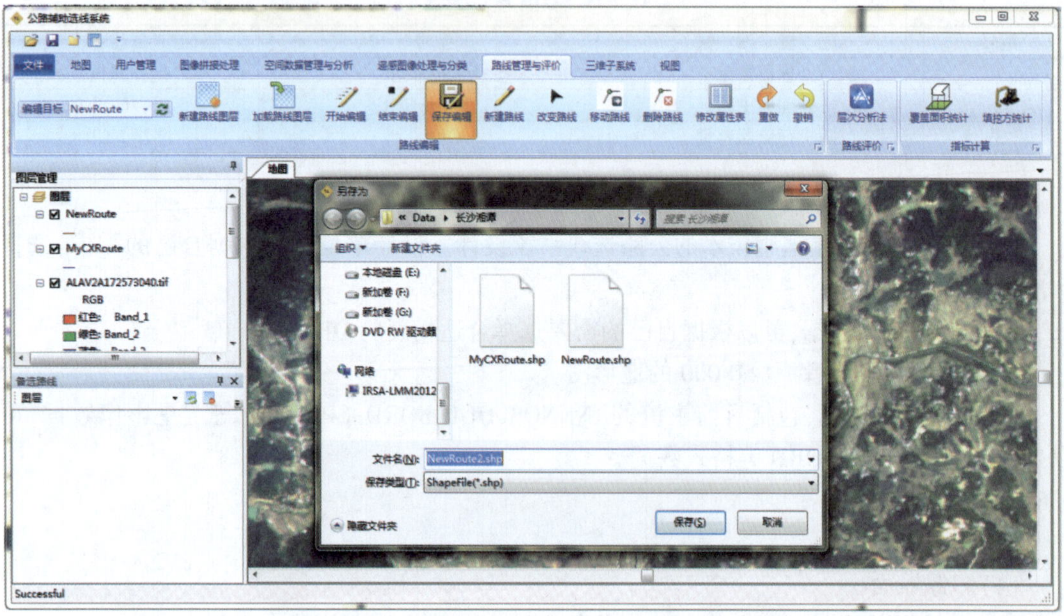

图 5-35 矢量数据添加

②矢量数据有自己的格式存储(或者是 XYZ 格式或者是其他格式)。

③能够输出 DXF 文件格式。

④主要是能够输出拐点坐标文件(文件格式同 3DMP 生成的拐点坐标相同)。

(3)线路量测(图 5-36)

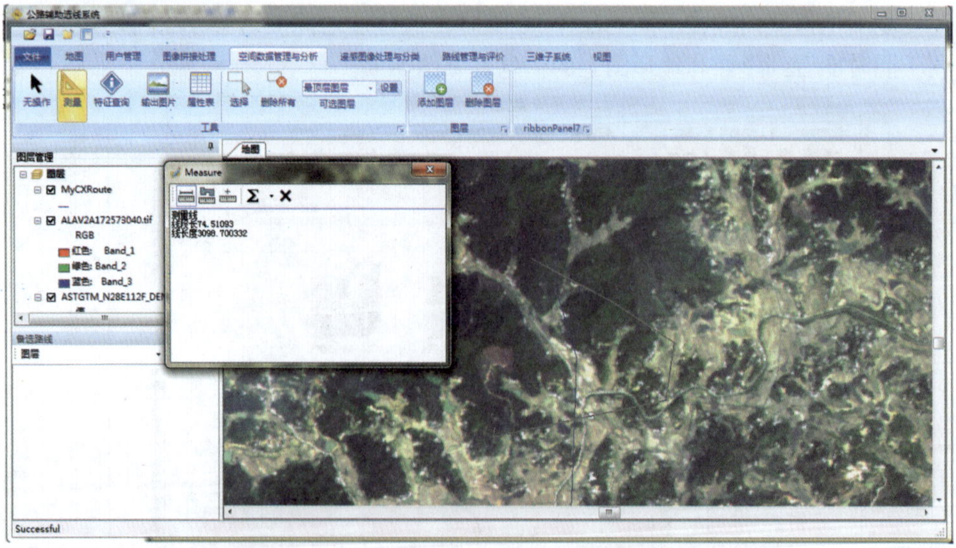

图 5-36 距离测量

①符号:线路初选对符号要求不高,最好能提供电力线的符号,或把国标的符号线路部分加入符号库。线路的显示线条要略粗,显示醒目。

②支持同时选择多条线路的功能,并能在输出拐点坐标的时候分别输出。比如在选第一条线路的时候输入特征码 L1。这时画的线路都是 L1 这条线路。再选第二条线路的时候要输入 L2。两条线路输出拐点坐标的时候各不干扰。

③提供有效的捕捉功能,来保证继续选线的连贯性。

④在量测的时候能显示三条线:一条中线两条边线,边线可以用虚线显示,并且边线距中线的距离可以设置。

⑤量测的过程中可以实时显示当前段和上一段的转角角度。

⑥提供某点到线路的垂直距离的量测功能。

⑦量测交叉角。

⑧量测距离的功能。

⑨支持键盘输入拐点坐标的办法来选线。

(4)编辑功能

①能选择线路,更改线路结点。

②能查看结点坐标。

③查看线路代码,连接,打断功能。

2. 影像纠正模块

(1)支持 INKNOS、QUIKBORD、SPOT、P5 等多种卫星影像格式。

(2)支持控制点纠正功能。

(3)支持影像到影像纠正功能即用纠正的地形图纠正影像。

3. 影像配准模块

提供不同分辨率影像的配准功能,为影像纠正带来的方便,如图 5-37 所示。

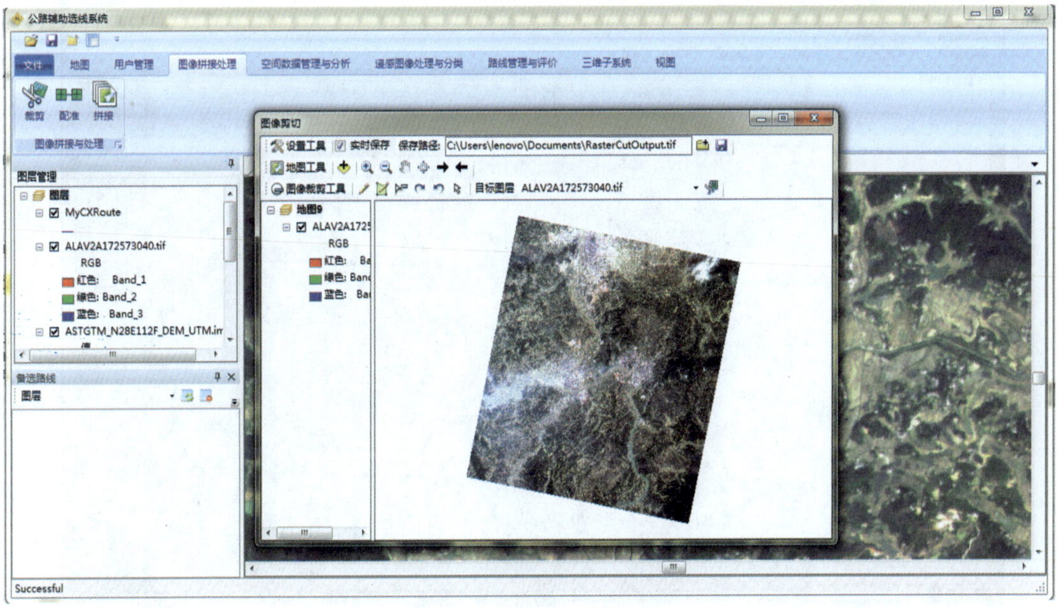

图 5-37 图像合并主界面

4. 地图纠正模块(图 5-38)

具备对 1∶10 000 和 1∶50 000 地图的纠正功能。

(1)纠正后的地图以选择裁掉内图廓以外的部分。

(2)对纠正后的地图进行拼接功能。

(3)对拼接后的大图按条带裁切。

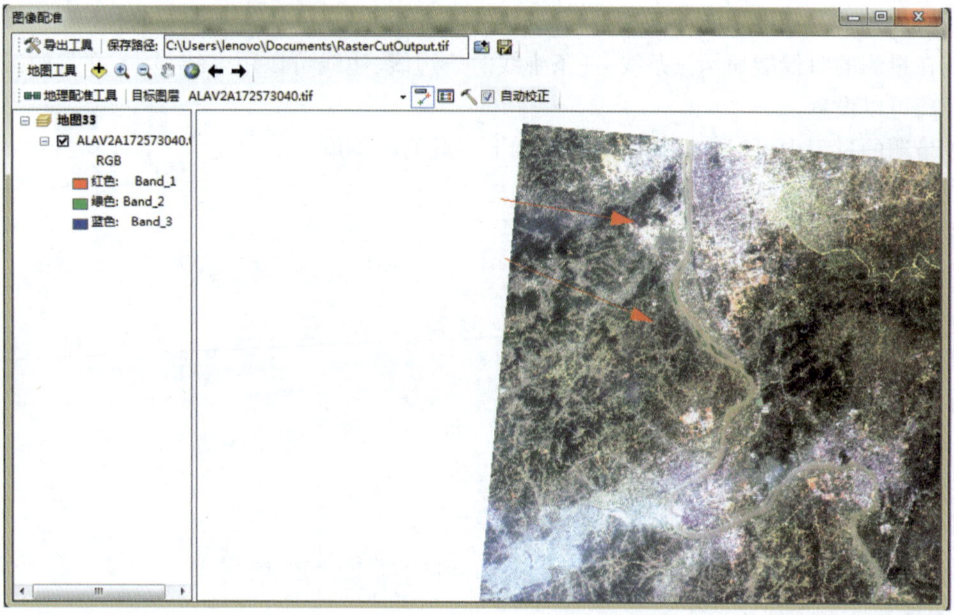

图 5-38 数据校正

5. 三维漫游(图 5-39)

图 5-39 三维系统启动界面

该模块具有以下功能：

(1) DEM数据和卫星影像数据叠合形成三维场景。

(2) 直接读取选线拐点数据自动创建电塔模型加入三维场景当中。

(3) 支持二维场景的属性查询。

5.6.2 公路辅助选线系统实现方法

(1) 系统需求调查、分析，进一步明确系统目标及要求，确定系统总体框架结构。

(2) GIS开发工具软件及DSS(Decision Support System，决策支持系统)开发工具调研分析，确定系统软、硬件平台，形成系统研究开发环境。

(3) 收集地理编码有关国际标准、国家标准、行业标准，国内已建公路数据库系统调研分析，按规范化、标准化要求统一系统数据编码格式。

(4) 调研分析GPS、航测遥感等数据采集技术的数据格式，研究分析其成果数据与本系统的数据接口。

(5) 选择一个合适的试验地区及该地区内已完成初步设计的试验路段，收集该地区地形、地质、水文、土壤植被、交通分布、经济发展、环境等基础资料数据，建立系统所需数据库。

(6) 建立该地区数字地形模型DTM(Digital Terrain Model)，并将此传统的三维几何DTM在概念上加以扩大，对每一平面地形点，叠加地质、水文、土壤植被等属性信息，从而生成该地区的数字地理模型DGM(Digital Geography Model)。

(7) 在上述数字地理模型的基础上，以GIS强大的空间分析功能为支撑，研究建立土地适宜性分析模型、位址选择模型、发展预测模型等GIS应用模型，并就各个模型的影响因子及权重系数进行深入研究。

(8) 在前述研究基础上，分析公路路线方案选定、平纵线形优化的理论、数学方法与数学模型，建立系统所需方法库、模型库、知识库及路线方案决策模型。

(9) 系统应用程序开发，系统试运行。

(10) 模型检验、修正，用户界面接口程序开发，完成系统建立工作。

(11) 现有公路数据库、公路路线CAD系统内部数据组织格式分析，研究本系统与公路数据库、公路路线CAD系统数据共享与系统集成问题。

5.6.3 研究结论

(1) 在应用广度上，将CAD技术拓展延伸至勘察设计前期的公路可行性研究环节。

(2) 在应用方法上，突破现行公路路线CAD系统框架体系及其传统设计模式和方法，引入决策支持系统的工作方式，便于解决路线方案选定这类定性分析与定量分析相结合的半结构化的问题。

(3) 在应用理论上，运用或借鉴数据库、地理科学、信息论、系统工程、拓扑学、决策科学、最优化理论、模糊数学、多变量统计分析、专家系统的有关原理，使系统建立在坚实的理论基础之上。

(4) 在技术手段上，引入具有强大空间分析功能的GIS技术，为解决路线方案选定这类空间多目标决策问题提供有效的技术支持。

(5) 将传统的三维几何DTM在概念上加以扩大，首次运用数字地理模型DGM的概念，使

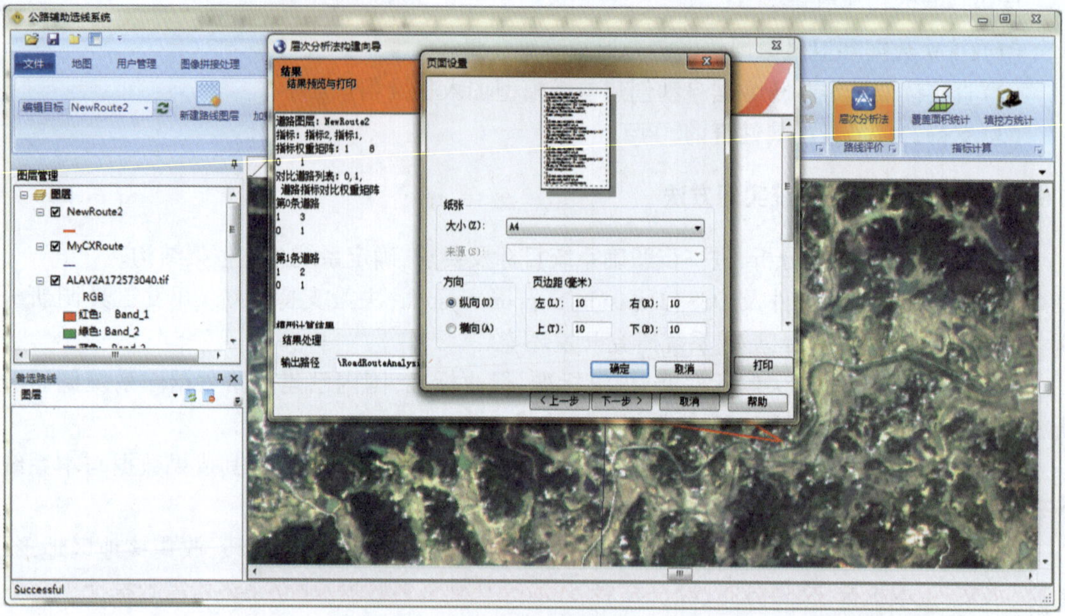

图 5-40 结果打印

计算机处理地质、水文等非地形数据成为可能。

利用原始地图数据(包括 DEM)、设计数据、图像数据、地面调查数据(包括 GPS 测量数据等),以及公路选线评价因子专题信息在二维/三维的可视化环境中进行综合分析,如缓冲区分析、土石方量分析等,并对分析结果在 GIS 中进行可视化的综合表达,为辅助公路选线提供技术支撑。

随着可持续发展战略在我国现代化建设中的全面实施,在公路规划、可行性研究、路线方案选定这些影响公路投资综合效益的关键环节上,增强路线设计方案决策的科学性、规范性,将大大提高决策结果的经济效益、社会效益和环境效益。系统研究开发若能实现预期目标,将是一项科技含量较高的软件产品,形成商品化软件加以推广应用将产生较大的商业价值。

参考文献

[1] 张峰,王桥,王文杰,等. 美国高分辨率土地覆盖信息提取技术研究进展. 遥感技术与应用,2006.12.
[2] 邓辉. 高精度卫星遥感技术在地质灾害调查与评价中的应用[D]. 成都理工大学,2007.
[3] 吴卿. 基于高分辨率遥感影像水土保持生态建设的监测方法研究[D]. 北京林业大学,2007.
[4] 陈大可. 多光谱与全色图像的融合方法的研究[D]. 吉林大学,2010.
[5] 仇大海. 3S 技术在第二次全国土地调查工作中的应用代表大会[D]. 中国地质大学,2008.
[6] 刘建华,胡光道. 高分辨率遥感影像的土地利用分类. 遥感与信息. 2005.7.
[7] 培东,曾永年,历华. 多尺度遥感影像融合技术及其算法研究进展. 遥感信息. 2006.6.
[8] 李满春,周丽彬,丁偕. 基于特征的土地利用空间数据库模型. 地理与地理信息科学. 2006(3).
[9] 楼立明,刘卫东,冯秀丽. 基于高分辨遥感影像的土地利用变化监测. 遥感技术与应用,2005(1).
[10] 宫鹏,黎夏,徐冰. 高分辨率影像解译理论与应用方法中的一些研究问题. 遥感学报,2006(10).
[11] 岳跃民,王克林,张兵,陈正超. 高光谱遥感在生态系统研究中的应用. 遥感技术与应用,2008(8).
[12] 杨林,谷长发. 层次分析法在林区公路路线方案比选中的应用. 东北林业大学学报. 2003,31(1):51-52.

[13] 陈遵行. 山区公路选线方案探讨. 林业勘察设计,2010(1):174-175.

[14] 焦建华,王晓楠. 浅谈公路线形的适宜性问题[J]. 山西建筑,2008,34(2):280-281.

[15] 骆剑承,周成虎,梁怡,等. 支撑向量机及其遥感影像空间特征提取和分类的应用研究. 遥感学报,2002,6(1):50-55.

[16] 易文斌. 基于ALOS数据的城市景观格局信息提取研究——以北京市海淀区为例[J]. 遥感信息,2008.4,31-38.

[17] 吕志强,吴志峰,张景华,等. 基于最佳分析尺度的广州市景观格局分析[J]. 地理与地理信息科学,2007,23(4):89-92.

[18] 布仁仓,李秀珍,胡远满,等. 尺度分析对景观格局指标的影响[J]. 应用生态学报,2003,14(12):2181-2186.

6　公路设计中的土地资源保护与集约利用

公路建设用地所涉及的因素很多,可以说每项设计和技术指标的采用都与用地数量密切相关,公路建设必然要占用相当一部分土地。正确处理公路建设与保护土地关系的基本原则应当是:在最大限度地节约用地的同时,保证公路建设发展的规模切合经济社会发展的实际需求,最大限度地发挥公路的规划建设和服务管理效能,保证公路建设的高效率和集约化,推进公路建设本身的可持续发展。这包括两层含义:

一方面,公路作为国民经济和社会发展赖以存在的基础设施,需要进一步加快建设,以适应社会经济的发展,需要占用一定数量的土地。在公路建设用地的筹划上,不能简单地以占用土地的多少来衡量,关键要看是否对经济发展更有利,是否更有利于整体路网布局的完善和效率效益的提高,是否更有利于技术的扩散推广应用,进而促进生产力水平的进一步提高。

另一方面,公路建设项目多、规模大,对土地资源的依赖性比较大,是用地大户,因此公路用地工作必须服从和服务于国家可持续发展的战略,在土地资源的使用中,要非常重视节约和提高资源使用的有效性,要对路网进行合理布局和选择适当的建设标准,要考虑全体人民生存的需要和后代人的需要,节约每一寸土地,用好每一寸土地。因此,作为公路占地可持续发展的核心要义在于,不是不能利用和开发资源,而是强调合理和有效利用资源。既要以经济建设为中心,以发展为主题,坚定不移地加快公路交通的发展,又要正确认识公路用地与公路发展之间的关系,严格用地制度,科学、合理地使用土地,以保障可持续发展。

在具体的一条公路设计中,就公路节约用地而言,一是切实避免设计过程中无谓和不必要的土地浪费,二是合理用地。因为节约用地可能与公路设计技术指标相悖,如从技术指标(如主线、互通的平纵指标等)上讲,要求指标较高或适中,而从节约用地的角度出发,可能需要低指标。合理占用地就是既不能一味追求技术指标而忽略占地,也不能为片面追求节约用地而不顾其他指标的适用性(如经济性和和安全性),以及就区域而言尽量避免占用或少占价值高的土地(如耕地)。三是按国务院国发〔2008〕3 号文《国务院关于促进节约集约用地的通知》等政策精神,转变粗放式用地观念,集约用地。

6.1　基于土地节约的公路设计技术原则

基于土地节约的公路设计技术主要从合理选用技术标准、加强总体设计、合理确定工程方案、精细化设计、正确认识土地的价值五个方面入手。

(1)合理选用技术标准

公路建设是一项综合技术、经济、环境等各方面因素的系统工程。一个项目的标准选择需考虑的因素是复杂的,不仅要分析项目在路网中的功能与作用、项目所处地位的自然环境和社会环境,还应与区域经济发展水平相适应。

(2)加强总体设计

公路总体设计系指协调公路工程项目外部与内部各专业间的关系,就节约用地而言,总体设计是统筹性的工作,在节约用地方面所涉及的内容可包括标准的合理确定、路线走廊带的选择、路线方案的比选和优化、各专业的协调统一等方面。加强总体设计,有利于统筹兼顾地合理确定各分项工程方案,尽量达到公路用地总体上的最大程度合理化和节约。

(3)合理确定工程方案

公路设计过程中所涉及的路线、路基、桥梁、隧道、路线交叉、沿线设施等专业项目无不与公路用地息息相关,合理确定工程方案,必须重视基础设计资料的收集、调查工作,如项目所在区域的地形、地质、水文、生态环保、路网、城镇规划、建设用地等。在确定具体的工程方案时,正确认识公路建设与公路用地的关系,力争在满足工程安全和功能要求的前提下,合理利用和节约土地资源。

(4)精细化设计

节约用地,必须要树立寸土寸金的节约思想,提倡精细化设计,不断地优化、细化、深化设计方案。

(5)正确认识土地的价值

要节约和合理利用土地,必须正确认识土地的价值,设计人员在进行方案比选以及在方案确定的过程中,还应从社会效益角度充分考虑土地占用的机会成本并进行价值评价,以此作为土地的占用成本,在方案决策时适当提高土地占用因素的权值。

6.2　基于土地节约的公路设计技术

6.2.1　总体设计

公路总体设计系指协调公路工程项目外部与内部各专业间的关系,确定项目及各分项的技术标准、建设规模、主要技术指标和设计方案,使之成为完整的系统工程,符合安全、环保、节约、可持续发展的总体目标。

就节约用地而言,总体设计是统筹性的工作,在节约用地方面所涉及的内容可包括标准合理确定、路线走廊带选择、路线方案比选和优化、各专业的协调统一等方面。

6.2.1.1　合理确定技术标准

《公路工程技术标准》(JTG B01—2003)中指出:公路等级的选用应根据公路功能、路网规划、交通量,并充分考虑项目所在地区的综合运输体系、远期发展,经论证后确定。在实际操作中,公路等级选择的主要因素是服务交通量和道路所在地区的地形、地质、水文、生态等自然条件,在考虑这些综合因素后,确定项目的技术标准。

合理选用技术标准是公路节约用地设计的前提。建设标准合理与否,对土地占用将构成全局和决定性的影响,从节约用地的角度考虑,标准选择应注重以下几个方面:

(1)注重项目总体定位

一个项目的定位需考虑的因素是复杂的,不仅要分析项目在路网中的功能与作用,项目所处地位的自然环境和社会环境,并应与区域经济发展水平相适应,因地制宜地选择技术标准,使得公路建设投入与区域经济发展水平相协调,避免采用过低或过高的技术标准。

避免采用过高的技术标准:适度超前,以发展的眼光看问题符合公路建设的自身特点,而过度超前则违背事物发展的规律,增加工程投资和土地占用,对国民经济的协调发展带来不利影响。在实际工作中,某些项目标准选择具有盲目性,片面追求高标准。如有的中小城市本来就只有一条高速公路过境,也效仿交通枢纽城市,规划建设绕城高速公路;某些地区的公路建设追求大干快上,在同一走廊带内,出现了低等级路、一级路、高速公路、铁路并存的路网格局,这对于经济尚不发达的某些地区而言,超前的建设规模和速度值得商榷。

当然,避免采用过高的技术标准并不意味着鼓励采用过低的技术标准,如某些公路项目在远未达到其交通使用年限时交通量就达到饱和状态,不得不进行改扩建,或在同一通道新建。改扩建或新建相对于一次性修建,投资和土地占用成本相对于一次性建设均会大幅增加。

(2)注重项目功能

公路功能:高速公路用于交通量大、出行距离长的主要干线;一、二级公路具有“集散”和“干线”两种功能;三、四级公路主要是提供通达和接入服务。旅游公路、资源公路、机场公路、疏港公路、国防公路与一般公路的功能不同,可根据路网条件、交通组成与一般公路合并建设。

在实际工作中,应注意拟定的技术标准与其使用功能的贴合。一要全面分析项目在路网中的地位和作用,从全局出发考虑交通问题,避免公路建设主次不明确,甚至次高于主;二要充分研究项目的功能,如旅游公路应采用比较适中的标准,最大力度保护自然环境。

(3)注重综合比较及灵活应用

当前一些工程可研报告中,技术标准的确定过于简单,仅根据预测交通量及简单的程式化的通行能力分析予以确定,没有从建设条件方面进行全面的分析论证。特别是对山区公路独特的自然条件对技术标准的影响所做的工作深度不够,而是采用一个标准走到底,其结果使得地形、地质、水文、生态等自然条件较难适应拟定的标准,导致高填深挖、工程规模和用地规模提高。因此要强调标准选择的多方案比选,尤其是局部路段更需加深。

(4)注重旧路资源利用

现有公路升级改扩建已经成为当前乃至今后较长时期我国公路建设的重点,充分利用旧路资源是改扩建工程的首要原则。在实际工作中,旧路改扩设计要避免出现采用新建公路的设计手法进行设计的现象,不要强求旧路某个平纵面设计指标、某段路基宽度满足标准规定值,避免大段落废弃旧路,导致新占用大量的土地资源。

(5)标准选择与运用的灵活掌握

对于大型公路建设项目而言,技术标准并非一成不变,可以因地制宜,从实际出发,针对不同路段的具体情况适当变化。合理的变化不仅不会影响公路的使用功能,相反会有利于环境保护,减小工程规模和用地规模。

从节约用地角度出发,就是指要全面、系统地理解标准,科学确定标准,灵活确定技术指标。

(1)按交通量分布情况掌握

交通量是拟定技术标准的基础条件。根据路网现状及规划、城镇布局等因素确定的路线结点间交通量是不同的,有时差异较大,因此可根据路段交通量的变化对标准作必要的调整。高速公路标准中不同设计车速和车道数所适应的交通量不同(见表5-1)。另外,虽然在一定设计车速条件下,不同的车道数所能适应的交通量不同,路基宽度也有较大差异,但不同车速、不同车道数所对应的交通量却相互重叠或包容,从而给标准选择以较大的灵活性。

表 6-1 高速公路能适应的年平均日交通量

设计速度(km/h)	四车道(pcu/d)	六车道(pcu/d)	八车道(pcu/d)
120	40 000~55 000	55 000~80 000	80 000~100 000
100	35 000~50 000	50 000~70 000	70 000~90 000
80	25 000~45 000	45 000~60 000	60 000~80 000

若某项目推荐标准总体按设计车速 100 km/h 控制,当某路段交通量小于 5 000 pcu/d,可考虑采用 80 km/h 的技术标准。若某四车道高速公路,项目推荐标准总体按设计车速 120 km/h 控制,某路段交通量突然增大,超过标准所能适应的交通量 55 000 pcu/d,若按设计车速 120 km/h 的六车道标准进行设计,一则交通适应能力过剩,二则平纵面布线受限,此时,可考虑采用设计车速为 100 km/h 的六车道标准。

(2)按公路几何设计掌握

高速、一级公路具有分向行驶的特点,应在分析其交通方向性、交通组成及载重特点的情况下,在建设条件较差时,可充分利用这一特点,使上、下行路线采用不同的标准。如对于山岭区分离式路基,可结合地形地质条件采用分离式路基、错幅式路基、半路半桥等路基断面形式,从而有效适应地形,降低工程规模和用地,保护生态环境。又如对于长大纵坡路段,上坡方向可以采用相对较陡的纵坡,从而缩短爬坡路线长度。

(3)按分期修建原则掌握

当预测的近、远期交通量相差较大或不同路段的交通量相差较大时,可根据项目的具体建设条件,实行近、远结合的纵、横向分期修建方案。特别是对位于偏远地区的山区高速公路,有时会出现预测交通量较小的情况,而路线走廊极具唯一性,且分离式路基段落较长,此时可考虑分期分幅的建设方案。

(4)改扩建道路的技术标准

改扩建道路技术标准的确定,要以现有道路的几何线形为基础,不应追求高指标,对一些次要指标宜放松控制,以充分利用现有道路资源,最大限度地减小工程量,节约占地。对于高速公路改扩建工程,宜结合交通量发展,充分研究利用硬路肩开辟为行车道的可能性,以减少大规模加宽的土地占用。

(5)高速公路“四改六”设计

28 m 高速公路路基布设六车道简称“四改六”,对于旧路改建项目,采用这种做法可充分利用旧路资源,节约用地,降低工程造价,在国内应用已较为普遍,其技术措施有:

①压缩中央分隔带,减窄中间带宽度至 2. 5 m,即 0. 75 m(路缘带)+1. 0 m(中央分隔带)+0. 75 m(路缘带)。

②将硬路肩改为行车道,同时设置必要的港湾式停车带(一般以 500 m 间距)。

③必要的安全设施。

高速公路“四改六”在国外及国内的山西、云南、北京、陕西、福建、河南、江苏、安徽等省市有不少先例,如北京八达岭高速公路(图 6-1)、山西大运高速(图 6-2)、云南安宁至楚雄高速公路等。根据交通部 2005 年出版的《高速公路节约造价设计指南》一书,实施“四改六”后,在不增加占地、每公里造价增加很小的情况下,可提高公路通行能力约 36%。对于节约用地而言,由于四改六后路基宽仍为 28 m,相对于正常的六车道路基宽 34. 5 m,假设路基高 3 m,每公里可减少土方2万多方，占地减少约10亩；如果取土坑按深2 m计算，每公里减少2万方土方，还可减少临时占地15亩。

图6-1 首都机场高速公路

图6-2 山西大运高速

如河南省郑(州)石(人山)高速公路采用在四车道的路基上，压缩中央分隔带宽度，布设六车道(简称“四改六”)的方法，在保证公路安全运行的前提下，最大限度地提高了土地的使用效率，使公路的通行能力大大提高。据对近50 km主线进行测算，如果采用标准六车道，大约占地4 393亩左右，平均每公里大约占地约90亩。采用“四改六”设计之后，主线近50 km占地3 832亩，平均每公里占地78.5亩，与标准四车道占地相当，比标准六车道节省占地561亩。

6.2.1.2 合理确定路线方案

就节约用地而言，总体设计是统筹性的工作，而路线方案设计是总体设计中极其重要的工作，涉及的内容包括路线走廊带的选择、路线方案的比选和优化，以及各专业的协调统一等方面。

路线方案确定的过程一般遵循着由带到线、由粗到细的原则，在这个过程中不断进行方案的优选和细化。工可阶段的选线基本上决定了路线走廊带走向，路线研究范围往往长达几十甚至几百公里。初设阶段在工可确定的路线走廊带基础上进行局部或较大范围的路线比选，路线研究范围一般为几公里至几十公里。施设阶段的路线设计主要是针对初步设计推荐线位进行局部优化设计，确定最终的实施方案。不同的设计阶段对土地的占用均构成影响，其中可研阶段从宏观层面上决定了土地占用的行政区域和总体规模。初设阶段基本上决定了土地占用的位置、类别和总体数量。施设阶段虽只能做一些局部的优化和调整工作，但也从微观层面上对用地特别是耕地的数量构成一定影响。因此,对节约用地而言,在不同的设计工作阶段,路线设计均要充分考虑节约用地因素进行比选和优化。

(1)工可阶段路线走廊带比选

工可阶段的选线基本上决定了路线走廊带走向,在进行项目工程可行性研究时,应在深入调查、论证的基础上确定合理的路线走廊带和主要控制点,详细调查当地土地情况,收集土地资料,进行分类研究,将土地占用情况作为路线走廊方案选择的重要指标,并结合地形地貌、地物、气候、地质等公路自然建设条件,以及工程规模、路网结构、地方政府意见等因素,确定合理的路线走廊带。在路线走廊带布设及比选时,要将土地占用总量、耕田占用量(人均耕田占有量)、拆迁量等关键数据及其他特殊用途的土地进行认真对比,将土地占用因素作为路线走廊方案选择的重要指标之一。

(2)初设阶段路线方案大范围优选

初设阶段要运用各种先进手段对路线方案做深入、细致的研究,结合用地情况和占用农田情况在较大范围内进行多方案论证、比选,确定合理的路线方案。在工程量增加不大的情况下,应优先选择能够最大限度节约土地、保护耕地的方案,要充分利用荒山、荒坡地、废弃地、劣质地,重视环境保护,尽量不破坏原有自然生态,与周围环境、景观相协调。

(3)施设阶段路线方案细化、优化、深化设计

施设阶段应本着集约、节约用地的原则对初步设计推荐的路线方案进行优化,并在路线、路基、桥梁、隧道、路线交叉、沿线设施各专业设计上对节约用地进行细化、优化、深化设计。

考虑到不同的土地价值各异,因此在做好用地减量化的基础上,需对土地价值进行评价,以便于方案比较,而目前的土地占用补偿价格未完全反映土地资源的不可再生这一特性,亦未完全考虑土地及其附着物的机会成本,因此在总体设计涉及的路线方案及以桥(隧)代路等决策中,应考虑土地占用的机会成本对土地费用进行修正,以更有利于科学决策。

6.2.1.3 精细化设计

对公路节约用地而言,在公路的总体设计中,要使路线平纵线形、路基、桥隧、路线交叉、沿线设施等相互协调、整体统一,各分项工程均对公路用地构成影响,随着公路设计的不断深入,公路设计的各个专业,均应本着节约、集约用地的原则进行精细化设计,细化、优化、深化设计方案,并在总体设计时统筹考虑。

路线平、纵面线形方案的合理与否直接关系着桥梁、隧道、互通立交等大型构造物的选址及其规模,这些大型结构往往对征用土地数量起着举足轻重的影响,在山区,路线平、纵面线形方案还往往决定着填挖方面的大小,因此,路线平、纵面线形设计应根据有关技术标准、规范,结合桥梁、隧道、互通立交等大型结构物的选址和规模,合理选用技术指标,进行详细的比选优化,在满足交通要求的情况下,尽量选用中、低值,以期达到最佳的工程经济合理性。认真进行高填路堤与桥梁、深挖路堑与隧道、互通立交规模型式、路基填料、边坡坡率、排水沟尺寸与型式、取弃土设计、沿线设施布设等各专业方案比选,在环境与技术条件可能的情况下,宜采取低路堤和浅路堑方案,减少高填深挖。在通过基本农田及经济作物区的高填深挖路段,应在技术经济比较的基础上,尽量考虑设置挡墙、护坡、护脚等防护设施,缩短边坡长度,节约用地。认真勘察、仔细计算,合理调配土石方,在经济运距内充分利用移挖作填,严格控制土石方工程量。应合理设置取、弃土场,并尽量不占用农田,将取、弃土和改地、造田结合起来。

6.2.1.4 构筑物替代路基边界适宜条件研究

以桥、隧代路(基)以及设置路基支挡对节约用地的作用是不言而喻的,但桥、隧以及路基支挡的造价在一般情况下要高于路基,构筑物替代路基边界适宜条件研究,即是在总体设计时,综合考虑工程建设条件、地质条件、工程造价、环境影响、社会影响、占地因素等众多条件,确定以桥、隧、路基支挡代路(基)的适宜条件。

构造物替代路基的形式有以下三种情况:

(1)以桥代路(基)

当路堤较高时,以桥代路是节约土地资源的最好方法。按一般填土路堤1∶1.5的边坡坡率计算,当路堤高度大于5 m时,路基占地面积将是桥梁占地面积的2倍以上,而合理选择桥路方案,还可达到减少取、弃土场地,节约土地资源,保护环境的目的。

采用以桥代路无疑会增加公路建设成本,因此,在路、桥方案决策分析中,应综合考虑路基工程的造价、土地资源占用(从社会效益的角度充分考虑土地占用的机会成本)、环境保护、建设条件、工程可靠性及安全性等众多因素,从而达到在工程安全、经济、合理的基础上控制路堤高度,进而节约土地。

(2)以隧代路(基)

我国是一个多山的国家,三分之二的国土是山地或重丘,在公路建设中,尤其是近几年随着公路向山区的延伸,公路隧道从无到有,从短到长,从简单"土洞"到设备功能齐全的现代化隧道,正在不断发展。

当高速公路经过山区,选择避绕的选线方案无疑会增加公路长度,边坡开挖会大规模地增加征地宽度,破坏原有地貌,会使公路达不到应有的运输效率。一方面,以隧代路(基)一般可有效地缩短公路长度,减少公路土地占有面积,减少对原有地貌的破坏,增强公路的运输效率;另一方面,公路隧道有别于地面工程,由于其埋藏于岩体或土层中的既定特点,取消了切方产生的开挖面,由此可节约大量土地资源。

采用以隧代路无疑也会增加公路建设成本。因此,在路、隧方案决策分析中,应综合考虑路基工程的造价、土地资源占用(从社会效益的角度充分考虑土地占用的机会成本)、环境保护、建设条件、工程可靠性及安全性等众多因素,从而达到在工程安全、经济、合理的基础上控制路堑高度,进而节约土地。

(3)设置路基支挡结构

设置支挡结构是保持路基稳定、减少路基对旁边环境因素影响的有效措施之一。设置支挡结构,相比路基正常放坡,可以节约土地。

公路各种支挡结构主要以挡土墙为主,常见的有:干砌片石挡墙、浆砌片石挡墙、片石混凝土挡墙、钢筋混凝土挡墙(含各式桩板墙)、加筋土挡墙等。

以桥代路、以隧代路、设置路基支挡结构毫无疑问会大量节约土地,但是,采用以桥、隧、支挡结构代替路基无疑也会大幅增加公路建设成本。因此,构筑物替代路基的方案决策是一个相互矛盾的体系,特别是在工程造价相差不大,又无明显的工程技术难度及其他明显的制约因素的前提下,往往是由决策人员的经验或喜好所决定。因此,有必要对构筑物替代路基边界适宜条件进行科学的研究,制定一套可参照实施的计算流程,从而达到以科学决策节约土地的最终目的。

我国目前已有学者对该方面的进行了相关研究,特别是以桥代路方面的研究在铁路、公路方面均有所涉及,如《对高速铁路以桥代路条件及其决策的思考》一文中,从路基工程沉降控制、地基条件、节约土地、工程造价、环境保护等入手,结合多种相关工程投资数值分析,研究了以桥代路条件及合理路桥分界条件选择原则,并给出了不同情况下的合理路桥分界高度建议值。但是,由于受早期公路建设用地粗放型模式误导,以及土地成为一种越来越稀缺的资源,我国对于公路方面的构筑物替代路基边界适宜条件研究总的来说研究范围不够,深度也较肤浅,绝大部分工程实例及决策仍是建立在比较简单的定性分析比较的层面,而在定量分析比较存在如下几个问题:一是比较的目的往往注重于工程造价、建设条件的比较,对节约土地只是一种兼顾的因素,而非比较的主要或主导因素;二是对土地价值的评价及计算均采用静态的占用赔偿成本,未从社会效益的角度充分考虑土地占用的机会成本、土地资源占用、环境保护等因素,因此对土地的实际价值判别不到位,从而影响了决策的科学性;三是没有一套相对固定或公众普遍认可的比较方法或计算流程,而是各自为政,随意性较大。

因此,在构筑物替代路基决策分析中,从社会效益的角度充分考虑土地占用的机会成本和影子价格,综合考虑土地资源占用、环境保护等因素,在此基础上,从工程造价、地基等建设条件、节约土地、环境保护等入手,结合多种相关工程投资数值分析,合理确定构筑物替代路基的边界条件,提供一套可参照实施的计算流程,从而达到节约土地的最终目的。这相对于目前的构筑物替代路基的相关研究,具有很大的进步,同时由于在土地价值计算方式上具有创新,也推动了土地价值评价及占地决策支持方法以及土地节约技术上的创新性。

总之,从节约用地角度出发,总体设计是关键,充分论证,选用适合的技术标准;加强比较,确定最优的路线走廊带;兼顾全局,合理选用构造物。这些都是总体设计需要认真解决的问题,也是达到公路建设节约用地的关键步骤,做好了这些,所带来的节约用地效果也是非常明显的。

6.2.2 路　　线

公路路线设计是贯穿整个公路设计系统的灵魂,对公路项目而言,桥、隧、交叉等总体上需附从于路线,在进行线位的布设过程中,需要充分研究诸如路基横断面的位置及形式的选择,桥位选择,隧道的隧址、形式及洞门位置的选择,交叉的位置及形式的考虑,沿线设施的位置等,并且将所有这些问题(或称之为"矛盾")作为各控制因素,结合地形、地质、水文等条件进行综合、全面的分析,辩证地权衡主次矛盾,最终布设出总体上安全、环保、经济、合理的线位。

合理的路线方案对节约用地、少占耕地起关键作用。对公路节约用地而言,在高速公路的路线设计中,要使路线平纵线形、路基、桥隧、路线交叉、沿线设施等相互协调、整体统一,要结合用地情况和占用农田情况对路线方案做深入、细致研究,进行多方案论证、比选,在工程量增加不大或无其他明显制约因素情况下,优先选择能够最大限度节约土地、保护耕地的方案,充分利用荒山、荒坡地、废弃地、劣质地。

6.2.2.1 加强路线方案比选

(1)工可阶段路线走廊带比选

工可阶段的选线基本上决定了路线走廊带走向,路线研究范围往往长达几十甚至几百公里,因此,进行项目工程可行性研究时,应在深入调查、论证的基础上确定合理的路线走廊带和主要控制点,详细调查当地土地情况,收集土地资料,进行分类研究,将土地占用情况作为路线走廊方案选择的重要指标,并结合地形地貌、地物、气候、地质等公路自然建设条件,以及工程规模、路网结构、地方政府意见等因素,确定合理的路线走廊带。在路线走廊带布设及比选时,要将土地占用总量、耕田占用量(人均耕田占有量)、拆迁量等关键数据及其他特殊用途的土地进行认真对比,将土地占用因素作为路线走廊方案选择的重要指标之一。

(2)初步设计阶段路线比选

初步设计阶段路线比选是在“工可”确定的走廊带基础上,逐段进行较大范围的方案比选,该阶段路线研究范围一般为几公里至几十公里。就节约用地而言,要求在路线布设时尽量减少占用耕地,避让基本农田和经济作物区,并在比选过程中将土地占用情况作为路线走廊方案选择的重要指标。

(3)施设阶段路线优化和细化

在施工图设计阶段,应本着集约、节约用地的原则进行精细化设计,细化、优化、深化设计方案。

6.2.2.2 纵断面设计

(1)纵断面方案比选

在路线平面确定后,在进行纵断面设计时,在某些特定条件下,不同的纵断面方案对土地占用差别较大,加强纵断面方案比选,可确定对节约和保护土地最有利方案。

(2)灵活应用设计指标

高速公路最大纵坡值按交通部部颁技术标准,时速 80~120 km 的高速公路最大纵坡值为 3%~5%(同时规定受地形条件或其他特殊情况限制时,经技术经济论证,最大纵坡可相应增加 1%),考虑到现在车辆性能的提高,在节约用地需求强烈时,可将指标用足。

6.2.2.3 路线设计节约用地要点

(1)路线设计要充分考虑节约用地因素进行比选和优化,确定合理的线位方案。

(2)因地制宜合理选取、灵活应用路线平纵技术指标。平微区应以尽可能降低路堤高度,减少借方和占地。山岭区应对高路堤、高架桥、深路堑、隧道等工程方案反复筛选、推敲。

(3)应用面向土地资源保护的 3S 辅助选线技术、公路占用地土地价值评价及决策支持方法等新技术和手段,为基于节约用地的选线设计及科学决策打下坚实的基础。

6.2.3 路　基

路基工程是公路工程的主要载体,公路由于本身宽度较大而占用了大量土地,一般而言,路基占地量在一个公路项目里占有绝对比重,而且是永久性占地,对自然生态环境的影响也最大。路基的设计高度、断面形式、边坡坡率是影响路基占地的直接因素,而特殊路基处理、路基取弃土、路基填料选择也是影响路基占地的间接因素。因此,系统地研究及归纳路基节约用地的相关技术,对于公路节约用地具有极其重要的意义。

6.2.3.1 路基设计节约用地的主要技术措施

(1)总体设计

公路总体设计是使路线平纵线形、路基、桥隧、路线交叉、沿线设施等相互协调、整体统一,适应沿线建设条件的过程。如在总体设计阶段控制路线走向、平纵面设计,控制好路基填挖高度、断面形式、以桥(隧)代路等,都是总体设计阶段路基设计从减少占地角度需考虑的内容。

(2)合理确定路堤高度

高速公路路基横切面呈梯形,路基越高,底部就越宽,永久性占地就越大;另一方面,路基越高，填土工程量就越大，取土临时占地随之增多。资料显示，双向四车道平原高速公路一般路基平均填土高度在 3.5～4 m 之间，平均土方量为 10 万～12 万 m^3/km，路基高度每降低 50 cm，每公里可以节约用土 1.8 万 m^3。每降低 1 m，每公里永久性占地就节约近 5 亩。

(3)合理确定山岭重丘区高填深挖路基

高填深挖路基是山岭重丘区高速公路的突出特点，虽然路线平纵面设计经多次优化和设计评审，但由于山区地形复杂，高差起伏大的地貌特征决定了高填深挖路基的不可避免。

高填深挖路基主要受路线总体制约，如果过分追求高标准的路线平面和纵面线形指标，或者单纯地追求路基填挖平衡，就会造成大填大挖，破坏山体的自然平衡，占用大量土地，同时对周围环境产生大量不良影响。

(4)合理确定路基横断面形式

合理的断面组成是公路融入自然的前提，对于断面设计而言，在平微区等自然条件较好的地区，整体式路基的优势是工程集中，节省土方，占地和边坡工程量省。但在山区，由于地形陡峭，采取较宽的整体式路幅，使路线平纵面设计的灵活性受限，总体设计易出现高填深挖，增加占地、拆迁和取土弃土难度。

高速公路具有明显的分向分道行驶的特征，并设置了中央分隔带，在山区高速公路设计中应根据地形、地质、路线总体等要素要求合理利用地形。在地面横坡陡峻的路段，为降低填方、挖方边坡高度，减少防护、支挡工程量，可考虑采用上、下行分离成不同高度的高低式路基。这尤其适合于隧道进出口地形横坡陡峻的路段，通过调整隧道内左右洞身的纵坡，拉开进出口段左右幅的标高，使之贴合地形，消除整体式路基带来的不利因素。如图 6-3 所示。

图 6-3　随弯就势的分离式路基

除常见的整体式路基外，以下是两种对节约用地有利的两种路基横断面布置方式：

1)半边桥路基

半路半桥路基是利用高速公路中央分隔带将路基分为两半幅的优势，以统一协调的平纵线形固定的间隔距离，其中半幅采用桥梁，另半幅或半填半挖或填方或挖方的组合形式，是一种"组合式"思路。半路半桥路基具有占地少、山体开挖小、工程投资省、上下行间相对独立而又协调统一、横向联系紧密的优势，被广泛应用于山区高速公路和拓建、改建公路工程，特别是地形横坡陡峭路段。

2)分离式路基

分离式路基是将路基按行车轨迹分为下行两幅，按各自的行车轨迹，结合沿线地形、工程地质条件、地物等敷设各自的平纵线型，进行独立设计的形式，是一种"化整为零"的思路。分离式路基平面距离可根据沿线自然条件和地质条件确定，线形或宽或窄，纵面高差或高或低，路基设计灵活性和自由度较大。如图 6-4 所示。设计应注意：一是切实结合地形，遵循"必要、经济、合理"的原则；二是城镇附近不宜采用；三是段落长度不宜过长，特别是占用的耕地量较大时，尤其要谨慎使用。

图 6-4 分离式路基

(5)路基断面设计

路基横断面由行车道、路缘带、硬路肩、土路肩、碎落台及边坡平台、排水沟等单元构成,原则上当一条路等级及技术标准确定以后,路基横断面组成的各单元取值必须满足规范要求,不得随意变动。但在用地严格受限或极其敏感时,对于硬路肩、土路肩、碎落台及边坡平台、排水沟等单元的宽度,在满足规范要求和使用功能的前提下,可合理地采用规范规定的下限值或进行相关的灵活性设计。

1)硬路肩设置

硬路肩的主要功能是供紧急停车,其他作用还有保护行车道路面结构,提供侧向余宽,保证行车的安全、舒适,提供道路养护空间及养护临时车道,为挖方段提供足够的视距,减轻事故的严重程度等。

《公路工程技术标准》(JTG B01—2003)中规定,高速公路、一级公路和二级公路均应设置硬路肩,并应采用一般值,条件受限时可采用最小值。对于高速公路、一级公路,硬路肩与紧急停车带重合。考虑到停车安全,硬路肩宽度小于 2.5 m 时,设置港湾式停车带。

2)土路肩设置

与一般填方路堤段比较,挖方地段土路肩的功能较小,若能在土地价值珍贵路段结合设盖板的边沟(或采用城市道路常用的管道排水),将边沟与土路肩合并设置,利用盖板边沟作为土路肩,则既不降低公路使用功能,又减少了断面尺寸,节约了用地,如图 6-5 右图所示,横向宽度较常规设计可节约 1.45 m。

图 6-5 矩形与梯形边沟断面比较

3)碎落台及边坡平台设置

碎落台是在路堑边坡坡脚与边沟边缘之间,为了防止碎落物落入边沟而设置的一定宽度纵向平台,其功能主要为堆置碎落物。而现状公路(特别是高速公路)大部分边坡花了很大的代价进行防护,边坡碎落很少发生,加之边沟设盖板后其功能逐渐减弱,因此不分路堑边坡高度及防护设施类型,一味全线设置统一宽度的碎落台,对工程而言既是一种浪费,同时也占用了大量土地资源。此外,《公路路基设计规范》对碎落台的宽度规定不小于 1 m,但实际上多数工程项目采用值为 1.5~2 m。因此,在用地受限、工程量艰巨路段的碎落台可采用低限值甚至取消。

边坡平台是在单级边坡达到一定高度或边坡坡率发生变化时设置的横向平台,目前高速公路挖方路堑上边坡台阶宽度通常设置为 2 m,若根据实际地质条件和防护需要,局部路段可适当调小,不但节省大量土方工程,而且节约了用地。

4)路基边坡设计

对节地而言,路基边坡设计是确保边坡稳定的前提下,选用合理边坡坡率。

放缓边坡是目前追求边坡自身稳定的首选,较大量采用锚索、锚杆加固的边坡,如能放缓一至二级,将会节约大量的加固工程,但随之带来的是边坡可能会更高,挖方量可能会增加,弃土数量和占地可能更大。稳定的边坡不仅仅是由高度和坡率决定的,稳定边坡也不都是缓边坡,已经成型的公路边坡表明,有些直立甚至倒坡的边坡也是稳定,关键在于设计人员对地质和地层的了解和把握。如能采用灵活的设计断面,选定合理边坡再进行路基设计,就能使路基更好地适应自然,不做或少做锚固支挡加固,既降低了工程造价,也节约了路基占地。

另外,当路基填方范围受到限制,或路基大量借方,而段落前后或为避免隧道或为避免深挖路堑等因素而不允许压低设计标高时,可考虑采用支挡结构的陡坡路堤,以达到路基稳定、适应狭窄地形、减少路基借方的目的。

5)排水设施设计

公路排水设施按功能分为边沟、排水沟、截水沟、地下排水系统等。从安全及经济的角度,采用植草防护的浅蝶形排水边沟,对于地形平坦、冲刷较小的浅挖路段适应性及经济性较好,加盖板的矩形边沟较梯形边沟对于汇水面积较大的深挖方路基适应性及经济性较好。

路侧边沟断面传统做法为梯形断面。虽然该断面过水断面湿周最小,作为排水工程最合理,但当其纳入整个工程时,由于其断面开口较矩形断面大 2 倍,因此当用地受限时,宜采用盖板矩形沟。改进边沟型式能有效减少土地占用,比如以往常常采用开口宽度 1.8 m 的梯形边沟。为了减少征地宽度,建议多采用开口 0.6~1.2 m 的 U 形或者矩形边沟,并根据汇排水分析计算,对于不需要边沟的路段建议不设边沟,通过自然长草或人工植草方式自然排水。

此外,由于路基排水工程设计计算是分地区按项目最不利状况计算排水断面的,致使不论排水距离为 300 m 或是 30 m 或排水沟底纵坡是否一致,基本上采用一个相同断面尺寸,故而排水沟的断面有较大的压缩空间,采用灵活自然、适应性好的排水断面,可以减小断面尺寸,减少公路占地。因此,排水设施的尺寸大小当根据地形、地貌、路基填挖高度及汇水面积、各种排水设施的泄流能力以及对行车安全与环境景观的影响程度综合考虑,应转变目前利用加深边沟或采用圬工防护防止雨水下渗来改善土基的水文状态的片面认识,以及排水沟(边沟)尺寸全段落断面形式单一的传统做法。

截水沟要结合地形设置,有水可截,当截水量较小时,可结合边坡防护的急流槽、平台排水沟截水，不必设专用的截水沟。传统的截水沟断面采用梯形断面，既不利于施工，占地量又大，采用矩形水沟后断面尺寸可大幅减少，利于施工且占地量小。有些边坡后山体较为平缓，汇水面积不大，特别是一些土质山体，可取消石砌截水沟，将截水沟开挖后夯实，贴铺草皮，待草皮生长成活、根系扎入土壤内即可起到排水固坡的作用，避免了此类石砌截水沟与公路的绿化景观不协调的现象。某些路段的截水沟设置不合理或无必要，造成无水可截或截水量小，实际上也浪费了土地。

(6)常规路基支挡设计及防护设计

1)常规路基支挡设计

路基加固支挡工程是路基在各种设计荷载组合下，存在不稳定可能时，为确保路基稳定，防止公路建设线路中的水土流失、滑坡、塌方沉陷等路基灾害而采取的工程措施。公路建设过程中若在土地价值高或敏感性强的路段以支挡结构替代边坡，则可以节约大量土地，保护生态环境。

公路各种支挡结构主要形式有：卸荷板式挡土墙、托盘式挡土墙、悬臂式和扶壁式挡土墙、锚杆挡土墙、锚定板挡土墙、桩板墙(图6-6)、加筋土(格宾)挡墙等；传统的挡墙主要为各类浆砌片石、混凝土挡土墙等形式。

图6-6 浆砌片石挡墙及桩板墙

2)CS高次团粒混合纤维法快速植被恢复技术

CS高次团粒混合纤维法快速植被恢复技术即路基边坡在填挖破坏后，结合边坡加固工程，坡面植被采用与原自然山体一致的种类，以削弱土地破坏的痕迹，与周边自然环境融为一体，恢复土地的自然属性。见图6-7和图6-8。

(7)路基取弃土设计

1)结合规划，合理取土

减少公路建设占用和破坏耕地必须从公路规划设计抓起。《土地法》第一章第四条规定：使用土地的单位和个人必须严格按照土地利用总体规划确定的用途使用土地。公路项目设计是按照土地的总体利用规划设计和布局的，在每一条公路线路的设计中会作出多条比较方案，从中优选最经济合理的线路，既保证能充分发挥该项目的投资效益，也注重节省土地，少占耕地。

2)合理选用路基填料

在公路建设中尽量采取代用材料，也可大量减少对土地的破坏，这一点是有成功经验的。某公路项目施工中采取粉煤灰填筑路基和粉沙土路基，利用粉煤灰超过400万m^3，减少破坏

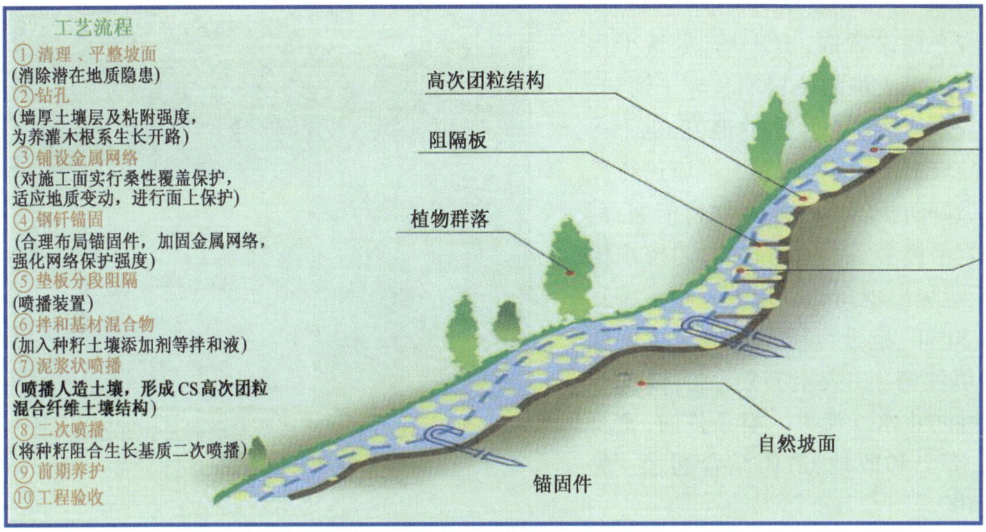

图 6-7 CS 高次团粒混合纤维法快速植被恢复技术

图 6-8 CS 高次团粒混合纤维法快速植被恢复技术边坡防护前后对比

耕地(按可复耕取土方式计算即挖深不超过 1.5 m)近万亩。在路面设计中减少白灰土的厚度,适当增加灰碎的厚度,也是增加路基承载力、减少破坏耕地的重要措施。

吉怀高速途径湘西大面积存在的红砂岩地区,该项目大量采用红砂岩作为路基填料(图 6-9)。在湖南省湘西山区,红砂岩是常见的一种特殊岩土,对红砂岩进行合理利用,不仅可以大大减少弃方,同时也可以大大减少借方。借助红砂岩研究所积累的一些成果和对红砂岩地区施工控制的经验,对其系统分类,移挖作填,使其作为路基填筑的主体。仅上述红砂岩作为路基填料一项,吉怀高速就节约了取弃土用地大约 700 亩。

3)取、弃土场复垦

应合理设置取、弃土场,尽量少占用耕地。弃土堆的位置不宜弃于河边、沟谷或水流冲刷较严重的地方,也不得弃于陡坡上。取土坑、弃土堆应进行设计并做好防护排水和水土保持措施,其表面宜平整并保持10%左右的排水横坡,应避免出现新的高边坡。弃土堆宜考虑20%的量进行压实。取土坑表面应回填种植土(表土)或淤泥,以便于复垦并防止水土流失。有条件时,宜将取土、弃土和改地、造田结合起来。见图6-10。

图6-9 红砂岩作为路基填料是吉怀高速普遍采用的技术

图6-10 取弃土场复垦实景图

(8)严格控制用地红线

公路用地包括路基工程、桥涵、隧道洞门、路线交叉、沿线设施及路基零星工程(如改河、接线、截水沟、排水沟等)等的征地。《公路工程技术标准》(JTGB01—2003)第1.0.6条规定:公路用地范围为公路路堤两侧排水沟外边缘(无排水沟时为路堤或护坡道坡脚)以外,或路堑坡顶截水沟边缘(无截水沟为坡顶)以外不小于1 m范围内的土地,在有条件的地段,高速公路、一级公路不小于3 m,二级公路不小于2 m范围内的土地,为公路用地范围。公路用地红线即为设计单位按此条规定的用地范围设计的用地边线。

用地边线的控制应严格按照《公路工程技术标准》的技术标准执行,并尽量采用下限值,特别是在耕田等土地价值高的区域。在桥梁段,考虑到桥梁是架空构造物,用地边线宜以梁外缘正投影线控制,较常规设计横向宽度节约1 m。另外,当高架桥桥墩达到一定高度(一般为10 m以上),特别是对于分离式路基路段的高架桥,因桥墩较高且中间有宽的中分带,日光照射充足,可考虑在施工完毕后将高架桥下的土地恢复。

此外,应严格区分占地的功能及安全要求与景观美化的要求,某些项目为制造景观而人为在路堤两侧设置的绿化长廊带,是对土地的浪费。

6.2.3.2 路基设计节约用地要点

(1)平原区应以尽可能降低路堤高度,山岭区应以合理确定路基填高挖深,作为路基节约用地设计的指导思想。

(2)路基断面形式应适应地形特点灵活设计。硬路肩、土路肩、碎落台宽度、边坡坡率应根据其功能综合考虑确定,用地严格受限时可考虑下限值,边沟等排水沟应根据排水需要设计尺寸和形式。

(3)各类路基支挡措施是节约用地的有效措施之一,应结合工程造价、环境保护等因素综合比选确定。

6.2.4 包裹式加筋格宾挡土墙技术

边坡工程在水利、公路、市政、水运、铁道、矿山、工民建、地灾治理、环境等行业的工程建设中随处可见,它在土地资源占用、生态与环境的影响、景观要求等方面都有较大影响和重要的作用,如防洪与城市建设的护岸工程、各种道路工程的路堤等。加筋技术推广及加筋陡坡结构应用,已在公路、水利、铁道、市政等行业工程建设中发挥了很好的作用,取得了显著的经济效益和社会效益。

公路路堤工程应节约土地,尽可能采用较陡边坡,减少土地占用,减少对生态的破坏和尽可能快地恢复生态环境,节约投资,方便施工,加快进度,减少后期维护和养护。要解决这些矛盾,需要用新的工程建设和工程设计理念来研究新的结构和提出新的应用技术。

6.2.4.1 加筋格宾结构

格宾(Gabion)一词来源于意大利语"Gabbione",意为大笼子,指的是把土体或石块装在柱形袋或矩形框中的结构,可用于堤坝或挡墙的修建。1879年,意大利一家公司首先采用钢丝网制造石笼,开创了现代格宾石笼结构的先河。格宾结构由于其独特的工程性能,被广泛用于堤防、路基防护、边坡支挡等工程。见图6-11。

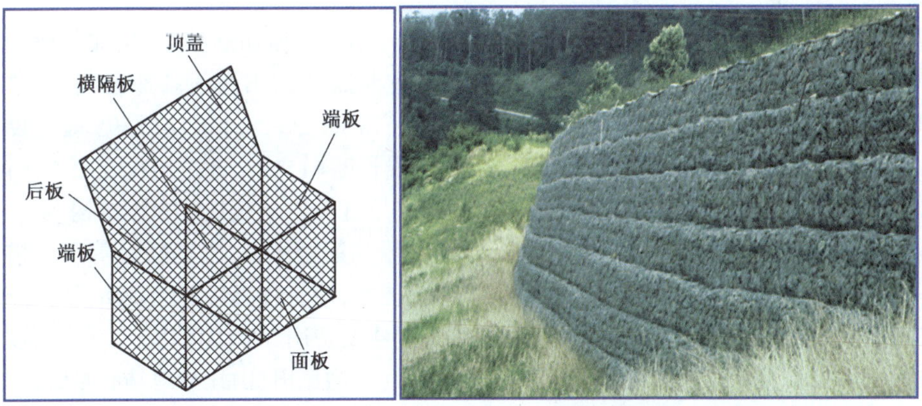

图6-11 格宾笼示意图及格宾挡墙

随着格宾应用技术的丰富和加筋技术的发展,1979年意大利Maccaferri公司开发了加筋格宾(Terramesh)技术,由格宾面墙及尾部钢丝网面构成。20世纪90年代,在马来西亚班吉一赛满义公路建设中,将加筋格宾结构应用于路肩加筋土挡土墙中,取得了良好的效果。鉴于其良好的柔韧性、渗透性、耐久性、环保性、经济性、安全性和先进的(面)板(筋)网连接技术,在美国公路创新科技评估中心(HITEC)于2002年完成Terramesh体系挡土墙评估报告后,该技术得到了蓬勃发展,目前在全世界已完成近千个加筋结构项目。

加筋格宾(Terramesh)是由格宾面墙及尾部钢丝网所构成的一种新型加筋结构,是加筋土工程的新技术。其面墙为格宾网箱,拉筋为钢丝网面,拉筋与面墙网面为同一网面的无节点连接。在工点现场直接充填块石料构成面墙,在加筋网面上分层填土、压实。格宾网箱、网面与压实填土共同作用的受拉体系一起组成加筋格宾结构。加筋格宾单元一般规格为幅宽 2 m,高 0.5 或 1 m(图 6-12),加筋网面长度根据设计确定。单元间通过绞合钢丝连接,其挡墙墙面型式可以为直立墙,也可为分级直立墙或退台式墙,退台宽度一般为 0.15~0.5 m,台面和墙面均便于绿化。

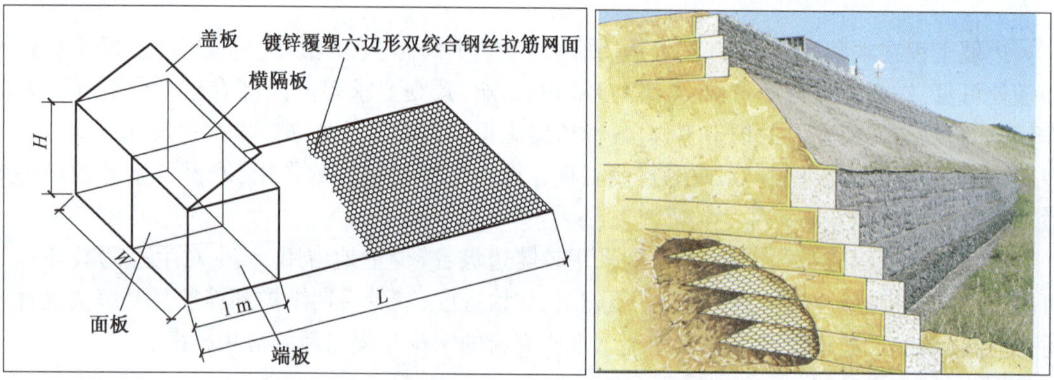

图 6-12 加筋格宾单元及路堤加筋方案示意图

加筋格宾是一种成品化很强的产品,面墙与加筋筋带也为无节点连接,消除了构件节点易成为结构弱点的毛病,装配式施工,方便快捷,工效高。加筋格宾是一种生态防护结构,墙面可以自然透水,利于填土中地下水排出,保证了结构长期稳定,面墙有较好的刚度,不存在“鼓肚”现象。

国内较新颖的加筋格宾挡土墙、绿色格宾挡土墙、土工格栅加筋挡土墙、加筋桥台等支挡结构等运用也越来越广泛。如图 6-13 所示,湖南省湘潭至衡阳西线高速公路 K123+280~K124+895 段采用了加筋格宾挡土墙。潭衡西高速公路 K123+280~K124+895 段主要为填高为 9~12 m 高的填方路段,位于大面积良田地区,路线长度 615 m。通过历次专家方案评审,考虑到本路段占用耕田多且借方困难,经论证后确定采用红砂岩填筑加筋支挡结构。

通过加筋格宾挡土墙、绿色格宾挡土墙、土工格栅加筋挡土墙、加筋桥台等工程措施收缩坡脚,采用红砂岩填筑,利用红砂岩弃方及生态绿化技术,该工程直接节约良田 120 亩,因取消借方取土场节约山丘经济林地 300 亩,直接节约工程建安费用 300 万元以上。此外,项目实施可以防止湘江支流蒸水对路堤的破坏,通过减少借方,节约良田、山丘林地,同时通过采用全新的生态绿化技术,取得较好的环境效益。

该工程已于 2009 年 6 月前完工,施工中及施工完毕后实体效果如图 6-14 所示。

6.2.4.2 包裹式加筋格宾挡土墙技术

(1)技术构想

现有的建筑物支挡结构包括平层加筋结构、加筋格宾结构等。传统的平层加筋结构是由梁、挡板、筋带和填土共同组成的挡土结构,其受力特点是土的侧压力通过挡板传到梁,再由梁传到筋带,再由筋带的抗拔力维持平衡。这种结构存在以下缺陷:首先,由于梁的存在致使挡土墙面不够美观;其次,必须设置较长的筋带,导致水平横向填料较厚,这不仅增加工料,有些

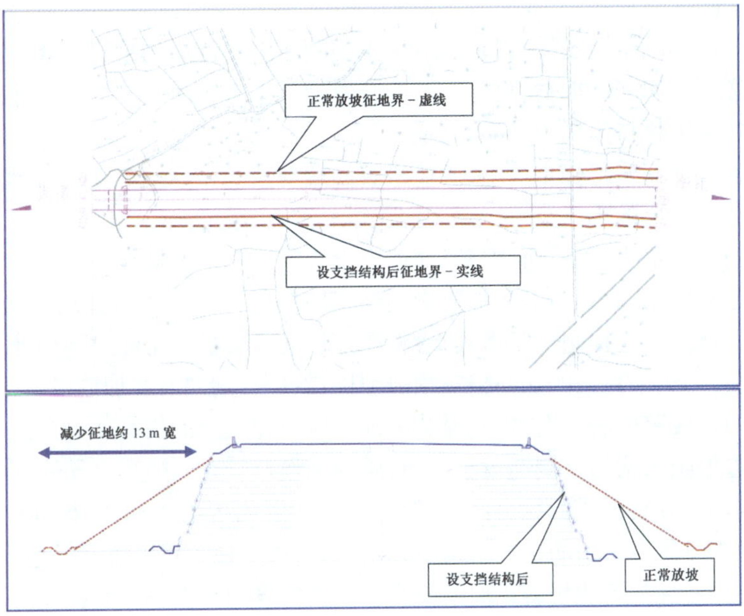

图 6-13 征地红线对比图

图 6-14 潭衡西高速公路 K123+280~K124+895 段加筋挡墙实体效果

工程也不能适用;最后,当平层加筋结构较高时,安装预制构件需使用起重设备,否则需现场浇筑构件。传统的加筋格宾结构是由格宾面板、双绞合六边形金属网和填料共同组成的一种加筋土结构,其受力特点是土的侧压力通过格宾面板传递给双绞合六边形金属网筋材,筋材再与填土之间的摩擦力维持平衡。这种结构存在如下缺陷:一是必须使用砂填料,否则抗拔力不够,使用黏性填料,则筋材需要很密,不具备经济性;二是由于靠筋材与填料之间的摩擦力维持稳定,所以筋材也必须较长,导致结构水平横向填料较厚,增加工料的消耗,应用范围也受到一些限制。

为解决上述技术问题,研究提出一种新技术——包裹式加筋格宾挡土墙,其特征在于:所述挡土墙是由一个以上的包裹式加筋格宾结构单元叠加组成,各包裹式加筋格宾结构单元之间相互连接;所述包裹式加筋格宾结构单元包括位于外侧的格宾面墙和内侧的包裹式格宾网,所述格宾面墙为装填有石料的格宾网笼,所述格宾面墙的格宾网笼通过双绞合六边形金属网与所述包裹式格宾网无缝连接,所述双绞合六边形金属网(位于格宾面墙和包裹式格宾网中间)上夯实有填土。

包裹式加筋格宾挡土墙的受力特点是:填土的侧压力先传递到格宾面墙,再由格宾面墙传递到双绞合六边形金属网的筋材,再依靠双绞合六边形金属网和填土之间的相互摩擦力及包裹式格宾网的抗拔力保持平衡。

上述的包裹式加筋格宾挡土墙中,所述格宾面墙与所述双绞合六边形金属网上填土相接触的一面设置至少一层的土工布。

包裹式加筋格宾挡土墙中,所述格宾面墙中设有一块以上的横隔板。

作为一个总的技术构思,包裹式加筋格宾挡土墙提供一种包裹式加筋格宾挡土墙的施工方法,包括以下步骤:首先预制加筋格宾板,将所述加筋格宾板置于经过基础处理的地基上,然后进行现场组装,得到未封盖的加筋格宾预成型件;然后分别向所述加筋格宾预成型件两侧的格宾面板预成型件腹腔中装填石料,石料装满封盖后得到成型的格宾面墙,再在所述格宾面墙靠近双绞合六边形金属网的一侧铺设土工布,延伸铺设双绞合六边形金属网,向所述双绞合六边形金属网上填土,夯实,并将双绞合六边形金属网向上回折填土夯实,得到包裹式加筋格宾结构单元;再以所述包裹式加筋格宾结构单元为基础,由下往上不断重复该包裹式加筋格宾结构单元的施工步骤,直至到达包裹式加筋格宾挡土墙的设计高度,完成施工。

与现有技术相比,包裹式加筋格宾挡土墙的优点在于:包裹式加筋格宾挡土墙属于柔性支挡结构,其结合了现有平层加筋墙和加筋格宾墙的优点,得到兼具平层加筋墙和加筋格宾墙双重优点的新型支挡结构;包裹式加筋格宾挡土墙仅需作简单地基处理或者不作地基处理,可适应地基的不均匀沉降,可适用于承载力较低的不良地基地区;其次,由于包裹式加筋格宾挡土墙的主要构件均为预制拼装,即使在狭窄的工程现场或严格限制噪声、振动的地方也能建造;再次,包裹式加筋格宾挡土墙节省工料,造价较低,并具有天然排水的特性。此外,包裹式加筋格宾挡土墙的施工工艺简单,只需简单的重复作业,不需要技术工人,也不需要支撑,不必在养护上投入较大人力和物力,全部施工作业可在填土的一侧完成。

(2)具体实施方式实例

假设包裹式加筋格宾挡土墙长 L 为 10 m,高 10 m,在水平位置沿墙体长度方向上每层设有 5 个包裹式加筋格宾结构单元 1,在竖直高度方向上其是由 10 层高 h 为 1 m 的包裹式加筋格宾结构单元 1 叠加组成(图 6-15 中仅示出六层),每个包裹式加筋格宾结构单元 1 呈长方体形,该包裹式加筋格宾结构单元 1 包括位于两侧的格宾面墙 11(长 2 m×宽 1 m×高 1 m)和包裹式格宾网 12(长 2 m×宽 1 m×高 0.5 m),格宾面墙 11 为装填有石料的长方体格宾网笼,格宾面墙 11 的格宾网笼通过双绞合六边形金属网 13(长 2 m×宽 6 m×间距 1 m)与包裹式格宾网 12 无缝连接,格宾面墙 11 和包裹式格宾网 12 中间的双绞合六边形金属网 13 上夯实有填土 14。填土 14 为砾石、粗砂、黏土的混合料,本实施例中填土 14 容重为 1.85 t/m^3,摩擦角 φ = 25°。为减少侧向土压力,格宾面墙 11 保持 1∶0.3 的坡度,格宾面墙 11 均设有横隔板 15(一般 2 m 长的格宾面墙中设置一块横隔板即可),以改善格宾面墙 11 的整体受力。格宾面墙 11 与双绞合六边形金属网 13 上填土 14 相接触的一面设置有一层土工布 16 作为反滤层,以防止格宾面墙 11 后的填土 14 沿着格宾面墙 11 内石料的空隙流出。

如图 6-15~图 6-20 所示的本实施例包裹式加筋格宾挡土墙的施工方法,包括以下步骤:首先预制如图 6-16 所示的包裹式加筋格宾板 2,该包裹式加筋格宾板 2 一般是根据设计的包裹式加筋格宾结构单元 1 的形状确定,可大致分为格宾面板 21、包裹式格宾网 22 和双绞合六边形金属网 13 三个部分,每个部分之间实现无缝连接,共预制十套包裹式加筋格宾板 2,然后将这些包裹式加筋格宾板 2 运送至工程现场。在预制包裹式加筋格宾板 2 的同时,对工程现场进行地基整平、承载力测试、放线等传统加筋土工程的相关工作,然后将第一套包裹式加筋格宾板 2 置于经过简单处理的地基上,开始着手进行现场拼装。拼装前包裹式加筋格宾板 2 的展开状态如图 6-17 所示,按设计要求拼装完成后得到如图 6-17 所示的未封盖的包裹式加筋格宾预成型件 3,安装好横隔板 15,然后分别向包裹式加筋格宾预成型件 3 两侧的格宾面板预成型件 31 腹腔中装填石料,石料装满封盖后得到成型的格宾面墙 11。如图 6-18 所示,再在格宾面墙 11 靠近双绞合六边形金属网 13 的一侧铺设土工布 16,然后使双绞合六边形金属网 13 上填满填土 14,分层夯实,同时延伸铺设回折包裹式格宾网 12,填土夯实,得到第一层的包裹式加筋格宾结构单元 1。如图 6-20 所示,在第一层的包裹式加筋格宾结构单元 1 上铺设第二套包裹式加筋格宾板 2,由下往上不断重复九次该包裹式加筋格宾结构单元 1 的步骤,直至剩余的九个包裹式加筋格宾结构单元 1 依次垒筑完毕,到达包裹式加筋格宾挡土墙的设计高度(10 m),完成第一部分墙体的施工。再沿墙体长度 L 方向上重复四次该第一部分墙体的施工,完成整面包裹式加筋格宾挡土墙的施工。本实施例是以 2 m 长的墙体作为一个单元进行施工,具体实践中,可根据地形地貌的条件,以 4 m、6 m、8 m……等作为一个施工单元进行施工。

本实施例每个包裹式加筋格宾结构单元 1 的格宾面墙 11 和包裹式格宾网 12 的形状和尺寸可根据实际工程的需要确定。

在具体实践中,上述实施例的格宾面墙 11 和包裹式格宾网 12 的坡度可以根据施工场地空间的大小进行调整。

在具体实践中,可能由于挡土墙墙顶要受到道路荷载作用,上述实施例中填土 14 的摩擦角也可作相应调整(例如在受到 20 kPa 的道路荷载作用时,可将摩擦角 φ 调整为 28°)。

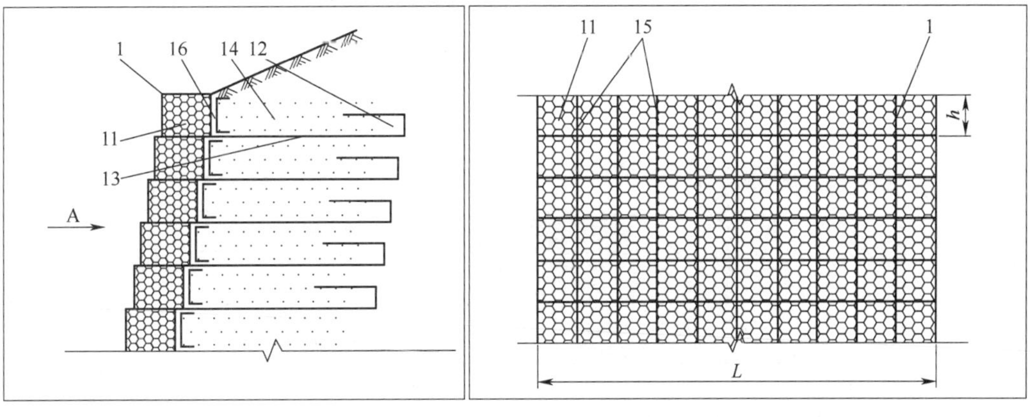

图 6-15 实施例中包裹式加筋格宾挡土墙的局部剖面图及局部视图

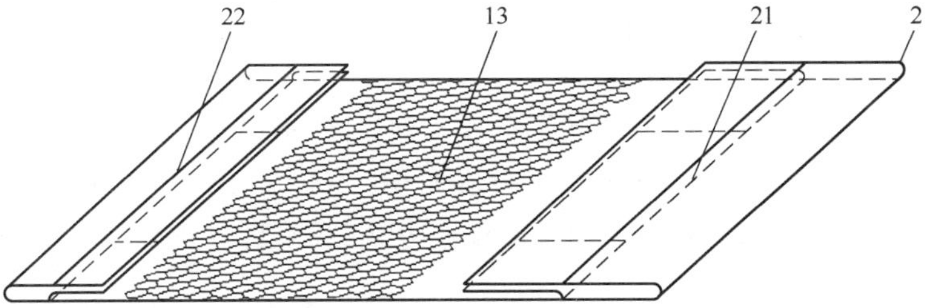

图 6-16 预制的包裹式加筋格宾板的结构示意图

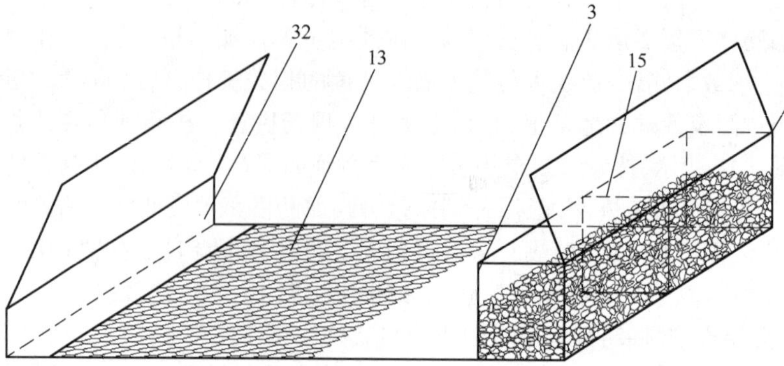

图 6-17　包裹式加筋格宾板展开后的施工状态图

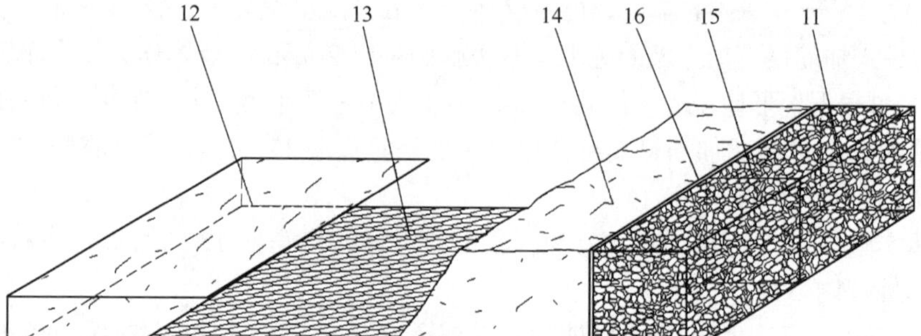

图 6-18　包裹式加筋格宾预成型件在装填石料状态下的施工状态图

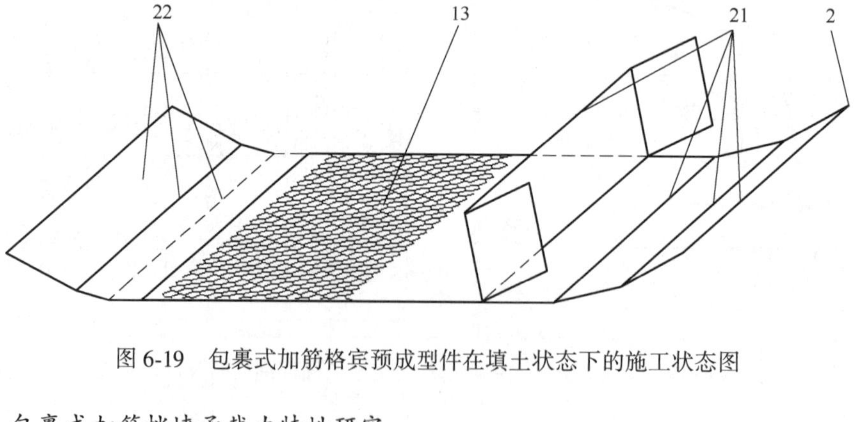

图 6-19　包裹式加筋格宾预成型件在填土状态下的施工状态图

6.2.4.3　包裹式加筋挡墙承载力特性研究

(1)拉力破坏时的承载力分析

图 6-21 表示拉力破坏时双绞合六边形钢丝网被拉断,沿墙身方向以单位长度研究其静力平衡时的受力状态。假定 M 为破裂面水平投影面积。OA 线在水平方向投影长度为 x_1,在垂直方向投影长度为 y_1;AB 线在水平方向投影长度为 x_2,在垂直方向投影长度为 y_2。则由几何关系可得:

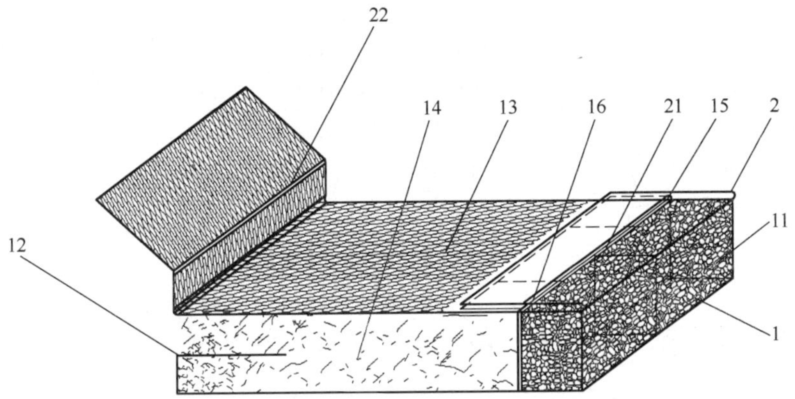

图 6-20 施工方法中垒筑第二层包裹式加筋格宾结构单元时初始状态示意图

1—包裹式加筋格宾结构单元；11—格宾面墙；12—包裹式格宾网土体；13—双绞合六边形金属网；14—填土；15—横隔板；16—土工布；2—包裹式加筋格宾板；21—格宾面板；22—包裹式格宾网；3—包裹式加筋格宾预成型件；31—格宾面板预成型件；32—包裹式格宾网预成型件

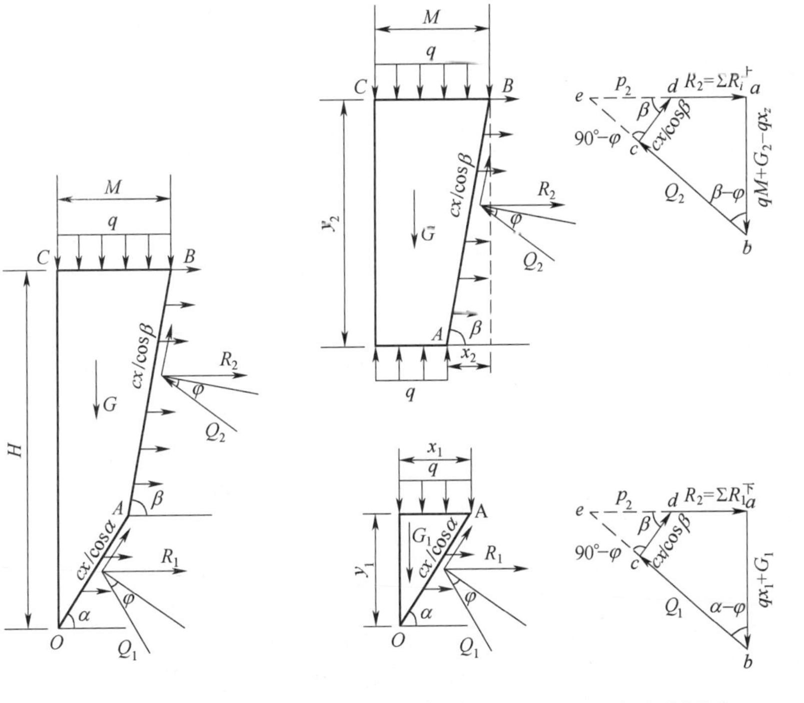

图 6-21 拉力破坏时双绞合六边形钢丝网加筋土挡墙的应力分析图

H—挡墙高度；G—单位长度土体重；P_1，P_2—计算参数；

R_1—下部纵向钢丝网拉力之和；R_2—上部纵向钢丝网拉力之和

$$x_1 + x_2 = M, y_1 + y_2 = H \tag{6-1}$$

$$\tan\alpha = \frac{y_1}{x_1}, \tan\beta = \frac{y_2}{x_2}$$

联立可求得：

$$x_1=\frac{M\tan\beta-H}{\tan\beta-\tan\alpha},y_1=\frac{\tan\alpha(M\tan\beta-H)}{\tan\beta-\tan\alpha}$$

$$x_2=\frac{H-M\tan\alpha}{\tan\beta-\tan\alpha},y_2=\frac{\tan\beta(H-M\tan\alpha)}{\tan\beta-\tan\alpha}$$

以转折点 A 为分界点,分别为对上下两部分进行隔离受力分析。对于加筋土结构下部,根据力多边形法则或静力平衡条件,可得:

$$q'x_1+G_1=(R+P)\cot(\alpha-\varphi) \tag{6-2}$$

$$qM-q'x_1+G_2=(R+P)\cot(\beta-\varphi) \tag{6-3}$$

式中:G_1为单位长度下部土体重,G_2为单位长度下部土体重。其中:

$$G_1=\frac{1}{2}\gamma x_1y_1=\frac{1}{2}\gamma x_1^2\tan\alpha\ ,\ G_2=\frac{1}{2}\gamma(M+x_1)y_2=\frac{1}{2}\gamma(M+x_1)x_2\tan\beta$$

$$P_1=cx_1[1+\tan\alpha\tan(\alpha-\varphi)]\ ,\ P_2=cx_2[1+\tan\beta\tan(\beta-\varphi)]$$

$$R_1=\sum R_i^{下}\ ,\ R_2=\sum R_i^{上}$$

由式(6-2)可得:

$$q'=\frac{\cot(\alpha-\varphi)}{x_1}\sum_{i=1}^{N}R_i^{下}+c[\cot(\alpha-\varphi)+\tan\alpha]-\frac{1}{2}\gamma x_1\tan\alpha \tag{6-4}$$

由式(6-2)、式(6-3)可得:

$$q=\frac{\sum_{i=1}^{N}R_i^{上}\cot(\beta-\varphi)+\sum_{i=1}^{N}R_i^{下}\cot(\alpha-\varphi)}{M}+\frac{cx_2(\cot(\beta-\varphi)+\tan\beta)}{M}$$

$$+\frac{cx_1[\cot(\alpha-\varphi)+\tan\alpha]}{M}-\frac{\gamma[(M+x_1)x_2\tan\beta+x_1^2\tan\alpha]}{2M} \tag{6-5}$$

(1)当 $\alpha=\beta=45^\circ+\varphi/2$, $x_1=0.3H$, $M=H\cot\alpha$ 时,破裂面即为郎肯破裂面,此时代入式(6-5)可得到其承载力为:

$$\begin{aligned} q&=\frac{\sum_{i=1}^{N}R_i\cot(\alpha-\varphi)}{H\cot\alpha}+c[\cot(\alpha-\varphi)+\tan\alpha]-\frac{\gamma H}{2}\\ &=\frac{\sum_{i=1}^{N}R_i\cot(\alpha-\varphi)}{H\cot\alpha}+\frac{c\cos\varphi}{\sin(\alpha-\varphi)\cos\alpha}-\frac{\gamma}{2}H \end{aligned} \tag{6-6}$$

若采用极限平衡法对郎肯破裂面进行整体受力分析,见图 6-22。

根据力的多边形法则或静力平衡条件,可得:

$$qH\cot\alpha+G=(R+P)\cot(\alpha-\varphi) \tag{6-7}$$

式中:G 为单位长度下部土体重,γ 为土的重度,R 为纵向钢丝网拉力的总和,R_i为单张纵向钢丝网的抗拉强度,P 为计算参数。其中:

$$G=\frac{1}{2}\gamma H^2\cot\alpha\ ,\ P_1=cx_1[1+\tan\alpha\tan(\alpha-\varphi)]\ ,\ P_2=cx_2[1+\tan\beta\tan(\beta-\varphi)]$$

$$R=\sum R_i\ ,\ P=cH\cos\varphi/[\sin\alpha\cos(\alpha-\varphi)]$$

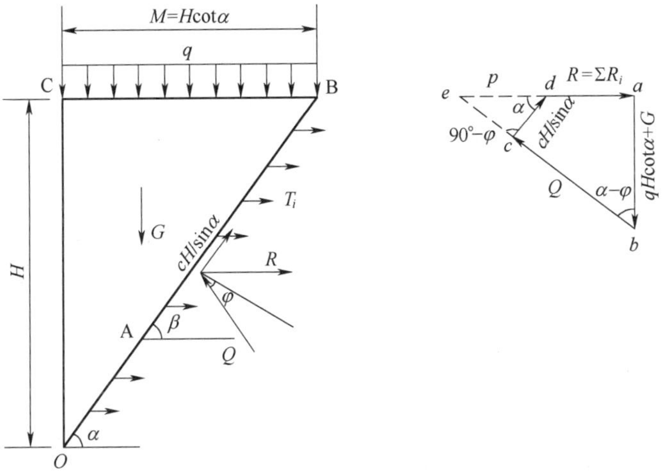

图 6-22　朗肯破裂面受力分析图

由式(6−5)可得：

$$q=\frac{\sum_{i=1}^{N}R_i\cot(\alpha-\varphi)}{H\cot\alpha}+\frac{c\cos\varphi}{\sin(\alpha-\varphi)\cos\alpha}-\frac{\gamma}{2}H \tag{6-8}$$

由此可见，两者是完全相同，从而进一步验证了朗肯破裂面为式(6−5)中的一种特殊情况。

(2)当 $\beta=\pi/2$，$M=0.3H$ 时，破裂面即为 0.3H 简化破裂面。若假定上部破裂面不开裂，活动区的土体沿破裂面滑动，即考虑上部破裂面存在黏聚力和土体抗力，此时：

$$x_1=\lim_{\beta\to\frac{\pi}{2}}\frac{M\tan\beta-H}{\tan\beta-\tan\alpha}=0.3H,\ y_1=\lim_{\beta\to\frac{\pi}{2}}\frac{\tan\alpha(M\tan\beta-H)}{\tan\beta-\tan\alpha}=0.3H\tan\alpha$$

$$x_2=\lim_{\beta\to\frac{\pi}{2}}\frac{H-M\tan\alpha}{\tan\beta-\tan\alpha}=0,\ y_2=\lim_{\beta\to\frac{\pi}{2}}\frac{\tan\beta(H-M\tan\alpha)}{\tan\beta-\tan\alpha}=H(1-0.3\tan\alpha)$$

代入式(6−8)，可得到其承载力为：

$$q=\lim_{\beta\to\frac{\pi}{2}}\left(\frac{\sum_{i=1}^{N}R_i^{上}\cot(\beta-\varphi)+\sum_{i=1}^{N}R_i^{下}\cot(\alpha-\varphi)}{M}+\frac{c[x_2(\cot(\beta-\varphi)+\tan\beta)+x_1(\cot(\alpha-\varphi)+\tan\alpha)]}{M}-\frac{\gamma[(M+x_1)x_2\tan\beta+x_1^2\tan\alpha]}{2M}\right)$$

$$=\frac{\sum_{i=1}^{N}R_i^{上}\tan\varphi+\sum_{i=1}^{N}R_i^{下}\cot(\alpha-\varphi)}{0.3H}+\frac{cH(1-0.3\tan\alpha)}{0.3H}+c[\cot(\alpha-\varphi)+\tan\alpha]-\gamma H(1-0.15\tan\alpha)$$

假定上部破裂面完全开裂，即不考虑上部破裂面上的黏聚力和土体抗力。根据极限平衡法，上部土体中钢丝网的拉力由下部土体的抗力来平衡。取下部为隔离体，如图 6-23 所示进行受力分析可得：

$$0.3Hq+G=(R+P)\cot(\alpha-\varphi) \tag{6-9}$$

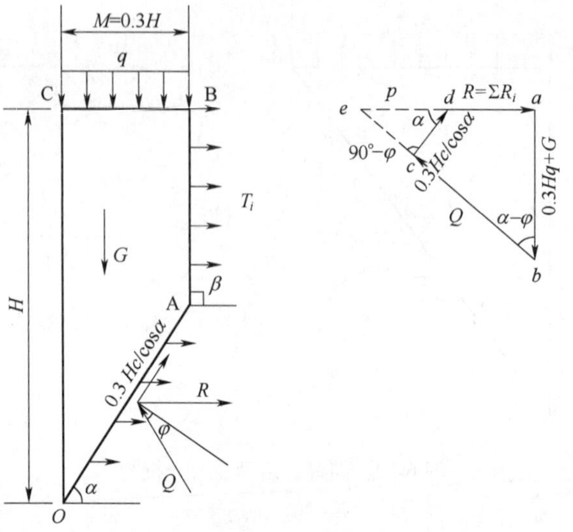

图 6-23 简化破裂面受力分析图

式中：G 为单位长度下部土体重，γ 为土的重度，R 为纵向钢丝网拉力的总和，R_i 为单张纵向钢丝网的抗拉强度，P 为计算参数。其中：

$$G = 0.3\gamma H(H - 0.15H\tan\alpha)\ ,\ R = \sum R_i\ ,\ P = 0.3Hc[1 + \tan\alpha\tan(\alpha - \varphi)]$$

则：
$$q = \frac{\sum_{i=1}^{N} R_i\cot(\alpha - \varphi)}{0.3H} + c[\cot(\alpha - \varphi) + \tan\alpha] - \gamma H(1 - 0.15\tan\alpha) \qquad (6\text{-}10)$$

（3）当 $\tan\alpha = 1/0.6$，$\tan\beta = 1/0.15$，$M = 0.3H$ 时，破裂面即为本报告所提出的双折线破裂面，此时代入式（6－10）可得到其承载力为：

$$q = \frac{\sum_{i=1}^{N} R_i^{上}\cot(\beta - \varphi) + \sum_{i=1}^{N} R_i^{下}\cot(\alpha - \varphi)}{0.3H} + \frac{c\{[\cot(\beta - \varphi) + \tan\beta] + 2[\cot(\alpha - \varphi) + \tan\alpha]\}}{3}2 - 2\gamma H/3 \qquad (6\text{-}11)$$

6.2.4.4 黏着破坏时的承载力分析

图 6-24 表示黏着破坏下加筋土中纵向钢丝网被拔出，沿墙身方向取单位长度研究其静力平衡时的受力状态。设填土与钢丝网之间的摩擦系数为 μ，破裂面上各加筋极限承载力之和为：

以转折点 A 为分界点，分为对上下两部分进行隔离受力分析。对于加筋土结构下部，根据力多边形法则或静力平衡条件，可得：

$$q'x_1 + G_1 = (T_1 + P)\cot(\alpha - \varphi) \qquad (6\text{-}12)$$

式中：G_1 为单位长度下部土体重；T_1 为下部纵向钢丝网拉力总和；P 为计算参数。

$$G = \frac{1}{2}\gamma x_1 y_1 = \frac{1}{2}\gamma x_1^2\tan\alpha\ ,\ T_1 = \sum T_i^{下} = 2\mu\sum_{i=1}^{N_1} L_{ai}\gamma h_i\ ,\ P = cx_1[1 + \tan\alpha\tan(\alpha - \varphi)]$$

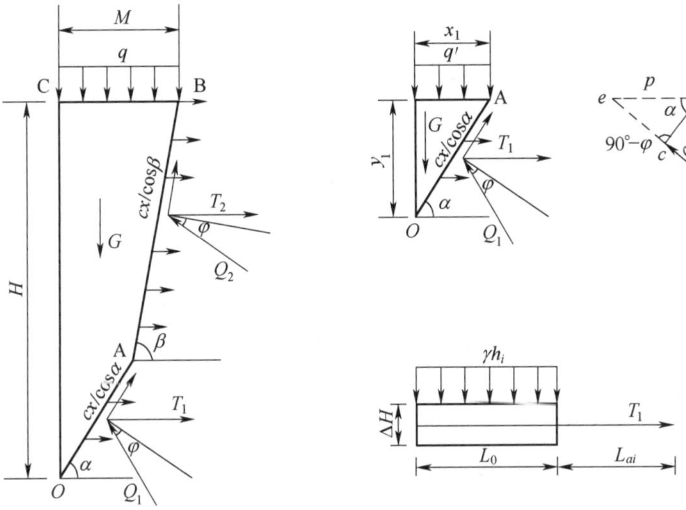

图 6-24　黏着破坏时应力分析图

$$\text{则}: q' = \frac{\cot(\alpha - \varphi) \times 2\mu \sum_{i=1}^{N_1} L_{ai}\gamma h_i}{x_1} + c[\cot(\alpha - \varphi) + \tan\alpha] - \frac{1}{2}\gamma x_1 \tan\alpha \tag{6-13}$$

对于加筋土结构上部,根据力的多边形法则或静力平衡条件,如图 6-25 所示,可得:

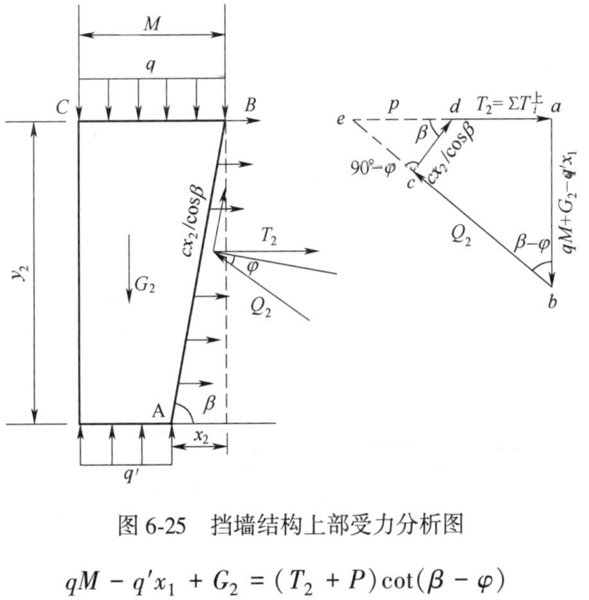

图 6-25　挡墙结构上部受力分析图

$$qM - q'x_1 + G_2 = (T_2 + P)\cot(\beta - \varphi) \tag{6-14}$$

式中:G_2为单位长度上部土体重;T_2为上部纵向钢丝网拉力总和;L_{ai}为位于“锚固区”第 i 层纵向钢丝网的锚固长度;P 为计算参数。其中:

$$G = \frac{1}{2}\gamma(M + x_1)y_2 = \frac{1}{2}\gamma(M + x_1)x_2\tan\beta\ ,\ T_1 = \sum T_i^{下} = 2\mu L_{ai}\gamma h_i$$

$$T_2 = \sum T_i^{上} = 2\mu \sum_{i=1}^{N_2} L_{ai}\gamma h_i\ ,\ P = cx_2[1 + \tan\beta\tan(\beta - \varphi)]$$

由式(6-13)、式(6-14)可得：

$$q=\frac{2\mu\sum_{i=1}^{N_2}L_{ai}\gamma h_i\times\cot(\beta-\varphi)+2\mu\sum_{i=1}^{N_1}L_{ai}\gamma h_i\times\cot(\alpha-\varphi)}{M}+$$

$$\frac{cx_2(\cot(\beta-\varphi)+\tan\beta)}{M}+\frac{cx_1(\cot(\alpha-\varphi)+\tan\alpha)}{M}-\frac{\gamma[(M+x_1)x_2\tan\beta+x_1^2\tan\alpha]}{2M} \tag{6-15}$$

由此可见,黏着破坏时承载力公式与拉断破坏时承载力公式的区别在于:黏着力之和$\sum T_i$与拉力之和$\sum R_i$的计算不同,拉断破坏时承载力公式中的$R=\sum R_i$换为$T=\sum T_i$即可得到相应的黏着破坏时承载力公式。

6.2.4.5 包裹式加筋格宾挡墙的稳定性分析

双绞合六边形钢丝网加筋挡墙采用格宾笼作为面板,具有MSE挡墙(Mechanically stabilized earth retaining wall)的特征。MSE挡墙的设计比较复杂,要综合考虑内部及外部的稳定。

(1)外部稳定

和传统的重力式或半重力式挡墙一样,MSE挡墙的外部破坏形式有四种。整体侧移、倾覆破坏、承载力破坏和整体滑动。如图6-26所示。

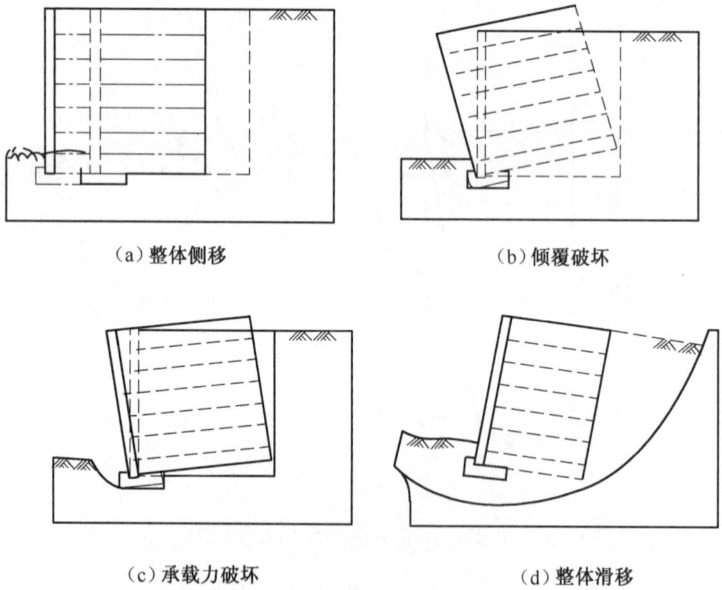

(a)整体侧移　(b)倾覆破坏　(c)承载力破坏　(d)整体滑移

图6-26 包裹式加筋格宾挡墙外部稳定破坏的不同类型

由于MSE挡墙属于柔性挡墙,某些情况下,在考虑外部破坏时,选择的安全系数可低于钢筋混凝土悬臂式挡墙和重力式挡墙。而且,由于MSE挡墙具有柔性,发生倾覆破坏的可能性会大大降低。但是由于抗倾覆的标准可以通过限制墙体的倾斜来控制侧向变形,所以在进行MSE挡墙的设计时依然要满足抗倾覆标准。

1)整体侧移

$$FS_{滑动}=\frac{\sum 水平抗滑力}{\sum 水平滑动力}=\frac{\sum P_{\mathrm{R}}}{\sum P_{\mathrm{d}}} \tag{6-16}$$

其中的抗滑力取挡墙基底抗剪力和接近基底的薄弱层的抗剪力两者中的较小值，而滑动力是作用在墙体后部推力的水平分量。

根据《铁路路基支挡结构设计规范》(TB 10025—2001,J 127—2001)关于重力式挡墙的规定，抗滑动稳定系数 $FS_{滑动}$ 不应小于 1.3。根据美国交通部联邦公路局出版的《Mechanically Stabilized Earth Walls and Reinforced Soil Slopes Design & Construction Guidelines》抗滑动稳定系数 $FS_{滑动}$ 不应小于 1.5。

2)倾覆破坏

$$FS_{倾覆}=\frac{\sum 稳定力系对墙趾的总力矩}{\sum 倾覆力系对墙趾的总力矩}=\frac{\sum M_y}{\sum M_0} \tag{6-17}$$

根据《铁路路基支挡结构设计规范》(TB 10025—2001,J 127—2001)关于重力式挡墙的规定，抗滑动稳定系数 $FS_{滑动}$ 不应小于 1.5。

3)承载力破坏

承载力破坏具有两种形式：整体剪切破坏和局部剪切破坏。局部剪切是由于地基为松软的土体，产生压缩而形成的。

①整体剪切破坏

为了防止发生承载力破坏，要保证挡墙基底的垂直应力不超过地基土的容许承载力。为了保证安全，极限承载力要除以一个 2.5 的安全系数。

$$\sigma_{\mathrm{V}} \leqslant q_a=\frac{q_{ult}}{FS} \tag{6-18}$$

如经过岩土力学的计算分析，认为沉降可接受的话，安全系数可减小为取 2.0。

②局部剪切破坏

为了防止弱黏性土体上挡墙结构发生大的水平移动，要控制：

$$\gamma H \leqslant 3c \tag{6-19}$$

如果不能满足上述条件，则建议对地基土进行加固处理。

4)整体滑移

在考虑整体滑移稳定性时，加筋土挡墙被认为是一个刚性的整体，只考虑破裂面完全在加筋土体之外的情况。对于具有矩形切面的简单结构，相对均一的布筋方式，以及接近垂直的面板，同时穿越加筋区和非加筋区的复合破裂面通常不是最危险的破裂面。但是，如果有下列情况：加筋方式发生变化，加筋长度发生变化，有很大的附加荷载，面板倾斜，墙趾或墙顶有明显斜坡或堆积物，则必须考虑复合破裂面。

最小安全系数 FS 一般取 1.3，如不能满足要求，可增加加筋体的长度或增强地基土的强度。

(2)内部稳定

如上节承载力计算中所提到的，MSE 挡墙的内部破坏形式分为拉力破坏和黏着破坏。内部稳定性分析内容包括确定破裂面的形状、筋材最大拉力、筋土间摩擦系数、计算筋材所提供的拉拔阻力等内容。有关破裂面的问题在上一节中已经论述过,在此不再重复。

1)拉断破坏分析

最近有研究表明,MSE 挡墙加筋体的最大拉力主要受加筋体类型的影响,最大拉力可通过加筋体的抗拉模量、延展性和密度来计算。基于上述研究,建立了加筋体类型和过载应力之间的关系,如图 6-27 所示。

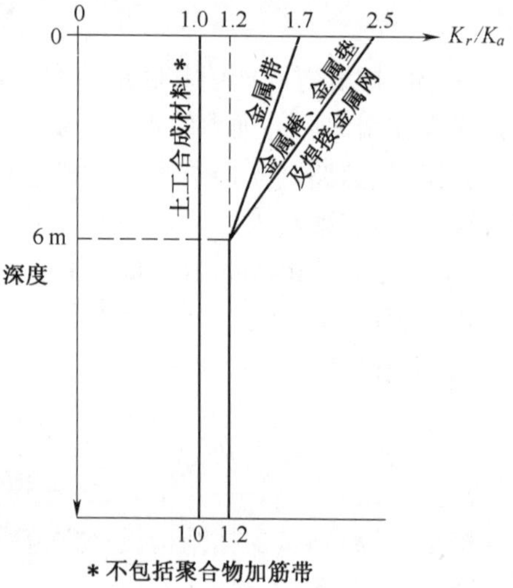

图 6-27 MSE 挡墙应力率随墙高的变化

加筋土挡墙内部稳定的设计方法有很多,对于 MSE 挡墙常用的有相关重力法(Coherent Gravity Method,AASHTO,1994 临时)和结构刚度法(Strucuture Stiffness Method,FHWA RD 89-043)。但是这两种方法在计算过程中都可能要进行迭代,比较繁琐,本书重点介绍简化相关重力法(Simplified Coherent Gravity Method),此法是基于和上两种方法相同的经验数据建立的。

侧土压力系数是通过在主动土压力系数上再乘以一项得到的。而主动土压力系数根据库仑土压力理论计算,假定墙背无摩擦,墙顶填土水平。当墙背垂直时,主动土压力系数还原为朗肯公式:

$$K_a = \tan^2(45 - \varphi/2) \tag{6-20}$$

当面板倾角等于或大于 8°时,使用如下简化的库仑公式计算主动土压力系数:

$$K_a = \frac{\sin^2(\theta + \varphi')}{\sin^3\left(1 + \dfrac{\sin\varphi'}{\sin\theta}\right)^2} \tag{6-21}$$

式中 θ——墙背与水平面的夹角。

具体的计算步骤如下:

①计算每一层的水平应力 σ_H

$$\sigma_{\mathrm{H}} = K_r\sigma_{\mathrm{v}} + \Delta\sigma_{\mathrm{h}} \tag{6-22}$$

其中 $\sigma_{\mathrm{v}} = \gamma_r + \sigma_2 + q + \Delta\sigma_{\mathrm{v}}$, $K_r = K(z)$, z 是自墙顶往下的深度,不包括任何顶盖和附属物的高度, σ_2 如图 6-28 所示, $\Delta\sigma_{\mathrm{v}}$ 是由集中竖向荷载所引起的垂直应力增量, $\Delta\sigma_h$ 是由集中水平超载所引起的水平应力增量。

②计算每一层加筋体单位宽度的最大拉力 $T_{\max}$

$$T_{\max} = \sigma_{\mathrm{H}} \cdot S_{\mathrm{v}} \tag{6-23}$$

式中 S_{v} ——垂直加筋间距。

③判断加筋体是否断裂,确定内部稳定性是否满足要求。要保证加筋体不断裂需满足:

$$T_a \geqslant \frac{T_{\max}}{R_c} \tag{6-24}$$

式中: $R_c = b/S_h$, b 是加筋单元的总宽度, S_h 是加筋体中心到中心的水平距离(对于满布的加筋体,取 $R_c = 1$,双绞合六边形钢丝网等网状加筋体被看作是满布的)。T_a 是加筋体单位宽度

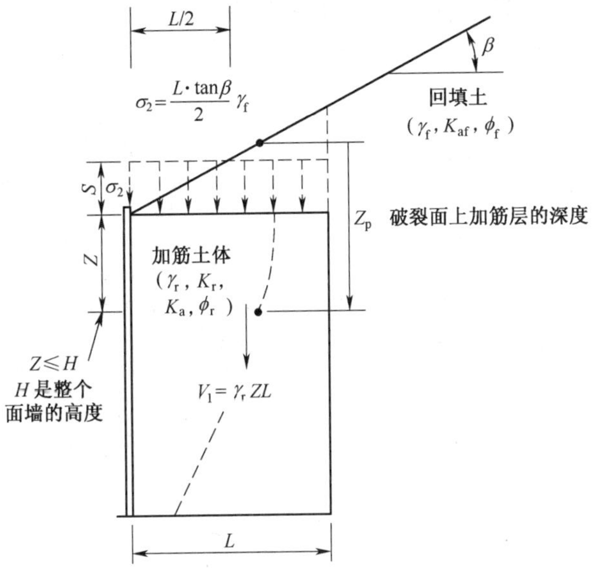

图 6-28 墙顶填土倾斜时垂直应力的计算

的最大容许拉力。

2)黏着破坏分析

要保证 MSE 挡墙不发生黏着破坏,则要满足如下条件:

$$T_{max} \leqslant \frac{1}{FS_{PO}} F^{*} \gamma Z_p L_e C R_c \alpha \tag{6-25}$$

式中 FS_{PO}——抗拔安全系数,$FS_{PO} \geqslant 1.5$;

T_{max}——加筋体的最大拉力;

C——常数,取 2(适用于条带状、格栅和膜状的加筋体);

α——比例校正参数;

F^{*}——抗拔参数;

R_c——覆盖率;

γZ_p——过载压力,包括静分布荷载和可以被忽视的交通荷载;

L_e——稳定区的加筋体长度,值得注意的是在集中力作用下,稳定区和活动区的界限可能发生改变。

于是,加筋体的锚固长度可由下式确定:

$$L_e \geqslant \frac{1.5T_{max}}{CF^{*} \gamma Z_p R_c \alpha} \geqslant 1\ \text{m} \tag{6-26}$$

注意:在进行抗拔稳定性计算时,不考虑交通荷载和其他活载。

要保证 MSE 挡墙的内部稳定性,则加筋体的全长:

$$L = L_a + L_e \tag{6-27}$$

式中 L_a 可参见图 6-29。

对于 MSE 挡墙,如果采用可延伸加筋体,面板垂直,填土表面水平,则:

$$L_a = (H - Z)\tan(45 - \varphi'/2) \tag{6-28}$$

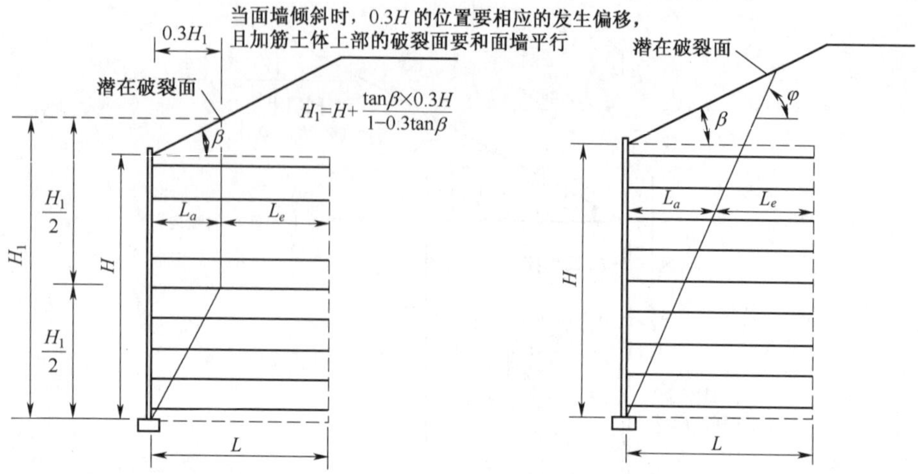

（a）不可延伸筋材　　（b）可延伸筋材

图 6-29　潜在破裂面的位置

式中　Z——所求加筋层的深度。

在实际工程中,一般不会根据计算结果各层选用不同的加筋长度,而是在保证最大加筋长度的基础上,各层采用均一的加筋长度。

如果采用不可延伸的加筋体,墙高 $H/2$ 以下:

$$L_a = 0.6(H - Z) \tag{6-29}$$

墙高 $H/2$ 以上:

$$L_a = 0.3H \tag{6-30}$$

如果采用可延伸的加筋体,当面板垂直或接近垂直时(倾角小于 10°)时:

$$\varphi = 45° + \frac{\phi}{2} \tag{6-31}$$

如果面板倾角等于或大于 10°,则可根据下式确定破裂面:

$$\tan(\varphi - \phi) = \frac{-\tan(\phi - \beta) \cdot \sqrt{\tan(\phi - \beta)\left[\tan(\phi - \beta) + \cot(\phi + \theta - 90)\right] + \tan(\delta + 90 - \theta)\cot(\phi + \theta - 90)}}{1 + \tan(\delta + 90 - \theta)\left[\tan(\phi - \beta) + \cot(\phi + \theta - 90)\right]} \tag{6-32}$$

6.2.5　桥　梁

桥梁作为跨越江、河、湖泊、海峡及沟谷的结构物,对保障交通畅通和城镇发展,起着不可替代的作用。它是路网建设中的关键节点,特别是高速公路向山区发展后,桥隧比例越来越高。

影响桥梁占地的因素从设计角度而言,主要是桥梁比例(即路线总体设计中的桥梁、路基、隧道的方案选择)、桥位选择、桥型方案、净空标准、桥梁长度、孔跨布置等方面。因此,就桥梁设计方面的节约用地而言,应在总体设计阶段合理确定路基、桥梁、隧道的方案选择,在此基础上,合理确定桥位选择、桥型方案、净空标准、桥梁长度、孔跨布置等。

6.2.5.1　影响公路桥梁用地的主要因素

(1)总体设计

桥梁总体布设方案应在地形、地貌、地质、气象、社会人文和环境等资料调查的基础上,由路线总体、路、桥、隧综合考虑，顺“势”而为，合理确定桥梁比例，保证桥梁“功能”及“环境”的和谐统一。坚持地形选线、地质选线、环保选线和安全选线，兼顾用地因素，遵循“全寿命周期成本”理念，保证方案选择的合理性与对环境的最小影响。

在平原区，路线往往会经过成片的基本农田区，路线总体设计应根据路基填土高度、软基处理、工程造价、环境影响、土地占用等因素综合比选确定，在考虑土地占用因素时应引入土地占用的机会成本对占用的土地价值进行计算，提高土地占用因素的权值。实际上，由于我国耕地的持续减少以及城镇化的不断发展，高速公路在经过成片的基本农田区时，大部分已选择了以桥代路方案。

在山区，地形愈来愈复杂，桥隧结构物比例一般占到30%~50%，甚至达80%，因此，山区高速路线选线应对路线、桥梁、隧道、路基等各专业综合协调，合理确定桥梁建设规模，对于难以取舍的方案应进行同等深度比较。

(2)桥位选择

特大桥、大桥的桥位是路线布设重要的控制点，路线布设与桥位选择是相辅相依的，对于特大桥的桥位，甚至是反过来影响和决定路线布设，因此，结合考虑节约用地因素进行桥位选择，对于节约土地也具有重要意义。

(3)桥梁方案

在路线总体方案已经确定后，桥梁长度、跨径的确定，桥型方案、通航净空和通行净空等，均从微观层面上对用地量构成影响。

6.2.5.2 桥梁设计节约用地措施

就桥梁设计方面的节约用地而言，应在总体设计阶段合理路线总体走向，确定路基、桥梁、隧道的方案选择，在此基础上，合理确定桥位、桥梁方案、桥梁长度、跨径布置等。需要强调指出的是，由于桥梁造价较贵，因此决不能片面盲目地追求节约用地而大幅增加桥梁长度和比例，从而增加工程造价，而是在合理比较的基础上，减少土地资源的无谓浪费。

(1)方案比选与总体设计

桥梁总体布设方案应在地形、地貌、地质、气象、社会人文和环境等资料调查的基础上，由路线总体、路、桥、隧综合考虑，合理确定桥梁比例。

在平原区，路线经过成片的基本农田区时，一般宜以桥代路；在路线无法绕避的湖区、滨海软土地区、高原冻土地区，若岩土性质差、厚度大，加固措施无法满足路基变形要求时，可考虑选择以桥代路方案。

在山区，地形地质条件复杂，地质环境脆弱，高速公路建设不可避免要破坏原有环境，诱发和加剧各种地质灾害，增加公路建设投资，影响工期，甚至给运营阶段带来严重的安全隐患。桥梁作为架空构造物，适应复杂地形和不良地质条件的能力强，山区高速路线选线应对路线、桥梁、隧道、路基等各专业综合协调，合理确定桥梁建设规模，根据实际情况采用以桥代路方案，设置适当的高架桥或半幅桥，以达到减少高填深挖路段，减少对自然环境的破坏，提高工程结构的可靠度。在野生动物迁徙地段，也应考虑以桥代路增设动物通道。

(2)桥梁、路基方案选择

当路堤较高时，以桥代路是节约土地资源的最好方法。按一般填土路堤1∶1.5的边坡坡率计算，对于26 m路基宽的高速公路，当路堤高度大于5 m时，高速公路路堤占地面积将是桥梁占地面积的2倍以上。但是，由于桥梁本身的工程造价一般要远高于路基，因此，合理的桥梁、路基方案选择必须结合工程造价、用地类型、地形条件、地基条件、环境保护等综合因素比选后综合确定。

由于平原微丘区和山岭重丘区的地类条件、地形条件、地基条件、取弃土方案等有着明显的差别,因此,就节约用地而言,桥梁、路基的方案选择可分为以下两种情况。

1)平微区桥梁、路基方案选择

土地资源是一种不可再生的稀缺资源,平原微丘区的地类多为大面积的耕田,特别是当公路通过高效经济物区或城市近郊时,其土地的价值更是弥足珍贵,在路桥方案决策分析中应综合考虑如下因素:

①路基工后沉降

路基工后沉降主要分两部分:一是路基填方本体的沉降,二是地基沉降。已有的研究成果表明:路基填方本体压实度达到规定要求,其后期沉降很小,粗粒土压实度90%,工后沉降仅为路堤高度的0.1%~0.3%,且工后沉降大部分在1年之内完成。因此,路基工后沉降控制主要是对地基变形的控制。

根据国内的相关研究成果,当软土地段路堤高度大于8 m,以及对于性质极差的软土或厚度大于15 m的深厚软土,软土路堤工后沉降难以有效控制,一般宜以桥代路。

②路基工程造价

桥梁方案一旦确定后,其工程造价便可以非常准确地确定,但路基方案工程造价的影响因素繁多,需综合考虑地基处理、路堤填筑以及路堤边坡防护工程、排水工程四部分。地基处理工程主要与软弱地基深度和路堤高度有关系,土地占用、路堤填筑以及路堤边坡防护工程主要与路堤高度有关。

根据国内的相关研究成果,软土路堤高度大于10 m,软土(松软土)厚度大于15 m,软土路基工程造价已与桥接近,综合考虑施工工期、土地资源占用、环境保护等因素,一般宜以桥代路。

③筑路材料来源的影响

筑路材料来源(价格)亦影响路基工程造价,当筑路材料缺乏需大量取土或远运时,应控制路堤高度,宜以桥代路。

④土地占用的机会成本

公路建设用地主要来源是国家划拨,按各省市制定的赔偿标准执行占用地赔偿,土地占用补偿费用一般为5 000~50 000元/亩。由于土地资源是一种不可再生的稀缺资源,目前的土地占用补偿价格未完全反映土地资源的不可再生这一特性,亦未完全考虑土地及其附着物的机会成本及其附着物的环境、历史和情感价值。因此土地价值应从社会效益角度充分考虑土地占用的机会成本并进行价值评价,以此作为土地的占用成本。

⑤环境保护

以桥代路,尽量降低路堤设计高度,可有效保护环境并节约土地资源。在城市与郊区采用以桥代路,除减少占地外,桥下可建设下穿道路、人行通道、仓库或其他城市设施;在乡村与山区采用以桥代路,桥下可为人行通道或野生动物通道等。尽量减少对自然植被、生态环境的破坏,尽量做到填挖土石方平衡,减少取弃土,是交通工程环境保护的重要内容之一。合理选择桥路方案,可减少取弃土场地,有利于保护环境。

从保护环境及节约土地出发,在进行路桥方案决策分析中引入路基工程土地和环保放大因子进行量化分析，即考虑桥路方案经济比较时，路基工程造价乘以大于 1 的系数，如 1.2。其意义表示：路基工程造价虽比桥便宜 20%，但从节约土地和保护环境角度考虑，可以选择桥方案。

土地及环保因子取值主要考虑因素：a. 土地熟化程度——线路通过成片的良田及经济作物区时，可取较高的值，如线路通过荒芜的山间谷地，则取 1.0。b. 地区经济发展水平——经济发达地区，可取较高的值。c. 路基填料来源——无路堑或隧道弃渣可利用，需另行大量取土地段，可取较高的值，反之，如有大量弃方需消化，则可取较小的值。d. 其他环保要求。

2）山岭重丘区桥梁、路基方案选择

山岭重丘区高速公路因地形条件、地貌条件限制，往往路线所经地区的人均耕地占有量偏低，因此，山岭重丘区高速公路的路线必须跨越成片基本农田时，应充分考虑以桥代路的论证，或采取路基支挡等节地措施。

对于中心填高大于 20 m 的路堤原则上需做路、桥方案比较，评价工程对生态环境带来的影响以及是否会存在安全隐患，从工程造价、环境保护、土地占用、工程安全等进行综合比较，确定好依从关系，合理确定采用方案。

此外，对山岭重丘区公路，桥隧所占比例较大，如何做到充分利用挖方弃方和隧道弃渣填路堤，达到减少弃方（既可以减少占地，又可减少弃方处理和运输费用），是山区公路路桥选择的一个很重要的问题。在总体设计时，应根据构造物设置情况、各路段的取（弃）土方量、运输便道设置和利用条件、构造物所处位置的地形、纵面高度等情况统筹考虑。在地质条件好、纵面高度小于 30 m 且采用路堤方案能满足稳定性要求前提下，宜优先考虑利用挖方土方、隧道弃渣填筑路堤方案；当路线处于山边缓坡、跨越山前汇水量小的浅沟、两隧道间的浅沟段时，应根据路段的取（弃）土方量、运输便道设置和利用条件、占地情况、防护工程量大小等考虑进行全路堤、全桥梁，或采用重力式（肋式）桥台减短桥梁长度的路桥方案进行同等深度比较。根据比较结果择优采用。因此，对山岭重丘区公路，桥梁设计需综合考虑路基挖方弃方和隧道弃渣等因素，达到工程造价合理、合理用地的目的，而不能单纯地以减少桥梁占地数量为目的。

（3）桥位选择

特大桥、大桥的桥位是路线布设重要的控制点，路线布设直接影响桥梁方案的选择及工程规模。就节约用地而言，桥梁设计人员应与路线设计人员紧密配合，将路线布置与桥梁方案有机地结合起来，进行多方案的综合比选。

城、镇桥位选择必须有利于城、镇规划和总体布局的需要，充分考虑征地拆迁费用和人民群众的切身利益，尽量少拆迁、少占耕地。桥位选择是根据地质构造稳定性、水文情况、路网协调、交通管理、航运影响以及工程技术方案实施可行性及经济合理性，尽量选择在河道顺直、地形条件好、岸线稳定且最窄处，有利于城、镇规划和总体布局。

我国某些公路建设中保护基本农田的意识渐强，在跨越基本农田区时采取了设置高架桥的节地措施，路线选线时在基本农田区最窄处架桥通过。桥位比选时，在两端接线条件相当的情况下，可考虑路线顺直的方案，以减少土地的占用。

（4）充分调查研究，核定合理的通航等级、水位和净空标准

桥梁的设计标高对路线纵断面设计起着控制作用，因而对用地的规模存在一定的影响（特别是在平原微丘区），勘测时应进行深入细致的调查。如搜集航道主管部门意见，进行现场行船类型与航行密度的调查，进行桥轴线河床断面、形态断面、洪水位及河流水面比降等测

量,按部颁规范规程及相关技术标准综合论证,确定各通航河流的等级、最高通航水位、净高及净宽标准。收集沿线江、河、湖区水文站与桥闸的净高、水文等资料并进行科学的水文计算和分析,确定合理的设计水位。在以上基础上,结合经济技术比较确定合理的桥型、跨径和梁高,避免纵面上富余过大,导致桥头两侧接线填土高度过高、占地过大的现象。此外,对桥梁跨度、净空高度和涵洞的富余系数要严格控制,以减少路基占地和因取土多而增加挖废土地。

(5)桥梁方案选择

1)桥型方案选择

桥型方案选择包括不同结构体系的选择、下部基础的选择、桥梁孔跨布置及施工方案选择等因素,这些因素对整个桥梁的建设用地都有一定的影响。

①正确的设计理念是节约工程造价和用地的有效手段之一。比如在平原区的宽浅河流上进行桥型方案设计时,在满足通航要求的前提下,一般的中、小跨径简支结构就可满足,但由于要填补这一地区的桥型空白,而采用了斜拉桥结构或其他复杂桥型结构,由于这类桥梁跨径偏大,梁高普遍比中、小跨径的梁式桥高,造成引道规模增加,无形中增加了桥头两侧接线的用地。由于这种工程实例普遍存在,因此要求设计者在进行方案比选时,一定要科学务实,不要造成不必要的工程费用和占地的增加。

②山区高速公路中的桥梁设计首先要做到满足地形要求,保护自然环境,合理设墩,避免布孔不合理造成大填大挖和对自然地形原貌的破坏。山区桥梁的工程地质,在一定程度上较平原区较好,在基础形式的选择上,尽量采用工程量小的轻型桥台或桥墩,减少对自然环境的破坏。

2)合理确定桥梁长度

就节约用地而言,桥梁长度的确定应首遵循以下原则:既不能片面为降低工程造价而压缩桥长,也不能片面为节约用地而无谓增加桥长,徒然增加工程造价。

(6)桥头接线纵面设计

交通部部颁《公路路线设计规范》(JTG D220—2006)第 8.2.4 条对桥上及桥头路线的纵坡作了如下规定:

1)小桥与涵洞处的纵坡应随路线纵坡设计。

2)桥梁及其引道的平、纵、横技术指标应与路线总体布设相协调,各项技术指标应符合路线布设的规定。大桥的纵坡不宜大于 4%,桥头引道纵坡不宜大于 5%,引道紧接桥头部分的线形应与桥上线形相配合。

3)位于市镇附近非汽车交通量大的路段,桥上及桥头引道纵坡均不应大于 3%。

对节约用地而言,桥头接线纵面设计应结合其土地占用类型灵活设计,在满足上述规定的前提下,为尽量减少耕地及其他敏感土地的占用量,可适当将指标用足。

6.2.5.3 桥梁设计节约用地要点

(1)桥梁总体布设方案应在地形、地貌、地质、气象、社会人文和环境等资料调查的基础上,由路线总体、路、桥、隧综合考虑,合理确定桥梁比例。

(2)桥梁、路堤方案选择应综合考虑工程造价、占地、环保等因素,土地的占用应从社会效益角度充分考虑土地占用的机会成本并进行价值评价。

(3)桥位选择必须有利于城、镇规划和总体布局的需要,充分考虑征地拆迁费用和人民群众的切身利益,尽量少拆迁、少占耕地。

(4)充分调查研究,核定合理的通航等级、水位和净空标准,在此基础上确定经济合理的桥型方案,合理确定桥梁长度。

6.2.6 隧 道

隧道在交通运输上,是指用作地下通道的工程建筑物,隧道包括主体建筑物和附属建筑物,前者包括洞身衬砌和洞门,后者指监控设施等。按其用途可以分为公路隧道、铁路隧道、地铁隧道、人行隧道和航运隧道、过水隧道等。

当高速公路经过山区,选择避绕的路线方案无疑会增加公路长度,使公路达不到应有的运输效率,同时可能增加了土地占有面积,破坏原有地貌。一方面,以隧代路一般而言可有效缩短公路长度,减少土地纵向占用面积;另一方面,公路隧道有别于地面工程,由于其埋藏于岩体或土层中的既定特点,取消了切方产生的开挖面,由此可节约大量土地资源,减少对原有地貌的破坏。

但是,公路隧道造价昂贵,有些隧道受地形、地质条件影响大,隧道施工可能对原自然环境产生不利影响,甚至是不可逆转的影响。因此,就隧道设计方面的节约用地而言,应在总体设计阶段合理确定路基、桥梁、隧道的方案选择和依互关系,在此基础上,合理确定分离式路基长度、洞门位置及形式、隧道形式及间距等。

6.2.6.1 影响公路隧道用地的主要因素

(1)总体设计

在山区,地形愈来愈复杂,桥隧结构物比例一般占到30%~50%,甚至达80%,因此,山区公路路线选线应由路线、桥梁、隧道、路基等各专业协调,合理确定隧道建设规模,对于难以取舍的方案应进行同等深度比较。

总体方案设计应在地形、地貌、地质、气象、社会人文和环境等资料调查的基础上,由路线总体、路、桥、隧综合考虑,顺“势”而为,合理确定隧道比例,保证隧道“功能”及“环境”的和谐统一,坚持地形选线、地质选线、环保选线和安全选线,遵循“全寿命周期成本”理念,兼顾用地因素,合理掌握技术标准与指标,保证方案选择的合理性。

(2)采用技术标准、指标对隧道用地的影响

片面追求高标准,不结合地形条件采用高指标,或设计不精细,使隧道洞口接线分离式路基长度过长、分离式路基中间带宽度过宽,均会大幅增大隧道洞门前后路基段用地规模。

如图6-30(a)所示,分离式路基过长,路基中间带宽度过宽,隧道洞口两端接线占地大,线形生硬。图6-30(b)中隧道的左接线通过设置适当半径指标的S形曲线提前并线,分离式路基长度合理,节约了土地,且线形优美。

(3)隧道进洞时机与洞门形式

进洞时机掌握不好或洞门形式选用不当造成洞门端开挖量大,洞口边坡高度高、防护形式不当,均会增大用地和工程规模。隧道端墙式洞门开挖面大,全硬质防护,不仅占地大,而且破坏自然生态环境;隧道洞门采用削竹式洞门,开挖面小,且与周边自然地貌和谐。

6.2.6.2 降低公路隧道工程用地的技术措施

就隧道设计方面的节约用地而言,应在总体设计阶段合理确定路线总体走向,确定路基、桥梁、隧道的方案选择,在此基础上,合理确定分离式路基长度、洞门位置及形式、隧道形式及间距等。需要强调指出的是,由于隧道造价昂贵,因此决不能片面地盲目追求节约用地而大幅

图 6-30 隧道两端进出口分离式路基

增加隧道长度,或是随意代替深路堑,从而增加工程造价,而是在合理比较的基础上,减少土地资源的无谓浪费。

(1)总体设计与方案比选

总体设计与方案比选应注意以下问题:

1)在工可阶段,应合理选择路线走廊带与隧址,在山区,地形狭窄,地质条件复杂,土地宝贵,生态环境脆弱,还应把路线走廊带与隧址作为不可再生的资源,统筹规划,合理布局。

2)隧道总体方案设计应在地形、地貌、地质、气象、社会人文和环境等资料调查的基础上,由路线总体、路、桥、隧综合考虑,顺"势"而为,路线选线应由路线、桥梁、隧道、路基等各专业协调,合理确定隧道比例,对于难以取合及对投资有较大影响的方案应进行同等深度比较。

3)对于中心挖深大于 30 m 的路堑原则上需作路、隧方案比较,评价工程对生态环境带来的影响以及是否会存在安全隐患。

4)准确掌握基础资料

各设计阶段基础资料应调(勘)查、搜集齐全、准确,满足设计要求,尤其是测量资料与交通量资料,对于洞口段、浅埋段、有建筑物影响地段应按规范要求实测横断面,以便采取合理的洞门方案;在山区,场地狭窄,应合理利用弃渣,节约土地。

5)隧道地质勘察

对隧道所在区域的地形、地貌、工程地质条件及水文地质条件作出详细评价,以钻探为主,根据地形、地质条件,辅以物理探测、现场测试和补充调绘等方法,进行综合勘探,相互验证,查明隧道所在地区地质条件以及在工程中可能出现的不良地质问题,准确划分围岩级别,合理确定隧道形式,也为"地质选线"和"环境选线"提供准确依据。

(2)隧道洞口接线设计

就节约用地而言,隧道洞口线形设计主要是在满足各项技术指标的前提下,尽量减少分离式路基长度,以及确定隧道的合理间距。

为尽量减少分离式路基长度,可利用对隧道前后的交点位置和曲线半径进行反复调整及精细化设计,既满足设置分离式或小间距隧道的需要,同时尽量减少隧道洞口前后的分离式路基长度。

(3)合理确定隧道形式

公路修建中长隧道时,为了减小隧道单洞断面(太大难保证安全),一般采用两洞有一定距离的双洞隧道(即分离式隧道)。分离式隧道间距宽度主要受地质条件影响,一般情况下,隧址岩石越是坚硬,其横向设置间距越可放窄,岩石越是风化破碎,则横向设置间距会越宽。因此,就节约用地而言,需要认真研究隧址区域的地质条件,合理判别分离式隧道的横向设置间距。此外,结合地形条件,利用共交点边、左右线采用不同半径分离的定线方法,即保证隧道进出口前的分离式路基及洞口的设置间距最小(当然是结合地质条件合理的最小安全间距),而隧道洞身段的横向设置间距逐渐变大,这样既最大限度地节约了土地资源,同时确保了隧道洞身开挖的安全性和经济性。

根据隧道造价和用地的情况分析,在地质地形条件相当的前提下,各种隧道形式的造价与用地情况比较为:分离式隧道造价最低,但用地最多,小净距隧道造价适中,用地也适中,联拱隧道造价最高,但也是最节约用地的形式。设计时应根据实际情况采用。

对于特长、长隧道方案,绝大部分情况下采用分离式;中、短隧道应路、隧综合考虑,一般应隧道服从路线布设;对于高速公路、一级公路隧道,根据地形条件经过技术经济比较后可采用小净距、连拱隧道或分离式。当洞口地形特别狭窄或桥、隧相接对两洞口间距有特殊要求时,可采用小净距或分叉组合式隧道。

1)连拱隧道最大经济长度

连拱隧道由于显著降低了左右幅路基中间带的宽度,从而有效节约土地资源,但其单位造价在一般情况下较分离式隧道或小间距隧道高,在设计过程中可对连拱隧道酌情应用。

①连拱隧道特点

采用连拱隧道布置方式可减少占地,便于洞外接线,主要适用于洞口狭窄或对两洞间距有特殊要求的隧道。该类隧道一般埋深较浅,地质条件相对较差,同分离式隧道相比,设计与施工相对复杂,造价较高,而且中墙处易出现渗漏水与开裂等病害,隧道断面愈大、地质条件愈差,连拱隧道施工风险愈大。

②连拱隧道的合理长度

根据目前连拱隧道建设与运营状况分析来看,主要适用于中、短隧道,即500 m以下隧道。连拱隧道长度可结合地质条件与洞外工程规模综合确定,四车道高速公路可控制在500 m以内,六车道高速公路可控制在400 m以内。

2)小间距隧道

小净距隧道双洞的中间岩柱宽度介于连拱隧道和分离隧道之间,一般小于1.5倍隧道开挖断面的宽度。隧址区为山岭重丘区,受地形的限制路线分幅展线十分困难,在这种情况下,小净距隧道显示出了优势。与分离式隧道型式相比,隧道两端接线的长度及横向间距大大缩短,节约了公路用地;与双连拱隧道相比,简化了施工工序,节约了工程工期和造价。因此在特定的地形地质条件下具有一定的使用价值。

但小净距隧道工程施工难度较大,为确保开挖过程中围岩的稳定性,减小因隧道间距小引起的围岩变形、爆破振动等不利因素,满足小净距隧道中夹岩特有的加固要求,关键是如何保证中夹岩的稳定,有效减少对中夹岩的扰动。相对于分离式隧道,小净距隧道施工对工序控制更加严格,必须正确安排双洞的开挖、支护的间隔和顺序。

小净距双洞隧道施工的难点、重点是控制爆破作业，必须确保隧道开挖过程围岩的稳定，减小两隧道之间由于净距较小引起的围岩变形、爆破振动等不利因素。小净距双洞隧道施工的关键是中间岩柱的加固和稳定，由于围岩自稳性和支护结构的受力较一般隧道复杂，必须充分利用隧道围岩的自承、自稳能力，通过围岩加固措施使隧道修建达到经济、合理的目的。

3)傍山棚洞

随着我国高速公路的发展，在山区高速公路修建时，常常碰到由于地形高差大、地质情况复杂，当路线以隧道穿越时，不可避免地出现浅埋、偏压的不良地质情况。当路线以路基穿越时，又产生高边坡的弊端，对自然山体的干扰不仅破坏自然生态，同时也导致地质灾害。傍山棚洞以恢宏壮观的气势并巧妙与自然融为一体，既解决了高边坡病害，同时利于环保和节约土地。见图6-31。

图6-31 江苏宁淮高速老山2号隧道出口傍山棚洞

4)合理确定隧道洞口位置和洞门形式

①洞口位置

洞口位置应遵循“早进晚出、零埋深、零开挖”的原则，并结合洞外构造物分布情况、洞外路基边坡稳定性与高度合理确定。洞口建筑遵循“安全、经济、和谐、自然”的设计理念，一般应选择在山坡稳定、地质条件较好地段，尽可能使线路与地形等高线垂直，不能一味为减短隧道长度沿沟底进洞，不与水争地，洞口位置的确定尽量避开软基、滑坡、泥石流等不良地质现象。对于缓、漫坡地形，也可考虑在洞口前设置一段路堑，以减短隧道长度，节省工程投资。

②隧道洞门形式

隧道洞口传统的施工方法多是在洞口大挖大刷，形成高边坡及高仰坡，由于临时边仰坡随着施工过程的时间影响和本身土质因素，常常出现垮塌等一系列工程地质病害现象，同时也对周围环境的产生很大的破坏。

为避免或减轻隧道施工对洞口地形的破坏，隧道洞门形式应与地形、环境协调，遵循“不破坏就是最好的保护”的理念，淡化洞口处理，有条件时优先采用不受力洞门。若偏压地形、路堑段较长、可能有落石危险时，应采用端墙式洞门、单压式洞门或增长明洞等。

③前置式洞口

前置式洞口施工进洞方法在国外被称为绿色洞门工法，也被称为假拟洞门工法，采用不切坡(即零开挖)进洞方法，在洞外不开挖山脚土体的情况下，采用两侧开槽逐榀施作钢拱架，随着钢拱架推进逐渐接触山体，拱架间以纵向钢筋连接为整体，浇筑混凝土形成临时衬砌，回填反压后再在洞口内暗挖进行施工。见图 6-32。

图 6-32 高速公路零开挖进洞方法

江苏省宁淮高速老山隧道在全国首次采用前置式洞口，见图 6-33。其施工进洞方法是：在 1 号隧道出口（淮安端）2 号隧道进口（南京端）从边仰坡开挖坡率、成洞位置及仰坡高度入手，在原设计明洞位置不变的基础上，明洞适当缩短 5~8 m，代之临时衬砌（前置式洞门），将成洞面位置提前，作为边仰坡开挖后的辅助防护措施。由于边仰坡开挖高度减小，坡率为 1 ∶ 0.2，仰坡坡脚至坡顶高度控制在 1.0 m 左右。该洞口设置及施工方法最大限度地保护了环境，减少了土地资源的破坏和浪费。

图 6-33 前置式洞口

5）隧道监控所、机房

隧道群的监控所可考虑合并设置，并与互通收费站管理所及其他沿线设施合并设置，以提高土地使用的集约化效应。

隧道机房及其他需就近隧道设置的房建设施，可尽量放置于分离式路基中间靠近洞口位置，减少线外占地。见图 6-34。

图 6-34 隧道机房靠近洞口位置

6.2.6.3 隧道设计节约用地要点

（1）在总体设计阶段合理确定路基、桥梁、隧道的方案选择。

（2）合理确定隧道前后分离式路基长度、隧道形式及设置间距等。

（3）结合地形、地质条件、洞外接线及构造物布置情况，遵循“早进晚出”的原则，合理选择洞口位置，洞门设计应安全、简捷、实用，少刷坡、少破坏洞口自然环境，节约用地。

6.2.7 路线交叉

路线交叉是公路项目特别是高速公路项目的重要组成部分。路线交叉除平面交叉外，往往是横向的线型构造物或互通式立交类大型构造物。由于克服高差及设置转向匝道的需要，路线交叉的填挖高度往往与自然地势难以匹配，同时自身的占地规模亦较大，特别是互通式立交属大型构造物,其建设用地在项目总用地占有相当的比例,尤其是枢纽互通用地规模更大,部分高速公路路线交叉用地面积占项目总用地面积在 18.5%~28.5%的范围内,单喇叭互通(含必要的连接线)平均占地面积达 19.8 公顷(297 亩)。因此,研究路线交叉(尤其是互通式立交)设计中存在的问题及解决措施,对减少用地规模意义重大。

6.2.7.1 影响互通式立体交叉用地的主要因素

影响互通式立体交叉用地的主要因素如下:

(1)可研阶段未重视对相关路网作深入调查、核实,或受地方政府行政干扰较大,导致互通间距和规模控制不严,如在交通量较少甚至极少时仍设置互通式立体交叉。

(2)路线总体布设时考虑不周全,导致互通立交设置困难或设置不理想,增大了工程量和土地占用规模。

(3)对互通立交功能把握不准确,方案布置不合理,比选不到位;匝道设计速度、平纵面线形指标偏高,导致互通立交工程量、占地、拆迁等增大。

(4)互通连接线线形设计不合理,连接线标准偏高,增大了用地规模。

6.2.7.2 互通式立交节约用地技术措施

(1)合理确定互通间距

工可研究阶段应对路线走廊带的相关路网作深入调查、核实,结合规划部门的路网规划确定哪些道路需要与高速公路设置互通,以及互通的等级。在确定互通数量时,除考虑沿线城镇规划、交通源、相交道路等级、路网总体局部等制约因素外,还应考虑互通设置的平均间距和最大、最小间距。

互通的平均间距是非强制性指标,主要用以衡量在特定区域互通设置密度的合理性,目前高速公路的互通设置间距有越来越小的趋势。互通间距采用除根据互通影响区域范围路网构成、经济发展水平、出入交通量等指标进行衡量外,还应该符合《公路工程技术标准》(JTG B01—2003)中互通最小间距和组合式互通的规定,充分考虑交通标志设置的合理性和行车的安全性。根据对国内外立交间距和国内互通式立交间距的对比,建议:

1)大城市周围、主要工业地区的互通平均间距:5~10 km;

2)在平原区一般路段的互通平均间距:9~15 km;

3)山岭重丘区一般路段的互通平均间距:12~25 km。

根据《公路工程技术标准》(JTG B01—2003),互通式立交最小间距基于车辆交织和变速、设置交通标志等方面的考虑,一般为 4 km,特殊情况下净距离不得小于 1 000 m。互通式立交最大间距基于误行车辆及公路维修、救援车辆等调头之用,一般为 30 km,在人烟稀少地区最大间距不应超过 40 km,否则应在适当位置设置 U 形转弯设施。

(2)路线总体布局中充分考虑互通式立交布设

互通式立交是路线布设极其重要的控制点,路线布设时应充分考虑互通的位置及布置形式,恰当的互通布设应从减少占地规模和工程量入手。

在路线方案布设、选择时,应将互通立交设置条件作为一项重要内容予以充分考虑,特别是对于地形、地质条件复杂的山区互通立交更是如此。

(3)处理好交叉关系

对被交路、匝道与主线的交叉方式应结合主线平、纵面设计,相交道路及地形、地物分布情况等经综合比较后确定。一般情况下,平原微丘区或地形条件较好时采用被交路或匝道上跨主线比主线上跨匝道的总占地相对要低，而山区则应根据主线前后纵面设计、与被交路的高差综合比较后确定。

枢纽互通方案的层次组合设计，从互通的简洁性和通透性来讲层次也不宜太多，以2层~2层半~3层较为适宜，从目前已建及在建的枢纽互通来看，以2层半为主，超过3层后将造成互通用地规模和造价剧增。

(4)合理利用地形选址

在路线方案确定后，互通设置位置需合理利用地形，尽量利用山坡地、荒地布置互通，尽量少占农田。如图6-35所示，互通主体基本位于山坡地，避开了前后的基本农田区。

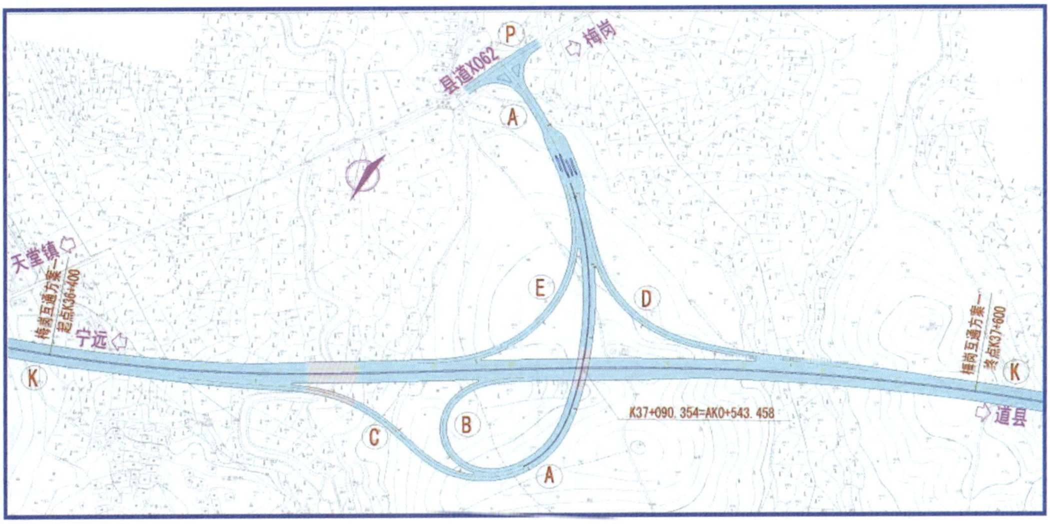

图6-35 合理利用地形进行互通选址示例

(5)合理设置和预留互通立交位置

路线平、纵面设计中往往对与规划道路交叉的预留互通立交不够重视，其结果导致该互通立交实施时占地、拆迁量增大许多。

(6)互通立交位置及形式的多方案比选

准确把握互通功能，结合具体的地形、地物、主线线位等对互通立交方案进行全面研究、多方案比选，并不断地进行优化，只有这样才能在节约用地方面得到较理想的结果。

1)互通立交方案在满足其功能要求前提下宜简化

对于一般出入口互通，其功能就是起到连通的作用，因此，在保证行车安全的前提下，满足此功能即可，不应片面追求高指标，造成工程量及占地规模增大，以及对自然环境的破坏。

对近期交通量较小，考虑地方长远的经济发展，先期按预留考虑，待远期交通量增大到一定程度后再予以实施的互通，由于其远期交通量水平一般仍然较低，因此预留立交应尽可能采用规模小、造价低的方案。特别是当该立交是为弥补前后立交间距过大而设置时，可结合U形转弯设施一并考虑，这样后期只需对原有匝道布设略加调整，增加一条连接线和匝道收费站即可改建为互通式立交。

2)不同位置互通立交方案的比选

平原区地形平坦，互通立交基本是在路线与被交路交叉点前后不大的距离内进行布设，可以认为其是一个“点”。而山区地形陡峻、起伏较大，地质条件复杂，桥隧构造物众多，且主线与被交路间的高差一般比较大,要找一处较理想的布设场地往往比较困难,互通立交布设不是局限于某一点,而是在一条线上前后移动,且有时变动范围较大,不同的设置位置占地规模相差很大。因此,应加强不同位置互通立交方案的比选。

3)同一位置互通立交多方案比选

相同位置不同互通立交方案工程量有时差异较大,因此,对各种可能的方案均应结合用地因素进行研究,从而获得较理想的结果。

①不同的连接线线位对互通立交占地的影响

图 6-36(a)为 A 型单喇叭方案,A 匝道线形顺直,但大部分穿过农田区域,占用耕田数量较大。图 6-36(b)为 B 型单喇叭方案,A 匝道线形充分利用地形布设,尽量紧靠山丘坡脚布线,占用耕田量大幅减少。考虑到该互通为连接一般城镇的三类互通,A 型(B 型)单喇叭方案均可适应各方向的转向交通量,且两个互通其他工程量基本相当,因此从节约耕田的角度,推荐 B 型单喇叭方案。

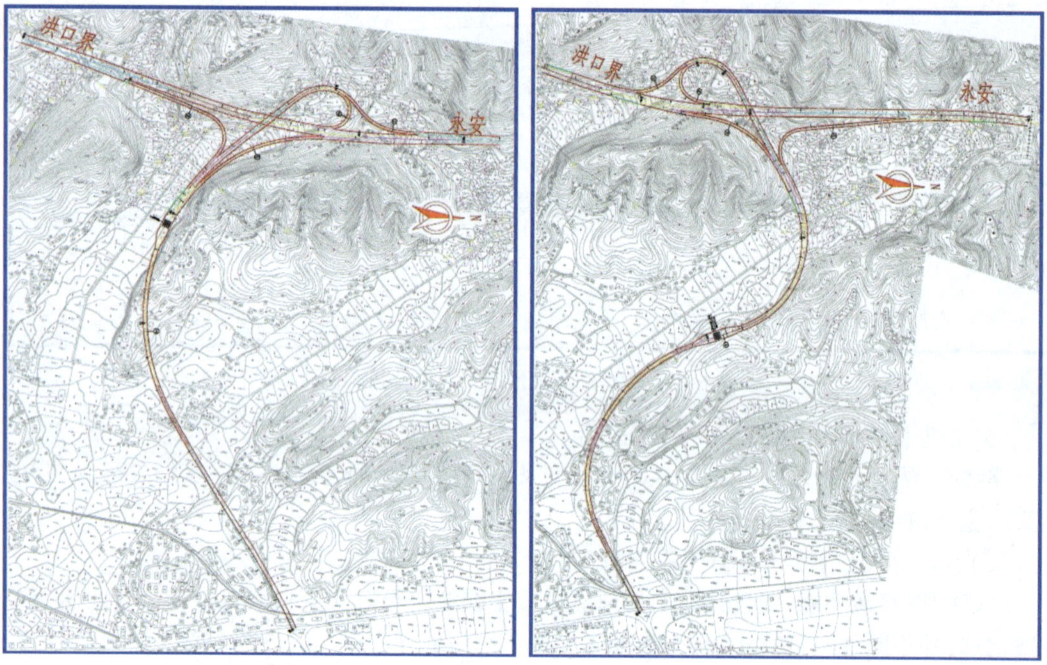

(a) (b)

图 6-36 不同的连接线线位对互通立交占地的影响示例

②同一位置不同立交型式对互通方案及占地的影响

在地形复杂的互通设置区段,同一位置不同立交型式的变化,对于互通的占地规模同样存在较大的影响。

某互通立交布设处为单面山坡,岩层倾向路线为顺层。主线与被交路高差约 45 m,采用匝道下穿主线的交叉方式,初步设计布设了图 6-37 两个方案。

图 6-37(a)单喇叭方案左侧靠山喇叭头存在挖方高边坡,占地大,且需对边坡进行特殊加固,工程造价高。图 6-37(b)环形方案将左侧靠山匝道尽量拉近主线,挖方高边坡有较大改善,对环境破坏较小,用地略有减少,考虑到该互通为一般互通且位于山区,交通量较小,因此选用

环形方案。

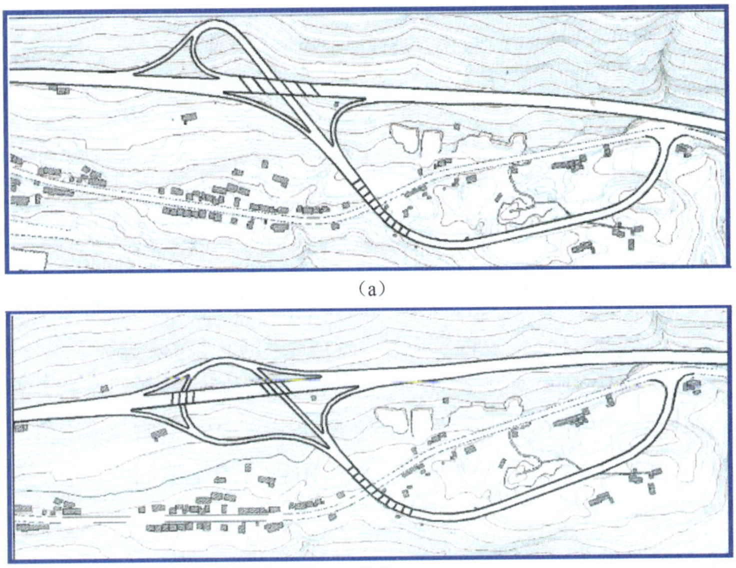

(a)

(b)

图 6-37　同一位置不同立交型式对互通方案及占地的影响示例

(7)互通立交与服务设施合并设置

受地形条件及主线桥隧构造物的限制,互通与服务区有时很难同时找到合适的布置场地,并使其布设间距满足要求,如能将两者合并设置,就可起到集约化管理和用地的要求,降低总体占地规模。

(8)匝道技术指标的选用

匝道技术指标取用的大小,在同一立交方案情况下,基本决定了立交占地的多少、匝道的长短及拆迁量的大小。因此,在满足通行能力的情况下,匝道设计速度不宜定的太高。例如,在确定了匝道设计速度后,纵坡上如不存在困难,匝道平面指标的取值不应超出所定匝道设计速度所要求的上限值,一般情况下宜取中值,不应追求过高的指标。如左转匝道设计车速 60 km/h,满足其要求的平曲线半径为 120~150 m,采用 200 m 的半径就没有必要。

当设置有环形匝道时,其平曲线半径一般不超过 60 m,特别是当设置有集散车道时,对于连接其上的环形匝道,更无必要采用较大的半径值,否则,只能是徒然扩大了立交占地规模。

山区地形、地质条件复杂,因此一般立交区前后主线的平、纵面指标相对平原区要低出许多,而立交区的场地条件往往也很不理想,山高、沟深,且变化较大,因此,匝道采用相对较低的设计车速能够较好地适应地形变化,对大幅减少工程量和降低施工难度将会产生很大的影响,且由于与立交区前后主线平、纵面指标的采用相对应,因此对行车安全不会造成很大的影响,经通行能力验算后如能够满足要求,就可以采用较低的设计车速和平、纵指标。

互通式立交设计速度的大小,直接影响到立交的规模,所以在确定立交方案时,应首先合理地确定立交的设计速度。

匝道的交通量与主线相比,受到地形地物及造价的限制,匝道设计速度较低,一般为主线设计速度的 50%~70%。匝道设计速度应根据相交道路的设计速度、交通量、车种组成、地形地物、匝道行车速度的变化及交通使用条件选定。

在《公路路线设计规范》中规定的互通式立交分级及相应的速度见表6-2。这对于我国人口多、可耕地少的情况，从节约用地角度而言是有利的。

表6-2 我国互通式立交匝道设计速度

主线设计速度(km/h)		120	100	80	60
互通式立体交叉分级	一级	80~50	70~40	60~35	50~35
	二级	40~40	60~35	50~30	40~30
	三级	60~35	50~35	45~30	35~30

注：本表不适用于匝道进出口。

另外，应当指出的是，同一座立交的各条匝道，其设计车速可以而且应当是不同的，原则上可以依据匝道的类别形式来定。在工程实际中，可以参考如下建议进行：

右转弯匝道可以采用较大的设计车速，见表6-14上限或中间值。左转弯的定向匝道可采用较大速度，见表6-14上限或接近上限值。左转弯的半定向匝道宜采用表6-14中间或接近中间值。左转弯的环圈形匝道，设计速度越大，将占用较大的土地面积，造价越高，一般情况下采用较小设计速度，一般不大于40 km/h。

(9)设计的优化及细化

通过对互通立交匝道线形设计及其他细节设计进行优化，也可以起到减少占地的作用。

1)紧凑布设右转匝道

对于两条右转匝道，设计中较多的采用大半径单曲线(图6-38虚线)，由于驶出匝道的末端是匝道收费站，车速是逐渐降低至停车，而通过收费站驶入主线的车辆是从停车状态逐渐加速，因此采用减小半径(图6-38实线)的做法不会对行车条件产生多大的影响，且节省了占地。

2)合理减小环形匝道半径

当设计车速为40 km/h时，设计中环形匝道平曲线半径较多的采用规范中的一般值即60 m(图6-38虚线)，当转向交通量不大，特别是为A形喇叭时，环形匝道平曲线半径可以采用50 m(图6-38实线)，不但减小了占地面积，而且缩短了匝道长度。

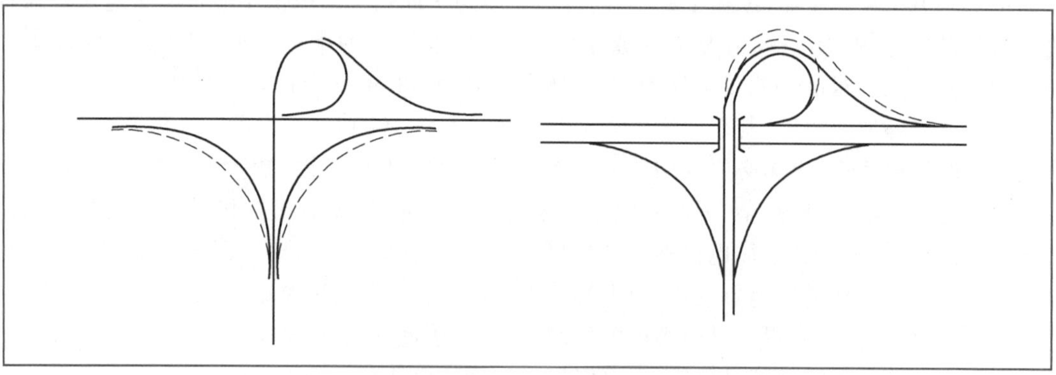

图6-38 紧凑布设右转和环圈匝道示例

3)其他细节设计措施

在选定基本立交形式后，还可以利用细部设计减少占地数量：

①跨线桥采用建筑高度低的桥型，降低纵段，降低桥头填土高度，减少了路基放坡占地，也减少取土场占地。

②减少立交匝道之间的间距,相邻匝道之间可填平,中间设置排水沟,可以减少相邻匝道之间为满足各自放坡及排水沟占地的距离,合二为一,减少占地,降低规模。

③根据地质情况可对匝道采用挡土墙,减少放坡占地。

④匝道外侧边沟可以做成矩形,可减少占地。

⑤收费站、管理中心、养护工区等设在互通立交占地区内,减少占地。

⑥立交区内的空地可以填平,可以减少主线弃土占地。

⑦施工期间的临时占地可以设置在立交区内,可以减少占地。

⑧某些平微区高速公路枢纽互通环圈及三角区占地量大,在水利设施齐全的情况下,可将部分耕地返回农民继续耕种(见图6-39)。

图6-39 互通三角区返耕示例

(10)合理确定互通连接线规模和方案

互通连接线对于促进对地方经济发展具有重大作用,但地方政府为片面追求道路形象,对连接线道路等级、宽度要求均越来越很高,如某地区规划和建设的地方道路极大部分为一级公路,并设置较宽的非机动车道,超过了该省内规定的互通连接线一般采用二级公路的要求,明显是土地的浪费。某些地方的互通本可利用现有的国省道,但非要将已有的国省道翻新改造或另辟新线,盲目提高道路技术标准,实际上也增加了公路用地规模。

如某高速公路连接线连接县城(见图6-40),原本有一条县道,但地方政府为减少拆迁及带动地方开发,要求另建一条新的连接线,二者相距仅约2 km,这种舍弃老路、另建新路的做法值得商榷。

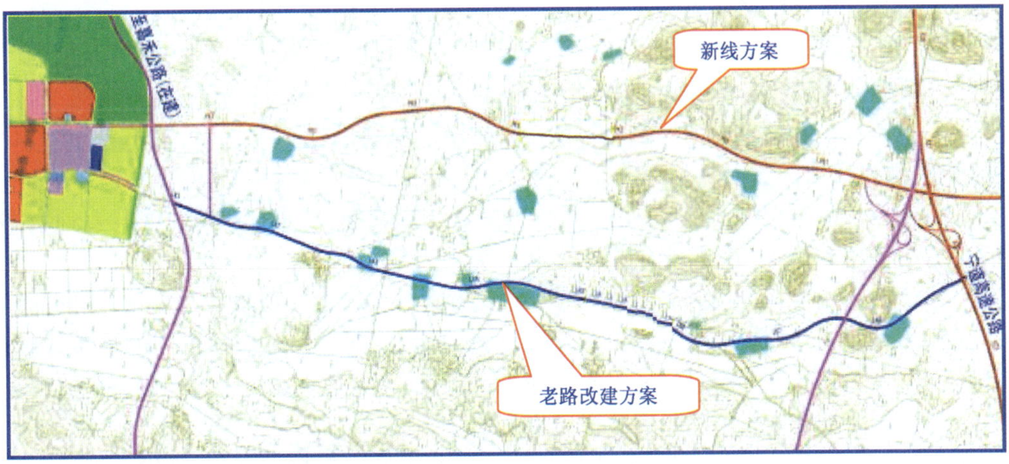

图6-40 合理确定互通连接线规模和方案

因此,互通连接线的规模应根据路网条件、城镇规划、交通量预测、建设条件等因素合理确定,并特别注意充分利用老路资源。

6.2.7.2 分离式立交节约用地措施

(1)处理好交叉关系

平原微丘区原则上以被交道路上跨主线为宜,下穿主线的被交道路应优先考虑采取降低地面标高等措施;山岭重丘区可因地制宜,合理选择主线上跨或下穿;重要的被交道路应进行交叉方案的综合比较。

支线公路及通汽车乡村道路与主线相交时,尽量采用支线上跨主线的立交方案。如某高速公路有3处支线公路,4处通汽车的乡村道路,2处城市规划道路,全部采用主线下穿、支线上跨。在支线上跨交叉处,主线路基设计高度按最小填土高度控制。市规划部门提出的城市规划道路位置,设计部门在路线纵断面设计中,注意将该处尽量拉低,预留位置,以利实施上跨时减少规划道路接线高度和长度。

主线与乡村道路交,在排水满足需要的前提下,可将被交叉道路设计为下挖形式,以减少主线的路基填土高度。

(2)合理确定交叉规模、位置

分离式立交、通道应结合地方道路网统筹布局,分级设置,充分利用主线桥梁(如山区高速公路高架桥、平微区跨河桥梁边孔等)。当人通与机通、汽通相近时应尽量合并设置,当下穿主线时,应优先考虑采取降低通道地面标高以降低主线路堤高度的措施。合并设置时,可分幅设置,保证地面上人通净高,机动车道则宜通过下挖满足净空要求。

对于需进行改线设计的分离式立交接线,应合理确定改线的平纵方案,减少填挖高度,节约用地。

(3)严格控制建筑物净高

在用地紧张的情况下,分离式立交桥及通道净空严格执行标准规定的功能要求,不应人为提高净高尺寸。

(4)降低构造物建筑高度

降低桥涵建筑高度,从而直接减少引道路基高度,这对于节约用地是不言而喻的,在用地紧张的情况下,宜通过经济技术比较,优先选用建筑高度较低桥型。

6.2.7.3 路线交叉节约用地设计要点

(1)工可阶段重视路网调查,掌握路网规划根据区域路网现状及规划、城镇分布等,合理确定互通间距和规模。

(2)初步设计阶段路线总体布局中,充分考虑互通立交布设,重视路线方案与互通方案的综合比选,处理好主线、匝道、被交路相互之间的交叉关系。

(3)尽可能采用规模小、造价低的"瘦身"立交方案。山区地形地质条件复杂,不同的设置位置工程造价相差很大,应加强不同位置互通方案的比选;同一位置应从不同的连接线线位、工程地质条件、交通量等方面对互通方案的影响进行比较;互通立交可考虑与服务区或停车区合并设置,结合交通量分布情况对多肢交叉进行简化。

(4)在满足通行能力的情况下,匝道设计速度应根据交通量确定,匝道平纵面设计指标不宜太高,以降低匝道规模和用地量。

6.2.8 沿线设施

公路沿线设施包括服务设施和公路部门管理设施等,沿线设施是公路的组成部分,对保障行车安全、舒适和交通畅通具有重要意义。其中服务设施是指公路沿线规定区域内设置的为过往车辆、驾驶员和旅客提供服务的设施，主要泛指服务区、停车场等；公路部门管理设施包括收费站及管理所、管理处、养护工区、监控中心等单元。

6.2.8.1 公路沿线设施节约用地的主要技术措施

(1)服务区节约用地措施

1)合理确定服务区设置间距和总体布局

2009 年 1 月，交通运输部下发了《关于加强高速公路服务设施建设管理工作的指导意见》(交公路发〔2009〕31 号)，对高速公路服务区、停车区等服务设施建设管理工作，提出了“统筹规划、合理布局，保证功能、准确定位，强化管理、科学发展”的原则。这一原则指明了公路服务设施如何合理用地的方向。

①加强整体规划，合理调整布局

我国的高速公路建设已全面进入网络化阶段，因此加强服务设施的整体规划，合理调整布局，对于合理用地具有积极指导意义。

②服务区设置间距设计原则及占地规划

服务区的占地位置、规模受公路主线的线形线位、地理位置、沿线经济、交通流量、使用管理等多种因素制约。要合理布局服务区位置和规模，充分考虑公路沿线所设服务区之间的位置关系，道路途经地区经济发展趋势，道路远景交通量、交通流特性及沿途景观配合，以确定合适的规模与间距，提高高速公路服务区的使用率。

③路线总体布设中充分考虑沿线设施布设

在工程可行性研究阶段，应根据区域路网现状及规划、交通量发展趋势等，从宏观层面上合理确定服务设施设置位置和规模。

在施工图阶段，主要结合地形，侧重于沿线设施设计的优化及细化以减少用地。如服务区不一定全部都采用双边式，也可考虑根据地形条件和占用的土地类型采用单边式，那样建设费用增加不多，从长远看还可以减少管理和服务人员，节省管理费用，提高经济效益，尤其是可以减少土地总量的占用，或是减少对价值高的土地占用。

服务区需设置集散车道，集散车道应按互通式立体交叉匝道标准设计，设计速度可根据实际情况取 30 km/h、35 km/h、40 km/h(对应主线计算行车速度 80 km/h、100 km/h、120 km/h)。为更好地适用地形，便于设施区的建筑布局，集散车道纵坡可与主线不同，灵活调整服务区场地标高(图 6-41)，降低填挖高度，从而有效节约用地。

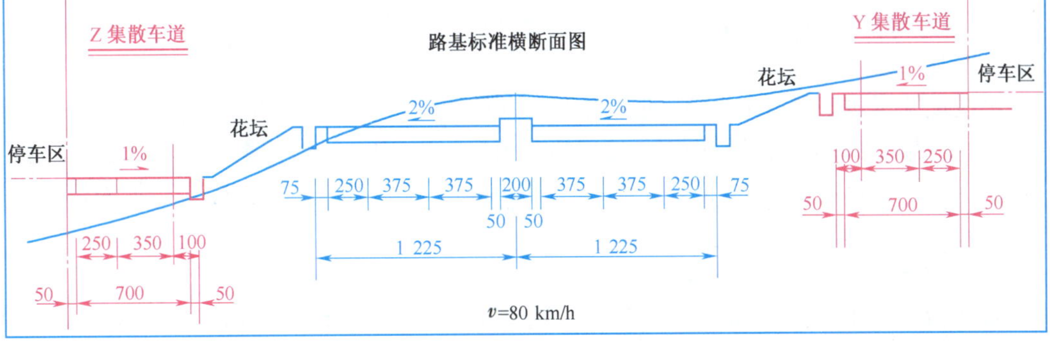

图 6-41 灵活调整服务区场地标高示例

2)合理确定服务区使用功能及总图布置

高速公路服务区集中了吃、住、行、修理等各项功能,是全天候 24 h 向驾乘人员及车辆提供餐饮、休息、车辆维修等日常生活服务,因此,在服务区建筑设计上,虽要保证服务区的各项功能齐全,但不能一味盲目追求“小而全”。

如有的服务区确实存在规模不够造成接待能力不足的问题,但也有部分服务区是因为内部布设不合理,主要表现在建筑物的布设过于零星分散,容积率低,绿地、花坛面积偏大,挤占了停车场的面积,造成服务区停车紧张。

服务区设计中,应充分考虑服务设施的使用特性,合理确定布局,优化设施设计,科学分配各功能区的建筑面积。宜积极采取“立体利用”设计,提高容积率,使设施布局紧凑,以节省土地资源。特别是在沿线经济发达、车流量较大(特别是货车较多)的高速公路上,服务区占地规模在报批控制极其严格的情况下,通过合理的总图布局,充分挖掘内部潜力来扩大服务区有效使用面积。山区高速公路沿线自然植被资源丰富、景观优美,服务区范围内的绿化种植面积在用地受限时应予弱化。

高速公路服务设施具备条件时可考虑与互通式立交、监控通信、养护以及收费站等管理设施合并建立,以集约化利用土地。

3)严格控制服务设施建筑规模

根据交通部颁发的《高速公路交通工程及沿线设施设计通用规范》(JTG D80—2006),主线为四车道或者六车道的高速公路,服务区建筑面积规定为 4 000~6 000 m^2;双向八车道高速公路的服务区,建筑面积可以适当增加。通车里程不足 25 km 的高速公路不应设置服务区,可以设置停车区一处,用地规模不应超过 1.0 hm^2,建筑面积不应超过 1 000 m^2。

目前我国公路设计中沿线设施的建筑和用地指标基本上都沿用建设部和国土资源部 2000 年发布的《公路建设项目用地指标》(以下简称《指标》)。同时,交通部发布的《高速公路交通工程及沿线设施设计通用规范》(JTG 80—2006)(以下简称《规范》)对沿线设施的用地和建设面积也进行了相应规定。

(2)管理、养护设施节约用地措施

养护设施主要负责道路的养护工作。养护设施按照所服务的道路等级分为养护工区和道班,养护工区主要服务于高等级道路(高速公路和一级公路),道班主要服务于低等级道路(二级公路及其以下等级公路)。

养护工区是对高等级道路进行维修、保养的具体实施机构,负责高等级道路的养护工作。道班主要从事公路的日常养护工作,是低等级道路养护管理的最基层单位。

就管理、养护设施节约用地而言,主要措施有:

1)分期实施

沿线设施房建工程所用土地一般在项目土地征用时考虑到指标的完整性和政策处理的统一性,而尽可能地一次性征用,而实际使用却在稍后几年,有一个时间差,利用好这个时间差,在不影响后续工程建设、不改变工程地质要求的前提下充分利用这些土地,或返回农民继续耕种,也是节约土地的一种方式。

2)集约化设计及集约化管理

管理、养护设施可与收费站等设施合并建立,集约化使用,合并后的用地规模可相应减少。随着交通(养护)工具、通信及管理水平的不断提高,可精简管理人员数量,由此相应减少了管理、养护设施的建筑规模和占地规模。某些高速公路已采取了将管理处与监控中心合并、服务区和停车区合并等一系列集约化管理手段和措施，从而减少了沿线设施的总体用地规模。国内外将收费站、管理中心、养护工区等设在互通立交占地区内的做法也屡见不鲜(图6-42)，这也是节约用地的做法之一。此外，我国已有个别公路养护社会化的试点推行，这些管理手段都是节约用地的举措之一。

图6-42 收费站与管理、养护设施合并

3)严格控制收费设施建设规模

在参考既有指标并对现有养护设施进行充分调研的基础上，提出养护工区建筑和用地指标。

养护设施按照所服务的道路等级分为养护工区和道班。

养护工区用地面积一般为0.6~1.0 hm^2，建筑面积1 000~1 500 m^2/处，养护里程40~60 km，设置间距约50 km。

道班用地面积一般为0.2~0.4 hm^2，建筑面积400~650 m^2/处，养护里程20~40 km，设置间距约30 km。

公路养护工区主要根据养护里程设置，不宜过短或过长，以能及时赶到现场抢修为原则。允许的养护里程一般为：高等级道路40~60 km，低等级道路20~40 km。养护工区应尽量与服务区、收费站设施、监控通信设施等合并设置，以降低建筑规模，节省建设费用。

高速公路养护工区一般设在互通立交附近，以利于上下高速公路进行日常养护作业。

6.2.8.2 沿线设施设计节约集约用地要点

(1)严格控制设置间距和规模

在工程可行性研究阶段，应根据区域路网现状及规划、交通量发展趋势等，合理确定沿线设施设置间距和总体规模。

(2)总图布置因地制宜、灵活布局

设计阶段对沿线设施进行具体布设以及必要的比选,路线布设时应充分考虑沿线设施的位置及布置形式,要尽量利用废弃地、荒山和坡地,或结合弃土场设置,原则上不得成片占用基本农田。总图布置必须因地制宜、灵活采用,在确保安全、满足使用功能的前提下,合理控制房建规模,以减少用地。

(3)集约化设计及集约化管理

集约化设计:如互通与服务区合并设置(图6-43),监控通信设施可与养护以及收费站等管理设施合并建立,集约化使用;高速公路工程通信、监控、供电等系统的管线宜共沟架设等。

图 6-43 互通与服务区合并设置

集约化管理:随着交通工具、通信及管理水平的不断提高,可精简管理人员数量,由此相应减少了管理、养护设施的建筑规模和占地规模,个别公路养护社会化的试点推行,这些管理手段都是节约用地的举措之一。

(4)分期实施

沿线设施房建工程所用土地一般在项目土地征用时考虑到指标的完整性和政策处理的统一性,而尽可能地一次性征用,而实际使用却在稍后若干年,利用好这个时间差,在不影响后续工程建设,不改变工程地质要求的前提下充分利用这些土地,或返回农民继续耕种,也是节约土地的一种方式。

参考文献

[1] 邵晓彤,毛根旺. 道路运输与土地资源支持保障关系分析[J]. 交通科技与经济,2009(5).

[2] 张红红. 高速公路社会影响评价指标可靠度估算方法[J]. 西安公路交通大学学报,2009,20(4).

[3] 葛海燕. 高速公路项目社会影响评价分析与研究[D]. 西安:西安公路交通大学,1999,51-53.

[4] 朱德举. 中国耕地保护(第1版)[M]. 北京:中国大地出版社,1997,63-64.

[5] 朱德举. 土地评价(修订版)[M]. 北京:中国大地出版社,2002:35.

[6] 姚炎明,王英. 公路建设项目土地经济损失的定量评价[J]. 环境污染与防治,1999,21(6).

[7] 周志言. 公路建设项目后评价[M]. 北京:航空工业出版社,1999,44-76.

[8] 李晚斐,陈金海. 环境因子在公路建设方案比选中的应用研究[J]. 四川建筑,2007,27(4):53-55.

[9] 郭思涛,杨晓清. 公路工程环境影响评价经济损益分析初探[J]. 公路, 2001(11).

7 公路建设实施中的土地资源保护与集约利用

最好的设计构想,最终都要落实到实施中去,公路建设实施过程中的土地资源保护与集约利用,除落实设计构想外,应该加强对临时用地的集约利用,将临时用地和永久征地结合起来,融“临时”于“永久”。

7.1 “公路环保绿线”技术

在传统的公路用地红线范围内,土地在被征用后即开始清表,随后移挖作填,在此过程中,公路用地红线范围内的土地资源自然属性被完全破坏,从而降低了公路沿线的生态功能。

从保护土地资源自然属性的角度出发,在目前通用的征地“红线”的基础上,提出了“公路环保绿线”的新理念,过渡性界定了工程建设征用土地(红线)与工程建设永久占地的差别,同时对如何利用工程建设永久用地范围之外的红线用地进行了合理阐述,并从环保设计和工程实施角度出发,对合理利用这部分土地进行了系统的建议,真正使公路建设通过“环保绿线”横向过渡到与周围环境的完美协调统一。

7.1.1 公路用地红线与保护土地自然属性之间的关系

公路用地红线范围内的用地根据其使用用途划分,可分为公路功能性用地、公路附属用地两类。

公路功能性用地:即公路工程的直接载体,路基开挖填筑的坡脚线以内的用地、河沟道路改移用地、桥下基础部分的用地、隧道洞口用地、路线交叉主线及匝道开挖填筑的坡脚线以内的用地等。该部分范围内的土地自然属性因公路建设的需要在清除表土、移挖作填时被破坏。

公路附属用地:路堑坡顶与截水沟之间>5 m 范围内的保护性用地、路堤坡脚与用地界碑之间 1~3 m 范围内的保护性用地、高架桥下墩台以外的用地、互通式立交环圈及三角区范围、沿线设施局部范围等的用地。该部分用地虽然纳入了传统的公路用地红线范围,但其本质并不是公路工程的直接载体,其土地自然属性原则上可以得到保留,尤其是对于土地自然属性价值高的土地,其经济和生态效益将非常可观。反之,目前有很多工程项目实施过程中,该部分用地均是在遭到破坏后重新进行绿化种植,既破坏原生态环境,又浪费建设资金。

7.1.2 “公路环保绿线”设计技术

(1)“公路环保绿线”设计

所谓环保绿线,即指填方不考虑排水沟和坡脚平台、挖方不考虑截水沟和圆弧边坡、桥梁高度大于 10 m 时不考虑桥底场地、隧道不考虑洞口开挖面以外时，砍树挖根、清淤清表的周界线。用地红线与环保绿线之间的土地范围即为环保绿线保护范围，要求征地拆迁时对用地红线与环保绿线之间的土地、植被实施保护，但施工过程中可依据需要在红线范围内有限使用。

对路基而言，环保绿线设计线即为填方和切方边坡的坡口位置；对高架桥而言，环保绿线范围即为桥梁区域墩台开挖面以外的用地；对隧道而言，环保绿线范围即为洞口开挖面以外的用地；对互通式立交而言，泛指环圈及三角区范围填挖边坡坡口线外的用地。环保绿线设计线及绿线保护范围及与用地红线的关系见图 7-1。

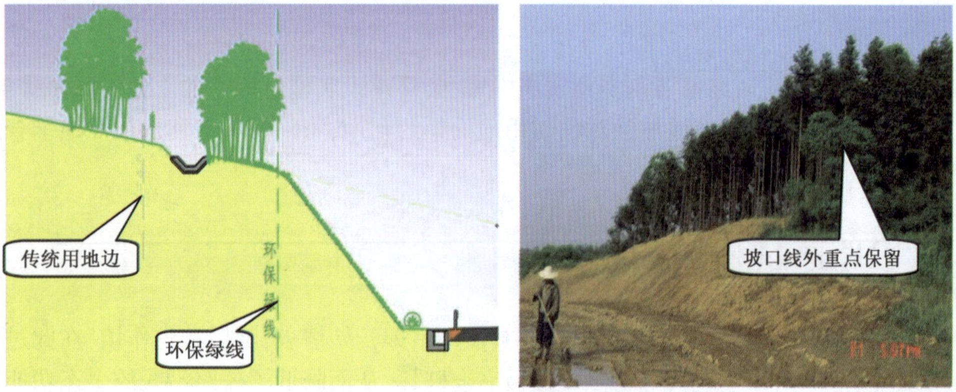

图 7-1　切方路段环保绿线示例

通过实施环保绿线计划，土地的自然属性可以得到更好的保护，尽可能保持原生态景观，同时也为排水沟、截水沟处于视线之外创造了条件。

因此，“公路环保绿线”实际上是贯彻“不破坏就是最大的保护”的一种公路工程建设实践，其出发点建立在保护土地自然资源属性的角度，同时也兼顾了减少公路占地红线的总体数量，以达到节约土地从单纯的“量”到“质、量并举”的转变。

(2)“公路环保绿线”在路基工程中的实施

环保绿线技术在路基工程的实施主要体现在边坡坡口线至用地红线范围(公路界碑或是隔离栅)之间这一块土地资源的利用上，重点体现在施工控制上。目前通用的做法就是红线范围之内全部清表，进行全断面施工开挖，施工完毕后，再对红线最外边沿到坡口线之间的土地资源进行自然属性还原(种草绿化或是植树)，而环保绿线技术要求先前就这部分用地禁止开挖破坏，一直保留其自然资源属性。

高速公路切方边坡一般设置截水沟，对上边坡的山体表水进行截留引排，路基截水沟设计的一般做法都是设置在坡口线 5 m 以外(未设截水沟的用地红线距离坡口线 3 m)，环保绿线技术要求从切方坡口线至红线位置的这段土地的自然属性予以保留(截水沟开挖除外)，施工中严禁破坏。

在路基填方区，环保绿线技术要求从填方坡脚线至红线位置的这段土地的自然属性予以保留(排水沟开挖除外)，施工中严禁破坏。见图 7-2。

(3)“公路环保绿线”在桥梁工程中的实施

环保绿线技术在桥梁工程的实施主要体现在桥下土地的保护，桥梁征地红线范围为桥梁边线垂线范围，这部分土地资源除了施工过程中临时占用一部分和完工后墩柱永久占用一部分外，其余土地都是基本保留原有土地自然属性不变的，尤其是高墩桥梁，除桥面遮挡部门阳

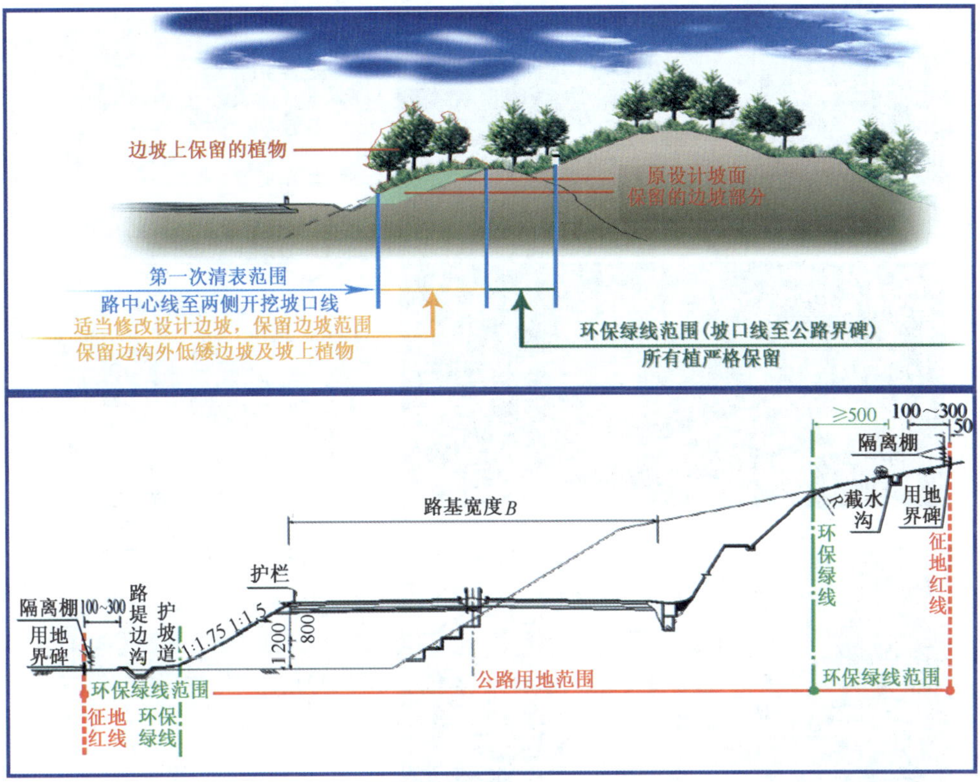

图 7-2　环保绿线在路基工程中的断面示意

光之外，基本没有任何影响。

传统的施工方法就是对桥下部分全部清表处理，然后进行墩柱施工，待墩柱施工完毕后，实施梁板的架设，基本上待墩柱完成施工后，工程施工实施基本就和地面没有很大干扰了。

图 7-3 显示了环保绿线在桥梁中的应用实景图，环保绿线设计要求在施工控制中，除桥梁墩柱等下部构造等点状区域外，桥下其他征地不进行清表处理，维持土地的自然属性不变，施工过程中，尽量减少对原始植被的破坏。

图 7-4 显示了路基、桥梁用地红线和环保绿线设计位置的平面示意图。

(4)“公路环保绿线”概念的延伸

由于环保绿线是建立在保护土地自然资源属性的基础上，因此也可以延伸至公路边坡等永久性用地、临时用地范畴内。

1)土地自然属性的部分保留：例如路基填方边坡坡脚段树木的保留；切方段适当调整边坡坡率和边沟、平台的设置，保留现状自然坡体；山区高速公路服务设施场地内部分树木的保留。

2)路基边坡原生态恢复：即路基边坡在填挖破坏后，结合边坡加固工程，坡面植被采用与原自然山体一致的种类，以削弱土地破坏的痕迹，与周边自然环境融为一体，部分恢复土地的自然属性。湖南省常德至吉首高速公路运用 CS 高次团粒混合纤维法快速植被恢复技术(图 7-5)，尽可能地对路基边坡进行原生态恢复，恢复面积约 200 万 m^2。

3)临时用地的选择：由于临时用地一样会改变土地的自然属性，因此建议承包商基地等

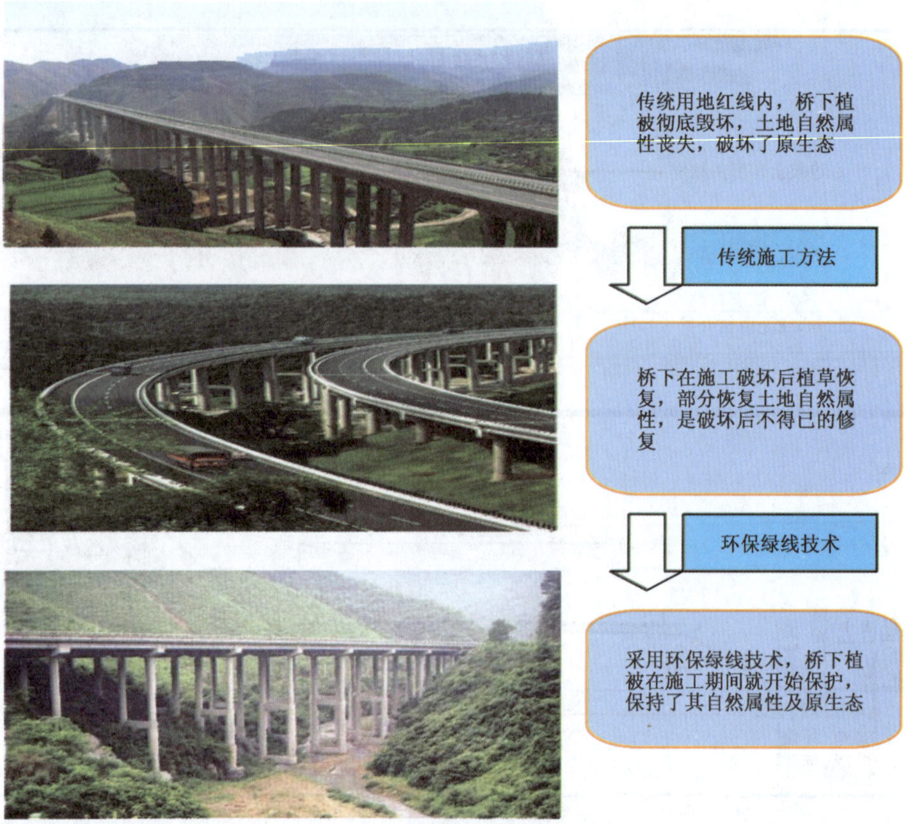

图 7-3 高架桥路段环保绿线示例

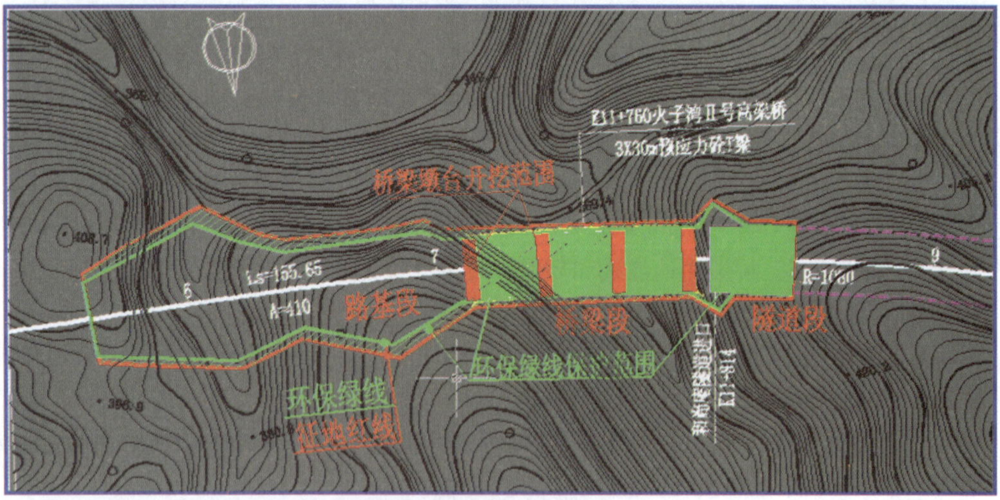

图 7-4 环保绿线用地图示例

尽量租用民房，预制场、拌和场等工点施工场地尽量设置于路基内或已开发的场地、荒地，取弃土场严格按国家土地政策要求复耕。即便是切实需要占用，也要选择土地自然属性价值低的土地。

图 7-5　常吉 CS 技术原生态恢复

7.2　施工场地选址及用地指标

施工场地是因公路建设需要，在主体工程相邻的合适位置设置的，具有施工人员暂时居住、材料临时堆放、构件浇筑、骨料拌和等用途的临时施工用地。主要包括施工营地（办公场所、生活场所）、拌和站（沥青混凝土拌和站、水泥混凝土拌和站、稳定土拌和站等）、桥梁预制场、砂石场、轧石场等。

7.2.1　施工营地

根据对在建项目的调研，公路建设中每个施工标段一般不设置集中施工驻地，而通常采用项目部驻地、施工人员驻地分散设置的方式。项目部驻地是施工单位办公驻地所在，包括施工单位办公、管理人员住宿、会议、试验室等功能单元。本次调研中的项目部驻地全部为租用的临近村、镇现有的房建设施或在村镇现有建设用地类空地上搭建的活动板房，未发现临时征用农用地建设项目部驻地的情况。施工工人驻地则是结合施工工点设置，无单独设置施工工人驻地点的情况。

根据本次调研情况，对施工驻地从集约用地方面提出设置要求如下：

（1）施工营地应尽量租用公路沿线村、镇现有的建筑物，严格控制临时征用土地新建施工营地，禁止临时占用非建设用地设置施工营地，无人区除外。

（2）提倡利用拟建服务区（停车区）及施工完工的取土场、弃渣场等场地并场利用作为施工营地。

（3）对于必须新征临时用地设置的施工营地，应严格控制占地面积，以满足基本的办公、住宿功能为目的，原则上不得建设休闲设施。

7.2.2　拌 和 站

公路建设中的拌和站包括沥青混凝土拌和站、水泥混凝土拌和站、稳定土拌和站等几类。沥青混凝土拌和站主要用于公路路面施工期间面层材料的拌和；稳定土拌和站主要用于路面施工期间底基层材料的拌和;而水泥混凝土拌和站则用于桥梁施工期间桥梁基础、梁的现浇施工的备料和水泥路面面层材料的拌和。

(1)水泥混凝土拌和站

水泥混凝土拌和站一般由拌和楼、堆料区、办公生活区、钢筋加工区、预制生产堆放区、蓄水池及沉淀池、配电等设施组成,包括必要的通道,并根据不同阶段和功能的需要,合理配置和布设。

根据调研,对水泥混凝土拌和站从集约用地角度提出选址要求和用地指标要求如下:

1)选址要求

①应优先选择公路临近的、闲置的建设用地、荒地布设拌和站。

②结合工程设计,在不影响施工的情况下,应尽可能的将拌和站设置在永久征地范围内,如服务区、互通匝道圈内。

③拌和站禁止布设于集中的农田分布区,尤其是水田、基本农田保护区内。

④山丘区路段的拌和站应避免占用林地,应选择临近公路施工区的荒坡设置,为减少开挖,宜采用分层设置。

⑤后期路面施工期的水泥混凝土拌和站应结合已经完成施工的临时工程用地(如取土场、弃渣场、施工场地),不得再另行征占土地。

⑥拌和站设置不应对下游农田产生水土流失及污染危害。

⑦提倡采用商品混凝土,不设站。

2)用地指标

对于确实需要新征占地建站的水泥混凝土拌和站,应根据施工标段混凝土需要量、施工进度安排,合理确定拌和楼的规模(以能满足施工进度要求的最小规模为准)及堆料区面积(尽量根据施工进度合理周转备料,不应一次备料),拌和站原则不设小型构件预制区(与桥梁预制场合并设置)。根据本次对高速公路现场的调研,建议一般水泥混凝土拌和站的占地规模应控制在 0.3 hm^2以内,大型集中水泥混凝土拌和站占地规模不应大于 0.5 hm^2。

(2)沥青混凝土及稳定土拌和站

这两类拌和站主要用于公路施工后期的路面施工,且单个拌和站的服务半径较大,根据本次调研,对其提出集约用地要求如下:

1)该类拌和站应利用先期完工的各类临时工程场地并场利用进行布设,如取土场、弃渣场平台,路外其他施工场地等,应禁止新征占土地建站。

2)提倡采用商品沥青混凝土,不建站。建议地方交通部门根据路网建设及规划情况,设立拌和站供应公路新建及后期路面养护用混凝土。

7.2.3 预 制 场

根据调研认为,公路建设中无需设置单纯的小型构造件预制场地,其可结合桥梁预制场或拌和站设置。因此,此处仅讨论桥梁预制场的选址及指标要求。

桥梁预制场一般由混凝土拌和设备、材料堆放区、钢筋加工区、桥梁预制区、存梁场、施工人员生活办公区及施工便道组成,施工中根据具体的地形条件,对各区进行合理搭配和布置。图 7-6 所示是一处典型的跨河桥梁预制场平面布置图,其中水泥混凝土拌和站另建。图 7-7 为桥梁预制场现场图片。

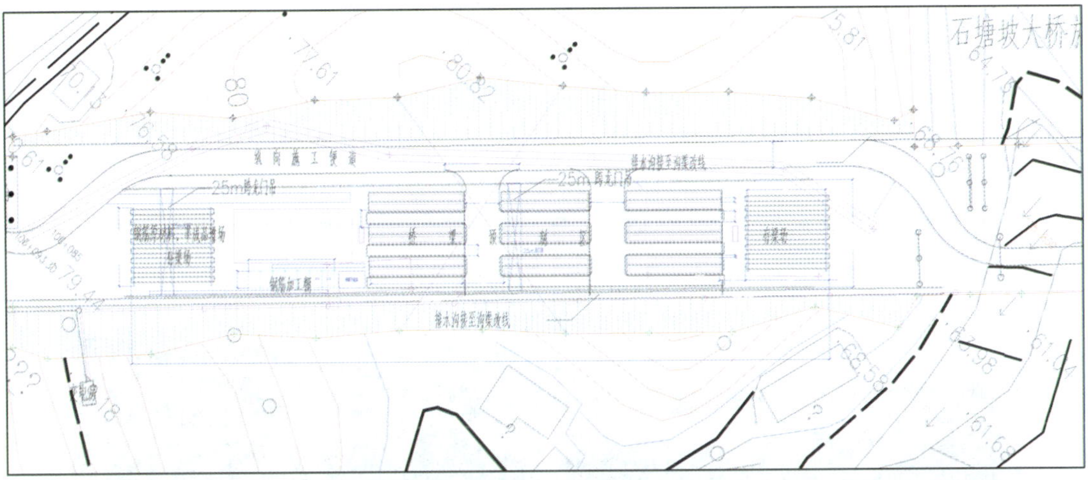

图 7-6 设置在路基上的桥梁预制场

图 7-7 长湘公路第 6 合同段铁弓洲特大桥预制厂利用已经成型挖方路基

(1)预制场选址

根据调研,桥梁预制场主要包括三类:引道及其附近预制场、桥下预制场和桥上预制场。

桥头路基及其附近预制场:是采用的最普遍的一种预制梁场选址类型。该类预制场一般布设在桥台后地基良好的路基上或附近,多选在挖方区。此类梁场的优点:成品梁运输方便,与主体工程施工基本无干扰且联系紧密。该类梁场的适用条件:适用于各类桥梁的施工,尤其是桥头任一端路基足够宽且有足够的长度,或路基侧有一定的闲置土地的桥梁。

桥下预制场:常见于跨河桥梁施工区,一般布设于跨河桥梁下的河滩上。此类预制梁场的优点是可减少占地,但由于河滩地一般土质较软,需要进行地基处理,且施工工期受洪水季影响,并与桥墩施工存在干扰,管理较为困难。适用条件:适用于河道堤间距比较宽且有河滩地的情况,生产期只能安排在枯水季。

桥上预制场:这类梁场设置于桥梁完成施工的桥跨上方,与桥梁施工区重合,可以节省梁场占地,但梁场生产与主体工程施工存在干扰,对工期会产生影响。适用条件:无前两种施工条件,建设工期较为宽松的桥梁工程。

目前,桥梁预制场的选址主要考虑可供利用的场地面积及立地条件、与主体工程的干扰程度、利用主体工程施工资源的程度、运输条件、费用等方面的因素。根据本次开展的施工现场调研工作,结合现场的专家咨询,对桥梁预制场的选址从集约用地角度提出要求如下:

①桥梁预制场选址应优先考虑选用桥梁一端桥台后路基先成型后用作预制场的布设方式,混凝土拌和区合理选址另设,以尽可能的集约利用土地。

②对于跨河桥梁,①种情形不适用的情况下,条件允许应尽量采用桥下桥梁预制场。

③在①和②两种情形不可行的情况下,应优先选择公路临近的、闲置的建设用地、荒地布设预制梁场。见图7-8。

图7-8 长湘公路第4合同段利用河漫滩作为桥梁预制厂

④结合工程设计,在不影响施工且运输方便的情况下,尽可能在其他永久征地范围内设置预制梁场,如服务区、互通匝道圈内。

⑤桥梁预制场禁止布设于集中的农田分布区,尤其是水田、基本农田保护区内。

⑥山丘区路段的桥梁预制场应避免占用林地。

⑦预制场设置不应对下游农田产生水土流失及污染危害。

⑧考虑到拌和区与制梁区合并设置将增加占地,且不适宜在路基上设置。

在运输条件便利的情况下,提倡拌和站整个标段合并另址设置,或采用商品混凝土。

(2)预制场用地指标

桥梁预制场的规模取决于工程建设对其生产能力的需要,生产能力决定了预制区、存梁区、施工道路这三个影响预制场规模的主要区域。也就是说,制梁台座的多少应该满足工程进度对梁的需求,而台座的多少直接决定了预制区面积的大小。同时,梁预制完成后,一般需要在预制场存放一定的时间,一般为30天,这样生产梁的能力及施工安装梁的进度又决定了存梁区的容量(面积),而预制场施工便道的规模则需要与预制生产、进料、出梁相匹配。

对于需要新征占地设置的桥梁预制场,应尽量将场地内的各个区域合理配置,力求尽可能的减少占地面积。根据对国内在建公路施工现场的调研情况,建议一般单个桥梁的预制场规模应控制在0.5 hm^2以内,大型桥梁预制场占地面积应控制在1.0 hm^2以内,集中式预制场占地规模不应超过3.0 hm^2,特大型集中式桥梁预制场可根据实际需要进行布置,但应力求紧凑,以节约占地。

7.2.4 其他施工场地

除了前面提到的几乎每个公路建设项目都可能设置的施工场区外,公路建设过程中还可能布设其他一些施工场地,例如材料临时堆放场(废方转运场等)、石料加工场等,这些场地在公路施工中设置不固定,且规模不一,所以此处仅对这类场地的选址提出集约用地的限制性规定,对用地不提出量化指标。

(1)选址要求

上述几类临时施工场地通常规模较小,且往往较为零散,容易成为后期生态恢复的死角,针对调查中发现的这些问题,对选址提出限制性规定如下:

① 应优先考虑将这类施工场地设置在永久占地范围内,如隧道施工区为便于隧道废方综合利用而设置的临时堆渣场和碎石加工场可设置在隧道口先期成形的路基上。

② 石料加工场应尽量在取料场、弃渣场范围内布设,避免另行占地。

③ 需在路域范围外设置的各类施工场地应尽量利用公路沿线闲置的建设用地或荒地。

④ 各类临时施工场地禁止设置在农田集中区,尤其是水田集中分布区或基本农田保护区。

⑤ 施工场地应避免占用林地。

⑥ 施工场地不得对下游农田造成水土流失及污染危害。

长湘公路的模板堆放见图 7-9。

图 7-9 长湘公路第 12 合同段在农田区模板堆放及施工便道均利用桥下征地范围

(2)用地规模

调查中发现这类施工场地规模不一,且设置有很大的随意性,无法统一给出用地规模的限制性指标,此处仅对需另行征地布设的该类场地的用地规模提出如下原则性要求:

①应该根据施工的进度要求,合理确定场地内临时性堆料的周转区规模,避免按一次性备料规划空间,以尽可能地压缩征占土地的数量。

②合理优化场地布局及使用流程,对于可交替布置的功能区域应避免同步重复布置。

③画出场区边界,规范施工要求,禁止乱堆乱放、随意增加占地。

7.2.5 其他相关要求

(1)施工场地平整前,应根据占地类型对场区表土进行剥离,暂时存放在各自场边,夯实堆积,周边堆砌装土编织袋或干砌石、表面播撒草籽以防水土流失,待施工结束后用于场地恢复表层覆土。

(2)施工进场时应按照主体工程施工图设计圈定施工场地,并设置严格的界限,禁止随意乱堆乱放扩大占地面积。

(3)施工场地内及周边应设置完善的排水系统,以疏导上方来水,并排放场地雨水。场地内的废水应采用沉淀池沉淀后排放,从而避免对下游农田形成水土流失危害或造成污染。

(4)对于施工场地下方有农田的填方一侧,应设置挡墙拦挡,避免场地堆土或材料下泄掩埋农田。

(5)干燥天气,应对施工场地定期进行洒水,防止起尘,影响周边植被生长。

(6)公路施工结束后,应对因临建施工留下的硬化层进行清除,清除的硬化层可用于回填附近施工便道或运至附近弃渣场堆放,不得随意弃倒。考虑到水土保持和环境功能的要求,将平整过的场地回填表土,进行复耕或植被恢复。

7.3 施工便道选线及技术指标

近年来,我国公路事业蓬勃发展,尤其是高速公路建设线形长,投资大,素有"高速公路生命线"之称的施工便道逶迤于施工沿线数百公里。在实际工程中,施工便道建设往往是令施工单位倍感棘手的事情。施工单位大多在缺乏当地地质、地形、气候等设计必需资料的情况下,单凭经验,沿途踏勘设计。其考虑因素的不全面性在所难免。由于施工便道建设得不合理可直接或间接造成上亿元的经济损失。

公路所处地区的地形地貌决定了施工便道的特点,特别是山区公路便道,路线长,对环境破坏大,防护任务艰巨。因此,如何选择合理的便道线形,如何选用恰当的技术指标,如何使便道建设尽可能少的破坏当地生态环境,是值得广大公路工作者去探讨和研究的。

7.3.1 施工便道的特点

施工便道是在公路或铁路修建施工过程中,为保证道路的短期畅通而临时修建的便道或便桥。一般采用较低的建筑标准,通常在达到预期使用目的之后即拆除或废弃。主要是为施工提供便利之用,属于临时工程,通常具有如下使用特征:

(1)使用时间短,具有临时性。施工便道使用时间多则3~5年,少则几个月,公路建成通车后,便完成其使命。

(2)施工便道的主要功能是施工机具的转场搬运和建筑材料的运输,通行的车辆以重型施工机械、工程车和材料车为主。

(3)建设标准低,受天气影响大。雨雪天气的路面抗滑性低,被破坏的风险系数大。

(4)便道选线对地形依赖度大,难以满足人们对行车舒适性的要求。

以往设计中,施工便道一般考虑采用低等级公路标准实施,其中纵向主便道采用双向通行的四级公路标准,路基宽度采用6.5 m左右,通往拌和场、预制场及主要工点的支线便道一般采用4.5 m宽的四级公路标准,以上两类便道均考虑采用泥结碎石或者水泥碎石路面。其他通达性的便道考虑采用等外标准,直接开挖即可。

7.3.2 施工便道选线原则

施工便道要根据实际地形及施工情况设置,其选线应遵循以下原则:

(1)施工进场道路、取弃土场及施工场地连接便道应尽量利用现有农村道路,伴行施工便道应尽可能布设在主体工程永久占地范围(红线)内。

(2)需于永久占地范围外开辟新的施工便道时,应结合后期作为农村道路利用或地方道路保通等功能进行便道的选线。

(3)施工便道禁止从中穿越农田集中分布区,尤其是基本农田保护区。选线时应注意同农田基本建设相配合,做到少占耕地,尽量不占高产农田、经济作物田及经济林园。

(4)施工便道宜依地势布线,避免出现填、挖,以尽量减少用地。

(5)选线时对不良地质地段,应深入勘测调查,弄清对道路的不良影响,一般情况下应设法避绕,当必须穿过时,应选择合适的位置,缩小穿越范围,并采取必要的工程措施。

7.3.3 施工便道技术指标

(1)总体设计原则

施工便道的好坏攸关公路主体工程的进展,在进行平、纵、横三面设计时,应该遵循“安全、经济、适用、少破坏环境”的原则,结合实地地形,灵活采用线形指标。

(2)设计技术指标

根据交通组成以大型载重汽车为主的特点,建议施工便道平纵面技术指标下限值以设计速度为 20 km/h 的四级公路指标进行控制,有条件的路段(或占用非耕地、林地和园地等敏感地类的路段)尽量满足 30 km/h 和 40 km/h 设计速度的技术指标要求。

从集约用地角度考虑,施工便道一般作单车道设计。推荐路基宽度 4.5 m,路面宽度 3.5 m,曲线或地形复杂地段可适当加宽。在地形条件和视距要求许可的路段,间距不大于 400 m 设置一处错车带,错车带长度 20 m,路基宽度 6.5 m。

对于施工车辆集中的施工便道,在不增加耕地占用量的情况下,路基宽度可放宽至 6.5 m,路面宽度 5.5 m。

对于受耕地、园地等限制的路段,施工便道可设置最小宽度 3.5 m,仅允许同时通过一辆车。

便桥应满足载重和排洪要求,汽车便桥桥面宽度不小于 3.5m,设置防护栏杆和超限标牌。

施工便道技术指标见表 7-1。

表 7-1 施工便道技术指标

技术指标	路基宽度	圆曲线最小半径	最大纵坡	凸形竖曲线最小半径	凹形竖曲线最小半径
便道极小值(m)	3.50	/	/	/	/
一般便道(m)	4.50	15	9	100	100
主便道放宽值(m)	6.50	60	7	450	450

施工便道土质路基地段基层为不小于 20 cm 厚的片(碎)石垫层,其面层为 5 cm 的泥结碎石面层;挖方石质地段路基表面用泥结碎石找平。

便道的两侧应设置边沟和排水沟。便道急弯、陡坡地须设置安全护栏和醒目的警示标志,岔路口设置方向批示牌,并在便道急弯处设置防撞墩。

(3)控制性用地指标

对于通过耕地、园地等敏感地段的施工便道,路基宽度按 3.5 m 计,沿平面布设,每公里施工便道占地控制在 0.35 hm^2。

对于通过林地的施工便道,路基宽度按 3.5 m 计,有一定坡度,按开挖边坡高度小于 1 m 计,每公里施工便道占地宜控制在 0.35~0.55 hm^2之间。

对于通过荒地、废地等土地类型的施工便道,每公里占地在此不做控制性要求,仅按照工程需要进行设计。

(4)施工管理及环保要求

施工便道是运输土石料的重要通道,承受的行车载荷及交通量都很大。由于是临时修建的,道路质量不高,在雨水淤积及冲刷情况下极易造成水土流失,加之人们施工便道重视不足,容易造成严重的生态环境破坏。因此,必须将环保意识融入便道的整个规划、设计、施工、后期处理阶段。

①山区施工便道断面设计宜采用半填半挖形式,尽量使挖掘机作业半径内土石方平衡。在作业带上尽可能保护原始地貌或减少原始植被的破坏。

②在便道修建之前应预先将所占农用地尤其是耕地的表层熟土进行剥离,并采取措施进行保护,确保肥力较高的表土层用于工程后期的土地复垦或景观绿化美化工程。

③道路基础作业应尽量避免大风天和雨天,以免造成大量水土流失。

④为防止施工便道堵塞水流导致工程或附近农田、建筑物及其他设施受雨水的淤积和冲刷,应在修建施工便道时修建临时排水设施,如边沟、排水沟等。路基各层应保持一定的泄水横坡或纵向排水通道。结合地形在排水沟出口处设置沉沙池,以拦截径流泥沙,避免泥沙直接冲入自然河道。排水沟和沉沙池断面形式及尺寸设计结合地形条件、气象条件、汇水面积、植被覆盖情况综合考虑,一般排水沟选用梯形或矩形断面,沉沙池选用矩形断面。

⑤路基边坡应采取必要的防护措施。不稳定的挖方边坡应在坡面或坡角设置木桩、锚杆、浆砌石支砌和喷播植草,土质边坡采取植草防护;紧邻农田一侧应设置拦挡措施。

⑥应采用碎石压实对土质施工便道进行硬化,避免因车辆碾压起尘,同时,干燥天气还应对施工便道定期洒水抑尘,避免扬尘对周边农作物、植被生长产生危害。

⑦应设置严格的便道界限,规范施工车辆行驶,禁止随意碾压。土方外运需在车上覆盖毡布,防治遗洒。

⑧施工便道要穿越河流时,需增设施工便桥。便桥设计需满足行洪要求。便桥施工须做临时拦挡,在桥跨两侧修建挡墙,防止水流冲刷。便桥施工中注意防止泥浆流入河道污染河水。

⑨公路施工结束之后,对不拟利用的便道进行清理和平整,除去硬化部分,覆表土,用于复耕或植被恢复;对拟作为农村道路的便道,对路面压坏部分进行填平和整修,交予地方管理使用。

7.4　集约用地的施工组织设计

7.4.1　集约用地施工组织类型

根据对国内部分省份公路建设项目现场的调查及资料调研,对公路施工中的集约用地进行了总结归纳。公路建设中单个施工标段的集约用地情况,大体可以分为充分利用永久占地型、充分利用沿线闲置资源型、临时工程多场循环并用型、土石方综合利用型和综合集约用地型四类。

(1)充分利用永久占地型

这是一种在公路建设过程中充分利用主体工程永久占地布置施工场地的一种施工组织方式。这类施工组织可以避免另行占用路外土地增加对地方土地资源利用的压力,并可减少施工后期土地复垦的工程量，是一种“双赢”的施工组织方式，也是目前公路建设中较常采用的一种施工组织方式。

根据调查，此类施工方式的适用条件为：

①适用的工程单元：桥梁预制场（在桥头路基设置等）、隧道废方堆放及加工场（在隧道洞口路基设置等）、施工人员驻地（各类永久占地区）、伴行施工便道（路侧征地红线范围内布设等）、弃渣场（分幅路基间、互通中等）。

②较为宽裕的施工工期，能够满足主体工程相邻工程单元交替施工的需要。相邻工程单元交替施工必然会对各单元正常的施工产生一定的干扰，例如，在桥头路基设置桥梁预制场，则需先行完成桥头路基的成型，然后才能开始桥梁的施工，对桥梁的施工时间会有所压缩。

③具有较为充足的可利用空间资源。如某施工标段范围内包含服务区，则可以将其先期初步成型后作为拌和站、预制场、材料加工场或施工驻地等各类临时工程利用；再如，若采用桥头路基设置预制场，则至少桥头一端路基应有足够的长度，对于特大桥、大桥的预制场来说，这一长度一般不应小于 200 m，以保证必要的施工空间。

（2）充分利用沿线闲置资源型

对于公路永久占地范围内无法完全满足施工用地的标段来说，能够充分利用沿线闲置土地（建设用地或荒地）布设施工场地亦是一种不错的集约用地施工组织方式。一方面该类施工方式因未增加对耕地、林地、园地等敏感土地的占用，所以不会对地方土地利用增加压力，同时，还可以使得闲置土地的利用价值得以提高，并可有效减低公路施工中的各类交叉干扰。

根据调研总结，此类施工组织模式的适用条件为：

①适用的工程单元：拌和站、预制场、材料加工场等施工场地（废弃的工厂、学校及其他闲置建设用地、荒地），施工驻地（民房、闲置的学校、厂房等建筑物），施工便道（乡村道路）等。

②附近具有可利用的闲置土地、道路资源，且规模满足施工需要。例如，对于低山丘陵区的公路建设项目来说，沿线一般农村道路及公路较为发达，可以直接或加以改造后作为公路施工的进场道路利用；公路沿线村庄、乡镇闲置或废弃的学校、加工厂，如果有足够的空间，则可作为施工场地利用。

③应避免造成施工扰民。如拌和设施、石料加工场等应避免设置在可能对居民点、学校造成施工噪声、扬尘等环境影响的区域。

④沿线已有的石料开采加工场、土料场可作为公路建设的外购材料场利用，尽量避免再行占用土地自采。

（3）临时工程多场循环并用型

临时工程的多场循环并用，是指在公路建设过程中，后期施工场地利用先期完工施工场地的一种施工组织形式。这种施工组织形式通过对同一块土地按照不同的施工时序进行不同功能的施工循环利用，实现对公路临时占用土地的集约。

该类施工组织形式的适用条件：

①路面施工期的（灰土、沥青）拌和站可利用先期完工的施工场地、取土场、料场及弃渣场等。

②对于需要自采石料的项目，可将石料加工场与料场合并设置；对于可以回用的废石方，可在弃渣场设置加工场用以石料的加工。

③对于弃方工作可在借方利用工作完成后实施的标段，则适宜利用取土坑作为后期弃

渣场。

④桥梁预制场与小型预制件可根据施工时序交替安排。

(4)土石方综合利用型

土石方综合利用包括三种类型:路外废方的路内利用,路内废方的路内利用,以及路内废方的路外利用。

①路外废方路内利用

路外废方的路内利用,是指公路建设中充分利用公路沿线废料作为筑路材料的一种形式,如常见的利用粉煤灰、宕渣填筑路基等。一方面可以节约公路设置取料场借方而占用土地,还可以节约粉煤灰、宕渣弃置所占用的土地。

这类施工组织模式适用条件:沿线区域有可用于筑路材料的废方,且该路段施工中有外借方的需求,如需要借方填筑路基、需要借方加工石料等。

②路内废方路内利用

路内废方的路内利用,主要是指公路建设中,将工程挖方充分回用,作为路基填料、路面材料及防护工程材料的一种形式。如路基施工中的"移挖作填"、工程废石方加工为路面底基层骨料及防护工程料石等。通过对路内废方的充分利用,可有效减少处置废方及借方所需的临时用地,同时也可以节约建设投资,这种施工模式已经成为近年来公路建设中广泛采用的一种形式。

此类施工组织模式的适用条件:路段内同时存在一定的挖方和填方路段,挖余废方满足路基填筑、路面基层骨料、防护工程石料的要求。

③路内废方路外利用

路内废方的路外利用,则是指通过建设单位、施工单位与地方的协调,将公路建设中的工程废方在本项目建设范围建设以外综合利用的一种途径。例如,将工程废方用于公路沿线开发区的填筑,石方用于农村道路路面的铺筑等。这种利用途径既可有效减少工程弃方及弃渣场占地,又可为地方解决土石方短缺的困难,是目前公路建设中集约用地施工组织的一种新的趋向。见图 7-10。

图 7-10 长湘公路第 10 合同段丁家湾隧道出口利用隧道弃渣填筑路基

此类施工组织模式的适用条件:公路建设本身具有一定数量的废土、石方;工程沿线有规划或在建开发区、道路等其他工程建设项目,且有土石方需求;亦或者沿线有经营性的石料加工场,且公路废石方满足加工石料的要求。

(5)综合集约用地型

综合型集约用地施工组织,是指采取根据公路建设的实际条件,综合采用多种形式的集约用地措施进行工程施工的一种施工组织模式。本次调研发现,目前公路建设中,随着施工组织者节约土地理念的提高,加之节约成本的需要,部分施工标段的施工组织都采取了多样化的集约用地技术,这不仅有效节约了土地资源,也是未来公路交通向资源节约、环境友好化发展的必然趋势。

参 考 文 献

[1] 邵晓彤,毛根旺. 道路运输与土地资源支持保障关系分析[J]. 交通科技与经济,2009(5).
[2] 张红红. 高速公路社会影响评价指标可靠度估算方法[J]. 西安公路交通大学学报,2009,20(4).
[3] 葛海燕. 高速公路项目社会影响评价分析与研究[D]. 西安:西安公路交通大学,1999. 51-53.
[4] 朱德举. 中国耕地保护(第1版)[M]. 北京:中国大地出版社,1997:63-64.
[5] 朱德举. 土地评价(修订版)[M]. 北京:中国大地出版社,2002:35.
[6] 姚炎明,王英. 公路建设项目土地经济损失的定量评价[J],环境污染与防治,1999,21(6).
[7] 周志言. 公路建设项目后评价[M]. 北京:航空工业出版社,1999:44~76.
[8] 李晚斐,陈金海. 环境因子在公路建设方案比选中的应用研究[J]. 四川建筑,2007,27(4):53-55.
[9] 郭思涛,杨晓清. 公路工程环境影响评价经济损益分析初探[J]. 公路, 2001(11).

8 公路建设土地资源复垦

公路建设中的土地资源复垦，是公路建设土地资源节约集约利用的重要一环，公路建设过程中，需要大量占用临时用地，这些临时用地的占用，随着公路建设的完成，其使命也伴随结束，复垦的目的，在于使这部分临时用地土地资源属性回归固有属性。

8.1 高速公路建设中临时用地的复垦技术

8.1.1 公路建设中临时用地土地复垦技术

土地复垦一词源于对矿业废弃地的恢复工作，在20世纪50年代末，称土地复垦为“造地复田”。当时为了克服自然灾害带来的吃粮困难，矿山职工自发地在排土场、尾矿场上垫土种植蔬菜和粮食。因此，目前土地复垦狭义的定义仍专指对工矿业用地的再生利用和生态系统的恢复。在“以粮为纲”的年代，土地复垦的概念一般是指将废弃的土地重新开垦为农田种植农作物。随着时代的发展，土地复垦的内涵在扩展，即土地复垦后的用途不再仅仅是种植农作物，也可以植树造林，进行水产养殖，或是作为建设用地。最新颁布实施的《土地复垦条例》将土地复垦定义为“对生产建设活动和自然灾害损毁的土地，采取整治措施，使其达到可供利用状态的活动”。

8.1.1.1 土地复垦方式及技术体系

公路建设过程中，除了在规划、设计阶段从根源上做好工程的节约、集约占用土地设计以外，工程建设后期各类临时用地的复垦工作也是公路建设土地资源保护的一个核心问题。长期以来，随着建设者环境保护和节约土地意识的日益提高，公路建设临时用地的复垦“从无到有”，从最初的“完成任务、重视数量”，到“质、量并重”，再到“合理规划，因地制宜地恢复研究”，土地复垦的技术也日益向多样化、生态效益优先化发展。但是，也应该看到，目前公路建设中临时用地土地复垦的状况还参差不齐，“重主体轻临时”的思想还占着主导地位，且临时用地未恢复或恢复效果较差的情况仍然随处可见，土地复垦的技术体系也不够完善，且国内也尚未制订相关的强制性标准。本节将通过对目前国内公路建设临时用地土地复垦情况的调研，分析目前土地复垦效果不理想的原因，重点总结取料(土)场、弃渣场的土地复垦方式及技术要点，并在此基础上，通过调研和案例工程的实施，对两类临时场地的土地复垦技术进行提升研究。

1. 土地复垦的要求

一项成功的土地复垦工程往往需要周密的复垦规划和计划，才一能收到理想的复垦效果，反之则耗资巨大而复垦效果不佳。

(1)尽量增加农业用地面积

我国人口基数大，人均耕地占有量比较小，尤其是临时占地施工中破坏了大量土地，造成耕地资源紧缺。因此建议在土地复垦时除在确实无法恢复耕种的条件下可以用作非农业用地外,其他情况均应以恢复农业生产为目的,这是我国目前的土地资源利用形势的紧迫要求,是解决人们温饱问题的关键,并从长远角度解决我国人均耕地日益减少的趋势。

(2)接近破坏前的土地资源适宜性

一般来讲,土地资源在被破坏前多为宜耕、宜牧、宜林土地,被破坏土地的复垦,首先要尽量恢复其原有第一性生产能力,即要使土地适宜性和生产力、生产潜力同破坏前相接近。然而各地区土地资源有明显差异,因此要结合当地农业发展和经济发展情况,根据土地适宜性的评价,制定科学、合理的复垦规划,保证土地资源的可持续发展。

(3)改造为新环境条件下的可垦土地

公路施工过程中,由于临时占地工程单元和地形地貌的不同,导致土地破坏形式不尽相同,如若一味地将被破坏土地恢复为原景观,不仅工程量大、投资较高,而且不一定能达到预期的效果。在这种情况下,则要视具体复垦对象,因地制宜,根据项目区的气候、环境等自然条件以及复垦土地的土壤熟化程度、有机质含量,拟定与项目区所在地的水、热条件相适应的新的土地利用方向。如在平原微丘区有水源条件的平地取土场,经取土后形成的取土坑,可以结合土地利用结构调整,将取土坑改造为坑塘,进行水产养殖。这样,原来适宜农、林、牧的土地利用方式,复垦为适宜养殖业的基地,复垦后土地生产力和生产潜力将与复垦前有很大的改观。

(4)新垦土地水土流失及其控制

防止水土流失也是土地复垦的一个重要方面,水土流失不仅仅只是因为对土地的挖损、压占等破坏形式引起的,还可能是由于土地利用不当,地表、地下水文条件改变等原因引起的。新垦土地水土流失与其他几种土地破坏形式的共同点都是使土地生产力下降,挖损、压占等破坏形式可以通过一定的技术措施,尽量修复土地原有生产力。然而水土流失对土地破坏的特征表现为不可逆性,一经流失的水土资源难以再被收回利用,并且水土流失不仅对本项目区临时占地,而且会对更大区域内的土地利用、水文条件产生影响,如大面积水土流失破坏土地生态环境,致使土地退化,流失的土壤、砂石淤积堵塞下游河道或使河床底板抬高,改变河流系统的自然规律,多雨季节造成洪水泛滥、冲毁良田等危害。鉴于水土流失包括地表径流的增加、垂直入渗的减少及水量循环的破坏、地表地下水文参数的破坏以及土壤的水蚀、风蚀和重力侵蚀等方面,在复垦工程中要选择合理的复垦技术,科学利用土地资源,完善项目区内的农业基础配套设施,在复垦区植树造林、种植牧草,防止水土流失。

2. 土地复垦方式

如前所述,土地复垦技术起源并发展于各类矿业废弃地的土地复垦实践,并逐步向其他行业推广,使之广义化和完善化。综合国内外土地复垦的实践经验,目前的土地复垦的方式见表8-1。

表 8-1 常见土地复垦方式

复垦方式	具体形式
农业土地复垦	复垦为农田、牧草地、菜地、果园等
林业土地复垦	营建各种类型和功能的人工林、用材林等
渔业土地复垦	改造为鱼塘
水利土地复垦	改建为水库或水塘

续上表

复 垦 方 式	具 体 形 式
休闲用地复垦	营造为各种功能的休闲、娱乐场地
卫生保健复垦	废弃场封存,避免污染周边环境
建筑用地复垦	改造为工业或居民建筑用地

废弃土地复垦方式(方向)一般遵循以下原则,并根据下述条件而确定:

(1)规划相符性。土地复垦应遵循地方土地利用规划或其他相关规划。

(2)因地制宜。应根据废弃土地的扰动方式及扰动后土地损毁的类型、程度、自然地理条件和复垦的可行性等因素,确定土地复垦的方向。

(3)农业复垦优先。对于适宜复垦为农业用地的废弃地,应复耕利用。

3. 土地复垦技术体系

土地复垦是在连续的、综合的过程中实现的,这一过程可以分为以下两个阶段:工程技术复垦阶段和生物复垦阶段。工程技术复垦就是针对废弃、扰动地的开发利用的种类和方式进行的整地,包括场地平整、坡地改造、用于复耕或恢复植被的客土工程、土壤改良以及道路建设等。生物土地复垦则是指一系列恢复废弃、扰动地土壤肥力、造林绿化,并将其返还农林业生产以及创造适于人类生存活动的景观的措施的综合。对于上述不同土地复垦方式来说,都各自具有特殊的实施措施和方法,每种复垦方式都有对工程技术复垦阶段的具体要求。

为了简明处理,此处按工程技术复垦和生物复垦两个阶段分别对土地复垦的各类技术组成和综合技术体系进行概括。

(1)工程技术复垦阶段

工程技术复垦阶段的土地复垦工作内容主要包括土地整理(整平、坡地改造等)、客土工程、土壤改良、进场道路建设等。不同工程技术环节根据不同的复垦方式有相应的复垦技术,该阶段的土地复垦技术体系如图 8-1 所示。

工程技术复垦阶段
- 土地整理— 梯田法复垦技术、疏排法复垦技术、挖深垫浅法复垦技术、充填复垦技术等
- 客土工程— 表土剥离与防护技术、客土覆盖等
- 水土保持工程—防治土壤流失技术、保水技术等
- 土壤改良—物理性状改良、培肥改良、pH 值改良、营养状况改良等
- 道路建设— 扰动、废弃地复垦进场道路建设、管线敷设等

图 8-1 工程技术复垦阶段的土地复垦技术

(2)生物复垦阶段

生物土地复垦阶段的工作包括土壤肥力恢复、植被恢复、农林业生产等。

土地肥力恢复,指的是采用生物措施进行土壤营养状况的改良,使其能够达到规划的农林等生产目的的土地利用要求。主要包括采用固氮植物、绿肥、微生物等措施进行土壤营养状况的改良。该环节的重点在于土壤的改良。

植被恢复则是通过栽植植被的方式进一步恢复扰动土地的生产力。

8.1.1.2 公路建设中的土地复垦

1. 土地复垦的范围及对象

根据土地复垦的定义,公路建设中土地复垦的内涵应为对公路施工过程中临时占用及受

公路施工影响的土地,采取整治措施,修复土地使用功能的活动(注:此处所指修复是指使土地达到可利用的状态而并非恢复原始功能)。因此,公路工程土地复垦的范围可界定为:公路建设中的各类临时性征、占用的土地及公路建设项目周边临近区域受到公路施工影响的土地。具体包括以下几个方面:

(1)取土、取料场

取土、取料场是公路建设中一类因借方而形成的挖损土地,该类场地地形永久性改变,且因挖掘等施工对场地土壤结构形成严重破坏,是较难恢复的一类临时用地,通常无法恢复原土地使用功能。取土、取料场一般有取土坑、坡地取土(料)场及岗丘地取平料场等几类。

(2)弃土(渣)场

弃土(渣)场是由于公路施工中废方的处置而被占压的土地,原始地形被永久性改变,地表土壤结构松散且因弃方的不同而存在较大的差异,土体稳定性较差,土地复垦需根据后期场地地形及周边环境特点因地制宜的确定。弃土、渣场一般可分为沟道型渣场、坡地渣场、凹地渣场等几类。

(3)施工场地及驻地

施工场地(驻地)是公路施工中因施工活动、施工材料、机械堆放等而被临时占压的土地,通常情况下地形不发生改变或发生较小改变,但因施工的碾压等活动而使地表土壤变得比原始地表土壤密实,且部分地表可能存在硬化层。由于地表土壤被压实,且存在硬化层或被污染,较难恢复植被。这类场地主要包括预制场、拌和场、施工营地、材料堆放场等。

(4)施工便道

施工便道是公路施工中为满足材料运输等活动需要修建道路而临时占压的土地或原有地方道路。根据原始地形条件的不同,地表地形会有不同程度的改变,地表土壤被压实,且部分有碎石等硬化层。因该类临时用地幅面较窄,长度较长,土地复垦具有一定的难度,且往往成为公路建设中后期土地复垦被忽略的单元。施工便道可以分为三类:原有地方道路、未来可作为地方道路的施工便道以及未来不再作道路功能使用的施工便道。前两类施工便道的土地复垦实际上是道路的修整等工作,而后者的土地复垦则需根据周边土地利用情况因地制宜的确定土地复垦方向和需要采用的复垦技术。

(5)其他施工扰动土地

除了上述临时工程以外,公路建设中还存在其他一些施工扰动土地,如改移道路、河渠、桥下施工扰动土地等。

(6)其他受到施工间接影响的土地

主要是指因公路建设改变了原有地表条件,而可能对周边形成水土流失危害、环境影响的土地,如渣场下游的农田,在渣场防护不利的情况下,可能因渣土下泄而被掩埋等。

2. 公路常用的土地复垦方式及技术体系

(1)土地复垦方式

根据调查,目前公路建设中的土地复垦方式见表8-2。

表8-2 公路建设中的土地复垦方式

土地复垦方式	具体形式	适用场地
农业复垦	恢复为耕地	取土场、弃土场、施工场地、便道

续上表

土地复垦方式	具 体 形 式	适 用 场 地
植被恢复	种植乔灌草恢复植被	取土场、弃土场、施工场地、便道
渔业复垦	改造为养殖塘	取土坑
水利工程复垦	改造为水塘或水库	取土坑
建筑用地复垦	农村道路	施工便道
	工业或居民建设用地	取土场、弃渣场、施工场地
	建设主体工程设施	取土场、弃渣场、施工场地等

(2)土地复垦技术体系

土地复垦是在连续的、综合的过程中实现的,这一过程可以分为以下两个阶段:工程技术复垦阶段和生物复垦阶段。工程技术复垦就是针对临时用地的开发利用的种类和方式进行的整地,包括场地平整、坡地改造、用于复耕或恢复植被的客土工程、土壤改良以及道路建设等;生物土地复垦则是指一系列恢复临时用地土壤肥力、造林绿化并将其返还农林业生产以及创造适于人类生存活动的景观的综合措施。这一阶段的土地肥力恢复,指的是采用生物措施进行土壤营养状况的改良,使其能够达到规划的农林等生产目的的土地利用要求,主要包括采用固氮植物、绿肥、微生物等措施进行土壤营养状况的改良。植被恢复则是通过栽植植被的方式进一步恢复扰动土地的生产力。

公路建设中的土地复垦技术体系如图 8-2 所示。

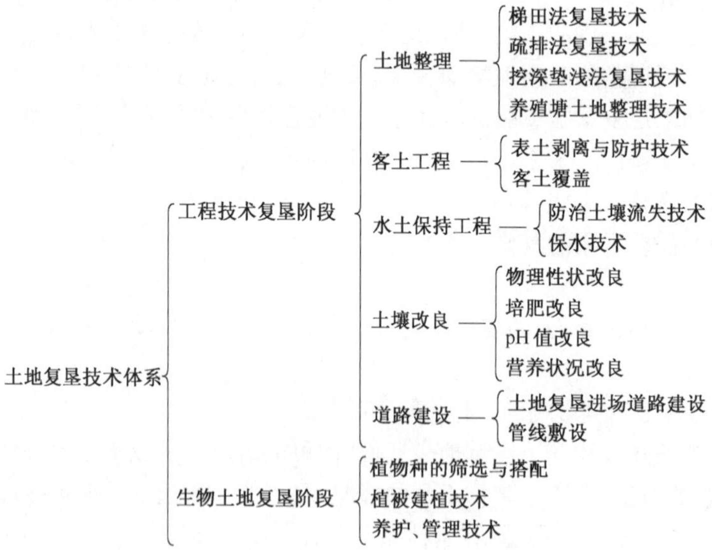

图 8-2 公路建设中的土地复垦技术体系

土地复垦技术应该以工程技术为基础,以生物技术及农业技术为重点,以经济效益、生态效益、社会效益相统一的原则,相互配合,共同发挥效益。公路占地破坏区域的治理必须立足于生态环境的根本治理和保护。只有以开发利用为目标,才能不断增强治理保护能力,由此而产生经济效益和社会效益。各主要环节复垦技术的具体做法分述如下:

1)充填复垦技术

充填复垦技术多用于煤矿塌陷区土地复垦,对于公路土地复垦可用于平地取土场土地复垦。平地取土场取土后多形成 2~10 m 深坑,工程施工结束后,若不对深坑进行整治,很难再利用。复垦土地的工艺方法是:在计划复垦的平地取土场取土前应对其具有肥力的表土进行剥离,堆放至场地周边;工程取土结束后,将工程产生的弃渣(多为不良地质换填不能再利用的弃渣)运往坑内,进行回填取土场;然后将预先剥离的表土覆回,并根据实际情况确定覆土厚度,一般覆土应大于 0.3 m 厚的土形成田地。此种方法即解决了深坑土地复垦难度,也大大减少了工程弃渣占地。

2)梯田法复垦技术

对取土场、弃渣场、施工场地等临时占地,可根据实际情况,采用平整土地和改造成梯田的方法复垦。田面坡度的大小和坡向,要以“不冲不淤”为原则,根据原始坡度大小、有无灌溉条件、复垦土地用途及排洪蓄水能力来决定。梯坎高度与田面宽度,应根据地面坡度陡缓、土地层薄厚、工程量大小、种植作物种类、耕种机械化程度等因素综合考虑确定。

3)综合治理技术

综合治理是对公路临时占地的复垦利用进行统一规划,因地制宜地采取各种整治措施,把公路影响区建设成为农业、渔业、林业、工业与民用建筑及文化娱乐等用地,以少的投入取得较好的土地使用效益。

4)种植业技术

通过整修渠道、清平耕地、建立田埂、堤坝,调整复垦区同邻近水系的关系,造田复耕,也可以用取土坑营建小型储水水库,以增加水浇面积,进而改变原有的种植制度,调整农作物布局。

5)生物技术

公路建设破坏的土地复垦后,除作为房屋建筑、运动场所、工业设施等建设用地外,用于农、林、牧、渔、绿化、旅游景观的土地,在工程复垦结束之后,还应进行生物复垦,恢复土壤的肥力与生物生产能力,以建立生产力高、稳定性好、具有较好经济和生态效益的植被,实现土地复垦的最终目的。

6)土壤改良技术

对工程复垦结束后的贫瘠土地、砂黏土地、酸碱度较高的土地,通过土壤改良,可以迅速提高土壤肥力,恢复植被。改良方法主要有以下几种:

①生物法。是在复垦区种植多年生或一年生豆科草本植物,加速土壤形成。这些植物的绿色部分,在土壤微生物作用下,除释放大量养分外,还可以生成腐殖质,基根系发达,穿透力强,腐烂后具有胶结和团聚作用,能改善土地理化性状。

②微生物法。利用微生物的分解特性快速熟化和改良土壤,是生物工程在土地复垦中的应用,对于公路弃渣等固体废弃物,不需复土即可迅速形成肥力较高的土壤,是很有前途的方法。

③施肥法。以施用大量有机肥料来提高土壤中的有机物含量,改良土壤结构,消除过黏、过砂土壤的不良理化特性。

④客土、覆土法。对过砂、过黏土壤采用“泥掺砂,砂掺泥”的方法,调整耕作层的泥砂比例,达到改良质地、改善耕性、提高肥力的目的。客土用量根据本、客土各自的颗粒组成及要求达到的质地标准来估算。或对于表层土壤较少、较薄的土地,进行人工增加其表层土壤厚度,

以满足复垦需要。

⑤化学法。主要用于酸碱性土壤改良,中和酸性土层一般用石灰作掺合剂,变碱性为中性常用石膏、氯化钙、硫酸等调节剂。

3. 取土(料)场土地复垦技术

取土、取料场是公路建设中一类因借方而形成的挖损土地,因工程施工,地形永久性改变,且因挖掘等施工对场地土壤结构形成严重破坏,是较难恢复的一类临时用地,通常无法恢复原土地使用功能。

(1)取土(料)场的特征

取土、取料场一般有取土坑、坡地取土(料)场及岗丘地取平料场等几类。根据调查,取土(料)场具有以下特征:

1)地表起伏、边坡陡

公路施工中的取土场、采料场往往因选料的原因,致使施工迹地地表坑凹不平,不仅有裸露的原始地层,亦有堆弃的废料。同时,对于坡地取土场、采料场来说,取土、采料结束后,往往留下陡峭且不规则的开采边坡。

2)缺土壤,尤其是有肥力的表土

由于浅层土壤被取走填筑路基,致使取土场地裸露的多为深层肥力较低的土层,采料场更是致使基岩裸露,致使取土场表层呈现缺乏恢复植被或复耕利用的有肥力表土资源,给土地植被复垦或农业复垦带来很大的难度。

(2)取土(料)场的土地复垦方式及技术要点

取土(料)场的土地复垦方式包括农业复垦、植被恢复、渔业复垦、水利复垦及建筑用地复垦等,各种土地复垦方式的适用条件及技术要点归纳如下:

1)农业复垦

山区一般情况下耕地稀缺,公路建设中主体工程不可避免会占用一定数量的耕地,因此,施工后期对于可恢复为耕地利用应尽量进行农业复垦。

①适用条件

进行农业复垦的取土(料)场,需要具有以下条件:

a. 临近路段可以获得充足的有肥力表土;

b. 具有良好的光照和灌溉条件(可通过修筑沟渠满足耕作的需要);

c. 地势适中,既不是高岗,亦不低洼,能保水且利于排涝;

d. 具有一定的面积,保证满足耕作的条件;

e. 具有进场耕作的条件。

②土地复垦技术要点

根据目前公路建设时对临时用地复耕利用的管理衔接情况,建议由公路建设方负责土地复垦。技术环节及要点如下:

a. 场地整平

对拟进行复耕利用的取土(料)场,首先需进行场地整平,清除凸出的高台,填补低洼部分,使场地尽可能水平。对于有一定坡度的取土、采料迹地,可进行梯地整平的方式分块进行整平。

场地整平基本要求:土地整平要统一规划;土地整平要有适当的单元;土地整平度要符合

规定要求。

土地平整计算包括土方量最小平整面参数的计算、方格网点施工工程确定、计算零位线、计算挖填土方量、绘制施工图。见图 8-3。

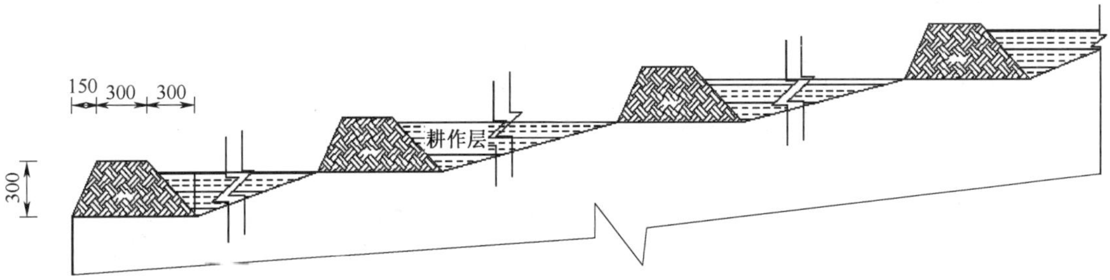

图 8-3 坡地取土场土地整理示意图

b. 回覆表土

场地整平后,对整个场地进行全面覆土。覆土采用预先剥离或由别处运来的有肥力表土,覆土采用统一厚度,以 50~60 cm 为宜,取土迹地地表为土质时可取下限,石质取上限。覆土层表面应进行初步整平,然后待其自然沉降后,对坑凹部分进行填补。

c. 土壤流失防治

应于场地下游方向采用碎石干砌护脚,以拦挡回覆的表土防治流失并有利于排水。护脚采用等腰梯形或直角梯形(坡面向外)断面,高度以 30~40 cm 为宜,墙顶宽度 30 cm,墙体边坡采用 1∶1,如图 8-4 所示。

对于场地上游有汇流可能对场地形成冲刷侵蚀的情况,则需在场地上游及周边修建截排水工程,截排水工程根据《开发建设项目水土保持技术规范》(GB 50433—2008)确定断面尺寸。

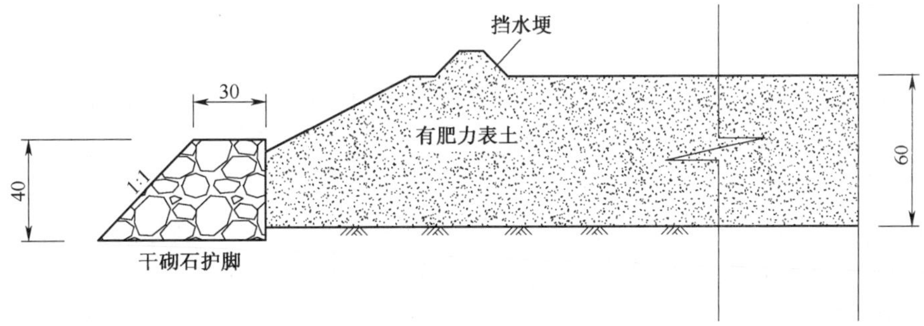

图 8-4 覆土坡脚拦挡示意图

除了上述技术环节和要求外,工程技术复垦阶段的工作还包括进场道路、灌溉设施修建、土壤改良等技术环节,这些技术环节建议在上述各环节完成后交由地方来负责。

d. 进场道路及灌溉设施

对于复耕利用的取土(料)场,还应完善必要的进场条件和灌溉条件。进场道路以满足必要的机耕条件为准,道路宽度以 3 m 为宜,可利用原有料场便道改造从地方道路就近接入;灌溉沟渠可由附近灌渠就近引入,沟渠可采用 30 cm×30 cm 梯形沟道。附近临近地区无灌溉设施的,建议建设蓄水设施以满足灌溉的需求,蓄水设施的规模根据当地降雨情况、场地面积及耕作所需的灌溉制度确定。

e. 土壤改良

由于场地已经回覆有肥力的表土，所以其物理性状无需改良，对于养分流失比较严重的表土，可以采取施用农家肥或化肥对土壤肥力进行改良。

2）植被恢复

植被恢复是目前山区公路建设中取土（料）场最常用的一种土地复垦方式，技术相对成熟，但工程环保验收时存在的问题也最多。

①适用条件

根据调研，进行植被恢复的取土（料）场，需满足以下必要条件：

a. 较好的水、肥和光照条件；

b. 附近路段有充足的有肥力表土资源；

c. 非低洼地。

②取土、采料迹地底面植被恢复技术环节及要点

迹地底面指取土、采料后场地内地势较为平坦的取土（料）平面或缓坡面，坡度小于 25°，可以直接整地后进行植被恢复。

a. 整地

采用全面整地。对场地根据取土、采料迹地地形情况分块进行整平，分块间有落差或坡度的，在上方区块边缘设置挡土坎（高度不小于 10 cm），以便于覆土。

b. 回覆表土

整地后，对整个场地按分块进行全面覆土。覆土采用预先剥离或由别处运来的有肥力表土，覆土采用统一厚度，以 30~40 cm 为宜，取土迹地地表为土质时可取下限，石质取上限。覆土层表面应进行初步整平，然后待其自然沉降后，对坑凹部分进行填补。另外乔灌木采用穴植，种植穴规格及覆土见后面植被营造技术部分。

c. 水土保持措施

对于场地上游有汇流可能对场地形成冲刷侵蚀的情况，应于场地上游及周边修建截排水工程，截排水工程根据《开发建设项目水土保持技术规范》（GB 50433—2008）确定断面尺寸。

必要时，下游方向可设置干砌碎石护脚，防止表土被径流冲蚀。

d. 植物种的选择

场地宜采用乔、灌、草结合的方式进行植被恢复，植物种的选择应遵循以下原则：

（a）对土质要求不高，对气候适应性强，耐瘠薄，生存能力强。

（b）具有发达的根系，固土效果好，生长快，落叶期短，对地表的覆盖能力强。

（c）价格低，当地较常见，无需养护或便于养护。

（d）草种宜选用豆科植物，以改良土壤。

（e）迹地为土质的取土场，可采用乔、灌混交进行植被恢复；迹地为石质的取土场，应采用灌木种进行植被恢复。

e. 植被建植

（a）种苗选择

为了满足场地植被恢复和水土保持的选择要求，选择的乔、灌树苗应为 0.5~3 年生的一、二级壮苗（带土），要求苗木必须生长健壮、根系发达、无病虫害、无机械损伤。选择的灌、草种

应为成熟好、籽粒饱满、生活力强、无病虫害和无霉变的新种子。

(b)挖植树坑

栽植坑的质量对植株以后的生长发育有很大的影响,应根据各种不同规格的苗木及土球的大小、土质情况来确定坑的大小。植树坑规格根据《造林技术规程》(GB/T 15776—2006)而确定,对于灌木树种,植树坑采用直径 30 cm、深 30 cm 的圆柱形树坑,乔木树种植树坑采用直径 50 cm、深 50 cm 的圆柱形树坑。特殊树种根据需要确定。

(c)苗木栽植

裸根乔木大苗的栽植法:一人将树苗放入坑中扶直,另一人用坑边好的表土填入,至一半时将苗木轻轻提起,根颈部位与地表相平,使根自然地向下呈舒展状态。然后用脚踏实土壤或用木棒夯实,继续填土,直到比坑边稍高一些,再用力踏实或夯实一至两次,最后用土在坑的边缘做好灌水堰。

带土球苗的栽植法:栽植土球苗,须先量好坑的深度与土球高度是否一致,如有差别应及时挖深或填土,绝不可盲目入坑造成土球的来回搬动。土球入坑后应先在土球底部四周垫少量土将土球固定,并注意使树干直立。然后将包装材料剪开并尽量取出(易腐烂之包装物可以不取)。随即填入好的表土至坑的一半,用木棍于土球四周夯实,再继续用土填满坑并夯实,注意夯实时不要砸碎土球,最后围堰。

栽苗的注意事项和要求:平面位置和高程必须符合设计规定,树身上下垂直,若树干有弯曲,其弯向应朝当地主风方向。栽植深度:裸根乔木苗应较原根颈土痕深 5~10 cm;灌木应与原土痕齐;带土球苗木比土球顶部深 2~3 cm。灌水堰筑完后,将捆绕树冠的绳解开取下使枝条舒展。

初值乔木种植株行距宜为 2.0 m×2.0 m,灌木种植株行距宜为 1.0 m×1.0 m。

(d)植草

采用直播方式植草,这种繁殖形式形成的草地生命力强,施工投资少,但形成草地的时间较长。植草应安排在项目区最适宜植草的季节。如采用豆科草种与禾本科草种混播,禾本科与豆科比例为 2∶1。一般为撒播,覆土 2~3 cm。每公顷草籽撒播数量为 150 kg。

f. 养护抚育

植物措施实施后要进行至少 1 年的养护抚育,以保证植物措施的成活率。

养护抚育措施包括初期的立柱支撑、灌水和扶直封堰以及后面的松土、施肥、浇水、喷药等。

(a)立柱支撑

主要用于防止较大苗木被风吹倒。支柱根据立柱的多少又分为单支柱、双支柱和三支柱。

(b)浇水

可采用人工灌水的方式进行。浇水前应松土,并做好水穴,以便灌水。新栽植的乔、灌木要根据天气情况定期灌水,一般年份要灌水 6 次,干旱年份或因缺水生长不良时应增加灌水次数。一般情况下,苗木栽植好后,无雨天气在 24 h 之内必须灌上第一遍水。水要分两次浇透,使土壤充分吸收水分,有利土壤与根系紧密结合,这样才有利于成活。遇干旱或春季缺雨,苗木栽植 10 天后再次灌透水。每株每次灌水量因季节、天气状况而不同。第一遍水渗入的次日应检查树苗是否有倒歪现象,发现后应及时扶直,将苗木固定好。水分渗透后,用铁锹将围堰拆除,将土培在树根下部成突起状,并将表面的土块拍碎以切断土壤的毛细管,减少水分蒸发,以利保墒。如栽植树木后马上种草,树木根部可不围堰也不培土,但要在浇水后及时松土以利成活。

(c)松土

应在天气晴朗时或初晴之后,要选土壤不过干又不过湿时进行,这样可获得最大的保墒效果。松土不可碰伤树皮。每年应松土 2~3 次,松土深度,大苗 6~9 cm,小苗 3 cm。

(d)施肥

对于肥力较差的场地,还应定期施肥。分为基肥和追肥。在秋分前后施入基肥,时间宜早不宜晚。基肥宜选择迟效性有机肥料。追肥又叫补肥,是根据树木一年中各物候期需肥特点及时补施。一般情况下,第一年至少要进行 1~2 次追肥。

(e)喷药

此外,为预防病虫害,养护期间还要给植物定期打药。

③取土场土质边坡植被恢复技术环节及技术要点

对于取土形成的土质边坡,可通过下述方式进行植被恢复:

a. 整地

对于取土后形成的开挖坡面,应首先对其进行削坡开级。边坡高度小于 10 m 的可不进行分级,边坡大于 10 m,每 8 m 设一平台,平台宽度 1~2 m,平台成 1%~2%的倒坡,以防止上方来水直接下泄。边坡坡度一般取 1 : 1.5~1 : 2,最大不大于 1 : 1。

坡面种植树木采用坑植,边坡地形较破碎时,建议采用鱼鳞坑整地。

b. 回覆表土

采用全面覆表土及种植穴覆土结合的方式,全面覆土厚度 10~20 cm,边坡陡于 1 : 1.5 可不覆土,采用喷薄植草方式绿化。种植穴覆土根据植被种植规格确定。

c. 水土流失防治

根据上游汇水情况,必要时应在开挖面顶部 5 m 以外设置截排水工程,断面根据《开发建设项目水土保持技术规范》(GB 50433—2008)确定。边坡平台亦应设置横向排水沟,可采用 30 cm×30 cm 等腰梯形土质边沟。

d. 植被建植

坡面植被恢复以灌木树种为宜,边坡平台可单排种植乔木。林下直播植草。植物种及种苗选择与迹地植被恢复相同。

一般坡面采用普通植树坑,见迹地底面部分。对于地形较为破碎的坡面,采用鱼鳞坑整地,鱼鳞坑长径沿等高线方向展开,一般取 60~100 mm,短径略小于长径,深度不小于 30 cm。

苗木栽植技术要点与迹地底面类似。

坡度较缓的坡面,回覆表土后采用直播方式植草。坡度较陡无法回覆表土的坡面,采用喷播植草。

e. 养护抚育

与迹地底面类似。坡面植草后宜采用覆膜进行养护,坡度较陡的坡面,不采取松土措施。

④采石场石壁的恢复

对于岩石不易破碎、风化不严重且无景观要求的采石场石壁,建议采用自然恢复的方式,不采取恢复措施;对于岩石易破碎、风化较严重的采石场石壁,采用钢筋网防护;对于有景观要求的采石场石壁,应采取植被恢复措施。根据调研,采石场石壁的植被恢复可分别采用点状、线状、面状恢复方法。本书对各种方法的技术要点等进行了归纳总结，现将本研究建议的方法摘录如下：

a. 爆破燕窝复绿法

指采用爆破、开凿等方法在石壁上定点开挖一定规格的巢穴后，往巢穴中加入土壤、水分和肥料，然后种植合适的速生类植物的一种植被恢复技术。

(a)适用条件

适用于石壁坡度不是太陡、石质易破碎、风化程度较高且允许采用较长时间恢复的采石场石壁。

(b)技术要点

需要爆破，开挖巢穴相对要大，采用理化性状优良、肥力较高的表土回覆，植物种类以抗旱、耐贫瘠、速生的品种为宜，同时配以上攀下援的藤本植物。

(c)养护抚育

小苗期间需加强水肥管理，长成后应注意修剪和防治病虫害。

b. 垒砌阶梯复绿法

即将开采面设计成阶梯，在每一阶梯平台上覆土并种植植物的一种植被恢复方式。

(a)适用条件

适于边坡较长，方便进行土木工程，且有充足的经济投入和复绿时间短的采石场。

(b)技术要点

植物种选择：宜选择当地适生、根系相对发达、成熟高度在 3 m 以下的速生品种。

覆土厚度：一般为 30~60 cm，可根据植物种适当选用。

阶梯高度：一般应小于或等于树种的成熟高度(小于 3 m)。

阶梯宽度：每个阶梯按种植两行树考虑，并考虑覆土稳定和布设排水沟的需要，阶梯宽度可选择 2~4 m。

排水工程：沿坡顶外 5 m 设置截水沟，沿阶梯平台内侧布设排水沟，排水工程断面尺寸根据《开发建设项目水土保持技术规范》(GB 50433—2008)确定。

(c)养护抚育

种植初期加强浇水施肥。

c. 喷播复绿法

利用喷播机将土壤、有机质、保水剂、黏合剂和种子等混合后喷播到石壁上的一种植被恢复技术。

(a)适用条件

适于方便喷播施工，接近直立的岩石边坡，有充足的经济投入和复绿时间短的采石场。

(b)技术要点

安装钢筋网：对于岩石存在潜在不稳定的边坡，喷播前先安装钢筋网，将铆钉按一定的间距固定在石壁上，然后挂网。网格及铆钉的规格应保证能安全承载植被恢复的全部荷载。

喷播基材：由种植土、有机肥、木质纤维、粗河沙、化学固定剂、团粒剂等组成，一般喷播厚度在 10~20 cm。

保水剂及黏合剂用量：黏合剂用量与边坡坡度成正比。

植物种选择：所用草种应该根系发达、生长快、抗旱、耐贫瘠的多年生品种，还应考虑冬季的抗冻性。注意草种的互补性,深根性与浅根性、豆科与禾本科、外地与本地、发育早与发育晚相结合。

(c)养护抚育

覆膜养护,必要时应对喷播坡面强度加固,增强其抗性。

3)渔业复垦

该类复垦方式是平原区取土坑常用的一种复垦方式。

①适用条件

根据相关调研,渔业复垦适用的取土(料场)应具有以下特点:

a. 下挖取土形成的取土坑;

b. 周边有充足的补给水源,且水质满足养殖要求;

c. 具有一定的面积;

d. 周边防洪条件良好,不易被洪水淹没。

② 渔业复垦技术要点

a. 取土要求

对于面积较大的取土坑,后期拟进行渔业复垦时,应采用分块取土,避免整体连片取土,以利于后期复垦。每个取土坑分块的大小以0.3~0.7 hm^2为宜,相邻两个块之间保留不小于5 m的土墙。取土深度2.5~3 m为宜,最大不超过4 m。

b. 复垦地整理

对每个分块,分别进行底部渣土清理整平,修整坡面,边坡以1:1.5为宜,一侧边坡坡率取1:2,以利于养殖维护。

4)水利工程复垦

即将取土坑改造为水库、水塘等调洪蓄水设施。

①适用条件

根据相关调研,水利复垦适用的取土(料场)应具有以下特点:

a. 下挖取土形成的取土坑;

b. 周边水源水量及水质不能满足水产养殖的需要;

c. 取土面积较大且连片;

d. 周边防洪条件良好。

②水利复垦技术要点

进行底部渣土清理整平,修整坡面,边坡以1:2以下为宜。取土坑周边栽植乔木,作为护岸林。

5)建筑用地复垦

根据调研,取土场作为建筑用地一般有几种途径,包括公路沿线设施、民用建筑用地、开发区用地、转为地方料场等。

①适用条件

a. 沿线设施:路段内有沿线设施,设计阶段合理规划,取土(料)场与沿线设施合并设置,取土采料结束后,经整理作为沿线设施建设用地;

b. 民用建筑用地:临近村庄,村庄有建筑用地需求;

c. 开发区用地:周边有规划的开发区,设计阶段与开发区建设需要相结合,根据开发区的规划，合理设计取土、采料规模，后期整理后迹地作为开发区建设用地；

d. 转为地方料场：周边有用料需求，需与地方政府沟通并由地方政府规划后期使用。

②沿线设施利用技术要点

a. 根据沿线设施建设的需要，合理设计取土（料）场边界及取土底板线，并严格按照设计取土、采料。

b. 上游有汇水时，应根据沿线设施规划于场地取土（料）边坡顶部外 5 m 以外设置截水沟，周边设置排水沟，从而形成沿线设施完善的排水设施。

c. 取土、采料结束后，应将取土迹地底面整平，无法全面整平的，可采用二级错层，但错层间必须设置连接道路，上层作为住宿工作区，下层作为停车、服务设施区。

d. 应对取土、采料形成的边坡采取边坡防护措施，具体根据边坡高度及稳定性确定防护方案，确保沿线设施工作区的安全。

③ 民用建筑利用技术要点

a. 取土、采料结束后，应将取土迹地底面整平，无法全面整平的，可分片整平；

b. 上游有汇水时，应于场地周边设置必要的排水设施，确保建设区不受上游洪水影响；

c. 应对取土、采料形成的边坡采取边坡防护措施，确保人民生命和财产的安全；

d. 应与地方政府办理土地交接手续，并明确后期管护责任。

④ 开发区利用技术要点

a. 根据开发区规划，合理设计取土（料）场取土、采料底板线，并严格按照设计取土、采料；

b. 上游有汇水的，应根据开发区规划于场地周边设置排水设施，保证后期土地开发利用不受洪水影响；

c. 取土、采料结束后，应将取土迹地底面进行全面整平；

d. 应对取土、采料形成的边坡采取边坡防护措施。

⑤转为地方料场利用注意事项

与地方政府办理移交手续，并明确后期管理及防治责任。

4. 弃土（渣）场土地复垦技术

弃土（渣）场是由于公路施工中废方的处置而形成的人工堆积体，属占压土地型场地，原始地形被永久性改变，地表土壤结构松散且因弃方的不同而存在较大的差异，土体稳定性较差，土地复垦需根据后期场地地形及周边环境特点因地制宜的确定。弃土、渣场一般可分为沟道型渣场、坡地渣场、凹地渣场等几类。

（1）弃土（渣）场的特点

根据调研，公路建设中的弃土（渣）场一般具有以下一些特点：

1）多孔隙、结构松散。目前公路建设中的弃渣场多为土石混合形成的松散堆积体，具有多孔隙的特点，渗透性强，降雨情况下不易产流，而一旦饱水防护不当又易引发泥石流。

2）稳定性差。公路施工中，弃土、弃渣组成颗粒大小不一，且往往未进行分层压实，固结性较差，易因自重作用发生不均匀沉降，在上游洪水冲刷的情况下也容易形成崩岗、泻溜、泥石流等危害。

3）地表土石混合，理化性状较差。根据调查，目前山区公路建设中，弃土（渣）场地表物质多为破碎后的岩石，少土壤，少量土壤也因挖掘堆砌等施工使得土体结构破坏，且营养状况较差。

(2)弃土(渣)场的土地复垦方式及技术要点

根据调研,弃土(渣)场的土地复垦方式主要包括农业复垦、植被恢复、建筑用地复垦和作为料场综合利用等,各种土地复垦方式的适用条件及技术要点归纳如下:

1)农业复垦

山区公路建设中,弃土一般选择沟道、凹地、缓坡地进行永久处置,而这些位置原土地利用类型一般多为耕地,弃土场设置增加了地方人地关系的矛盾,因此,施工后期对于可恢复为耕地利用应尽量进行农业复垦。

① 适用条件

进行农业复垦的弃土(渣)场,需要具有以下条件:

a. 临近路段可以获得充足的有肥力表土,最好也有可作为相对隔水层的黏土来源;

b. 具有良好的光照和灌溉条件(可通过修筑沟渠满足耕作的需要);

c. 不得受洪水冲刷;

d. 顶面面积较大,满足耕作的条件;

e. 具有进场耕作的条件。

② 土地复垦技术要点

根据目前公路建设时对临时用地复耕利用的管理衔接情况,建议由公路建设方负责土地复垦,技术环节及要点如下:

a. 拦挡及排水

进行复耕利用,弃土(渣)场地的稳定性是关键,因此,必须在土地整治前完成必要的拦挡及排水工程。

首先应根据弃土、弃渣量及弃土场的地形,在渣体和墙体稳定性分析的基础上,设计合理的挡土墙或拦渣坝,并严格按照设计施工。挡墙设计既应考虑渣土土压力的影响,亦应考虑渣体中水压力的影响,墙体应根据规范并考虑当地气象条件,设置泄水孔。

除凹地弃土(渣)场外,山区弃土(渣)场上游大多有汇水,为了保证渣体不致因洪水冲刷形成垮塌,应事先在渣场满堆顶面上游边界外 5 m 以外处设置截水沟,周边设置排水沟,将上游汇水引至弃土(渣)场下游。截排水工程断面根据《开发建设项目水土保持技术规范》(GB 50433—2008)确定。

b. 堆渣要求

进行复耕利用的弃土(渣)场,对工后沉降的要求相对较低,通常情况下堆填方式弃渣的弃土(渣)场压实度可达到 75%以上,便可满足复耕利用的压实要求。对于粒径分异较大的弃渣,在弃方过程中可采用分层压实的方式进行施工,压实度宜控制在 80%以上。

分级:堆渣边坡高度小于 10 m 的,可不进行分级。高度大于 10 m 的,每 8 m 设一边坡平台,边坡平台 2~4 m,见图 8-5(a)。对于纵深较差、落差较大的弃土(渣)场,亦可根据地形设置大平台,见图 8-5(b)。

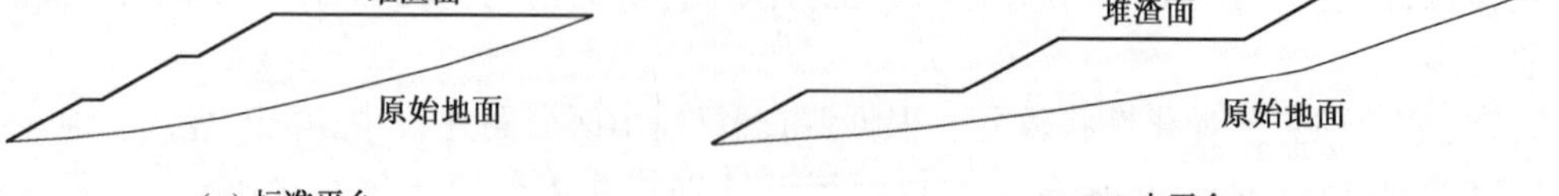

(a)标准平台　　(b)大平台

图 8-5　弃土(渣)场分级弃渣示意图

边坡坡度:不宜大于 1∶2。

c. 整地

弃渣顶面及大平台:首先需进行场地整平,清除凸出的高台,填补低洼部分,使场地地表平坦,并向上游方向设置 2%~3%的倒坡,以利保水。待渣体初步沉降稳定后,重复整平一次。大平台(顶面除外)上游坡脚一侧设置平台排水沟,平台排水沟与渣场周边排水系统相连接,以利平台排水。见图 8-6。

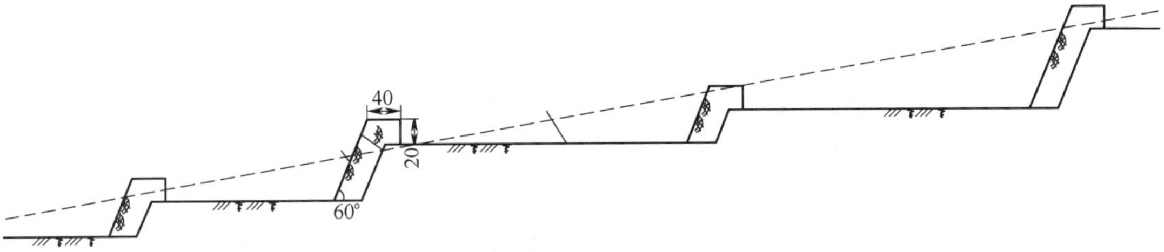

图 8-6 大平台土地整治示意图

坡面及平台:刷坡,清除坑凹及突出部分。平台上游方向坡脚设置平台排水沟,平台排水沟与渣场周边排水系统相连接,以利平台排水。见图 8-7。

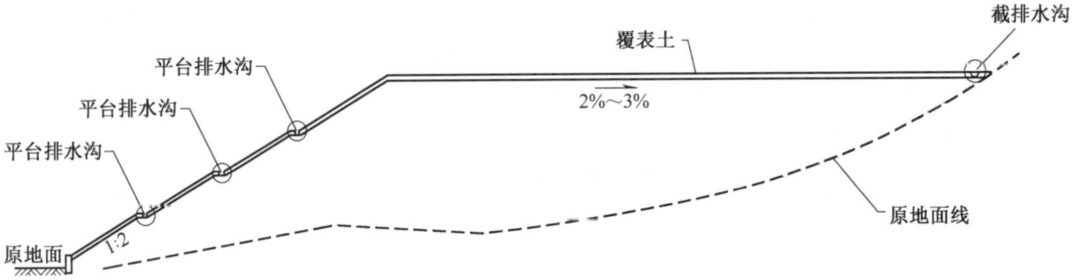

图 8-7 标准平台土地整治示意图

d. 回覆表土

弃渣顶面及大平台:首先在顶面或大平台表面铺 10 cm 的黏土层并压实,然后回覆 40~60 cm的有肥力表土。附近无黏土可取用的,可利用双层防水土工布取代。平台及顶面前缘设置挡水埂,高 30 cm,顶宽 50 cm。

坡面及平台:回覆有肥力表土 30 cm。平台前缘设置挡水埂,高 20 cm,顶宽 30 cm。

顶面及大平台复耕利用,边坡及边坡平台进行植被恢复。

除了上述技术环节和要求外,工程技术复垦阶段的工作还包括进场道路、灌溉设施修建、土壤改良等技术环节,这些技术环节建议在上述各环节完成后交由地方来负责。具体技术要求可参照取土场复耕的技术要点实施。

2)植被恢复

根据调研,植被恢复是目前山区公路建设中弃土(渣)场最常用的一种土地复垦方式,技术相对成熟,但因部分技术环节控制不严,工程环保验收时存在的问题也最多。

①适用条件

根据调研,进行植被恢复的弃土(渣)场,需满足以下必要条件:

a. 较好的水、肥和光照条件;

b. 附近路段有充足的有肥力表土资源。

②植被恢复技术环节及要点

堆渣要求:进行植被恢复的弃土(渣)场,对工后沉降的控制要求不高,堆填式弃渣即可满足压实度要求。为稳定渣体,必要时可按75%压实度控制分层进行压实。

坡面分级同农业复垦。

a. 整地

弃渣顶面及大平台:进行场地整平,清除凸出的高台,填补低洼部分,使场地地表平坦,并向上游方向设置1%~2%的倒坡,以利保水。大平台(顶面除外)上游坡脚一侧设置平台排水沟,平台排水沟与渣场周边排水系统相连接,以利平台排水。

坡面及平台:刷坡,清除坑凹及突出部分。平台上游方向坡脚设置平台排水沟,平台排水沟与渣场周边排水系统相连接,以利平台排水。

b. 回覆表土

整地后,对整个场地进行全面覆土。覆土采用预先剥离或由别处运来的有肥力表土,覆土采用统一厚度,以30~40 cm为宜。覆土层表面应进行初步整平,然后待其自然沉降后,对坑凹部分进行填补。另外,乔、灌树种采用穴植,种植穴规格同取土场复垦。

c. 植物种的选择及配置

场地宜采用乔、灌、草结合的方式进行植被恢复,其中,顶面及平台采用乔灌混交,坡面种植灌木,林下种植草本。植物种的选择应遵循以下原则:

(a)对土质要求不高,对气候适应性强,耐瘠薄,生存能力强;

(b)具有发达的根系,固土效果好,生长快,落叶期短,对地表覆盖能力强;

(c)价格低,当地较常见,无需养护或便于养护;

(d)草种宜选用豆科植物,以改良土壤。

d. 植被建植

弃土(渣)场植被恢复植树一律采用苗木坑植,植草一律采用直播植草,以达到快速恢复植被保持水土的要求。种植及养护技术要点与取土(料)场类似。

3)建筑用地复垦

根据调研,弃土(渣)场建筑用地复垦一般有几种途径,包括作为公路沿线设施建设用地、民用建筑用地、作为料场利用等。

①适用条件

a. 沿线设施:路段内有沿线设施,设计阶段合理规划,弃土(渣)场与沿线设施合并设置,弃土、弃渣结束后,经整治作为沿线设施建设用地。

b. 民用建筑用地:临近村庄,村庄有建筑用地需求,弃土、弃渣结束后经整理作为民用建筑用地。最大堆渣高度不宜超过30 m。

c. 作为料场利用:以可加工为筑路或建筑材料的石方为主的弃渣场,周边有用料需求,需与地方政府沟通并由地方政府规划后期使用。

②沿线设施利用技术要点

a. 根据沿线设施建设的需要,合理设计弃土(渣)场的边界及堆渣顶面高程。

b. 弃渣应与相邻路基工程同步施工,并采用与路基相同的施工方法分层压实,压实度与相邻路基工程按相同标准控制。

c. 上游有汇水时,应根据沿线设施规划于弃土(渣)场顶部外5 m以外设置截水沟,周边设置排水沟,排水沟与路基边沟相接。

d. 应对弃土(渣)场侧向边坡采取边坡防护措施,具体根据边坡高度及稳定性确定防护方案,确保沿线设施工作区的安全。

③民用建筑利用技术要点

弃土(渣)场作为民用建筑用地,场地和渣体的稳定性及工后变形程度至关重要,必须严格控制施工。重点应做好以下几个方面:

a. 场地清理及处理

堆渣前,应进行场地清理及处理。

场地清理:首先清除地表植被,然后对地表耕作层或腐殖质层进行清除并选择地点存放防护,作为后期场地边坡绿化回覆表土利用。

场地处理:在堆渣前,应事先对场地基底进行反坡开级处理,以利于渣体的稳定,防止渣体滑动。

b. 拦挡及排水工程

除凹地弃土(渣)场外,其余类型弃土(渣)场应在下游坡脚设置拦挡措施,以保证渣体的稳定。拦挡措施的断面尺寸应根据弃土(渣)场的地形、堆渣高度等条件,在满堆状态下稳定性演算的基础上而确定,具体可参考《水工挡土墙设计规范》和《浆砌石坝设计规范》等规范。

另外,为防止洪水冲毁作为房建基础的弃土(渣)场,在弃土(渣)场上游有汇水时,应于场地上游堆渣顶面线外 5 m 以外设置截水沟,两侧设置排水沟,形成完善的排洪系统。截、排水工程的断面尺寸应根据场地上游汇水面积及当地的降雨特征、下垫面特征等条件而确定,具体可参考《开发建设项目水土保持技术规范》(GB 50433)和《防洪标准》等。洪水频率可按 50 年一遇进行设计,按 100 年一遇进行校核。

c. 堆渣要求及压实度控制

除了场地必需拦挡措施外,渣体自身稳定性也是作为建筑用地基础的关键。

(a)分层填筑式堆渣

弃渣过程中,应将粒径大的石渣堆放于渣体的下层前缘,然后采用分层填筑方式进行堆渣,填筑一层压实一层,每层以 30~50 cm 为宜。

(b)压实度控制

公路建设中弃土(渣)场一般仅作为农村房建用地,我国西部地区农村房屋多以 3 层以下建筑物为主,根据《建筑地基基础设计规范》(GB 50007—2002),地基基础设计等级应按丙级进行设计(场地和地基条件简单、荷载分布均匀的七层及以下民用建筑物,一般工业建筑物和次要的轻型建筑物,地基基础设计等级为丙级)。

规范要求,丙级建筑物,当地基内有厚度较大或厚薄不均的填土,其自重固结未完成时,需要进行变形计算。根据规范,中低压缩性地基土上,体型简单的建筑物平均沉降量应小于 200 mm;框架结构建筑物在地基主要受力范围内的压实系数应大于 0.97,在地基主要受力层范围以下的压实系数应大于 0.95。

根据上述要求,因此弃土(渣)场用于居民建筑用地时,分层压实度应达到 0.95 以上。

d. 边坡与防护

堆渣边坡高度小于 10 m 的可不进行分级,大于 10 m 的,每 8 m 设一个边坡平台,平台宽度 2~4 m,边坡坡度统一采用 1∶2。

边坡推荐采用乔灌草绿化进行防护。

e. 应与地方政府办理土地交接手续,并明确后期管护责任。

④ 转为地方料场利用注意事项

与地方政府办理移交手续,并明确后期管理及防治责任。

应设置必要的临时拦挡及排水设施,避免在洪水影响下因渣体不稳定对下游造成危害。

5. 施工便道土地复垦技术

施工便道是根据项目周边交通状况及项目需要而布设的,包括主体工程进场道路和通往取土场、弃渣场等区域所需的道路。

(1)施工便道土地特点

施工单位为保证施工便道的畅通,会对施工便道进行铺装及硬化,土壤板结;占地呈线性分布,沿线地貌及占地类型多样。

(2)施工便道土地复垦技术

施工进场道路、取弃土场及施工场地连接便道应尽量利用现有农村道路,伴行施工便道应尽可能布设在主体工程永久占地范围(红线)内。需在永久占地范围外开辟新的施工便道时,应结合后期作为农村道路利用或地方道路保通等功能进行便道的选线。

施工便道后期可用于地方生产生活道路的,工程完工后应对压坏的施工便道进行整修、平整,以方便后期利用;对不拟继续利用的施工便道,应清理硬化路面后进行土地整平、覆土,根据周边土地使用功能及原有使用功能恢复为耕地或进行植被恢复。

1)恢复为耕地或植被恢复

①适用条件

对不拟继续利用的施工便道,应清理硬化路面后进行土地整平、覆土,根据周边土地使用功能及原有使用功能恢复为耕地或进行植被恢复。

②土地复垦技术要点

根据目前公路建设时对临时用地利用的管理衔接情况,建议由公路建设方负责土地复垦的技术环节及要点如下:

a. 场地整平

对拟进行复耕及植被恢复利用的施工便道,首先需进行砂石硬化路面清理,深翻板结土地,进行场地整平,使场地尽可能水平,并与周边地形协调。因施工便道呈线性,所以,对于穿越农田的施工便道,施工结束后,除用于田间耕作道路外,应恢复为耕地,对于周边没有农田分布的施工便道,应采取林草植被恢复。

b. 回覆表土

场地整平后,对整个场地进行全面覆土。覆土采用预先剥离或由别处运来的有肥力表土,覆土采用统一厚度,以 30~60 cm 为宜,植被恢复覆土可取下限,复耕覆土可取上限。覆土层表面应进行初步整平,然后待其自然沉降后,对坑凹部分进行填补。

c. 进场道路及灌溉设施

经恢复后的施工便道应尽量与周边土地利用现状融为一体,现有进场道路及灌溉条件基本可满足要求,因此,不需新建进场道路及灌溉设施。

d. 土壤改良

由于场地已经回覆有肥力的表土,所以其物理性状无需改良,对于养分流失比较严重的表土,可以采取施用农家肥或化肥对土壤肥力进行改良。

e. 植被恢复

进行植被恢复的施工便道植物种选择、建植及抚育养护可参见取土(料)场相关内容。

2)继续利用施工便道

①适用条件

施工便道后期可用于地方生产生活道路的,工程完工后应对压坏的施工便道进行整修、平整,以方便后期利用。

②道路工程布局

a. 道路布设要求:用于地方生产生活的道路设田间道路和生产道路两级道路。

田间道路工程布置尽量和项目区内原有道路衔接,同时方便生产和生活,满足交通运输、农机行驶和田间生产及管理的要求。设田间道、生产路两级道路。其中田间道主要为农产品及货物运输,作业机械向田间转移及为机械加油、加水、加种等生产操作过程服务,路面为砂石,厚度为 20 cm,宽度为 4 m,高出地面 0.3 m;生产路为人工田间作业和收获农产品服务,能满足小型农用机械的通行,路面为泥结石宽度为 1 m,高出地面 0.15 m。路边坡均为 1 : 1。生产道路横断面见图 8-9。

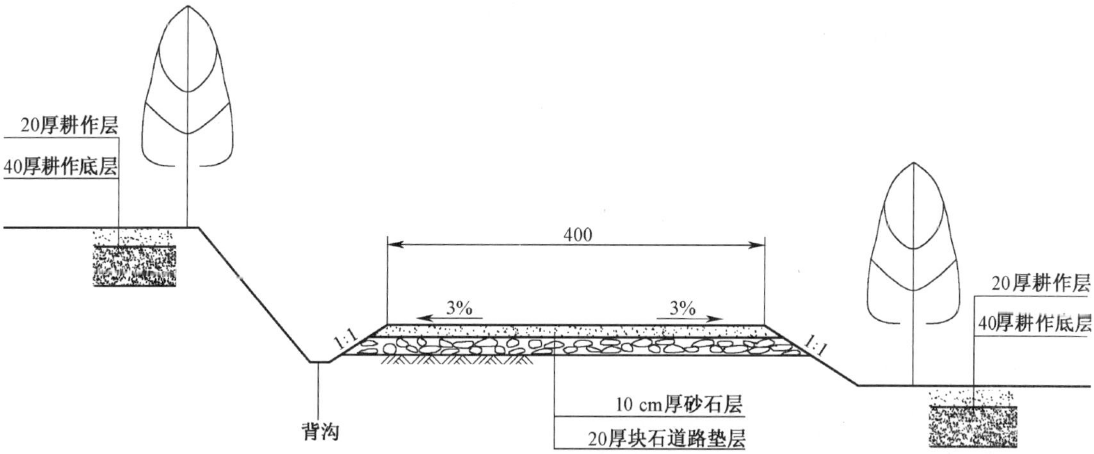

图 8-8 田间道路横断面示意图

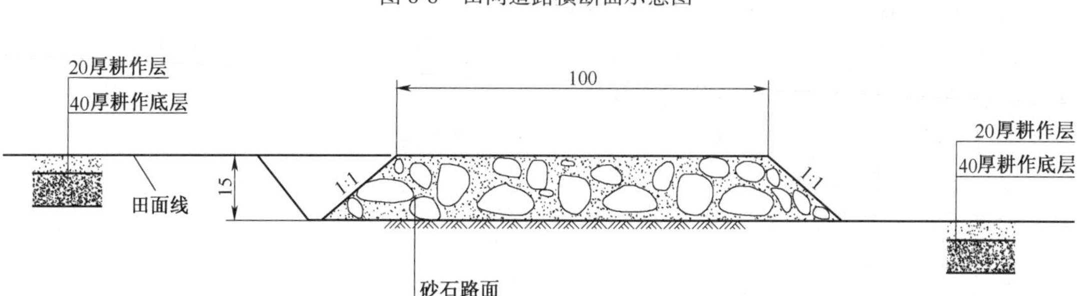

图 8-9 生产道路横断面示意图

b. 田间道路计算行车速度不大于 20 km/h。

c. 道路在平面和纵面上由直线和曲线组成。在设计布置平曲线及竖曲线时,应做到平面顺适、纵面均衡、横面合理。平纵面线形均应与地形、地物及周围环境相协调。

平曲线半径一般不小于 15 m，特殊困难地段可不小于 10 m。当平曲线半径小于 150 m 时，设置的超高和加宽应符合表 8-3 的要求。

表 8-3 平曲线半径指标表

平曲线半径(m)	150~105	105~70	70~55	55~40	40~30	30~20	20~15	15~10
超高值(%)	2	3	4	5	6	7	8	8
加宽值(m)	0.4	0.5	0.6	0.7	0.9	1.1	1.25	2.5

回头曲线的最小半径为 15 m，特殊地段不小于 10 m，超高横坡度为 8%，最大纵断面坡为 4.5%。连接相邻两回头曲线间的直线距离不得小于 100 m。

d. 道路设计最大纵坡不得大于 9%，合成纵坡不得大于 11%，海拔 2 000 m 以上或积雪冰冻地区最大纵坡不得大于 8%。在山岭地形工程特别困难地段，最大纵坡可增大至10%~11%。

任何相连 3 000 m 路段的平均纵坡不宜大于 5.5%。当连续纵坡大于 5%时，应在不大于表 8-4 规定的长度处设置缓和坡段，缓和坡段长不得小于 60 m，纵坡不得大于 4%。

表 8-4 纵坡坡度指标表

纵坡坡度	5%~6%	6%~7%	7%~8%	8%~9%	9%~10%	10%~11%
坡长限制(m)	800	500	300	200	150	100

竖曲线半径不得小于 200 m，特殊地段不得小于 100 m，竖曲线最小长度为 20 m。

6. 施工场地土地复垦技术

(1)施工场地土地特点

1)施工场地大多设置在平地或平坡交错地带，场地相对较平整。

2)由于施工车辆及施工人员的活动，场地硬化。

3)工程施工中将产生建筑垃圾和施工队产生的一定量的生活垃圾及施工机械、车辆冲洗废水及施工单位临时驻地排放的生活污水污染。

(2)施工场地土地复垦方式及技术要求

施工场地一般地形相对较平缓，地形条件较好，经土地整治后，具有可恢复耕地的条件，因此，施工后期对于可恢复为耕地利用应尽量进行农业复垦。施工场地的土地复垦方式包括农业复垦、植被恢复等。各种土地复垦方式的适用条件及技术要点归纳如下：

1)土地复垦技术要点

根据目前公路建设时对临时用地利用的管理衔接情况，建议由公路建设方负责土地复垦的技术环节及要点如下：

①场地整治

施工结束后，施工单位须将不需要保留的地表建筑物及硬化地面全部拆除，并将场地内生活垃圾及受建筑材料、生活污水污染的表层土壤清除。由于施工场地的人员及施工车辆的活动，施工场地土壤板结，因此，需进行深翻土地整治，填平周边排水沟，进行场地整平。场地整平首先削高垫低，整平场地，然后深翻，提高土壤活性，以及肥力和土壤的通透性能。如图

8-10。

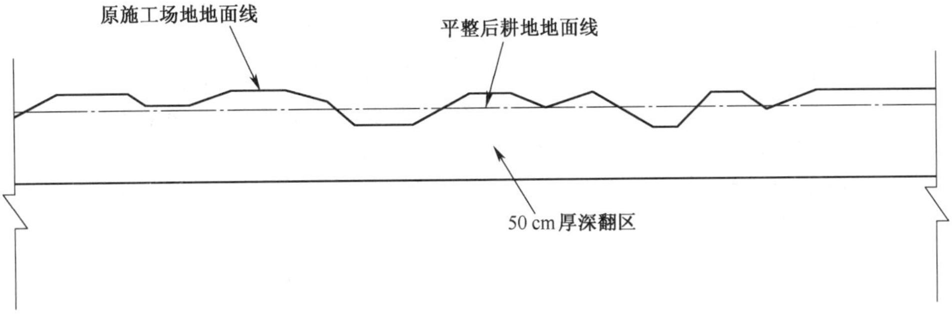

图 8-10　施工场地土地整治示意图

②土壤改良

a. 土壤改良

土壤改良过程共分两个阶段：保土阶段和改土阶段。

保土阶段：采取工程或生物措施，使土壤流失量控制在容许流失量范围内，如在坡地施工场地下边坡设置挡墙，上坡周边设置排水沟。见图 8-11。如果土壤流失量得不到控制，土壤改良亦无法进行。

图 8-11　坡地施工场地保土措施示意图

改土阶段：由于施工场地受建筑材料淋溶、生活垃圾、生活污水及施工车辆冲洗污水及油渍污染，使施工场地土壤理化性质发生很大变化，已不适合植物生长条件，因此，土壤改良目的是增加土壤有机质和养分含量，改良土壤性状，提高土壤肥力。改土措施主要是种植豆科绿肥或多施农家肥。当土壤过砂或过黏时，可采用砂黏互掺的办法。中国南方的酸性红黄壤地区的侵蚀土壤磷素很缺，种植绿肥作物改土时必须施用磷肥。

用化学改良剂改变土壤酸性或碱性的一种措施称为土壤化学改良。常用的化学改良剂有石灰、石膏、磷石膏、氯化钙、硫酸亚铁、腐殖酸钙等，视土壤的性质而择用。如对碱化土壤，需施用石膏、磷石膏等以钙离子交换出土壤胶体表面的钠离子，降低土壤的 pH 值。对酸性土壤，则需施用石灰性物质。化学改良必须结合水利、农业等措施，才能取得更好的效果。

采取相应的农业、水利、生物等措施，改善土壤性状，提高土壤肥力的过程称为土壤物理改良。具体措施有：增施有机肥，改良贫瘠土壤、客土、漫沙、漫淤等，改良过砂过黏土壤；平整土地；设立灌、排渠系，改良盐碱土；植树种草，营造防护林，设立沙障、固定流沙，改良风沙土等。

b. 全面覆土

场地经深翻整平及必要的土壤改良措施后，对整个场地进行全面覆土。覆土采用预先剥离或由别处运来的有肥力表土，采用统一厚度，以 30～60 cm 为宜，施工场地后期进行植被恢复时可取下限,复耕取上限。覆土层表面应进行初步整平,然后待其自然沉降后,对坑凹部分进行填补。

③进场道路及灌溉设施

对于复耕利用的施工场地,还应完善必要的进场条件和灌溉条件。进场道路以满足必要的机耕条件为准,可利用原有料场便道改造从地方道路就近接入。灌溉沟渠可由附近灌渠就近引入,沟渠可采用 30 cm×30 cm 梯形沟道。附近临近地区无灌溉设施的,建议建设蓄水设施,以满足灌溉的需求,蓄水设施的规模根据当地降雨情况、场地面积及耕作所需的灌溉制度确定。

对于进行植被恢复的施工场地,对进场道路及灌溉条件相对较差,可根据实际条件修建进场道路及灌溉设施。

2)植被恢复

施工场地的植物种选择、建植及抚育养护可参见取土(料)场相关内容。

8.2 长湘高速公路大型取弃土场复垦技术案例

8.2.1 项目区自然环境概况

8.2.1.1 地形地貌

长湘路路线走廊带位于湖南省东北丘岗、丘陵区,地势总体北低南高。最高海拔高程 203 m,最低高程 26 m,地面标高一般在 32~100 m 之间。路线近南北向展布于湘江西侧,沿线以岗地、丘陵为主,夹冲洪积及湖积平地。区内发育湘江及其支流沩水、靳江河等河流。沿线地形地貌特征分为两个类型:

(1)冲洪积、湖积丘岗区与平原区:地形起伏小,海拔高程 35~70 m,相对高差 10~30 m。侵蚀作用较强烈,丘岗和平地相间出现,低丘呈圆包或长条状,山体坡度缓,地表水系发育,广布农田、村舍。

(2)构造剥蚀丘陵区:地形起伏大,黄海高程 70~203 m,相对高差 20~100 m。剥蚀作用强烈,山体走向受构造控制,坡度较陡,地层以板岩为主,地表水系发育。

8.2.1.2 气象条件

项目区域属中亚热带季风性湿润气候,光热充足,雨量充沛,无霜期长,严寒期短,四季分明,历年平均日照、气温和降水量分别为 1 629.9 h、18.3℃和 1 340.8 mm 左右,4~7 月降雨较集中,历年平均无霜期 280 天。多年平均蒸发量 1 263.3 mm,多年平均风速 2.6 m/s,最大风速 20.0 m/s,主导风向 NNW。

8.2.1.3 土　　壤

项目区土壤主要是红壤、黄壤和潮土。其中,红壤和黄壤分布遍及项目沿线的平地、低山、高丘地区,以及部分地势开阔、排水良好的山体,约占项目沿线土壤面积的 80%左右,潮土主要分布在沿线水域地带。

项目区农田土壤主要为水稻土。

8.2.1.4 植　　被

(1)项目区植被与植物多样性现状

长湘路途经望城县、宁乡县和湘潭县,属中亚热带长江以南东部季风区,也有大陆性季风气候特征。该区域的植物具有明显的东西和南北的过渡性,即华北—华东—华南—滇黔桂四个植物区系成分的交汇地带。

望城县:望城县属于中亚热带常绿阔叶林带,历史上曾广泛分布常绿阔叶林,到20世纪60年代,大部分原生植被已经不复存在,现东北低山和西南丘陵仍保留小部分针阔叶混交林和天然竹林。80年代以来,随着经济的逐步发展,建筑用材工业的发展和广大居民生活燃料改为燃煤和液化气,农民的耕作逐步退耕还林,目前全县森林覆盖率接近30%,低山、丘陵与岗地地区,除了耕作用地与生活用地之外,植被与森林都在逐步恢复。人工育林栽种的主要树种为杉树、马尾松、意大利杨、国外松、池杉、水杉和果树等。

宁乡县:宁乡县属中亚热带常绿阔叶林带的北部湘赣植被区,已查明的主要植物有163科、977种,其中木本植物86科、691种。主要有松、杉、竹与多种阔叶林以及柑桔、油茶、油桐、乌桕等经济林,森林覆盖率42%。

湘潭县:湘潭县位于长江中游平原与江南丘陵的交错地带,西靠雪峰古陆北东缘,东滨湘江,涟、涓两水自西南向东北贯穿其境。县域内属中亚热带东部常绿阔叶林亚带,按植被区系划分,属华中偏东亚系。过去对天然植被利用不当,致使现在为次生植被和人工植被。次生植被的组成主要有壳斗科、樟科、山茶科等,人工植被的组成主要有杉、马尾松、油茶等。县境内里野植物资源较为丰富。

(2)公路沿线植被分布情况

由于长期以来受到人为因素的干扰,项目沿线现有常绿针叶林、阔叶林和针阔混交林多为次生林,或被人为强度干扰后形成的次生常绿针叶林、阔叶林、针阔混交林和灌丛,其植被分布大都呈斑块状,并具有丛生性、种类多样等特点。

根据调查,项目区内分布的乔木树种主要有马尾松、油茶林、樟树、楠竹、甜槠、栲树、青岗栎、侧柏、圆柏等;灌木主要有山莓、白栎、菟丝子、博落回、映山红、枸骨冬青、小果蔷薇、火棘等;草本植物主要有五节芒、芒萁、伴生小飞莲、菝葜、苔草和节节菜等。项目区内,乔木层树种和灌木层树种主要分布在公路沿线的丘岗地带。

针叶林是公路沿线分布面积最大和最主要的植被类型。在公路两侧的山坡和近山脊区段,主要分布有马尾松纯林,且多以中幼龄树为主。部分地区还有马尾松与杉木、马尾松与壳斗科植物、马尾松与樟科植物等混交林。此外,楠竹林也是公路沿线主要的植被类型,沿线呈斑块状或片状大量分布,尤其在缓坡、沟谷、山体下缘水肥条件较好的区段。部分区域也有楠竹与马尾松混交林。阔叶林在公路沿线的分布面积次于针叶林,但其也呈斑块状分布于丘陵路段,主要以樟树、杨树等为主。在公路沿线纯粹的灌木层较少。公路沿线的部分区段有呈斑块状分布的草丛草坡,小部分是由原有植被遭受强烈破坏后形成的植被类型。

公路沿线地区农业发达,农作物种类繁多,主要有水稻、小麦、红薯、大豆、玉米、花生、油菜、棉花、黄麻、梨、枣等。

8.2.2 临时用地复垦总体建议

长湘路临时工程用地主要包括取土(料)场、弃土(渣)场、施工场地、施工便道等几类。除利用永久占地范围设置的临时工程外,各类路外临时工程用地的土地复垦方式建议见表8-5。

表 8-5 长湘路临时用地复垦总体建议

工点类型	利用方式	周边特点	复垦方式建议
取土(料)场	取土	周边濒临农田	翻松后交地方复耕
		周边为丘陵、林地	植被恢复
		临近村庄	可作为建设用地
	取料	临近村庄	可作为建设用地
		其他	植被恢复或商品料场
弃土(渣)场	平台较大的弃渣场	有灌溉进场条件	土地整治交地方复耕
	占用荒、灌林地的沟道型	周边为林地	植被恢复
	零散型弃渣场	—	植被恢复
施工场地	地表硬化	临近村镇	交地方作为建设用地
		周边为农田或林地	清除硬化、整治、恢复
	直接占压型、地表未硬化	河堤内侧	清理垃圾、整平
		其他	土地整治(包括翻松)、恢复原类型
施工便道	水泥路	—	农村道路利用
	砂石路、土路	可作为农村道路利用	农村道路利用
		无用的	清除砂砾、翻松、恢复
原有道路	—	—	整修
租用施工场地	—	—	交接手续

针对长湘高速公路建设用地的不同类型和方式,分别提出了总体恢复建议,见表 8-6~表 8-9。

表 8-6 长湘路弃渣场用地复垦总体建议

序号	合同段	位置	用地面积(亩)	质地	周边环境	已经采取的措施	建议采取措施
1	1 标	K102+920	26.9		林地	复垦平整完,已交地方使用	按照目前措施落实
2	1 标	K103+560	17		林地	正在进行复垦中	局部平整,灌木栽植,灌木间播撒草籽
3	1 标	K106+800	6.1		林地	复垦平整完,已交地方使用	按照目前措施落实
4	1 标	K108+600	14.5		林地	正在进行复垦中	已有自然恢复草本,建议混种乔木、灌木
5	1 标	K109+600	14		林地	正在进行复垦中	栽种当地树种,注意保水措施
6	1 标	K104+900	14.5		林地	正在进行复垦中	栽种当地树种,注意保水措施
7	1 标	K106+600	7.8		村道	复垦平整完,已交地方使用	按照目前措施落实,办理交接手续
8	1 标	K108+800	23.3		林地	正在进行复垦中	已有草本自然恢复,建议补种灌木

续上表

序号	合同段	位置	用地面积（亩）	质地	周边环境	已经采取的措施	建议采取措施
9	1标	K109+500	12.8		林地	正在进行复垦中	已有草本自然恢复，建议补种灌木
10	5标	南岸拌和站附近	5		滩涂地		交由地方可作为建设用地
11	6标	K119+380	7	土质	山地		播撒草籽，移栽抗旱灌木
12	6标	K119+235	7	土质	山地		播撒草籽，移栽抗旱灌木
13	7标	K129+890	14.8		林地		局部整平覆土，移栽乔木
14	7标	K130+300	22.8		林地		局部整平覆土，移栽乔木
15	7标	K132+000	29.8		林地		条带状整平覆土，乔、灌木混栽
16	7标	K133+000	14.8		林地		已有草本自然恢复，建议补种灌木
17	8标	K135+100右侧	8		林地		已有草本自然恢复，建议补种灌木
18	9标	K136+600左	10	填土质	林地	修建挡土墙	表层翻松，栽植灌木、播撒草籽
19	9标	K139+100右	20	填土质	林地	修建挡土墙	修建排水沟、截水沟，栽种灌木
20	9标	K142+200两侧	20	填土质	林地	修建挡土墙	修建蓄水池，恢复为耕地交地方使用
21	10标	K144+180	77.60	土夹石	林地		逐级削坡后撒草籽，栽种灌木并修建排水沟
22	10标	ZK144+150	61.46	土质	林地		修建排水沟，干砌石围挡穴植乔灌木
23	10标	K144+150	88.837	土质	林地		修建排水沟，干砌石围挡穴植乔灌木
24	10标	K147+100	84.06	土质	林地		修建蓄水池，恢复为耕地交地方使用
25	11标	K152+500	38.2		林地		逐级削坡后撒草籽，栽种灌木并修建排水沟
26	11标	苏家冲弃土场	31.2		林地		局部平整、覆土移栽灌木
27	11标	K149+100	18.5		林地		局部平整、覆土移栽灌木
28	11标	K148+560	51.5		林地		逐级削坡后撒草籽，栽种灌木并修建排水沟
29	11标	K148+200	30.0		林地		修建挡土墙、截水沟，补栽灌木
30	12标	K154+200左侧	4	土夹石	林地	已砌挡土墙并覆盖种植土	播撒草籽并间种灌木
31	12标	K155+090右侧	12	土夹石	林地	已砌挡土墙并平整覆盖种植土	按照目前措施落实，播撒草籽并间种灌木

续上表

序号	合同段	位置	用地面积（亩）	质地	周边环境	已经采取的措施	建议采取措施
32	12标	K156+940右侧	15	土夹石	林地	已平整覆盖植被，挡土墙正在施工	按照目前措施落实，办理交接手续
33	13标	K160+873左侧	19.985	土夹石	林地	已砌挡土墙并复垦	按照目前措施落实，办理交接手续
34	13标	K161+900右侧	4.52	土夹石	林地	已砌挡土墙并复垦	按照目前措施落实，办理交接手续
35	14标	K1+800右侧	15.35	土质	村庄		土地整治交地方复耕

表8-7 长湘路取土（料）场用地复垦总体建议

序号	合同段	位置	用地面积（亩）	质地	周边环境	已经采取的措施	建议采取措施
1	1标	K101+470	18.3	土质	林地	正在进行复垦中	整平翻松播撒草籽，移植乔木
2	1标	K104+280	4.2	土质	林地	复垦平整完，已交地方使用	交地方复耕使用
3	1标	K103+880	28	土夹石	村级道路	复垦平整完，已交地方使用	可作为建设用地，或恢复为村用道路
4	1标	K101+900	26	土质	林地	正在进行复垦中	局部整平翻松播撒草籽，移植乔木
5	5标	黄花岭	61	土质	林地	撒播草籽恢复	按照现有措施施行，补种灌木
6	5标	双峰村	98	土质	林地	撒播草籽恢复	按照现有措施施行，补种灌木
7	6标	K118+960	10	土质	林地		整平翻松交地方复耕
8	6标	K119+235	10	土质	林地		逐级削坡，行状栽植灌木
9	6标	K119+900	5	土质	林地		逐级削坡后撒草籽，栽种灌木
10	6标	K124+500	10	土质	林地		已自然恢复草本植物，建议补种灌木
11	12标	K153+900	8.5	红黏土层	农田	底基层料搅拌场正在使用	翻松后交地方复耕
12	12标	K156+480	2	红黏土层	林地	覆盖植被	按照现有措施施行
13	14标	K174+600左侧	16.061	土质	林地		局部整平移植乔木，林间翻松播撒草籽
14	14标	K174+900左侧	31.226	土质	林地		保留现有灌木，适当间种乔木
15	14标	K2+200右侧	26.926	土质	林地		整平后补栽灌木

表 8-8 长湘路施工便道用地复垦总体建议

序号	合同段	位置	用地面积（亩）	质地	周边环境	已经采取的措施	建议采取措施
1	4 标	K113+828 到高乔大道	0.5	填土质	农田	硬化	清除砂砾、翻松、恢复
2	5 标	南岸运梁通道	2	土质	村落	路面硬化方便居民出行	农村道路利用
3	5 标	北岸 227 下堤便道	1	土质	河堤	路面硬化	农村道路利用
4	6 标	铁弓洲特大桥	9.4	土质	水田	硬化	清除砂砾、翻松、恢复
5	10 标	K143+200	3.632	土质	村庄		农村道路利用
6	10 标	K144+175	16.96	土夹石	林地		清除砂砾、翻松、恢复
7	10 标	K147+90	8.6	土夹石	林地		清除砂砾、翻松、恢复
8	10 标	K144+400	5.82	土质	水田		清除砂砾、翻松、恢复
9	11 标	竹山屋桥下便道	1.2	石质	林地	20 cm 水泥混凝土路面	农村道路利用
10	11 标	毛栗冲水库便道	4.8	石质	水库	20 cm 泥结碎石路面	农村道路利用
11	11 标	华宝村级路拓宽	4.1	土夹石	林地	20 cm 水泥混凝土路面	农村道路利用
12	12 标	K154+300 左侧	1.4	未硬化	农田	作为村级干道正在使用	农村道路利用
13	13 标	K161+600 右侧	1.69	未硬化	农田	已复垦	清除砂砾、翻松、恢复
14	13 标	K161+740 右侧	2.35	未硬化	农田	已复垦	清除砂砾、翻松、恢复

表 8-9 长湘路施工场地用地复垦总体建议

序号	合同段	位置	用地面积（亩）	质地	周边环境	已经采取的措施	建议采取措施
1	1 标	K107+100	3.8	土夹石	荒地	硬化	清除硬化、整治、恢复
2	2 标	K111+030 拌和场	10	场地硬化	荒地		清除硬化、整治、恢复
3	3 标	湘江村金龙五组（项目驻地）	2		荒滩	项目驻地使用中	土地整治（包括翻松）、恢复原类型
4	3 标	新康乡湘江沙场（钢结构加工场）	15		荒滩	已退租	土地整治（包括翻松）、恢复原类型
5	3 标	月圆村（拌和站、钢筋加工场）	30		荒滩	已退租钢筋加工场场地 15 亩	土地整治（包括翻松）、恢复原类型
6	3 标	湘江村彭家组（T 梁预制场）	2		水田	已退租已支付复耕费	
7	4 标	预制场	5	填土质	农田	硬化	清除硬化、整治、恢复
8	5 标	南岸梁场	30	土质	河滩	已硬化	清除硬化、整治、恢复
9	5 标	南岸拌和站	15	土质	河滩	已硬化	清除硬化、整治、恢复
10	5 标	南岸生活区	5	土质	河滩	已硬化	清除硬化、整治、恢复
11	6 标	项目部及混凝土拌和站	6.7	土质	村庄	硬化	交地方作为建设用地

续上表

序号	合同段	位置	用地面积（亩）	质地	周边环境	已经采取的措施	建议采取措施
12	7标	K107+100	3.8			混凝土搅拌站，已硬化	清除硬化、整治、恢复
13	9标	K138+400右	9	硬化	林地	拌和站用地，围墙围挡	清除硬化、整治、恢复
14	10标	ZK144+150	9.79	土质	村庄	全部硬化	交地方作为建设用地
15	10标	ZK144+200	15.64	土夹石	林地	全部硬化	清除硬化、整治、恢复
16	11标	狮子垄隧道出口拌和站	15.6		林地	在使用	土地整治（包括翻松）、恢复原类型
17	11标	狮子垄隧道进口拌和站	11.5		林地	在使用	土地整治（包括翻松）、恢复原类型
18	11标	竹山屋拌和站	23.4		林地	在使用	土地整治（包括翻松）、恢复原类型
19	11标	毛栗冲隧道出口拌和站	14.6		林地	正在进行复垦中	土地整治（包括翻松）、恢复原类型
20	12标	K154+200右侧	11.2	已硬化	村庄	混凝土搅拌场正在使用	交地方作为建设用地
21	12标	K154+000右侧	8.5			底基层料搅拌场正在使用	清除硬化、整治、恢复
22	13标	K161+440右侧	7.98	已硬化	村庄	混凝土搅拌场正在使用	交地方作为建设用地
23	14标	拌和场	15.75		水泥硬化	林地	清除硬化、整治、恢复

8.2.3 典型复垦方案及技术要点

8.2.3.1 弃土（渣）场

结合在长湘高速公路建设沿线取弃土（渣）场的调查情况，由于施工需求的不同，各项目建设合同段弃土、弃渣量分布不均衡，共计调查35个弃土（渣）场，部分弃土场地质、地形条件较为有利于后期恢复，但其中第十、十一合同段弃土（渣）场，具有弃渣量大、地形坡度陡、土石混合等显著特点，因此，本方案在提出总体恢复建议的同时，对其他类型区提出了典型工点复垦方案。

（1）K102+920、K106+600土地整治交地方复耕

在地势平整且排水、集水条件较好的弃土场位置可采用土地复垦后交由附近村落及地方部门耕作使用，例如本项目中K102+920、K106+600弃土场可采取在顶面或大平台表面铺10 cm的黏土层并压实，然后回覆40～60 cm的有肥力表土。附近无黏土可取用的，可利用双层防水土工布取代，具备集水、排水条件后交由地方管理。

（2）K103+560、K109+600易于整治的弃土（渣）场

这类施工地区弃土场位置，通常具备较好的地理条件，一般多为地形平坦，且面积较小，堆砌物以土质为主。本项目中选取第一合同标段设为典型地区，其中K102～K110段有9个弃土场，周边环境为林地，且地形坡度稍缓。选取K103+560、K109+600弃土场为例，首先应进行场

地整平，清除凸出的高台，填补低洼部分，使场地地表平坦，并向上游方向设置1%～2%的倒坡，以利保水。大平台（顶面除外）上游坡脚一侧设置平台排水沟，平台排水沟与渣场周边排水系统相连接，以利平台排水。

弃土（渣）场植被恢复植树一律采用苗木坑植，选取当地较常见、无需养护或便于养护的品种，植草一律采用直播植草，以达到快速恢复植被保持水土的要求。

（3）K144+180、K147+100典型弃土（渣）场植被恢复

根据前述临时用地土地复垦方式及技术体系，本方案在对长湘路沿线弃渣场的调查整理后，选取K144+180、K147+100具有代表性的大型弃土（渣）场作为典型案例进行复垦方案设计，力图能够在此基础上对具备相近类型条件的弃土（渣）场恢复提供借鉴，并将其作为课题的示范工程。见表8-10。

表8-10　典型弃土（渣）场情况表

桩号	位置	距离	场地类型	占地面积（亩）	占地类型	渣体特性	拦挡工程	排水工程	备注
K144+200	左	300	坡地	100	有林地	坡度30°，坡向北，坡长50 m，有分级，隧道出渣弃石	挡渣墙	排水沟	已弃渣体有自然植被，长势一般，坡地有拦挡，坡侧有边沟
K144+200	右	100	坡地	128	有林地	渣高7～10 m，隧道出渣土石混合	无	无	下方有村庄，适合复耕利用及植被恢复
K147+015	右	100	沟道	100	有林地	李家冲隧道出渣弃石	无	无	适合植被恢复

K144+200左侧弃渣场为坡地型渣场，堆渣以石方为主，堆量巨大，堆高超过30 m，下设挡墙。复垦方案为植被恢复。见图8-12。

图8-12　K144+200左侧弃渣场

1）渣体稳定性

虽然目前该渣场设置了挡墙，但由于堆渣体较高，且渣体边坡坡度较陡，不满足稳定性要求，存在垮坝的风险。应对渣体边坡进行削坡、开级，边坡坡度不陡于1∶2，边坡每隔8 m设一级平台，平台宽2 m，并在下游适当位置加设一道浆砌石拦渣坝，坝体外侧边坡坡度不陡于4∶1，坝顶宽度不小于1 m。

2)排水工程

上游方向在渣场外缘外5 m设置截排水系统,以避免上游汇水进入渣体,对渣体稳定性产生影响。根据调查,K144+200左右弃渣场均以修建了截水沟,标准为截排水沟断面尺寸不小于50 cm×50 cm。

另外,为避免场地内汇水对渣场边坡形成冲刷,应在两侧边坡各修建两条坡面排水沟,以排泄场地汇水。在进行逐级向上削坡后,进行植被恢复,根据K144+200石质弃渣的特点,建议在渣体坡面恢复区采用干砌石排水沟的方式,这种方式在降雨量较小时水流速低,能够通过干砌石缝隙渗透,在干旱时可以补充植被水分,当降雨量较大时侧可以起到泄洪疏导的作用,防治渣体坡面含水量较大而造成不稳定危险。

3)整地

①弃渣场面平台:渣场顶面大体整理平整,清理大块石块。采用植穴覆土的方式,即预先按照移栽乔/灌株行距画线,确定栽植穴位,进行表面清理,覆土前在坑内加铺塑料薄膜或防水土工布,用以提高土地保水保肥能力。坡面平台具体整治平面图见图8-13。

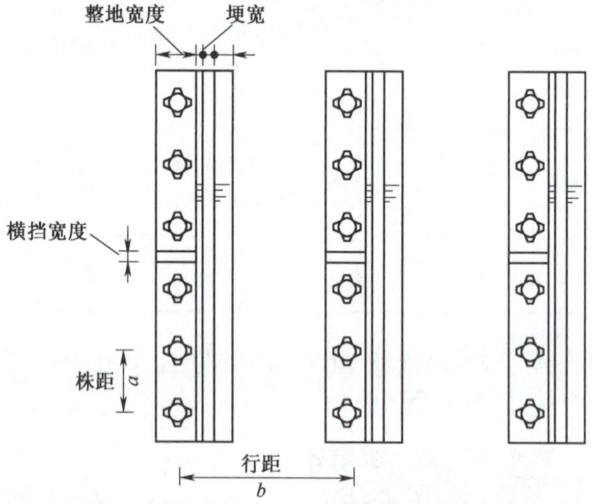

图8-13 坡面平台具体整治平面图

②渣体坡面:渣体坡面整治是本项目研究的重点内容,因为长湘高速公路的施工地段多位于山区,K144+200、K147+015弃渣场大量隧道弃渣等堆砌,坡面砾石含量较高,坡面较陡,如图8-14所示,且根据现场调研情况,渣体下方为道路或村落等,建议逐级向上削坡。

图8-14 K144+200、K147+015弃渣场较陡的坡面

根据以上情况，在 K144+200 左右、K147+015 三个大型典型石质弃渣场的坡面恢复中，采用 X 型布局砌石围挡坡面恢复方法。见图 8-15。

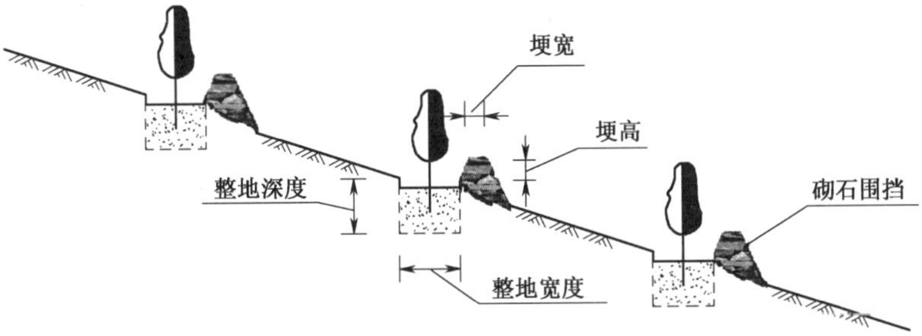

图 8-15 坡面砌石围挡植被恢复设计图（剖面图）

该方法将干砌石施工方式与场地条件相结合，利用石质弃渣场石料来源充足易于取用的特点，在渣体坡面以“X”型交错分布进行种植穴设置。在 K144+200 左右、K147+015 较陡的渣体坡面和支离破碎的沟坡上沿等高线自上而下的挖设种植坑，呈 X 型排列，在种植坑的外侧易于滑落的一面，采用干砌石堆砌。干砌石砌体铺砌前，应先铺设一层厚为 100~200 mm 砂砾垫层。铺设垫层前，应将地基平整夯实，砂砾垫层厚度应均匀，其密实度应大于 90%。砌体外露面的坡顶和侧边，应选用较整齐的石块砌筑平整，为使沿石块的全长有坚实支承，所有前后的明缝均应用小片石料填塞紧密。

这种技术方案不仅有效提高水土保持效率，而且充分利用渣体石质含量高、石料来源充足的特点，剖面种植。

4）植被恢复

渣场顶面及边坡平台采用乔灌混交，边坡植灌木，均采用密植方式，灌木行株距 50~100 cm，乔木行株距 100~200 cm。草本植物采用自然恢复。

建议植物种：灌木种：白栎、菟丝子、博落回、映山红、枸骨冬青、小果蔷薇、火棘等；乔木种：可采用马尾松、青冈栎等。

应采取施肥、抚育管理。

5）渣体造林典型设计

针对长湘高速施工地区的降雨量及气象条件，本研究方案植被恢复典型设计采用乔灌木混交类型，即主要树种与灌木混交。这种混交类型种间矛盾比较缓和，林分稳定。混交初期灌木可以为乔木树种创造侧方庇荫，护土和改良土壤。林分郁闭后，因在林冠下光线不足，灌木趋于衰老，便逐渐死亡。但当郁闭的林分树冠疏开时，灌木又会在林内出现。在一些混交林中，灌木死亡，可以为乔木树种腾出较大的营养空间，起到调节林分密度的作用。主要树种与灌木发生尖锐矛盾时，调节容易，可将灌木地上部分剔除，使之重新萌发。渣体造林典型设计见图 8-16。

乔木带宽×深为 100 cm×60 cm，灌木带宽×深为 80 cm×60 cm。隔 2.5~3.5 m 做一 20 cm 高横挡，田面反坡 20°外侧修地梗，高 25 cm，宽 30 cm，拦蓄径流、泥沙。

（4）具备恢复为耕地的弃渣场恢复技术方案及要点

K147+015 右弃渣场为沟道型弃渣场，弃方主要为隧道弃方，以石方为主，顶部平台面积

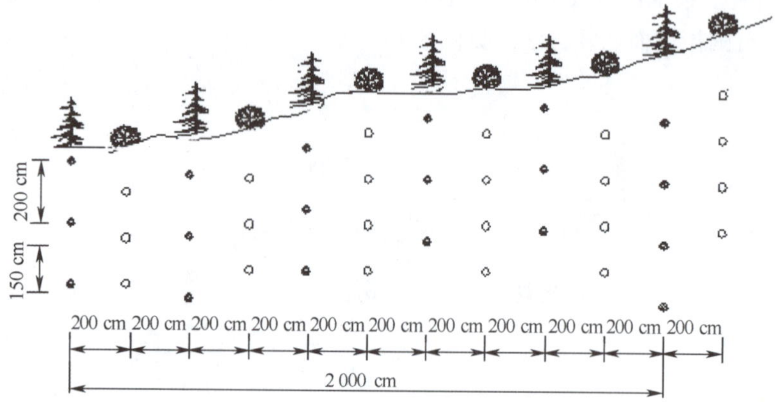

图 8-16 渣体造林典型设计

较大,下有挡墙,排水措施尚不完善,周边为林地。有进场道路,但已被主体工程挖断。见图8-17。推荐复垦方案为复耕利用,备选方案植被恢复。

图 8-17 K147+015 右侧弃渣场

1)拦挡措施

该渣场已经布设挡渣墙,但考虑弃方量较大,为保证渣体稳定,需对拦挡措施进行加固。加固方式:在墙外侧设置加固坝体,采用干砌石修筑,石料利用渣场内废方,干砌石坝依挡墙修筑,下游侧坝体边坡按 1∶1 控制,坝顶宽 1~1.5 m。

2)场地整理

目前渣体上游及两侧均未与原山体堆平,留有沟道易积水,应采用推土机整体与山体推平,并将顶面整平,清理大石块。

3)排水工程

渣场上游及两侧原始山坡上设置截、排水沟,排泄上游汇水及蓄水池溢出水,排水沟断面尺寸不小于 40 cm×40 cm,梯形断面。

4)灌溉蓄水工程

考虑到弃渣场地势相对较高,周边无引流灌溉的条件,为保证间雨期农田的灌溉,需设置灌溉蓄水工程。灌溉蓄水工程由沉沙池、蓄水池和灌溉系统组成。整个灌溉蓄水工程组成见图 8-18。

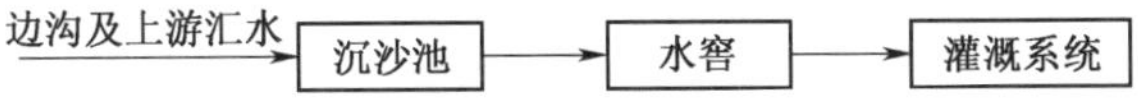

图 8-18　灌溉蓄水工程组成

①沉沙池

设置沉沙池是为了保证进入水窖的是清水,避免上游汇流携带的泥沙在水窖中沉淀淤塞水窖。沉沙池深按 1.0~1.2 m 进行设计。

沉沙池工作宽度按下式进行计算:

$$B_p = Q_p/(H_p \cdot v)$$

式中　B_p——池箱工作宽度,m;

Q_p——通过池箱的最大工作流量,m^3/s;

H_p——池箱工作水深,m,此处取值 1.5 m;

v——池箱平均流速, m/s。

沉沙池池箱工作长度采用下式进行计算:

$$L_p = 10^3 \cdot \xi \cdot H_p \cdot v/\overline{\omega}$$

式中　L_p——池箱工作长度,m;

ξ——安全系数;

$\overline{\omega}$——泥沙沉降速度,mm/s。

为了避免设计的沉沙池过长,可采用池中设折板墙的方式增加径流流程,如图 8-19 所示。

②蓄水池

蓄水池容量按下式进行设计:

$$V = W_{max}$$

$$W_i = \frac{S \times (W_{Ri} - W_{Mi})}{\mu}$$

式中　V——水窖窖容,m^3;

W_i——非充分灌溉条件下,第 i 个间雨期耕地蓄水量,m^3;

S——需灌溉地块面积,hm^2;

W_{Ri}——第 i 个间雨期作物生长所需水量,m^3/hm^2;

W_{Mi}——第 i 个间雨期初期土壤中的有效储水量,m^3/hm^2;

μ——田间灌溉水利用率。

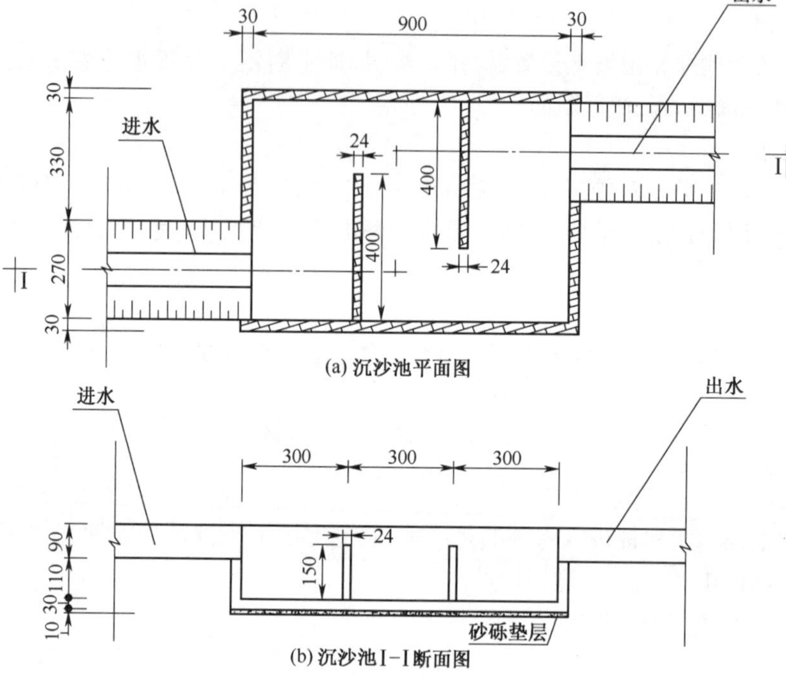

图 8-19　沉砂池设计图

③灌溉系统

可根据实际情况及蓄水量，选择适宜的节水灌溉方式。

蓄水灌溉系统与周边排水的连接构成见图 8-20。

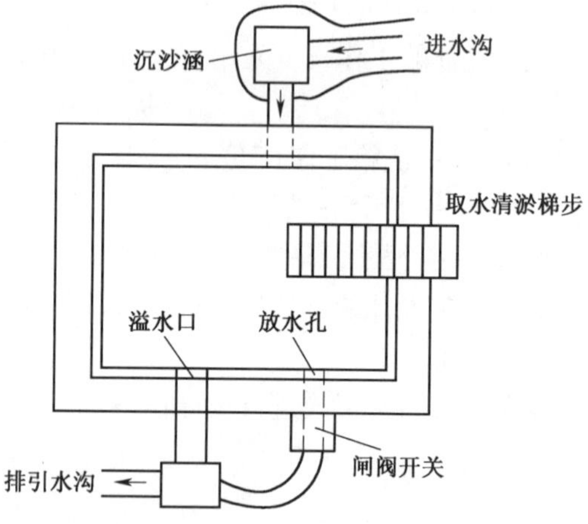

图 8-20　蓄水灌溉与排水系统结构图

5) 土地整治

首先在顶面表面铺 10 cm 的黏土层并压实，然后回覆 40~60 cm 的有肥力表土。附近无黏土可取用的，可利用双层防水土工布取代。平台及顶面前缘设置挡水埂，高 30 cm，顶宽 50 cm。内部可根据耕作需要划分田埂。表土来源于公路清基、清淤等废方。

6) 进场道路

由于进场道路已经被主线挖断，应对进场部分挖断的道路进行重新修建，保证农耕必须的进场条件。

7) 初期植被恢复

可先种植 2~3 年豆科植物或固氮能力强的作物，必要时应施肥改良土壤。

8.2.3.2　取 土 场

长湘路取土场多为丘陵岗地沿坡开挖取土式的取土场，多数位于路侧，取土迹地较为平坦，且边坡一般不高，地表及边坡以红壤为土，部分有土夹石质。针对这一特点，本方案选择

K101+500 路右侧取土场为例，提出此类取土场的复垦技术方案，同时，该场地拟作为课题研究的示范工程。

K101+500 路右侧取土场原用地类型以灌木林地为主，属“广挖浅取”型取土场，占地面积较大，但取土挖方深度较小（5 m 左右）。取土边坡为土质边坡，迹地以红壤为主。见图 8-21。复垦方案：工程后期，边坡削坡后自然恢复，取土平地经整地后交地方复耕利用（旱地）。备选方案：植被恢复。

图 8-21　取土场复耕利用

（1）整地

对取土迹地分块进行整理，清除地表石块、杂物，分块整平，填平超挖部分。上层平台边缘保留田坎以挡水。然后对两级平台的地表土壤翻松，翻松深度以 40～60 cm 为宜。

土地翻松后细分地块，以利耕种。

（2）初期种植

考虑到该取土场未回覆耕植土，土地肥力相对较差，建议先期种植可改良土壤的植物 1～2 年，以提高地力。

推荐物种：紫云英或草木犀，亦可直接种植豆科作物。

1）播种

每亩播种量 1.5 kg，播前灌一次水，但要避免田内积水。种子要经晒种、擦（碾）种、浸种处理。晒种，可促进种子内酶的活性，提高种子发芽率，一般晒半天即可；擦种，可擦去种子表面的蜡质层，使种子易于吸水，可用粗砂混种子，用手抓握使种子和砂互相摩擦，或用碾米机轻碾至种子表皮光滑为止；浸种，可加速种皮软化，促进种子萌发，使出苗快而齐，浸水 12～24 h 可捞起晾干后进行催芽，注意干旱田不要浸种，以防播种后缺水芽干枯。

2）施肥

以施磷、钾肥为主。出苗后施过磷酸钙 10～15 kg/亩，促进早结根瘤，幼苗早发。“冬至”前后，亩施钾肥 3～4 kg 或草木灰 50 kg，提高幼苗抗寒能力；“立春”后，亩施尿素 3～5 kg，以加速春暖后枝叶猛发，提高鲜苗产量。

8.2.3.3　*施工场地*

根据公路沿线地形类型，本项目选择竹山屋拌和站处作为土建承包商施工用地进行典型设计。该处施工生产生活区临时占地面积 23.6 亩，占地类型为灌木林地。

1. 工程措施

施工结束后，施工单位须将不需要保留的地表建筑物及硬化地面全部拆除，废弃物及时运至附近弃渣场。然后按照施工生产生活区后期使用规划进行场地整平，划分地埂线，按原有使用功能进行植被恢复，覆土厚度 30 cm，植树按树坑实际大小覆土。覆土来源于原有剥离的表土，不足部分从主体工程临近位置调运利用。见图 8-22、图 8-23。

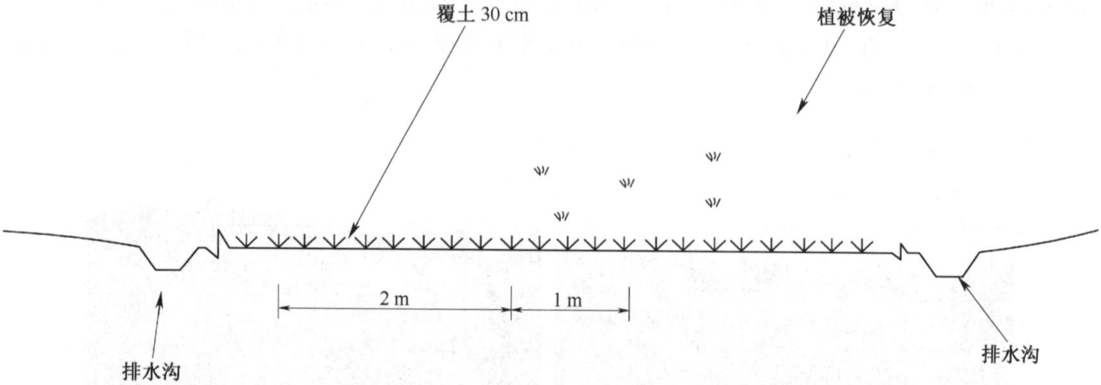

图 8-22 施工生产生活区植被恢复示意图

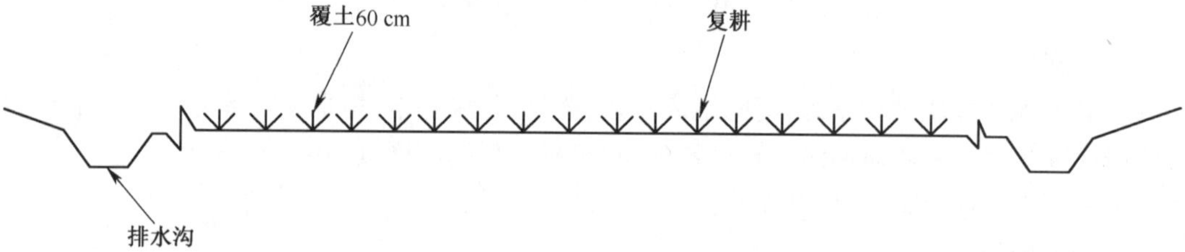

图 8-23 施工生产生活区复耕示意图

2. 植物措施

竹山屋拌和站地势平坦，具有较好的立地条件，拟采用乔、灌混交，树下播撒草籽的方式进行植被恢复。考虑项目区环境功能要求，推荐植物种有樟树、旱柳等乔木，银合欢、拐枣等灌木，苕子、三叶草等草本植物。乔木株行距：2.0 m×2.0 m，灌木株行距：1.0 m×1.0 m，草籽每公顷 150 kg。见图 8-24。

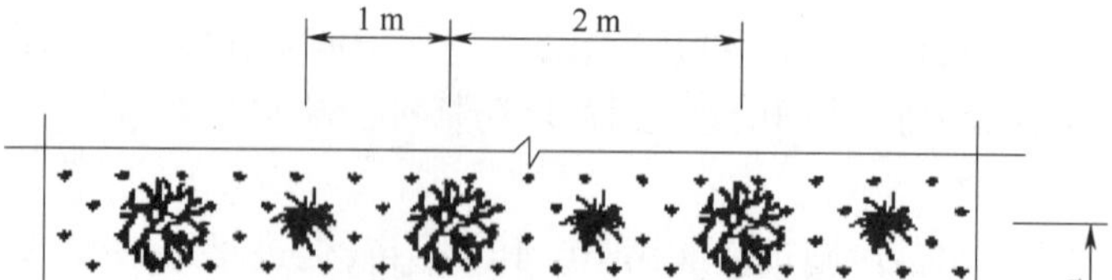

图 8-24 乔木与灌木造林措施示意图

3. 临时措施

(1)表土剥离与防护

对于施工生产生活区内的原始表土层,应在工程施工前预先对其进行剥离,并在用地范围内进行临时存放,以备工程后期用作本防治区的土地整治用土。表土剥离厚度 20 cm。

采用编织袋装土作临时挡墙,拦挡在集中堆放的表层土外围,防止散土随地表径流流失。临时挡墙采用梯形断面,断面尺寸采用 1.5 m(下底)×0.5 m(上底)×1.0 m(高),土堆坡面坡率采用 1 : 1.5,表土堆应进行压实(不小于 75%),堆顶及坡面撒播草籽以防雨淋和冲刷。

(2)临时排水沟、沉淀池

施工生产生活区大多设置在平地或平坡交错地带,周边地势平坦,一般不会受上游来水的冲刷。但施工期间场地内往往堆有各种材料,遇暴雨可能会造成材料及地表的冲蚀发生,因此,在这些施工生产生活区四周仍需设置临时排水沟,以排除场地汇水。排水沟采用坡比 1 : 1、30 cm×30 cm 梯形断面设计(每延米挖土方 0.18 m^3,铺防水土工布 1.65 m^2),采用土质边沟,铺防水土工布。见图 8-25。

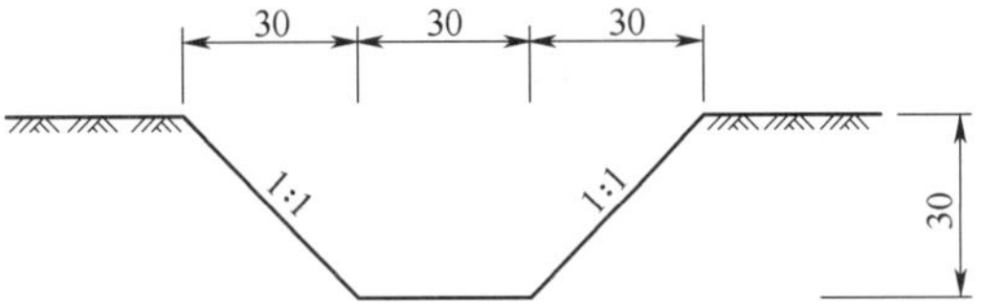

图 8-25　排水沟断面图(1 : 20)

每处施工生产生活区排水沟出口处设 1 座简易沉淀池,场地汇水经沉淀池沉淀后排入原有沟渠。沉淀池定期清掏,并将砂石运至弃渣场存放。根据施工场地的地形地质和降雨时泥沙径流量,每个沉淀池容积按 4.5 m^3估算工程数量,规格为 2 m(长)×1.5 m(宽)×1.5 m(高)的矩形断面。见图 8-26。

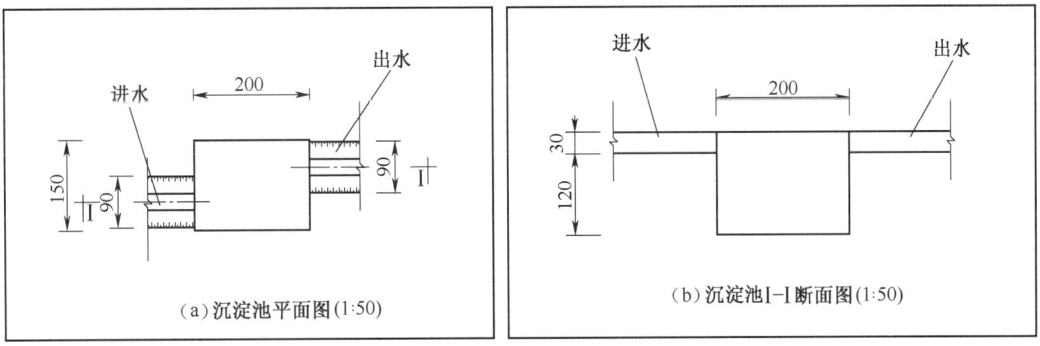

(a)沉淀池平面图(1:50)

(b)沉淀池I-I断面图(1:50)

图 8-26　沉淀池结构示意图

4. 施工及管理要求

应严格控制施工过程中料、渣的堆放和处置,禁止无序地乱堆乱排。及时清除排水沟、沉淀池中的冲淤物,以保持排水系统的通畅。施工结束后,应对场地内的废渣及时清除,并运至弃渣场进行处置。施工过程中应该做好洒水降尘措施。

8.3　结　　论

8.3.1　临时占地土地复垦方向

(1)公路常用的土地复垦技术包括充填复垦技术、梯田法复垦技术、综合治理技术、种植业技术、生物技术及土壤改良技术。

(2)取土场复垦根据复垦方向可以分为农业复垦、植被恢复复垦、渔业复垦、水利工程复垦、建筑用地复垦。

(3)弃土(渣)场土地复垦方向可以分为农业复垦、植被恢复、建筑用地复垦和作为料场综合利用等。

(4)施工场地土地复垦方向主要为农业复垦和植被恢复。

(5)施工便道土地复垦方向主要为整修继续利用、农业复垦和植被恢复。

8.3.2 临时占地土地复垦方式

(1)农业复垦:采取全面土地平整,覆土,完善必要的进场条件和灌溉条件,并根据实际情况进行土壤改良。

(2)植被恢复:采取分块土地平整,覆土,局地(种植穴)土壤改良,植物种选择应适地适树。

(3)渔业复垦:主要适用于取土坑。取土前应为取土后复垦做好规划,采用分块取土,避免整体连片取土,以利于后期复垦;取土后,进行底部渣土清理整平,修整坡面,边坡以1∶1.5为宜,一侧边坡坡率取1∶2,以利于养殖维护。

(4)水利工程复垦:即将取土坑改造为水库、水塘等调洪蓄水设施。取土后进行底部渣土清理整平,修整坡面,边坡以1∶2以下为宜。取土坑周边栽植乔木,作为护岸林。

(5)建筑用地复垦:施工结束后,应将施工迹地底面整平,无法全面整平的,可分片整平,做好自然沉降,并夯实基础。做好周边截排水设施。

(6)应结合后期作为农村道路利用或地方道路保通等功能进行便道的选线。用于地方生产生活的道路,应根据田间道路和生产道路两级道路进行整治。应将植生袋沿边坡面按"砌砖"式交错码放,然后采用锚杆将植生袋锚固,对于单块绿化面积较小的可不进行锚固(如骨架内绿化)。施工后25~40日保持边坡植物的水分养护。

(7)表土直接回覆边坡的防护

表土直接回覆边坡利用,极易在降雨、径流冲刷的作用下造成表土及其养分的流失,因此公路边坡绿化过程中,应尽量避免在边坡高度大于10 m且无辅助措施的边坡上采取直接回覆表土绿化的方式。在边坡高度较小,或有辅助工程防护措施(圬工骨架)的高边坡上,可采取直接回覆表土的利用方式,但应同步采取植草措施后将表土排实,并采取薄膜覆盖进行养护,以保护土壤免受冲蚀,待草籽萌芽并成坪后,植物根系可将回覆的表土与边坡土壤进行固定,从而起到保护表土资源的作用。

参考文献

[1] 邵晓彤,毛根旺. 道路运输与土地资源支持保障关系分析[J]. 交通科技与经济,2009(5).

[2] 张红红. 高速公路社会影响评价指标可靠度估算方法[J]. 西安公路交通大学学报,2009,20(4).

[3] 葛海燕. 高速公路项目社会影响评价分析与研究[D]. 西安:西安公路交通大学,1999:51-53.

[4] 朱德举. 中国耕地保护(第1版)[M]. 北京:中国大地出版社,1997:63-64.

[5] 朱德举. 土地评价(修订版)[M]. 北京:中国大地出版社,2002:35.

[6] 姚炎明,王英. 公路建设项目土地经济损失的定量评价[J]. 环境污染与防治,1999,21(6).
[7] 周志言. 公路建设项目后评价[M]. 北京:航空工业出版社,1999. 44~76.
[8] 李晚斐,陈金海. 环境因子在公路建设方案比选中的应用研究[J]. 四川建筑,2007,27(4):53-55.
[9] 郭思涛,杨晓清. 公路工程环境影响评价经济损益分析初探[J]. 公路, 2001(11).